68年5月とその後

―― 反乱の記憶・表象・現在

クリスティン・ロス

訳：箱田 徹

―

May '68 and Its Afterlives

Kristin Ross

革命のアルケオロジー

3

航思社

68年5月とその後

目次

【凡例】

・訳文中、原則として以下のように示した。なお、（）と［］は原文どおり。

『』　書名、紙誌名、映像作品名など
傍点　原文におけるイタリック体による強調
〈〉　原文において大文字で始まる語句
「」　原文の“ ”
〔〕　訳者による補足説明

・注釈は＊で示して傍注として左頁端に掲載した。原注と訳注をあわせて通し番号を付し、訳注は冒頭に「訳者——」と記して区別した。
・引用されている外国語文献のうち、既訳があるものについてはすべて参照したが、本書の文脈・文体に合わせて新たに訳し直した。

カバー・帯イラスト：Atelier populaire des Beaux-Arts

68年5月とその後

反乱の記憶・表象・現在

Kristin Ross
May '68 and its afterlives

Japanese translation rights arranged with
The University of Chicago Press, Chicago, Illinois, U. S. A.
through Japan UNI Agency, Inc., Tokyo.

謝辞

このような本を書くというアイデアを最初にくれたのは、エイドリアン・リフキンだった。執筆するよう勧めてくれたのは事実だが、本書の内容の責めを負わせるつもりはないので、安心してほしい。エイドリアンのほか、ドナルド・リード、アリス・カプラン、フレドリック・ジェイムソン、またライティング・グループのメンバーである、モーリー・ネスビット、アンヌ・ヒゴネット、マーガレット・コーエン、グロリア・カリーには、執筆を始めた段階での協力に感謝する。ジャン・シェノー、ジャン＝ルイ・コモリ、パオル・ケネグ、アネット・ミチェルソン、アンドリュー・ロス、ミシェル・トレビチ、スティーヴン・アンガー、ジェイ・ウィンターからは、重要な段階で研究上の有益なアドバイスをいただいた。ドゥニ・エシャール、エイドリアン、ジョナサン・ストロングは、草稿全体を詳細かつ批判的に読んでくれた。ありがとう。

本書の執筆に関わる調査研究に対し、ジョン・サイモン・グッゲンハイム財団、全米人文科学基金、ニューヨーク大学は、寛大な支援を提供してくれた。プリンストン高等研究所からは、研究員として一年間滞在する機会をいただいた。楽しく、刺激的な雰囲気のもとで、本書の大部分を執筆することができた。また資料へのアクセスの機会、ならびに熱心な図書館スタッフのサポートにもあずかることができた。記して感謝する。

フランスでは、ナンテール校（パリ第一〇大学）の現代国際資料文書館（ＢＤＩＣ）、社会運動・労働運動史研究センター、ＩＳＫＲＡおよび現代史研究所のスタッフから親切なサポートを受けた。担当編集者であるスーザン・ビールスティーンと、シカゴ大学出版局で本書の出版に携わった彼女の同僚たちとの作業は、とても楽しいものだった。

ハリー・ハルトゥーニアン、アリス・カプラン、ジョーン・スコットは、本プロジェクトに知的な力を費やしてくれるとともに、寛大かつ熱心に関わってくれた。心から感謝する。三氏は最終稿だけでなく、執筆段階で複数の草稿にも目を通してくれた。三氏とのやりとり、批判的なコメント——また、私に示してくれたお手本——のおかげで、これまで避けてきたことを考えるとともに、それまで自明で確実と考えてきたことの一部を考え直すことになった。そして、旅の同伴者のハリー、私のリサーチと執筆のプロセスにつきあってくれて、楽しい時を過ごさせてくれて、ありがとう。そしてBとWへ、時にはそばにいてくれないことにも助けられた。

最後に、熱心な読み手であるアニタ・ブラウン・ロスと、並々ならぬ機知の持ち主であるウォルター・ロスに、本書を捧げたい。

はじめに

フランス史上、これほどまでに非合理さを感じさせるエピソードを私は知らない。

——レイモン・アロン、一九六八年

重要なのは、人々がまさかと思っていたところで行動が起きたことだ。今回起きたのだから、また起きるだろう。

——ジャン＝ポール・サルトル、一九六八年

本書は、「五月」の「その後」をテーマとする。すでに三〇年以上前のこととなったフランスの「六八年五月」が、その後のさまざまな描き方によりどのように攻撃されてきたのかを扱っている。本書はまた、出来事としての「五月」が、それを抹殺しようとする動きにどのように抗してきたのか

も扱っている。「五月」の消去をもくろむ社会の側での忘却と私物化、あれこれと解説する社会学者、そして当時の記憶を独り占めしようとする元学生運動指導者に対して、「五月」がいかにその出来事としての重要性を主張し、あるいは確立することで、今日まで持ちこたえてきたかを描くこともまた本書のテーマである。

本書が「その後」という表現を用いるのは、「五月」のあやまちや成果の一覧表を作るためでもないし、当時の運動から「教訓」を引き出すためでもない。「六八年五月の出来事」として知られる一連の事柄をめぐる議論は、社会的記憶と忘却との関係を無視してはもはや成り立たないことをはっきりさせるためである。そうした記憶と忘却は物質的な形態を持っている。本書がたどるのはこの形態の歴史である。「五月」の記憶の管理《マネジメント》――出来事の政治的意義が解説や解釈で骨抜きにされるプロセス――は、三〇年以上を経た現在、「一九六八年」が提起する歴史問題の核をなしているのである。

今日、社会が物事を記憶し、忘却するプロセスの包括的な理解は、「五月」とは別の一大事件《マス・イベント》――第二次世界大戦――をめぐる分析に由来する。近過去の記憶を問うことは、その実際のありように立ち向かうことになる。第二次大戦は実際、現代のアカデミズムに、またフランスをはじめ世界各地に、記憶産業を文字通り生み出した。そしてカタストロフィ、〔アウシュビッツなどでの〕行政的虐殺、残虐行為、対独協力、ジェノサイドといった惨事を表す指標が、「心的外傷」や「抑圧」といった精神病理学用語によって集合的記憶の過剰と欠如を理解することを、かつてないほど一般的な傾向にした。すると今度は、思うにこうしたカテゴリーの働きにより、「カタストロフィ」や「大量虐殺」という表現にはあてはまらない「マス・イベント」が、理解されるどころか、存在を認知されることすら難しくなる。「マス」といえば「大量《マス》」の死体のこととなってしまい、ともに生活しようと人々が協働して作り上げる「集団《マス》」のことではなくなってしまったのだ。

歴史学に病理学用語を当てはめることが第二次世界大戦を論じるにあたって正当かどうかについては、このあたりにしておこう——なお、ピーター・ノヴィック[*1]とノーマン・フィンケルスタイン[*2]は、少なくともアメリカでは、これらを使わないようにすべきだと主張する。[*3]いずれにせよ「心的外傷」や「抑圧」といった術語が、集団的なものにせよ、個人的なものにせよ、「六八年」の物語と関係ないことは明らかだろう。感情の領域でいえば、快楽や権力、興奮、喜び、失望といった多くの人々に一九六〇年代を思い起こさせる一連の観念が、こうした術語で描けるわけもない。そこに依拠したと

＊1　訳者——シカゴ大学教授（一九三四-二〇一二）。歴史家の立場からアメリカ社会でホロコーストが出来事として認識される過程を分析。第三次中東戦争以降の中東情勢が転換点だったと論じて注目された。

＊2　訳者——政治学者（一九五三-）。ノヴィックの本にも依拠しながら、一部のユダヤ人やイスラエル国家がホロコーストを政治利用していると批判。論争を巻き起こした（ただしノヴィックは、この本が学術的な水準に達していないと退けている）。ノヴィックとフィンケルスタインはともにユダヤ人で、家族や親戚がナチスの強制収容所を経験している。

＊3　Peter Novick, *The Holocaust in American life* (Boston: Houghton Mifflin, 1999)〔未邦訳、ピーター・ノヴィック『アメリカン・ライフにおけるホロコースト』一九九九年〕; Norman Finkelstein, *The Holocaust Industry* (London: Verso, 2000.)〔ノーマン・G・フィンケルスタイン『ホロコースト産業——同胞の苦しみを売り物にするユダヤ人エリートたち』立木勝訳、三交社、二〇〇四年〕を参照。

ころで、現在からまだ遠くない政治的過去が、そして当時の空気や社会的結合関係《ソーシャビリティ》のあり方が、いかに記憶され、忘却されているのか、またとりわけ左翼の政治文化が、いかに改変、再編され、あるいは隠匿されてきたのか——こうした経緯については、さっぱり理解できないだろう。

もちろん社会史、とくに労働運動史研究者のあいだでは、こうした問いをどう扱えばよいかが模索されている。だが実際の研究を見ると、記憶の問題は判を押したように、アイデンティティの強化をめぐる問いとして立てられている。しかじかのサブ・グループやサブ・カルチャーの連続性を保つために、世代間の断絶をいかにつなぐかとか、ある社会的アイデンティティを支える標準的な気質、習慣、ライフスタイル、身体実践をどう強化するかといった具合である。活動家や、ある地区の住民、宗教団体の信者、人里離れた地域に住み続ける住民といった人々のアイデンティティが扱われる。こうしたアプローチでは、記憶は多様な社会体の所有物とされ、所有可能であるとともに、もし奪われていれば、集団に注入し、アイデンティティを強化することもできるものと見なされる。記憶は、アイデンティティの征服や奪還のために、また近年ではきわめて狭い意味でいう「エスニシティ」や「地域」のアイデンティティのために持ち出されるのである。

だが「六八年五月」は、その火付け役となった社会集団——学生や「青年」——と、ほとんど何のつながりもなかった。むしろ社会的規定からの逃走、すなわち人々を社会内部での位置づけから外へと移動させること、政治的主体性と社会集団を切り離すことに、より強くつながっていた。「六八年五月」の忘却とともに忘却されたのは、あれこれの社会集団の失われた慣習よりも、社会的アイデンティティの破壊に深く結びついた事柄である。この破壊が政治を発生させたのである。したがって社会の記憶と忘却を扱う主流派理論――カタストロフィあるいは「心的外傷」学説や、社会的アイデンティティ学説――は、「五月」のような、巨大《マス》な政治的出来事の記憶の運命を論じる際にはほとんど役に立たない。さらに悪いことに、こうした学説が知の領域を支配し、それに関わる比喩が蔓延する状況――一方にグラーグ[*4]やホロコーストという巨大な形象があり、もう一方にハビトゥスの持続性が存在する状況――は、おそらくそれ自体がある種の兆候、すなわち政治そのものなり、現代における集合的政治行為体なりについて概念的考察を避けたがる風潮として理解できるだろう。

＊＊＊

扱いがたい運動や「はっきりしない出来事」（〔人類学者の〕シルヴァン・ラザリュスの表現）がどれもそうであるように、「六八年五月」は三〇年かけて葬り去られ、蒸し返され、意義を否定されるか醜悪なものとして描かれてきた。だが「六八年」で目を引くのは、膨大な語り《ナラティヴ》――沈黙の覆いではなく――によって、フランスで起きたことを忘れる動きがかえって後押しされていることである。回想録や武勇伝、宗旨変え、テレビ特番、抽象的な哲学論文、社会学的分析は山のように存在する。「五月」への注目が少なすぎるなどとはとてもいえない。実際、一九六八年六月に事態が沈静化すると、わずか数日後から膨大な量の文章が出版され始めたのである。量の変動はあるものの、その動きは今

＊4 訳者――旧ソ連の収容所（ラーゲリ）管理総局の略称だが、転じて強制収容所に象徴されるソ連の抑圧的政治体制全般を指す。本書第Ⅲ章二九四頁以後を参照。

日までずっと続いている。言説はたしかに生産されている。だがその主な効果は、「五月」の歴史を（六八年的な古い言い回しを使えば）粛清し、抹消し、あるいはうやむやにすることである。

けれども、こうした状況がすべてではない。カナダ人作家メイヴィス・ギャラントはパリの五月から六月にかけての日々を記録していた。そこでのささいな記述からは、当時の出来事の生き生きとした様子が垣間見える。たとえば、その二ヶ月でパリの書籍の売り上げは四割増になったという。ただしそう驚くことでもない。学校が休みで、手紙も出せず、新聞もなく、電報も送れず、小切手の換金もできなければ、バスにも地下鉄にも車にも乗れない。タバコも砂糖も買えず、テレビも見られず、ラジオも聴けない。ごみ収集がストップし、郊外に出る電車も止まっていて、天気予報も聞けない。アパルトマンの五階まで催涙ガスが充満する街で寝なければいけない——こんな街でできる暇つぶしといったら読書くらいである。ギャラントの微細な描写には、公共と民間のあらゆるセクターの労働者——デパートの売り子から造船労働者まで——九〇〇万人がただ働くのをやめただけで、日常生活がどうなるのかを知るヒントが隠されている。「六八年五月」はフランス史上最大の大衆《マス》運動、フランス労働運動史上最大のストライキ、第二次世界大戦後の過剰開発国が経験した唯一の「総」反乱である。それは、工業生産の伝統的な基幹部門にとどまらず、サービス、通信、文化など社会的再生産を担う全領域の労働者が参加した初のゼネラルストライキだったのである。その影響は全分野、全階層の労働者に及んだ。フランスは地域圏、都市、農村を問わず、このゼネストの影響を受けた。

ゼネストは時間を宙吊りにし、日常生活に混乱と変容をもたらした。かくして可能性の広大な領域が開かれる。だがこうした経験の特徴について何がしかのことを伝えている、あるいはあえて伝えようとする「五月」に関するテキストや資料はごくわずかである。

一九六八年五月半ばになると、五月上旬の学生による戦闘的なデモを受けて、フランス全土で職場放棄が続々と発生した。フランスは五‐六週間にわたり完全なマヒ状態に陥った。六〇年代には世界各地で――メキシコやアメリカ、ドイツ、日本などでも――反乱が起きた。だがフランスでのみ（ある程度はイタリアも）、支配的イデオロギーに対する知的拒否と、労働者の反乱が同時に発生し、かつ両者が「出会った」のだ。地域と職域の両面で急拡大したゼネストは、既存の分析枠組みをことごとく踏み越えた。三六年に人民戦線が呼びかけたときの三倍以上の労働者が、またたく間にストライキに参加したのである。これほど大規模な出来事が生み出した過剰さそのもの、それが最も用心深いリーダーたちの予測と統制すら――事態の進展とともに――乗り越えていった様子が、本書がこれからたどる、その後に生じた二つの「回収」では重要な要因となっているのではないだろうか。それは伝記による（個人への）回収と、社会学による回収である。ともに馴染み深い歪曲戦略ではないか。それは忘却は、記憶とまったく同じように、さまざまな語りを組み合わせて可能になる。それによって出来事の輪郭が描かれると同時に、ある行動の主役たちの人となりが造作される。大衆運動を、ごく少数の「指導者」や代弁者《スポークスマン》、あるいは代表者の個人史に還元する手法は、こうした人々が「過去のあやまち」を自己批判するときにはとくに、成功が歴史的に実証されている効果的な「回収」戦術となる。こうした包囲によって、集団による反乱はことごとく骨抜きにされ、個人史における実存的な苦闘として片づけられてしまうのである。反乱は一握りの「スター」の管理にゆだねられる。メディアはかれらを何度となく登場させ、本来の動機を改ざんする場を提供する。

他方で社会学は、現実――つまり出来事――を事実によって裁き、評価・分類し、閉じこめる法廷の役目をつねに買って出る。「六八年五月」の場合、問題は複合的である。フランスの現代史家は、かれらもまたこの時代の集合的記憶の事情の風景の一部であるにもかかわらず、つい最近になるまでこのトピックを研究テーマとすることにまったく関心を示してこなかった。だが無関心ぶりを指摘したのもまた歴史家であった。〔歴史家の〕ジャン＝ピエール・リウは一九八九年に「なぜ現代史家は――たしかに人数としては決して多くはないにしても――この分野をこれほどやすやすと社会学のスタンドプレーにゆだねてしまったのか」と問うている。当時「五月」を研究していた歴史家アントワーヌ・プロストは、七二年以降のフランスでの研究の「貧しさ」を指摘している。すでに利用可能となっている史料の検討や評価にほとんど手をつけていない歴史家の「過度に慎重な態度」を批判し、知的怠惰の兆候ではないかと述べているのである。とはいえ、出来事の輪郭がこうもぼんやりとしたままならば、歴史を知ろうという需要が社会に生まれることすらきわめて難しいのかもしれない。[*5]これまでのところ、[*6]研究発表を歴史家が編集した書籍がたった二冊と、数本の修士論文が刊行されるにとどまっている。[*7]ヴィシー政権期への関心で手いっぱいだからなのか、今日のリベラルなムードのなかで近過去の運動文化特有の難しさに関わりたがらないせいなのか、その難しさに戸惑っているからなのか、はたまた忘れてしまった思い出とは決着をつける気になれないからなのか、歴史家は責任を放棄し、他の出来事にもましてこの出来事を道具化することに道をつけてしまった。こうした責任放棄は解釈に真空地帯を生み、そこにはたちどころにほかの者たち――社会学者と変節した左翼主義活動家――が押し寄せ、隙間を埋めた。この二つの集団は、メディアから次第に「権威」あるいは「記憶の管理人」として認められ、「六八年五月」の言説を支配するとともに、一九七〇年代半ば以降の公的《オフィシャル》な歴史、つまり明らかに無根拠な観念を協力して作り上げている。「五月」観にたがをはめる、多少なりとも体系だった用語や表現、映像、語りは、そのかなりの部分がこうした人々の手によるものである。それが大量に出回ったのは、私が作成した年譜によると一九七八年から八八年、つまり「五月」の一〇周年から二〇周年に至る時期だった。

＊5　Jean-Pierre Rioux, "A Propos des célébrations décennales du Mai français," *Vingtième Siècle* 23 (July–Sept. 1989): 49–58〔未邦訳、ジャン＝ピエール・リウ「フランス『五月』の何十周年について」『ヴァンティエーム・シエクル（二〇世紀）』二三号〕; Antoine Prost, "Quoi de neuf sur le Mai français?" *Le Mouvement Social* 143 (April–June 1988): 91–97.〔未邦訳、アントワーヌ・プロスト「フランス『五月』研究の動向」『ル・ムヴマン・ソシアル（社会運動）』一四三号〕

＊6　訳者——以下、二〇〇〇年代初めの研究状況である。ロス自身が整理した、「五月」四〇周年を経た、〇〇年代後半の研究状況については、本書補遺を参照。

＊7　現代史センターでの四年間のセミナーの成果は、私がこの本を書き終えた年に刊行された。しかし著者は執筆中に、最終的に同書に収録された研究会のペーパーを参照することができた。Michelle Zancarini-Fournel *et al.*, eds., *Les années 68. Le temps de la contestation* (Brussels: Editions Complexe, 2000) を参照〔未邦訳、ミシェル・ザンカリーニ＝フルネルほか編『六八年時代——異議申し立ての季節』二〇〇〇年〕。社会運動史研究センター主催の一九八八年のシンポジウムをもとにした書籍は、René Mouriaux *et al.* (eds.), *1968: Exploration du Mai français*, 2 vols. (Paris: L'Harmattan, 1992)〔未邦訳、ルネ・ムリオーほか編『一九六八年——フランス「五月」の爆発』一九九二年〕である。

「五月」の公認の物語《オフィシャル・ストーリー》はコード化され、マスコミが次々と作る記念特番を通じて人口に膾炙し、今日のわれわれのもとに届いている。だがそれは、ある家庭や世代をテーマにしたテレビドラマのようなものだ。暴力や荒々しさ、あからさまに政治的な次元は消し去られている。「五月」とは、フランスの現代化——権威主義的なブルジョワ国家から、新しい、リベラルな現代金融ブルジョワ国家への移行——に伴って必然的に発生した、慣習とライフスタイルの無害な変容というわけである。

この公認の物語は、当時のきわめてラディカルな思想や実践の一部が、〈資本〉に回収された、リサイクルされた、と主張するにとどまらない。むしろ、今日の資本主義社会が「五月」の運動の願望の逸脱や挫折ではなく、その奥底に潜んでいた欲望の成就の現れだと主張している。公認の物語は、現在即必然という目的論を唱え、過去のオルタナティヴが実際の帰結とは異なるものを求めて構想されていたという記憶を消去するのである。

この目的論に従って「五月」は次のように理解されてきた。現状の肯定、コンセンサス形成のための混乱、意識の変容、青年の世代的反乱——フランスの文化的現代化という必然的傾向を押しとどめていた構造的硬直性に対する反乱。「五月」のその後をめぐる公認の物語は、同じものの論理に勝手に切断をはさみ込みつつ、社会構造の再生産を可能にするシステムと集団の同一性を強化してきた。そうすることで、社会学者の利益に奉仕してきた。その物語はさらに、過去の呪縛から逃れたい悔悛した活動家たちにも、同じように奉仕してきた。二つの集団が要求する権威は大幅に異なるにもかかわらず、かつての運動指導者は、豊富な個人的体験を元手に語り、当時の経験をよりどころとして、出来事の要となる部分を否定し、その意義を歪曲する。対照的に、社会学者がよって立つのは、抽象的な構造や規則性、平均化や数量化、二項対立を軸にした分類の精緻化だ。これらはすべて、経験的なものへの強い不信感に根ざしている。だが二つの集団は、主張のうえでは対立しながらも、「五月」の今日的理解を支える脱歴史化・脱政治化されたコードを共同で作り出したのだ。この意味で、私は「公認の物語」の修正主義的な用語法にはさほど関心がない。父親世代による束縛に反発した怒れる青年の巨大な反抗であるとか、「青年」という新たな社会カテゴリーの出現であるといった話には。むしろこうした独特なストーリーが支配的になるプロセスや、出来事を非政治化するカテゴリー（たとえば「世代」）が経験と構造という相対立する方法ないし傾向によって確立されていく経緯のほうが、ずっと興味深い。「五月」の記憶にまつわるパラドクスは簡潔に表現できる。思うに「五月」とは、専門家の領域に異議申し立てを行い、能力を持つ者が担って当然とされた諸領域（とりわけ、専門化した政治の領域）のシステムを揺さぶろうとした大衆運動であったのに、歳月を経るうちにそれがどうして、「六八年」に関する単なる一つの「知識」へと変わり果て、専門家や権威を自称するある世代全体がその専門性を主張する根拠となったのか。「五月」の運動は、カテゴリーに基づく領域や社会的規定を一掃し、社会セクターどうしのあいだに、また自分たちに関わる事柄に集団として取り組もうと力を合わせた実に多様な人々のあいだに思いがけない連帯と共時性を成立させたのに、それがどうして「学生層」や「世代」なるお決まりの「社会学的」カテゴリーに押し込められていったのだろうか。

＊＊＊

大半をその歴史を詳しく追うことに費やした。だが実のところ、このプロジェクトの構想は当初違ったかたちをとっていた。「六八年五月」から一〇年、二〇年、三〇年を経たフランスで、この出来事がどう記憶され、いかに議論されているかを描こうとしたのである。だが作業を始めるうちに、同じくらい切実な目標がただちに浮かび上がってきた。政治的な雰囲気と記憶の痕跡に関して、「五月」のまったく異なる「その後」を描く、あるいは復活させるという目標である。この「その後」は、社会学でいう社会的なものとも、運動の公的真実の体現者を事後的に自称する人々の証言とも異なる。公認の物語が支配的になる過程を明らかにするためには、「五月」の時代史を、一九八〇年代に「世代」のスターとなった一部の元活動家の支配から解放することもまた求められた。それと同時に、「青年反乱」といった本質論的な社会学カテゴリーから自由にしてやらねばならなかった。一九六八年の出来事とは何よりも、数十万、いや数百万の人々による大規模な拒否の動きだったのだ。人々は社会的なもののなかに、普段見ているものを見ること、微細な社会学的カテゴリーにすぎないものを見ることを拒否した。この「否」の歴史を書き、それが記憶され忘却される仕方を書くことは、普段とは異なる形式、すなわち、当時の運動がそうしたように社会学の上と下の両方に届く文体を見いだすことであるように私には思えた。一部の作家や活動家は、「六八年」の政治に関わったことをきっかけに、いったい何が政治を可能にするのかと問い続け、歴史的行動について思索し続けている。本書の歴史記述は、こうした人々にはっきり読み取れる哲学的批判よりも遠く、したがってまさにその地平へと向かっていくスタイルを見いだそうとする。したがって本研究は、「六八年五月」が当人の知的・政治的歩みのなかで、出発点ではないにしてもきわめて重要な位置を占めている作家や活動家を扱っている。哲学者ではジャン＝ポール・サルトル、アラン・バディウ、ジャック・ランシエール、モーリス・ブランショ、ダニエル・ベンサイード、また活動家兼編集者のフランソワ・マスペロ[*8]、作家兼活動家としてはマルティーヌ・ストルティ[*9]、ギー・オッカンガム[*10]。同時に本書では、街頭行動に参加した無数の無名な人々の歴史的に固有な言葉とかれらの主体性や実践に、また地区や工場の行動委員会に結集した人々のほか、個人の社会的利害の次元を超えて社会そのものをまるごと問い直す役を引き受けた、労働者や学生、農民、その他大勢の人々にも注目している。

〔当時は学生で、後に考古学者・美術史家となる〕アラン・シュナップと〔歴史家であり、代表的な行動

＊8　訳者――作家・翻訳家・編集者（一九三二－）。エジプト学者の祖父、中国学者の父（対独レジスタンスで死亡）を持つ。一九五五年にカルチェ・ラタンでジョワ・ド・リール書店を開業、左翼活動家のメッカとなる（七五年に閉店）。五九年に立ち上げたフランソワ・マスペロ出版（現在のラ・デクヴェルト社）は、非共産党左翼の代表的出版社として精力的な活動を展開。非西欧諸国の著作の紹介にも力点を置いた。八〇年代半ば以降は作家活動に専念。本書第Ⅱ章一六〇頁以後も参照。

＊9　訳者――作家・ジャーナリスト（一九六六－）。フェミニストとしても活動。本書第Ⅱ章で引用される「六八年」の回想録（本書第Ⅰ章注128参照）を著す。

＊10　訳者――作家、ゲイ・アクティヴィスト（一九四六－八八）。六八年五月には『アクシオン』の編集に参加。一九七〇年代は革命的同性愛者戦線（ＦＨＡＲ）で中心的に活動。邦訳書に『ホモセクシュアルな欲望』（関修訳、学陽書房、一九九三年）がある。

する知識人の」ピエール・ヴィダル＝ナケは、一九六九年にフランスで初めて「五月」に関するきわめて貴重な資料集を編纂した。同書を踏まえたうえで、私は「五月」の運動が用いた政治的言語に関する調査をそれ以外の部分にも広げた。するとわかったのである。ドキュメンタリー映像、少部数の出版物、さまざまな団体のガリ版刷りのパンフレット、多くは短命に終わった新聞、運動の最盛期につづられた解釈――こうしたテキストのほうが、エドガール・モラン、クロード・ルフォール、ミシェル・ド＝セルトーらが後日発表した解説や注釈よりもずっと興味深くて貴重なのだと。もちろん、シュナップとヴィダル＝ナケが集めた小冊子やビラを見さえすれば、フランスの「五月」が何をイデオロギー上の明確な標的としていたかがわかる。ターゲットは資本主義、アメリカ帝国主義、ドゴール主義の三者だった。ここからどのようにして二〇年後のわれわれは、ほろ苦く、心地よく、そして詩的な「青年の反抗」として、またライフスタイルの変革として「六八年」を捉える視点にコンセンサスを与えてしまったのだろうか。その答えは、公認の物語が採用した、この出来事を矮小化したり限定して捉えたりする支配的な語りの編成に見いだすことができる。第一に時間軸での縮小である。省略だらけの年表が作成され、今では「五月」という表現は文字通り六八年五月という一ヶ月の出来事に限定されてしまった。つまり「五月」の始まりは大学当局の要請でソルボンヌに治安部隊が突入した五月三日となる。ここでの学生の逮捕をきっかけに、数週間にわたってカルチェ・ラタンの街頭で激しい大衆デモが展開された。そして「五月」は、ドゴールが大統領辞任を否定したうえで、軍隊の介入を威圧的にちらつかせた演説を行って、国民議会を解散した五月三〇日に終わる。つまり「五月」は五月でおしまいとなり、六月にすら入らないというわけだ。しかし実際には、六月になっても全国各地で約九〇〇万の労働者がありとあらゆる職場でストに突入していたのである。こうしてフランス史上最大のゼネストが、五月の蜂起の前史――少なくとも一九六〇年代前半のアルジェリア戦争終結時点に遡ることができる――とともに後景に追いやられてしまう。また、五‐六月の出来事の収束に一役買った国家による暴力的な弾圧も、七〇年代初めにも依然続いていた左翼主義の暴力も、言及されずじまいとなる。現に、一五‐二〇年間続いたラディカルな政治文化の時代は、まるごと視界から消え去っているのである。けれどもこの政治文化の水脈は、小規模だが大きな意味のあるアルジェリア反戦運動の拡大のなかに、また植民地革命の大きな勝利を受けて多くのフランス人が「南北」を軸とした「第三世界主義」的な世界政治分析を受容したことのなかにはっきりと現れている。この政治文化はまた、六〇年代半ばに頻発した労働者の蜂起や、五〇年代半ば‐七〇年代半ばに数限りなく生まれた機関紙に見られる反スターリン主義的な批判的マルクス主義の勃興にも顕著である。フランスでこうした流れが生まれた直接的な政治的背景には、マルクス主義の隆盛があった。マルクス主義は、労働運動の大部分に浸透したのみならず、大学ではアルチュセール主義として広がり、毛沢東主義派《マオイスト》やトロツキスト、アナキストの小集団にも浸透し、第二次世界大戦後の哲学と人文科学の領域では支配的な参照枠組みの一つとなっていた。このような状況の総体が、「自然発生的な」「五月」が突然「どこからともなく起きた」という語りの前面化により、後景に退かされるのだ。「五月」の前史をなすアルジェリア人と労働者の運動、そして「五月」の余波としての左翼主義の運動をともに排除することが、「五月」を解放的な「自由な表現」の幸福な一ヶ月として「救う」ための絶対条件になっているのである。

「五月」を五月という暦上の一ヶ月に限定することは、はっきりとした影響を及ぼす。時間軸上の短縮は、活動の範囲をパリに、はっきりいえばカルチェ・ラタンへと地理的に限定することにいっそうの説得力と根拠を提供する。繰り返しになるが、パリ郊外やフランス全土でストを打った労働者は後景に退けられるのである。また各地の農村部で成功をおさめた労農学連帯の試みもなかったことにされてしまう。五月と六月のデモはパリより地方で激しく長引いたといわれていても、それが「五月」の公認の物語で触れられることはない。ナントやカーンなど、パリから遠く離れた地方都市の工場で人々が実感したこと――それは平等をめぐる実践と思想の一つの星座をなし、元「五月」の闘士の多くがもてはやす今ふうのリベラルな、または自由至上主義的《リベルタン》なパラダイム[*11]には統合されえないものだった――これもまた視界からは消えてしまう。したがって、生き生きとした例を挙げるなら、一九七〇年代初めのラルザックで発生した反進歩主義の農民運動――フランス農民連合による平等志向の地域ラディカリズムというかたちをとり、マクドナルドや遺伝子組み換え作物への攻撃も行う、まぎれもなく「五月」の「その後」の一つのあり方を明示する運動[*12]――もまた、「五月」の語りではまったく出番がない。

農業をめぐる今日の政治的動乱は、〔フェミニストの〕エリザベート・サルヴァレジらの示唆を裏づけてもいるようだ。「六八年」から派生し、拡散した抵抗運動の地平はそのまま、フランスの地方、パリから遠く離れたところで、パリに住む新しいタイプの企業家や哲学者、ジャーナリスト、そして執拗な「新しさ」のマーケティングとは遠く離れたところでこそ生き延びている。実際、サルヴァレジが示唆するように、今日「六八年」に最も深いところで政治的に共鳴する動きは、パリよりも地方に多く見られる。もしそうであるならば——といってもそれを実証する調査を行うことは本書の枠組みを超えるので、推量の域を出ないのだが——セルジュ・ジュリー[13]やダニエル・コーン＝ベンディット[14]のような人々を伝説の座から引き下ろし、「五月」の渦中とその後に多くの人が担った理論的・政治的役割をはっきりさせるような「五月」についての新たな展望は、まさにここから開けるのではないだろうか。たとえばベルナール・ランベールのような忘れられた活動家——一九六八年時点では毛《マオ》派でカトリックの農業運動家。一九七〇年には、農業近代化後の農民がアグリ・ビジネスに搾取される事態を論じた先見的な著作を出版している。「労働者と農民　闘争はひとつ」がランベールのメッ

*11　訳者——一九六八年当時のフランスでは「リベルタン」（リバタリアンは英語読み）は反体制的でアナキズム的な態度を指していた。政治学用語としての「リバタリアニズム」の含意はない。

*12　訳者——オルタ・グローバリゼーションの有名活動家ジョゼ・ボヴェやフランス農民連合への言及。ボヴェ自身も学生運動を経て、ラルザックに移り住んだ。

*13　訳者——ジャーナリスト（一九四二-）。共産党の学生組織の構造改革派フラクションを経て、六八年五月はアナキスト系の「三月二二日運動」に参加。その後はプロレタリア左派（GP）に参加、中心人物となる。七三年にGPの活動の一環として『リベラシオン』を創刊。七四年には主筆をサルトルから引き継ぎ、二〇〇六年まで務めた。同紙の左翼紙から一般紙への転換を主導。

*14　訳者——政治家（一九四五-）。六八年五月ではナンテール校で「三月二二日運動」の結成を主導し、代表的な活動家だったが、外国籍（ユダヤ系ドイツ人）であることを理由に、途中で国外追放された。その後ドイツ緑の党に入党。欧州議会議員となる（一九九四-二〇一四年）。フランスでは「ヨーロッパ・エコロジー＝緑の党」幹部。欧州議会会派「欧州緑グループ・欧州自由連盟」元代表。

セージだった――に対しても、グローバルなフード・ポリティクスへの現代的な関心から、読み直しが行われるかもしれない。*15

「五月」をナルシスティックに描き、時期を区切ってカルチェ・ラタンの地区内に押し込めるため、公認の物語はある種の国際主義《インターナショナリズム》に開かれたふうを装う。だがその身振りこそが、「五月」のインターナショナルな側面の一つ――フランスでの蜂起で最も重要な役割を果たし、フランス国内での蜂起を西ドイツ、日本、アメリカ、イタリアなど世界各地での蜂起と結びつけるもの、すなわちアメリカ帝国主義批判とベトナム反戦――を消去するのだ。ベトナムは、フランスの「五月」の支配的イメージのなかではっきりと後景に退いている（たとえば一九八〇年代の一連のテレビ特番では、性革命が話題の中心で、ベトナムの話はほとんどなかった）。しかもこうした抹消が、新たにつくられた「国際的」次元で埋め合わされる。漠然とした、ほとんど全世界的な「時代《ジェネレーション》」という国際性である。曖昧なかたちで登場しはじめたリベルタンな若者が蜂起し、個人としての自律を求めていた――セルジュ・ジュリーがかつて「リベラルで、リベルタンな文化大革命」と呼んだ動き――時代である。二〇周年を迎える頃の「五月」は、特権的な代弁者の手で、個人の精神的《スピリチュアル》自律の探求へと矮小化されてしまっていた。元学生指導者たちは、その探求を一つの「世代《ジェネレーション》」全体、世界規模で同時代の人々の集団に当てはめようとした。この探求は、私が本書で論じる一九六〇年代特有の「平等」への熱望を、八〇年代のスローガンである「自由《リバティ》」に決定的に（かつ時代錯誤的に）置き換える。

公認の物語は「五月」の出来事を時間的にも地理的にも制約する。「五月」の物語のキャスティングでは、この出来事を代表し、表象する特権は学生と大学に与えられたが、かれらの特権はこうした限定によってさらに強化されている。驚くようなことでもないだろう。バリケード、ソルボンヌとオデオン座の占拠、それに詩的なグラフィティ、これらはフランスで一〇年ごとに放送されるテレビの六八年特番に、お馴染みの老けた元学生指導者たちの顔ぶれとともに、毎回必ず登場するイメージなのである。

しかし一九六〇年代のフランスで、中産階級の青年が大挙して政治化した背景には、こうした見取り図から意図的に消された二つの人物像《フィギュア》との一筋縄ではいかない関わり方、果たしえない同一化があった。労働者と植民地の活動家である。この二つの人物像、政治的近代の特権的「他者」はまさに本研究の二つの対象、すなわち「五月」の時代——本書の区分によれば、五〇年代半ば-七〇年代半ば——と、それ以後現在までとを有機的に結びつけてくれる。ここで「人物像」とは、歴史に登場する人々、理論家、発話者と呼ばれるべき存在のことである。かれらは政治的欲望、フィクションや理論による表象、さらには空想の対象であった。そしてまた、もろくてはかない歴史的に固有な対話に参加する者であり、そこで問いただす者でもあった。植民地の人々は、解放闘争を通して、政治的な意味での「人民」(「地に呪われたる者」[*16])という新たな人物像として登場した。フランスの第三世界主義とは、五〇年代後半以降に起きてきたこうした事態を認めることにほかならなかった。そして「人

*15 Elisabeth Salvaresi, *Mai en héritage* (Paris: Syros, 1988)〔未邦訳、エリザベート・サルヴァレジ『受け継がれる「五月」』一九八八年〕を参照。また、Bernard Lambert, *Les paysans dans la lutte de classe* (Paris: Le Seuil, 1970)〔未邦訳、ベルナール・ランベール『階級闘争における農民』一九七〇年〕も参照されたい。

民」は、ヨーロッパ労働者階級なるもののいかなる普遍化も凌駕し、政治的間違いを名指した。それが西洋の学生やその他の人々を動かすことになったのである。六〇年代前半の第三世界主義は、〔六二年の〕アルジェリア戦争の終結を経て、アメリカがベトナム戦を激化させる六〇年代後半にも続いた。フランスの左翼の多くにとっては、まさに毛沢東主義が、植民地の貧農活動家から自国の労働者へと目を転じ、トリノ〔イタリア〕の自動車工場のスト労働者とともに「ベトナムはわれらが工場内にある」ことを認識する契機となった。その結果、フランス国内の労働者は「六八年五月」当時の社会運動の中心的な人物像となったのである。しかし毛沢東主義が唯一の動因だったのではない。フランスでは、六〇年代を通して、反資本主義と国際主義という二つの主題がいつのまにか入り交じり、反資本主義と反帝国主義の言説が重なりあって、一枚の複雑な織物のようになっていた。当時は、ある週の半ばの夕方に行われたパリのミュチュアリテ[*17]前集会で、「同志諸君！　社会主義ボリビアのために全員起立！」のかけ声とともに、三〇〇〇人のトロツキストが一斉に立ち上がる時代だったのだ。「五月」の根幹には知的異議申し立てと労働者闘争の結合という発想があった。別の言い方をすれば、「五月」に出現した政治的主体性は、関係的なものとして、平等をめぐる論争を軸に形成されたのである。論争は、同一化、願望、出会いと出会いそこない、集会、欺き、幻滅を日々経験させた。平等の経験は運動の過程で、多くの人々が身をもって感じていたこと――目標でも将来の課題でもなく、いまここの出来事として現場で確認されていたこと――であり、その後の表象のあり方に大きな課題を突きつけている。運動の過程では、誰かによる代表と指導を終わらせ、指導する者と従う者との分割を揺るがす活動スタイルや、大規模な政治参加を専門家だけでなく一人ひとりの関心事として表現する実践が登場した。こうした経験が、日常生活を説明する既存の方法に属すあらゆる事柄、社会的なものを表象するありとあらゆる手段、依拠しうる限られた表象のすべてを脅かしたのだ。二〇年後になると、この問題はいっそう深刻になった。八〇年代のイデオロギーが蔓延し、平等主義批判なる装いのもとで、平等という考え方に広範な攻撃が加えられたからである。こうした批判によって、平等は、画一性、自由の抑圧、疎外、はたまた市場機能の自由さへの攻撃の同義語となった。知的異議申し立てと労働者闘争の結合という考え方が過去のものとされたり、忘れられたりしている今日にあっては、「六八年」の遺産とは、「解放的」カウンターカルチャーの原型、欲望と解放の形而上学、「欲望機械」と個の経験という還元不能な地平に根ざす「自律した個人」からなる世界の予兆なるもの以上ではありえないのだ。

一九七〇年代半ばになると、ある新たな人物像が労働者や植民地の活動家に取って代わり、マスコミの話題の中心を占めるようになった。この「平民」という無力な人物像は、精神的な意味づけを与えられた物言わぬ存在とされることで、人権をめぐる今日的言説の核となる苦悶する人物像の先駆けとなる。また「反体制派」の存在によって、フランス国内の関心は六〇年代に特徴的だった「南北」

＊16 訳者――ファノンの著書の題名だが（邦訳は鈴木道彦・浦野衣子訳、みすずライブラリー、一九九六年、原著一九六一年）、フランス語版「インターナショナル」の歌詞では、日本語版一番の「飢えたる者」に対応する表現。

＊17 訳者――五区にある公会堂。集会によく使われる。

の軸から冷戦をめぐる語りへと移動した。当時、姿を現しつつあった人道的被害者という新たな表象体制のもとで、かつての「地に呪われたる者」は、まさに単なる「呪われた」悲惨な人々――政治的主体性も、普遍化の可能性も失い、フランスにとってはまったくの他者（被害者か野蛮人かを問わず）を表す人物像になってしまった。少なくともこの国では、第Ⅲ章で論じるように、倫理的道徳性という人権をめぐる新たな言説――その大半は、活動家としての過去から距離を取るか、「五月」の失望感にまっすぐ向き合うことを必死に避けるかする元左翼主義者によるものだ――が、「六八年」を忘却する動きのなかですでに大きな位置を占めていたのだった。こうもいえるだろう。七六年頃から「五月」を切り捨てる必要性が生じるとともに、政治から倫理へと退却する動きが勢いづく。それは「五月」のイデオロギーをゆがめるだけでなく、「五月」の記憶の大半もねじ曲げる退却だった。「五月」の記憶管理人を自任する元左翼主義活動家たちは、かれらが実践する「精神的変容」の見地から、「五月」の出来事がもつ意味を見事なまでに書き換えてしまった。六八年の出来事とその政治文化は、七〇年代後半に蔓延する一種の道徳的言説と、直接的に、また時に激しく対立した末に、政治ではなく「個の倫理」の観点から再編されたのだ。かつてギー・オッカンガムが新哲学派《ヌーヴォー・フィロゾーフ》の「攻撃的倫理主義」と呼んだものが生まれ、新たな段階が幕を開ける。本書の後半では、「六八年」の痕跡を一掃することへのニーズが、一方では、元左翼主義者が喧伝する全体主義をめぐる新たな言説によって、他方では、七〇年代後半に成立した二つの形象――人権とグラーグ／ホロコースト――が善と悪を取りしきる新たな表象体制によって、いかに満たされたのかを検討する。

* * *

「『六八年』に死者はいない」——頻繁に繰り返されるこのフレーズは実際には間違っている。けれども、それが反復されるという事実こそが、「六八年」の反乱と、その当事者〔活動家と国家の双方〕が温厚かつ「善良」なはっきりしない存在として描かれる兆候であると理解すべきだ。出来事の軽重は死者の数によるのか。もちろん、その出来事が文化に関わる事象として分類されたときにはそんなことはない。「五月」は実際、一九八〇年代後半以降の公認の物語では、文化的事象となったではないか。「五月」では政治的なことは一切起きず、したがってその影響は純粋に文化的なものだった——第Ⅲ章で取り上げるが、活字メディアやテレビを通じて、このようなコンセンサス形成が行われた。歴史が学習され、権威づけされ、押しつけられ、公の賞賛を受け、追悼されていったのである。一般に「文化的」といえば、七〇年代に見られた、さまざまな面でのライフスタイルの変化、日常的な生活習慣や行動様式の変容のことだった。たとえば、女性がスカートではなくパンツを履くようになったとか、新しい会話のスタイルが出現したといった事柄である。しかし、こうしたいわゆる「五月」の文化的影響は、いったいどの程度までこの出来事の特異性に関わるのか。〔心理学者・精神分析家の〕ジャン゠フランクラン・ナロがかつて述べたように、あの数ヶ月で起きたことが、何から何まで運動と直結していたわけではないし、「五月」後に起きたことが何から何まで「五月」のせいでもない。資本主義体制下の西側諸国は急速な近代化を遂げており、「『五月』の文化的影響」だといわれる日常生活におけるライフスタイルの受容や変化は、あらゆる国に見られた。その国に「五月」が起きたかどうかとは関わりがない。[*18]

「文化的影響」という曖昧な表現で、英語圏でいう「カウンターカルチャー」的なものを指すことはできるだろうか。一九六〇－七〇年代にかけて独創的なカウンターカルチャーが（特に音楽で）大きな盛り上がりを見せた英米とは異なり、一九六八年以降のフランス版「カウンターカルチャー」は、その多くが輸入品だ。ピーター・デューズ〔イギリスの哲学者〕が示唆するように、英米ではカウンターカルチャーという裏口を通して政治文化と関わりを持つようなこともあっただろう。だがフランスやイタリアでは事情が異なる。両国での七〇年代「カウンターカルチャー」とは、かつてのアメリカよりもはるかに躍動的で力強いかたちで生じていた政治的戦闘性なるものが退潮していく事態をおおむね表していた。[*19]もちろん「六八年」の出来事は、哲学などの知的探求の試みとあいまって、七〇年代フランスが、かつてないほど独創的な時代となるにあたって、きわめて大きな役割を果たした。「六八年」から数年のあいだに、数えきれないほどの知的試みや意見交換の場が、雑誌の創刊や実験的な出版物の刊行というかたちで生まれていた――これらはすべて何らかのかたちで、出来事を継続させようとしたり、政治的エネルギーを関連する研究に振り向けようとしたりしていた。第Ⅱ章では、政治的表象のあり方についての集団的実験の例として、歴史研究の方法論を扱う領域で創刊された雑誌を検討する。ただし本書が対象とする雑誌は、より大きな現象の一部である。〔哲学者の〕フランソワーズ・プルーストが作成した一覧表によって（ここでは部分的な引用にとどめる）その全体像を垣間見ることができる。当時、新しく立ち上げられた出版社や、創刊された有名出版社の叢書の一部を見てみよう。一〇／一八社（一九六八年）、ラッテ社（一九六八年）、シャン・リーブル社（一九六八年）、スイユ社のポワン叢書（一九七〇年）、ガリレー社（一九七一年）、ガリマール社のフォリオ叢書（一九七二年）、エディション・デ・ファム社（一九七四年）、アクト・シュド社（一九七八年）。定期刊行物や文化雑誌では、『シャンジュ』（一九六八年）、『ロートル・セーン』（一九六八年）、『新精神分析評論《ヌーヴェル・レヴュ・プシカナリーズ》』（一九七〇年）、『アクチュエル』（一九七〇年）、『テル・ケル』（一九七二年）、『アフリカ・アジア』（一九七二年）、『社会科学研究要録《アクト・ドゥ・ラ・ルシェルシュ・アン・スィヤンス・ソシアル》』（一九七五年）、『論理的反乱《レヴォルト・ロジック》』（一九七五年）、『エロドート』（一九七六年）などがある。新聞では『ハラキリ・エブド』（一九六九年）、『イディオ・アンテルナシオナル』（一九六九年）、『トゥ』（一九七〇年）、『リベラシオン』（一九七三年）、『ゲイ・ピエ』（一九七九年）などだ。プルーストが指摘するように、このリストにははっきり見られるような冒険的でアグレッシブな思想は、当然ながら反動的な動きも誘発する。プルーストら、多くの人々の手になるこの年表によれば、「六八年」と関わる、みずみずしい活発な創造的活動の終わりの始まりは、一九七六－七八年には、すでに誰の目にも明らかだった。この時期に登場したのが、新しいタイプのメディ

＊18　フランスをはじめ、ヨーロッパにおいてアメリカ流の消費習慣が受容される現象は、第二次大戦後というもっと大きな時間軸の中で生じている。フランスの事例については、拙著 Kristin Ross, *Fast Cars, Clean Bodies: Decolonization and the Reordering of French Culture* (Cambridge: MIT Press, 1995)〔未邦訳、クリスティン・ロス『速い車、清潔な身体――脱植民地化とフランス文化の再秩序化』一九九五年〕を参照。このプロセスに関する語りでは、「六八年五月」の出来事は、現象の加速ではなく中断と捉えられている。

＊19　Peter Dews, "The Nouvelle Philosophie and Foucault," *Economy and Society* 8, no. 2 (May 1979): 168.〔未邦訳、ピーター・デューズ「新哲学《ヌーヴェル・フィロゾフィ》とフーコー」『エコノミー・アンド・ソサエティ（経済と社会）』第八巻第二号〕

ア知識人である新哲学派だったのだ。[*20]

フランスのハイ・カルチャーの領域、特に文学では、テーマとしてもスタイルとしても、「五月」の影響はほとんど見受けられない。〔社会学者の〕パトリック・コンブが明らかにしたように、「五月」の政治を小説形式で描こうとしたものは、有名どころでは皆無に近い。実際のところ、小説における「六八年」の事後的な表象には、メディアでの支配的な表象をそっくりなぞったものが圧倒的に多いのだ。たとえば、バリケードの内側で実存的な苦悩と格闘した人物の、ときに戯画化された意識のレンズを通して、この出来事がドラマチックに描かれるといった具合である。だがこうした記述は、本書が繰り返し明らかにする事実とは相容れない。当時についての個人的な回想は、ほとんどが社会運動への関わりを綴ったものだからだ。近過去の出来事（アルジェリア戦争と「六八年」によってもたらされた切断、こうした契機のなかに現れた政治と人々のあいだの独特な政治的つながり）の忘却は、今日の社会にどのような影響を与えているのか。それを語る具体的な取り組みは、一九八〇年代以降になってようやく、通俗性の強いジャンルである推理小説によって単独で担われることになったのだった。

本書が展開する議論のほとんどは、「五月」の影響を単に「文化」的な（倫理的でも精神的でもなく）ものに閉じこめようとする一九八〇年代の試みへの反駁である。実際、著者としては、そうした見方と正反対に近いものを提示しようと試みたつもりだ。「五月」ではあらゆる出来事が政治的だったのである（もちろん「政治」という言葉を、当時の表現でいえば、専門家や選挙で選ばれた政治家による「政治屋の政治」とは、ほとんど、あるいはまったく無関係と捉えたうえでの話だが）。

というのも、「六八年五月」そのものは、「アート」な出来事ではなかったのである。「五月」は映像が皆無に近い状況で起きている。そもそもフランス国営放送はスト中だった。その代わりに、シネ、ウィレム、カビュなどの風刺画があふれ、写真が撮影された。最も「直接的な」アートのテクニックだけが、事態の動きについていくことができたのだろう。ただし、これを指摘してしまえば、政治がどれほど強い力で文化を引き寄せて、固有の専門領域から文化を引きずり出したのかは、もう明らかかもしれない。アートの側からすれば、出来事と歩調を合わせること、現在、すなわち進行中の事態

＊20　Françoise Proust, "Débattre ou résister?" *Lignes* 35 (Oct. 1998): 106-120を参照〔未邦訳、フランソワーズ・プルースト「議論か、抵抗か」『リーニュ（線）』三五号〕。哲学者のプルーストにとって、ポスト「六八年」というユートピア的な知的エネルギーにあふれた時代は、一九八〇年、マルセル・ゴーシェとピエール・ノラによる『デバ（議論）』の創刊によって終わった。同誌が行った数回の特集は、一九六八年についての「公式見解」が構築されるうえで、リュック・フェリーとアラン・ルノーの著書『68年の思想』（本書第Ⅳ章を参照）〔小野潮訳、法政大学出版局、一九九八年〕が重要な役割を果たす後ろ楯となった。プルーストは、この雑誌によって「知識人と技術者（あるいは専門家）」に参加者を限定した対話のあり方が明確なかたちで復活したと述べる。そして「［こうした対話を通して］知識人は民主主義を内面化する。すなわち、世界変革への虚しい欲望を断念すること、そして代表制民主主義、ならびにその制度と規則が、あらゆる政治集団の究極的地平であることを理解するのだ。こうして知識人の役割は、今日の民主国家が直面する諸問題や政治的文化的危機を合理的に思考し、助言先である政策決定者と日頃から対話することとなる」と付け加えた。『デバ』の編集者であるノラは、雑誌の創刊とサルトルの死が偶然重なったことに好んで触れていた。また別のインタビューでは、『デバ』は『レ・タン・モデルヌ（現代）』と、そのアンガジュマンの哲学の対極に位置づくのだとも述べていた。

と完全な同時代性を確立することが、目的としていきなり出現したといってもよいだろう。

文化と政治の関係を特徴づけていると思われる共約不可能性ないし非対称性は、フランス「六八年」の時期に確実に存在していた。そして実際に、両者の共約不可能性こそが、出来事の中心に存在している。文化が問いかけに答えられずにいる一方で、政治がさまざまかたちで発明され、展開され、既存の文化のあり方と直接ぶつかる。政治実践は文化実践に対して優位にあった。この事実を、どこよりもはっきりと示しているのは、エコール・デ・ボザール（国立美術学校）の学生の経験である。かれらは一九六八年五月中旬に建物を占拠すると、「革命的エコール・デ・ボザール人民工房《アトリエ》」と改称し、猛烈な勢いでポスター作りを始めた。そしてこのポスターが、運動の期間中にパリの街頭を埋め尽くすことになる。単刀直入な「メッセージ」の大半は、いま起きているありとあらゆる出来事——妨害、スト、「走る列車」——ただ続いている事柄——を記すだけでなく、時には命じてさえいた。たとえばこうである。「闘争継続！」「ストライキ続行」「反撃——スト続行」「タクシー運転手——闘争継続」「メーヌ・モンパルナス——闘争継続」——こうしたメッセージには、出来事の「表象」の次元を望む傾向など一切ない。いま起きている事象との一体化——同時化、同時代化——こそが狙いだったからである。そこで肝心だったのは速度、すなわちさっと印刷する技術が不可欠である。学生たちは、それをただちに理解し、石版印刷《リソグラフィ》を使うのをやめた。時間あたりの印刷枚数がたった一〇–一五枚では、大衆運動が求める枚数には到底対応できない。シルクスクリーンなら軽くて作業もしやすく、時間あたり最大二五〇枚が印刷できた。スピーディで融通のきく手段が用いられ、ポスターによるアートと出来事との完全な相互浸透が加速した。けれども、出来事の時間の動きをアートが実感できるようになるうえでは、スピードが最も重要な要因だったのではない。三〇年後、人民工房の主要な活動家だったアーティストのジェラール・フロマンジェ[*21]は『リベラシオン』紙に載った短い回想記事で、一連のポスターが誕生した場面を振り返っている。「芸術《アート》とは生きることを芸術より面白くするもの」というタイトルからは、社会的なものがアートと区別されて「あちら側」にとどまることを拒むとき、あるいはアートが表象ではなく表現を行うときに生じる、目がくらむような幕開けの感覚さえ伝わってくる。

「六八年五月」のときの様子はこうである。アーティストはアトリエを留守にし、制作の手を止めた。絵筆をとる気にはなれなかった。現実のほうが創作活動よりずっと力強かったからだ。当然、アーティストは活動家になった。僕が先陣を切った。エコール・デ・ボザール人民工房はこうして発足し、ポスター制作が始まった。フランス全土がスト中だというのに、われわれは生まれて初めてというほど働いていたのだ。こうしてわれわれは運動に不可欠な存在となったのである。[*22]

＊21　訳者――画家（一九三九－）。早くからパリの画壇で頭角を現し、フランスふうポップアートともいえるフィギュラシオン・ナラティヴ運動に参加。六八年五月では本文に登場する「人民工房」を主導。ゴダールと共同製作によるアジビラ映画『ルージュ――フィルムトラクト一九六八番』（一九六八年）もある。二〇〇五年にはヨーロッパで回顧展を開いた。

フロマンジェは「五月」の期間中にアートとアーティストが解体されていくさまを、順序立てて事細かに述べている。五月中旬に大規模なデモが始まると、美大生はまず「馬から降りて、花を摘んだ」という。毛派ふうの言い回しだが、要するに学生が芸術を後回しにし、相次ぐデモに加わったのである。[*23]「われわれは、アーティストとして、一〇日にわたってこの運動に結集していた。お互いデモで出会った仲だ。われわれは今まで手にしていたあらゆるものと訣別した。もうアトリエを寝床とはしない［…］。生活の場は街頭であり、占拠した建物なのだ［…］。われわれはもう絵筆を握りはしなかった。画を描くという考えそのものが、頭から消え去っていた」。そして次に、馴染みの場所への撤退が描かれる。「そしてわれわれのあいだには、絵描きとしてボザールですべきことがあるのではないか、建物を空っぽのまま閉鎖するのはやめるべきではないか、という議論が起きた」。旧式の石版印刷機があったので、最初のポスター「工場－大学－組合」がただちに制作された。刷り上がった三〇部をドラゴン通りの画廊に持ち込んで、代金を運動にカンパする計画だったらしい。だが、まさにその瞬間、「現実」が運動というかたちをとって文字通り介入し、アートがブルジョワ文化のアートになるステップをはしょったのだ。アートはそうしたルートからいわば強奪され、「いま」に持ち込まれた。芸術作品が商品にとどまる猶予など、たとえ売却を通じて運動に間接的に関わるとしても、まったくないかのようだった。制作されたポスターは画廊に運ばれる途中で運搬役の学生の手からひったくられ、その場で壁に糊貼りされた。こうしてポスターは、真の意味で「ポスター」になった。

「人民工房」結成時の文書にはこうある。「ブルジョワ文化は、アーティストに特権的地位を与えることで、アーティストを他の労働者から疎外し、孤立させている。特権を与え、アーティストを不可視の刑務所に閉じこめている。われわれは自らの社会的役割を変容させることを決意する[*24]」。

＊＊＊

たしかテレビの特番をひたすら観続けていたときのことだったが、私はおそらく少し変わった決断をした。フランスの「五月」の社会的記憶と忘却をテーマにした本を書くにあたり、調査中にインタビューを一切行わないことにしたのだ。そもそも誰にインタビューすればよかったのだろうか。大衆的な出来事の本質とでもいうべきものを描くことが目的である以上、かねて脚光を浴び、「五月」文化の伝説的人物となった人たちに会う気はしなかった。実際かれらの多くが、かつて体制を公然と批

＊22　Gérard Fromanger, "L'art c'est ce qui rend la vie plus intéressante que l'art," *Libération*, May 14, 1998, 43〔未邦訳、ジェラール・フロマンジェ「芸術とは生きることを芸術より面白くするもの」〕を参照。また、Adrian Rifkin, introduction to *Photogenic Painting/La Peinture photogénique*, ed. Sarah Wilson (London: Black Dog Press, 1999), 21-59〔未邦訳、エイドリアン・リフキン「序文」、サラ・ウィルソン編『フォトジェニックな絵画』〕も参照。

＊23　訳者——「下馬看花」（馬から降りて花を見る）にかけている。これは、知識人が労働者や農民の暮らす現場に行って詳しく調査することのたとえ。たとえば、毛沢東「中国共産党全国宣伝工作会議における講話（一九五七年三月十二日）」『毛沢東選集』第五巻、東方書店、一九七七年を参照。

＊24　"Document: L'atelier populaire." *Les Cahiers de Mai* 2 (July 1-15, 1968): 14-16.〔未邦訳、「ドキュメント——人民工房」『五月手帖』二号〕

判したことのある者だけに与えられる体制内の特等席にありついているのだ。他方で私は、ある集団――労働者や農民、特定の政治潮流――について民族誌的な調査をしようとも考えなかった（この分野には先行研究がいくつか存在しており、優れたものは本文中で参照した）。フランス全土に広がり、ほとんどあらゆる町、職種、地域、年齢層を巻き込んだ大衆運動の参加者の証言を選ぶとしても、基準を定めることなどできるわけがない。本書では一貫して、近過去に関する研究がすべてそうであるように、存命中の証人や参加者の言葉が、「五月」に関する断片的な資料の収集と選別からなる記述と交錯する。だが公開されている証言は、少なくとも、あらゆる人に読まれることを想定している。口頭でのインタビューとは異なり、特定の質問者への証言ではない。公開されている証言は、ポール・リクールが示唆するように、論争に加わり、他の証言と比較されることに同意しているのである。この点を踏まえて、対象は公開済みの記録に限定した。といっても、それは量的にも内容面でも、きわめてバラエティに富んだ各種の物理的痕跡（公開されている文献、個人所有の文献、ビラ、雑誌や新聞の記事、ドキュメンタリー映像、回想録、新聞など）の、かなり非学術的な組み合わせであることは間違いない。これらを用いて、一連の出来事についてのさまざまな見方や、当時の経験を伝える小さなエピソードとともに、「五月」がその後どのように回想され、議論されていったのかを明らかにしたい。個人からなる、時にはつかの間の、主体性のコラージュが、続く章では次々に現れるだろう。そうした主体性が、「典型的な遍歴」や伝記的なライフ・ストーリーの類に回収されることなどありはしない。もちろん、過去がそのように想起されていなければ、あの時代に特有の政治的な社会性を伝えることなど、つまり、今では忘れられてしまった事象の中身を示すことなど、一切望むべくもなかった。

本書では、公認の物語――陳腐さゆえに遍在する物語――と、そこから逸脱する物語とを、ともに記録していくよう心がけた。そしてとりわけ、現在の支配的傾向とは一致しない、したがって権力の今日的なあり方の正統化には寄与しない、ローカルな記憶を位置づけていくことにも力を入れた。

しかし近年のフランスでは、現在の支配的傾向に変化が訪れつつあり、それにつれて既存の「六八年」観も変わりつつある。一九九五年冬にフランスで発生した大規模なストライキは、シアトルでの〔反G8行動という〕出来事に数年先立つものだった。このストは、新たな状況が形成されるうえで、フランス内外でクリエイティヴな政治の潜在力が改めて意識化されるうえで、間違いなく一つの役割を果たした。本書の分析の範囲でいえば、このほかにも、フランスの政治的・知的ムードの変化を示す二つの兆候がとりわけ重要だ。まず近年になって、この三〇年間に関して、それまでとは異なるタイプの政治的な物語が多数発表されたことが挙げられる。著者たちは、かつて「六八年」の運動に参加し、今になって過去を――自分の、また他者のそれを――取り戻さざるをえない状況に置かれているからである。ジスカール・デスタンとミッテランの時代に過去がゆがめられ、乗っ取られさえしたと感じるからである。他方で、若手研究者（その大半は歴史家だ）のあいだでは、フランスにおいて初めてアルジェリア戦争と「六八年」の時代を真剣に検討する試みが始まっている。この二種類の書き手の作業は、もちろん一九六八年の記憶において価値ある一章を占めている。こうした取り組みの存在により、本書はまったく孤立した試みであることを免れている。

第I章
ポリスによる歴史

社会学とポリス

「でもフランスの『六八年』では何も起きてはいないじゃありませんか。制度はそのまま、大学はそのまま、労働条件もそのまま――何も起きなかったのですよ」。フランスの「六八年」の社会的記憶が提起する問題について私が発表したとき、とある高名なドイツの社会学者はこうコメントした。彼は続けた。「『六八年』といえば、何よりもプラハです。プラハがベルリンの壁を崩壊させたのです[*1]」。

フランスでは何も起きなかったが、プラハではあらゆることが起きた。こうした解釈に、これほど端的なかたちで接したのは初めてだった。もちろん、この日の私の発表よりも、より国際的な視野を持つ議論は以前から存在する。たとえば一九六〇年代において、民族解放闘争（キューバ、インドシナ半島)、反官僚制闘争(ハンガリー、チェコスロヴァキア)、そして帝国主義本国のヨーロッパと北米の大都市での反権威主義闘争とが合流した事実を強調するものだ。だが先の発言は、向いている先がまったく違っていた。その構図から消えていたのは第三世界だけではなかった。フランスそのものもまた消えつつあったのである。ごく短期間のうちに、世界中でさまざまな出来事があったのではなく、たった一つのことしか起きなかった。それはプラハで起きたのであり、そこでの出来事は、冷戦についての得意気な目的論——現存社会主義の終焉——を後に実らせる種子だったというのだ。[*2] この発言は、冷戦の勝者によるポスト一九八九年の声——二〇世紀のあらゆる出来事をこうした一つの枠組みへと、ここに見られるような唯一の語りへと回収してしまう声だったのか。フランスの「六八年五月」のように、この語りにうまく収まらないことには意味がないのだろうか。変革はこの語りの内側でしか考えられないものとなってしまったのだろうか。

社会主義が崩壊し、資本主義が表面的には満場一致でヘゲモニーを獲得したことで、今日の世界は「六八年」の世界から遠く隔てられている。いまの世界と根底から異なる世界が構想された時代をイメージすることは、現在ではかなり難しい。この意味で、先ほどの社会学者のプリンストン大学での発言は、ポスト一九八九年における「五月」評価の多数派と軌を一にしている。それは「五月」のエネルギーを、現在の世界がもたらす必然的な結果のために利用する改変や忘却の一つのあり方なのだ。フランスの「五月」ですら、ある今日的な説明によると、起きたこと自体は認められてはいても、こうした結果——今日の世界——が目標だったとされる。[*3] 歴史の奇妙な狡知によって、フランス共産党の改良主義と官僚制に対する左からの攻撃は、逆説的な効果を生み出し、このときをもって、あらゆ

＊1　ヴォルフ・レペニースの発言（プリンストン大学高等研究所、一九九九年一〇月）。〔▼ヴォルフ・レペニースはドイツの社会学者（一九四一－）。邦訳書に『三つの文化――仏・英・独の比較文化学』松家次朗ほか訳、法政大学出版局、二〇〇二年、原著一九八五年〕

＊2　何らかの直接的な因果関係にしたがって「プラハの六八年がベルリンの壁を崩壊させた」という考え方はそれ自体、歴史的因果性に関する根本的な問題を提起する。一九六八年の反体制派は（一九八九年とは異なり）、自分たちの民主化要求が社会主義と両立できないとは考えていなかったようだからだ。ジャン＝フランソワ・ヴィラールは次のように記している。「実際のところ［一九六八年の］チェコスロヴァキアでは、社会主義の枠組みからの離脱など誰一人として考えていなかった。そして他方、実際のところ、八九年から九〇年にかけては、言葉の意味はともかく『社会主義』の枠組みに基づいた社会制度の改良を擁護する者は誰一人としていなかった」（Jean-François Vilar, “Paris-Prague: Aller simple et vague retour,” *Lignes* 34 (May 1998): 87〔未邦訳、ジャン＝フランソワ・ヴィラール「パリ－プラハ――単純な往路、曖昧な復路」『リーニュ』三四号〕）。当時プラハに住んでいたヴィラールは、旧ユーゴスラヴィアと今日呼ばれている地域の「一九六八年」について、現在に至るうえで鍵となる解放の契機を代表するどころか、「友人たち以外のあいだでは、そもそも思考の対象ですらなかった」と述べている。公的歴史のレベルでは、プラハの「六八年」は忘れられたも同然のようで、当時存在した情熱は、今日の市場型民主主義に結びついていたとか、その原因だった――ヴォルフ・レペニースらはそう考えたがっているが――とかいうのではなく、それと両立しないようである〔▼ジャン＝フランソワ・ヴィラールはフランスの作家（一九四七－）。六八年五月に参加。その後トロツキストの活動家、記者を経て小説家になる。作品に Jean-François Vilar, *C'est toujours les autres qui meurent* (Paris: Fayard, 1982)／未邦訳、『死ぬのはいつも他人』一九八二年など〕。

＊3　一例として次を参照。Gilles Lipovetsky, *L'ère du vide: Essais sur l'individualisme contemporaine* (Paris: Gallimard, 1983).〔ジル・リポヴェツキー『空虚の時代――現代個人主義論考』大谷尚文・佐藤竜二訳、法政大学出版局、二〇〇三年〕

る全面的、あるいは革命的変革の希望には終わりが告げられる——そしてこれが、こうなることは当時からわかっていたと主張する一部の元左翼主義者によれば、当時まさしく望まれていたことなのだ。こうした観点のもとでは、「六八年」と一九七〇年代半ばに有名な元左翼主義者が掲げる激しい反マルクス主義とを隔てる時期が記憶から削除されており、当時の対抗運動現象は、この出来事の隠された「意味」、そこに初めから潜む「密かな欲望」として提示される。

フランスの「五月」をめぐって、先の社会学者が下す簡潔な評価は、学問としての社会学——「五月」の出来事の解釈を支配する分野——の自負、すなわち変化を評価することはもちろん、評価基準自体を決定することすらできるのだという自信に裏打ちされたものなのだろうか。「五月」には「何も起きていない」という感想は、もちろん——政治的・感傷的な度合いもさまざまに——今日でもフランスのあちこちでたびたび表明される。「何も起きなかった。女性運動以外は。運動が家族制度に及ぼした影響をごらん」——つまり、何も起きなかったけれども、起きたことはすべて気に入らないのだ。こういう言い方もある。「何も起きなかった。フランス国家は、あの政治的騒乱をすっかり回収できたじゃないか。それに当時の面々ときたら、こぞって華々しくご活躍、愛車はBMWだ」——現在BMWを運転するフランス人は、当時の活動家だけだといわんばかりだ。このほか「政治的には何も起きなかったが、文化的には大きな変化があった」という見方もある。おそらくこれが、現在のフランスで最もよく耳にする見解だ。これは政治と文化という二つの領域ははっきり区別できるという発想に基づいており、文化の可視性——生活様式、習慣、ハビトゥス——の氾濫が、政治の不可視性——「六八年」という時代に固有の政治的な次元を覆う記憶喪失——と正比例の関係にあるという評価である。

では実際のところ、この時代は今ではどう理解されているのだろうか。フランスのテレビ局の「六八年」番組、とくに二〇周年の特番を観ているときほど、「ほんとうは何も起きなかったのでは」という疑いを抱くことはおそらく間違いないだろう。それが番組の狙いではないのかという疑念を抱いてしまうほどだ。テレビの特番は、あらゆることが起きた（ゆえに、何も起きなかった）という印象を繰り返し作り出している。まさにあらゆること――帝国主義から服装、現実、学生寮の門限、資本主義、文法、性的抑圧、そして共産主義――に対するトータルな闘いだったからこそ、何も（なぜなら、すべてが等しく重要なのだから）起きなかったという印象を生み出す。また、何でも話題にする学生と、何も話すことのない労働者から「五月」は構成されるという印象が生じることもある。二人の元左翼主義者による一九八五年の特番でのやりとりには、このことが典型的なかたちで表れている。

ロラン・カストロ（毛派組織の元リーダー。その後ラカンの精神分析を受ける）「六八年五月」は政治ではなかった。言葉だけの運動でした。

ジャン＝フランソワ・カーン（元左翼主義者。現在はリベラル派）まったくです［…］。現実を言葉で置き換えるひどいあやまちでした［…］。すべてが可能だという、例の考え方です［…］。ほんとうにひどい時代だった［…］。おかげで今の子どもたちには教養がない［…］。国民戦線すら「六八年五月」の産物なのです。

カストロ　「六八年五月」はエリートの危機だったのです。

カーン　そうです。子どもの言うことも昔よりは相手にされるようになった［…］。管理職《カードル》がいばるシステムは揺るぎました。

アルフォンシ（司会者。カストロに向かって）「私の仲間に手を出すな」のバッジ[*4]をつけておいでですね。

カストロ　ええ、これがあるとリラックスできるのです。[*5]

こうした支離滅裂なやりとりを通して、「五月」は再びすべてを体現する——つまり、何も表さなくなってしまう。マスコミは元左翼主義活動家と一緒になって、相変わらずピンぼけ気味に「五月」を取り上げる。争点をぼかし、たわいのないおしゃべりを繰り返して、対象をうまく無害化する。支離滅裂な話を続ける元左翼主義活動家をテレビで目にすれば、私がプリンストン大学で会った社会学者と同じ結論に至るのも無理はない。「六八年」が目指した「発言（＝言葉の獲得）」が、結果的にはトークショーという、現代的な記念イベントに成り下がったのだから。とはいえ、先の社会学者の断定調にはもう少し説明が必要だ。「フランスでは何も起きなかった」。何も変わらなかったし、主要な制度も変わらなかったと彼は言う。これは職業的社会学者の声だったのではないか。物事がいつまでも同じであり続ける理由を説明することをなりわいとし、システムに生じた切断を、同じであることの論理なるもの、連続性の論理、再生産の論理に再び取り込むために修復すべきものとして捉える、そうした人物の声ではないだろうか。まさにそうであるがゆえに、社会学者の解釈は、「五月」についても、その他の出来事についても、私には同語反復とそう変わらないように思えてならない。事実を、それを記述する言葉どおりに説明しているようにも思えるのだ。「青年の反抗」は、「五月」をめぐって頻繁に用いられる基本的な社会学のカテゴリーだ。青年は反抗する、なぜなら若いからだ。青年は反抗する、なぜならかれらは学生で、大学が過密だからだ。青年は反抗する。「まるで狭い場所ですし詰め生活を強いられたネズミか何かの動物のように」[*6]。最後の説明は、社会学者のレイモン・アロンが「五月」直後に思いついたたとえだ――なお、このような動物をたとえとした表現は、パリ・コミューンの時代以来、ほとんど出現の場がなかった。

あるいは、あれは「ポリス」の声だったのだろうか――「何も起きなかった」と告げたのは。ジャック・ランシエールは一九九八年のテキストで、この表現を――現在形にかぎって「今は何も起きていない」というかたちで――使い、彼が広い意味で「ポリス」と呼ぶものの機能を示している。

公共空間に警察《ポリス》が介入するのは、デモ隊に呼びかけるためではない。それを解散させるためだ。ポリスとは、個人に呼びかける法（アルチュセールが言う「おい！　そこのお前」）のことではない。

＊4　訳者――ミッテラン政権下の一九八四年に設立された、反差別団体「ＳＯＳラシズム」のスローガン。
＊5　Maurice Dugowson, "Histoire d'un jour: 30 mai 1968," television documentary, Europe 1, France 3, 1985.〔テレビ・ドキュメンタリー『ある日の歴史　一九六八年五月三〇日』ディレクター：モーリス・デュゴーソン、ヨーロッパ1、フランス3、一九八五年〕
＊6　Raymond Aron, *La révolution introuvable: réflexions sur les événements de mai* (Paris: Fayard, 1968), 54.〔末邦訳、レイモン・アロン『とらえどころのない革命――五月事件についての考察』一九六八年〕

そうした理解は宗教的臣従化との混同から生じる。ポリスとはまずもって、何があるのかを、いやむしろ、何もないことをはっきりと自覚させるもののことだ。「立ち止まるな。何もないぞ」。警察《ポリス》は街頭には見るべきものは何もない、とにかく立ち止まらずに歩き続けろと言う。移動の場所は移動の場所でしかないと言う。だが政治《ポリティクス》とは、この移動の場を、ある主体——民衆、労働者、市民——が現れる〔＝デモをする〕場に変えることだ。政治とは場所を作り直すこと、すなわち、その場ですべきこと、見るべきこと、名づけるべきことを表現し直すことをいう。それは感覚的なものの分有をめぐる争いのことである。*7

社会学者と過去の関係は、ポリスと現在の関係に対応するのか。ランシエールにとって、ポリスと社会学者は同じ声色で語る。識別力にきわめて優れた社会学を参照しても、ハビトゥス、生活様式、諸規定の社会的基盤あるいはその集合へと話が逆戻りしてしまう。事態が別のかたちで生じた可能性、異なるかたちをとった可能性は最終的にはありえなかったことになる。こうしてこのプロセスでは、経験の固有性だけでなく、それを捉えるために人々が意味を生み出すやり方もすべて無効とされる。ポリスは、適切に機能する社会秩序をその通りに機能させ、この意味で規範的な社会学の言説を実行する。したがってランシエールにとって「ポリス」とは、弾圧よりも、もっと基本的な役割を担っている。ポリスは、知覚されるものとされないものとを構成し、見えるものと見えないものとを規定し、聞こえるものと聞こえないものとを分割する。というのは結局のところ、ポリスとは、場所と役割を配分すると同時に、そうした階層的配分を正当化するシステムに関わるすべてを指すとランシエールは考えているからだ。ポリスは統計的に数をかぞえる〔＝人を勘定に入れる〕。生まれや役割、場所、利害の違いで定義された集団をその対象とする。それは社会的なものを記号で構成することでもある。「社会的なもの」は、特定の固有な行動様式《プロファイル》を持つ諸集団からなり、その行動様式は、それぞれの活動が営まれる場に対して、直接的に、なかば自然に割り当てられている。こうした集団は、数えあげられることを通して全体として社会を構成する――そこでは人と事物が、過不足なく、もれなく集計される。「立ち止まるな。何もないぞ」。これこそが役割、場所、アイデンティティをぴったり一致させる言い回しだ。過不足はないのだから何も起きていないのである。

ランシエールが「ポリス」という語で、社会政治的分類の最も広い意味での行為体を指すのは、この行為体が集団を作り出してその役割を定めるとともに、集団とその役割との関係を「自然化」する、さまざまな社会学的・文化的・医学的分類機能を持つからだけではない。日常的な意味での「ポリス」――街頭の警官のことも指すからだ。二つの意味が重なり合うことは、たとえば、一九六八年にナンテール校でアンリ・ルフェーヴルが語ったとされる、創作とおぼしき逸話に見てとれる。学部長たちから「講義に出ている学生で、特に政治的に問題のある学生をリストアップするように」と言われたとき、ルフェーヴルはこう応えたそうだ。「学部長殿に申し上げますが、私はお巡りではありません」[*8]。

＊7 Jacques Rancière, *Aux bords du politique* (Paris: La fabrique, 1998), 177.〔ジャック・ランシエール『政治的なものの縁で』航思社、近刊〕

一九九八年のテキストでランシエールが提起している政治と社会秩序の理論化の試みは、三〇年前に本人が関わった「六八年」の出来事から強い影響を受けている。「六八年」直後のフランスでは、エリート層の混乱は誰の目にも明らかであり、それに応えるかたちで国家がまさに肥大化したのだが、フランスの思想もまた「ポリス」のイメージに侵食されていた。一九七〇年代には「ポリス」が人物像や強制力として理論の場にたびたび登場する。比喩のこともあれば（アルチュセールはイデオロギーの機能を説明する際に、「おい、そこのお前」と呼びかける警官をたとえに用いた）、国家の抑圧に関するフーコーの壮大な考察（『監獄の誕生』原著一九七五年）にも登場する。さらにまた、官僚機構と管理システムの複雑なネットワークに家族が組み込まれるプロセスを扱った、ジャック・ドンズロによるフーコー流の分析（『家族の管理《ポリス》』原著一九七七年）[*9]にも顔を出す。モーリス・ブランショが学生‐作家行動委員会とともに執筆した当時の運動に関する一連の分析にも警察がつねに登場する。その一例が一九六九年のテキスト「日常の言葉」だ。[*10]「六八年」の次に訪れたのは、公序とその崩壊を極度に警戒する時代だった。人々が街頭に再び現れることへの政府の明白な恐怖感は、警官をこれ見よがしに増員し、街のあらゆるところに配置することに現れていた――カフェや美術館・博物館、街角など、数人以上が集まる場所がことごとく監視対象となった。こうして哲学と理論には、警官の存在が痕跡としてとどめられるようになるのである。三〇年後、「五月」の痕跡とその余波は、ランシエールによる「ポリス」――共同体という名の人々の配分の秩序、国家がお好みの社会秩序を生み出す際に行う場所と権力、役割の管理実践――の理論的な概念化作業のなかに、また「政治」とは、そうした自然化された配分を――おおまかにいえば――破壊することなのだと考えるランシエールの分析のうちに、いまも見いだされる。

以下の議論では、この語が持つ二つの意味内容をはっきり区別する。一般的な意味の「ポリス」は、一九五八年のクーデターで成立したドゴール政権のような政府では、その活動が体制に深く組み込まれている。この意味でのポリスが、アルジェリア戦争と「五月」の出来事の時間的近さをめぐる本章の議論の中心だ。次章で論じるのは「五月」のなかではぐくまれ、過去の社会関係の「脱自然化」にとりかかった——そしてそれによって一種の社会的なものの論理〔人々に持ち場と社会的アイデンティティを割り当てて、その役割に同一化させる論理〕である「ポリス」を妨げた——さまざまな表現形式と実践である。なぜなら実際のところ、「六八年五月」は、運動の発火点となった特定の社会集団——学生や「青年」——の利害とはほとんど無関係だからだ。「五月の出来事」の大きなポイントは、学生が学生として、労働者が労働者として、農民が農民として活動すること、役割を果たすことをやめたところにある。「五月」とは、役割システムの危機だったのだ。この運動は、脱分類化、すなわち場所の自然な「所与性」の中断という政治的実験のかたちを取った。学生が学外に出るという意味

＊8 アンリ・ルフェーヴルの発言。出典は以下。Kristin Ross, "Lefebvre on the Situationists: An Interview," *October* 79 (winter 1997): 82.〔未邦訳、クリスティン・ロス「ルフェーヴル、シチュアシオニストを語る」『オクトーバー』七九号〕
＊9 訳者——邦訳は『家族に介入する社会——近代家族と国家の管理装置』〔宇波彰訳、新曜社、一九九一年〕。
＊10 Maurice Blanchot, "La parole quotidienne," in *L'Entretien infini* (Paris: Gallimard, 1969), 355-66〔未邦訳、モーリス・ブランショ「日常の言葉」『無限の対話』一九六九年所収〕を参照。

での場所の移動、農民と労働者が出会う集会、あるいは学生による——カルチェ・ラタンを出た後での——農村や労働者地区、下町の訪問、はたまた、身体的な移動を伴う新たなタイプの大衆的な組織化（一九六〇年代前半にはアルジェリア反戦、その後はベトナム反戦）のことである。さらにこの身体の移動は、政治概念そのものの移動——政治概念を、それが置かれている場、あるべき場から、つまり当時の左翼にとっては共産党の外へと出すこと——でもあった。「五月」の時期、ポリスの論理はたえずフル回転していた。学生と労働者を引き離し、接触を妨げ、学生をカルチェ・ラタンで孤立させた。たとえばルノー社フラン工場など各地で起きた一九六八年六月の闘争では、学生と労働者の相互作用を妨害している。[*11]この論理のすさまじい動作は——担い手がCGT〔フランス労働総同盟〕指導部か、ドゴールか、共産党か、警察そのものかを問わず——こうした政治のもたらす脅威を知る手がかりになる。「六八年五月」は、「学生」のアイデンティティや利害そのものよりも、学生というアイデンティティの内部に生じた切断や亀裂に関わっていた。ランシエールがあるところで示唆しているように、こうした切断は、他者性（政治的近代にとって二つの古典的「他者」である労働者と植民地の人々によって表される）への政治的開示というかたちをとったのであり、それ自体が、この世代特有の歴史的かつ政治的記憶——植民地解放と強く結びつき、そこに刻まれた記憶から生じていた[*12]（しかも植民地解放の物語では、もちろんポリスが主役となる）。まさにこの切断によって、学生と知識人は、特定の利害を持つ特定の社会集団のアイデンティティと訣別し、より広いもの、ランシエールのいう政治、モーリス・ブランショが「五月」固有の力として取り出したものへとつながりえたのである。これについてブランショは、「いわゆる学生によるあの行動において、学生たちは決して学生として行動せず、全面的な危機を啓示する者として、体制、国家、社会を問いに付す、切断の力を行使する者として行動した」と記している。[*13] 学生はこうした行動をとることで、国家の統治権の土台となる（役割を与えるものという意味での）社会的なものという考え方を問うたのだ。他者性へと自らを政治的に開くことで、活動家はこの秩序に亀裂を生じさせ、ポリスによって割り当てられた場所を、わずかな時間ではあれ移動させて、見えなかったものを見えるようにし、聞こえなかったものを聞こえるようにしたのである。

＊11　訳者――パリ郊外イヴリーヌ県にある同社の大工場。

＊12　Jacques Rancière, interview, "Democracy Means Equality," *Radical Philosophy* 82 (March/April 1997): 33〔未邦訳、ジャック・ランシエール　インタビュー「民主主義とは平等のことなのです」『ラディカル・フィロゾフィー』八二号〕を参照。

＊13　このテキストは最初に学生‐作家行動委員会の名で公開された。"Un an après. le Comité d'action Étudiants-Écrivains," *Les Lettres Nouvelles* (June-July 17, 1969): 143-88を参照。後日、その一部が「運動について」というタイトルで、ブランショを著者として、Maurice Blanchot, "Sur le mouvement," *Lignes* 33 (March 1998): 177; reprinted in *Ecrits politiques: 1953-1993* (Paris: Gallimard, 2008), 199-204) に再録された〔モーリス・ブランショ『ブランショ政治論集』安原伸一郎・西山雄二・郷原佳以訳、月曜社、二〇〇五年、二〇八‐二一七頁（引用箇所は二一〇頁）。なお *Les Lettres Nouvelles* の七つのテキストのうち「行動委員会、革命的無制限要求」「日和見主義と悲観主義を越える運動（一九六八年一二月）」「行動委員会について（一九六八年一二月）」の三つは Dionys Mascolo, *A la recherche d'un communisme de pensée* (Paris: Fourbis, 1993), 324-63〔未邦訳、ディオニス・マスコロ『思想のコミュニズムを求めて』一九九三年〕に収録〕。

この事実を明らかにするためには、一回限りの出来事としての「五月」（時間軸上の一点、実際に「何かが起きた」時点）と、一九五〇年代半ばから一九七〇年代半ばまで続く約二〇年という期間としての「五月」との緊張関係を保つ必要がある。「五月」は、アラン・バディウのいう意味での出来事だった。バディウによれば、出来事は過剰なかたちで、あらゆる予測を超えて生じ、人々と場所を移動させ、思考のためのまったく新しい場を提示する。[*14]「五月」は出来事だった。数十万いや数百万の人々を、自らの受けた教育、現実の社会的立場、もともとの職業が予想させるところを超え、はるか彼方まで導いたからだ。「五月」は出来事だった。そこに実際に参加すること——それは漠然とした形式的な連帯感よりもずっと濃厚で、共有されていた理念よりもずっと深遠だった——で、その人の人生が変わってしまったからだ。とはいっても「五月」とは、多くの人々が当時からなぞらえていたような、世界情勢の予測不能な動きがもたらした一種の天変地異でもなければ、「青天の霹靂」——繰り返し聞かされた比喩だ——でもない。一九六八年の空はもっと前から曇っていた。「五月」にはアルジェリア反戦運動に遡る長い助走期間があり、少なくとも七〇年代半ばまで続く「その後」があったのである。

「六八年五月」とは、巨大な文化改革でも、現代化の推進力でも、新しい個人主義の幕開けでもなかった。対象とする期間を大きくとることで、こう主張することが可能になる。「五月」とは、まずもって社会学のカテゴリーでいう「青年」の反乱ではなく、ある歴史的条件下で発生した、労働者と学生による同時反乱だった、と。参加者のなかには、幼少時のアルジェリア戦争の生々しい記憶を持つ人もいれば、一〇代後半かそれ以降の時期が、一九六一年一〇月一七日にモーリス・パポン率いるパリ警察が行ったアルジェリア人労働者数百人の虐殺や、シャロンヌ事件〔本文八六‐七頁参照〕、OAS[*15]（秘密軍事組織）が連日のように行った襲撃事件に偶然重なった人もいた。かれらは同年代だったわけでも、こぞって同じ政治遍歴をたどったわけでもない。だがアルジェリア戦争の終盤では、ドゴール政権による警察権力の行使のありようをみな目の当たりにしていた。「六八年」が、その数年前に起きたアルジェリアに関わる一連の出来事と時間的に遠くないという事実こそ、八〇年代に作り上げられた公認の物語が最初に忘却してしまいたい、きわめて重要な「六八年」の一面だったのである。だが早くも七四年の時点で、活動家のギー・オッカンガムは、六八年のフランスで大きく注目されていた、アルジェリアをはじめとする世界中のさまざまな地域が、集合的記憶から消えつつあると警告していた。

いくつもの国家が、複数の大陸全体がわれわれの記憶から消えてしまった。戦火のアルジェリア、毛沢東の中国、そしてベトナムが、耳をつんざくような爆撃音や戦闘の騒音に包まれながら、

＊14　Alain Badiou. "Penser le surgissement de l'événement," *Cahiers du Cinéma*, Special Issue, "Cinéma 68," May 1998, 10; reprinted in *Cinéma 68* (Paris : Cahiers du cinéma, 2008), 21-22〔未邦訳、「出来事はどのように起きるのか」『カイエ・デュ・シネマ』一九九八年五月特別号。後に『シネマ68』二〇〇八年所収〕を参照。

＊15　訳者 —— アルジェリア独立に反対する極右の非合法軍事組織。一九六一年一月から六二年にかけて活動。

特急列車のように通過していった。幻想の対象となることすらありえない。すでにこうした国々はわれわれの前から消え去ってしまっているのだから。[16]

棍棒

「棍棒《マトラク》で殴る側と殴られる側とのあいだに対話などありえない」[17]。このスローガンが示唆するように、一九六八年五月中旬になると、警察官の棍棒は、街頭で決起する人々にとってまさに国家の比喩となっていた。ドゴールは長い沈黙を守り、政府は街頭で勃発した暴力行為への初期対応に失敗した。こうして警察は、国家の唯一かつ直接の代理人となった。絶対的な分断の両側には、一対の典型的な人物像があった――殴る者と殴られる者。両者は徹底的に隔てられた不平等な「ゾーン」に住み、一触即発の状況、相互承認や「対話」の類がまったくありえない状況にあった。殴る側と殴られる側との関係は、絶対的な差異と全面的な対立の反弁証法だ――この「純粋暴力」という関係性は、ファノンが『地に呪われたる者』で理論化した、「植民者」と「植民地原住民」という二つの典型像のあいだの関係性とどこか似ている。棍棒《マトラク》とは、短めで、だいたい均整のとれた造形の木製の攻撃用武器だ。一方の端が太く重くなっていて、硬いゴムで覆われている。棍棒は、六八年五月から六月を扱った劇的な回想や記録映像、政治的図像に目立って登場する。「五月」で最も激しい夜となった五月二四日に配られた、よくあるタイプの活動家向け冊子『棍棒の回避法』は、『フランス・ソワール』や『フィガルミュッシュ』(保守系日刊紙『フィガロ』を活動家はこう呼んだ)といった新聞をどう折りたたんだら、肩や首をガードするのに一番よいかをデモ隊向けに説明していた。「厚さは『棍棒に耐えられる』だけの厚みが必要だ――およそブル新の二五頁分である」[*18]。この時点までノンポリだった人々がいかに政治意識を獲得していったかを伝える語りでは、棍棒は「覚醒」や発見をもたらす「教育的」機能をしばしば担う。ある活動家は、八八年に出版された本のインタビューで、二〇年前の警察の暴力を回想している。「棍棒の力で存続をはかる国家の本質を知るにはうってつけのレッスン、まさに直接教育だった」[*19]。当時の様子を目撃した人はこう書いている。「街頭闘争を間近で見かけたとき、警察が人々の頭を力任せに殴っているところが目に入った。警察がこちらに向かってくるのは一生忘れられない光景だった」[*20]。ある参加者は初の体験をこう語る。

---

*16 Guy Hocquenghem, *L'apres-Mai des faunes* (Paris: Grasset, 1974), 35.〔未邦訳、ギー・オッカンガム『「五月」後の人々』一九七四年〕

*17 ジャック・ソヴァジョ〔当時フランス全学連副委員長〕の発言。UNEF and S.N.E. Sup., *Le livre noir des journées de mai (du 3 mai au 13 mai)* (Paris: Seuil, 1968), 40.〔フランス全学連他編『五月革命の記録』江原順訳、晶文社、一九七〇年、六三頁〕

*18 "Comment éviter les matraques," in Alain Schnapp and Pierre Vidal-Naquet, éds., *Journal de la Commune étudiante. Textes et documents, nov. 1967 - juin 1968* (Paris: Seuil, 1969), 433.〔未邦訳、アラン・シュナップ、ピエール・ヴィダル＝ナケ編『学生コミューン日誌――テキストと資料　一九六七年一一月－一九六八年六月』一九六九年〕

*19 ジェラルドの発言。Nicolas Daum, *Des révolutionnaires dans un village parisien* (Paris: Londreys, 1988), 158; Nicolas Daum, *Mai 68 : raconté par des anonymes* (Paris: Éditions Amsterdam, 2008), 293.〔未邦訳、ニコラ・ドーム『パリの片隅の革命家たち』一九九八年。増補改訂版『六八年五月――無名の語り手たち』二〇〇八年〕。以下、同書については増補改訂版のページ数も示す。

私にとっての「六八年五月」は、アパルトマンを出るときに棍棒で殴られたことで始まった。カルチェ・ラタンでのごく初期のデモに行ったら、警官隊が突進してきた。ナンテール校での出来事は耳に入っていたけれども、その時までは縁遠い出来事だった。私は高校のグラン・ゼコール受験準備コースでおとなしく勉強していた。そんな私が突然会議や集会に足を運ぶようになった。ただし内容にはさっぱりついていけなかったが。[*21]

五月上旬の警察による暴力がきっかけで、街頭に出る人の数は急増した。しかし警察の暴力は、運動が大衆化する触媒となっただけではない。棍棒がふるわれだすよりずっと前から始まっていたようなのだ。ナンテール校人文学部長ピエール・グラッパン（かつての対独レジスタンス活動家）の要請で、大量の警官隊が同校に導入されていることそのものが、大学と警察との結託を新たなレベルでまさに可視化していた。

学生側の反応、警察の行動に対してだけでなく、警察が学内にいることそのものへの反応は［…］本能的なもの、反射的なアレルギーだった。大半の学生は最初のうちはノンポリで、ナンテール校での一連の出来事をよく思ってはいなかった。けれども「三月二二日運動」を本能的に支持した［…］。警察が学内にいることそのものを耐えがたい抑圧と感じたからだ。[*22]

アンリ・ルフェーヴルは、ナンテール校での理論と日常生活の出会いをこう回想している。

学生はマルクス主義の基本文献を読解・注釈していた。国家や政治的疎外を論じたマルクスのテキストだ。私はこうしたテキストが「警察国家打倒」のような学生のスローガンに一役買ったと確信している。このスローガンは学生の経験から生じている。空間、大学空間、郊外、そしてナンテール校のキャンパス周辺のスラム街を統制する警官との経験から。[*23]

ある活動家は、警官隊を目にしたときの身体的な反応を語っている。

そもそも警察が灰色と青色の分厚い壁と化していること、それを目の当たりにしただけで怒りが渦巻いた。この「壁」がわれわれに迫ってくる［…］。俺も敷石をはがして投げつけてやろう

＊20　J－Pの発言。Daum, *Des révolutionnaires dans un village parisien*, 251; Daum, *Mai 68*, 211.

＊21　ヤンの発言。Bruno Giorgini, *Que sont mes amis devenus?* (Paris: Savelli, 1978), 119.〔未邦訳、ブリュノ・ジョルジーニ『友人たちのその後』一九七八年〕

＊22　Epistémon, *Les idées qui ont ébranlé la France. Nanterre: novembre 1967-juin 1968* (Paris:Fayard, 1968), 100〔未邦訳、エピステモン『フランスを揺るがした思想——ナンテール　一九六七年一一月－一九六八年五月』一九六八年〕。「三月二二日運動」は、ナンテール校の活動家の連合体。アナキスト的な志向があった。結成日は名前の通り一九六八年三月二二日である。

＊23　Henri Lefebvre, *Le temps des méprises* (Paris: Stock, 1975), 115.〔未邦訳、アンリ・ルフェーヴル『誤解の季節』一九七五年〕

と思った。[*24]

アラン・クリヴィーヌら[*25]は、パリ大学区総長ジョン・ロシュが、五月三日にソルボンヌに警官隊の導入を決めたことが運動の発火点であると強調してきた。それまで一度たりとも警官隊がソルボンヌ構内に入ったことはなく、占領時のドイツ軍すら足を踏み入れなかった聖域だったからだ。このとき以来、当初は目標などないも同然の運動が、「ソルボンヌを警察による占領から解放せよ」や、「獄中の同志を釈放せよ」（ベトナム反戦デモで最初に逮捕された学生のこと）といったスローガンを軸に盛り上がり始めた。五月一一日になる頃には、学生側は、構内からの警察の退去を主な要求として掲げていた。ここでもまた警察の存在そのものが事態の政治化に寄与していた。高校生が最も気にしたのは敷地内や周辺に警察がいることだった。連続テレビ番組『人生の歩み』は、五月中旬に「最終学年で」というタイトルで放送を行い、「表現の自由」（校内で集会やビラまきなどの政治活動を行う権利を指す）を求める高校生二人を登場させた。生徒と、われわれも「表現の自由」は大事だと思うとなだめにかかる、好意的とおぼしき学校の当局者とのやりとりは、らちの明かないものになる。単なる抽象的で形式的な意味での「表現の自由」の繰り返しに見えるものなど、かれらが受け入れるわけはなかった。この二人は直接的で具体的な懸念をはっきり述べる。「警察は校門のところにひたすら居座り、われわれを逮捕しようと手ぐすね引いているのではないか」[*26]。同様に、プジョー社のソショー工場の労働者の発言は、警察の登場には、それまで政治的と見なされなかった状況を政治化する効果があることを明確に示している。ストに入っていたこの工場を制圧するため、当局がCRS[*27]（共和国保安機動隊）を動員した際に起きた六月一一日の暴力事件に触れ、労働者はこう述べる。「われわれの相手は工場の監督や管理体制であって、ＣＲＳではなかった――けれども、こうなったら政治闘争なんだ。防衛の必要に迫られた。俺だって最初に現場に行ったときは、闘うつもりじゃなかった。だがはめられたのだ。あいつらはその場に倒れた人間に見境なく殴りかかった。相手がぐったりしても決してやめない」[*28]。この労働者は六月一一日の闘いで片足を失った。ほかにもアンリ・ブランシェとピエール・ベイロの二人がＣＲＳに殺害され、一五〇人が重傷を負った。警察は、秩序一般のみならず、

＊24　ある活動家の証言。Jacques Durandeaux, *Les journées de mai 68: rencontres et dialogues* (Paris: Desclée de Brouwer, 1968), 13.〔未邦訳、ジャック・デュランドー『六八年五月の日々――出会いと対話』一九六八年〕

＊25　訳者――政治活動家・元欧州議会議員（一九四一－）。共産党の学生青年運動にトロツキストの隠れ活動家として参加した後、六六年に革命的共産主義青年団（ＪＣＲ）の結成を主導。ベトナム反戦運動や六八年五月で活躍。六九年と七四年には大統領選に出馬するが得票は低迷。ＪＣＲの後継組織・革命的共産主義者同盟（ＬＣＲ）で長年幹部を務める。

＊26　“En terminale,” episode of television series, “Les chemins de la vie,” producer Pierre Cardinale, 1968.〔「最終学年で」（テレビ・シリーズ『人生の歩み』の一回分、プロデューサー：ピエール・カルディナル、一九六八年）〕

＊27　訳者――内務省直属の部隊。デモや暴動鎮圧など治安対策で登場する。当時はアルジェリア戦争に従軍した極右分子が多く、暴力的に振る舞うことで当時から悪名が高かった。

＊28　撲殺された労働者ピエール・ベイロの葬儀での労働者の発言。Collectif de Cinéastes et travailleurs de Sochaux, *Sochaux 11 juin 68*, film documentary, 1970.〔ドキュメンタリー映画『ソショー、一九六八年六月一一日』ソショー映画制作者・労働者集団、一九七〇年〕より。

資本主義という特定の秩序を維持する道具として機能し、労働者に対しては、社会的役割を割り当てて、それを確実に実行させるのである。この事実がこれほど露骨に現れる機会もなかっただろう。スローガン通り、棍棒で殴る側と殴られる側とのあいだには対話などありえなかったのだ。

警察の暴力は五月前半からエスカレートする。CRSが「無差別攻撃」（活動家や通行人への無差別暴行）に走る傾向が目につき始め、当初はデモ隊に好意的ではなかった中産階級の見物人や野次馬が共感を抱くようになった。「警官は、あたりにいた人間をまさに手当たり次第殴っていた。赤ん坊を抱いた女性が通りかかったところを棍棒で殴られ、その場に倒れたことを覚えている[*29]」。

ある日のこと、どこかの教員が本を買って書店から出てくると、CRS隊員にすれ違いざまにいきなり棍棒で殴られた。隊長はその男性が学生ではなく、もっとまともな人物だと明らかに気づいたようで、部下にやめるよう命じた。すると一人がこう叫んだ。「しかしこいつは本を持っているのであります、隊長殿！[*30]」

五月前半には、一般人のあいだに蜂起への大きな共感が広がっていたが、その大きな要因は、野次馬が目撃したこと、あるいは目撃したと感じたこと、すなわち学生と警察の街頭での衝突だ。あのような劇的な状況を目の当たりにすれば、どうしても学生側に肩入れしてしまうだろう。たとえ見物人の一部からすれば、明らかに「トラブルメーカー」に映る人間がデモ隊に交じっていても、あるいはデモ隊の一部が、実のところは「学生」ではなかったとしても。だがこのような共感は、五月一三日にゼネストが始まると一気に沈静化する。そして、それとは異なる「階級戦争」の明瞭な響きを持つ力学が、五月上旬の激しい肉弾戦に置き換わる。

だが初期の小競り合いが決して無駄だったわけではない。若い労働者の数少ない証言によれば、労働者は共通の経験を基盤とし、学生にたちまち親近感を抱いて支持に回った(「棍棒だろ。よくわかってるさ!」)[*31]。初めのうち労働者は、警察の弾圧と闘う学生のデモ隊に対して、感情的で抽象的な連帯感を示しただけだった。自動車工場の労働者は「われわれはみな警官嫌いだ。若い労働者は警官にいつだって反感を持っている」と語っていた[*32]。活動に参加していた労働者はこう指摘する。「工場のゲートと大学の校門を、同じ警官、同じCRSが行き来している」[*33]。しかしこうした抽象的な同一化が闘争現場での緊密な連帯へと深化する道が即座に開ける。たとえば次の発言だ。「われわれは、かれら〔=学生〕の闘争において連帯すべきであり、デモではかれらの側に立つべき

＊29　ルネの発言。Daum, *Des révolutionnaires dans un village parisien*, 211; Daum, *Mai 68*, 239.

＊30　著者ニコラ・ドームの発言。*Ibid.*〔前注とも、著者によるルネのインタビューの箇所〕

＊31　ソショー工場の労働者の発言。前出の映画『ソショー、一九六八年六月一一日』より。

＊32　シトロエン社工場の労働者の発言。Michèle Manceaux, *Les Maos en France* (Paris: Gallimard, 1972), 74.〔未邦訳、ミシェル・マンソー『フランスの毛派』一九七二年〕

＊33　フランス民主主義労働同盟(CFDT)の一九六八年五月八日付のビラ「青年特集」(“Zoon sur les juenes”)より。Jacques Baynac, *Mai retrouvé* (Paris: Robert Laffont, 1978), 3〔未邦訳、ジャック・バイナック『見いだされた「五月」』一九七八年〕に所収。

である」[*34]。言い方を換えれば、学生の親や中産階級の野次馬とは異なり、労働者たちを突き動かしたのは、催涙ガスを浴び、殴られる人々への同情心ではなく、学生の直接行動への敬意であり、お情けとは異なる連帯感だったのである。

＊
＊＊

一九六八年五月から六月の出来事に関わる文献で実によく見かける「棍棒で殴る《マトラケ》」という動詞だが、これは「六八年」より後になってようやく比喩的な意味を持つ。フランスでの、たとえばテレビ映像などの絶え間ない反復による感覚経験の「大洪水《マトラカージュ》」が語られるのはこの時からだ。この言葉は、雨のように振り下ろされる棍棒《マトラク》のことではなく、何度も繰り返されるコマーシャル・ソングの単調で断続的な響きや、ポップ・ミュージックのリフを指すようになった。「六八年」後にこの言葉が最もよく用いられるのは、メディアや広告による集中的なキャンペーンだ。広告コピーがいわばクラスター爆弾のように投下され、お馴染みの見解が心地よく何度も繰り返されて、「消費社会」の反復的論理がまるごと作り出される場面を指す。一例にとどめるが、〔六八年には毛派の活動家だった人類学者の〕エマニュエル・テレは、八〇年代のフランスのメディアが〈歴史の終わり〉の概念に関して、「広告会社の重役会宛の大攻勢《マトラカージュ》」を行ったと述べている[*35]。しかし六八年の時点では、「マトラカージュ」の語は、将来帯びることになる意味と、過去の植民地期の用法とのあいだで宙づりになっていた。この語の語源は、アルジェリア・アラビア語の「マトラク」（棍棒）だからだ。六八年段階でこの語には、当時現れつつあった比喩的な用法に見られる未来と、植民地における暴力という具体的な過去とが共存していた。未来においては、支配的イデオロギー〔市場、利潤、企業〕の価値観が、有力メディアで持てはやされる――あるいは、喧伝《マトラケ》されることになる。しかしこの語が植民地に由来することは、フランスのこれまでの歴史と、そう遠くない過去での複数の流血の衝突を想起させる。激戦となった「五月」に先立ち、それを準備した、植民地とフランスでの争いを呼び覚ますのである。

国家権力の体現者たる警察との直接的かつ物理的な対決という発想は、一九六八年には多くの活動家にとってかなり妥当なものに映っていた。その大きな根拠は一九六〇年代半ばにフランス全土で発生した一連の工場ストライキだ。工場内のある部門でおおむね自然発生的に始まった山猫ストは、やがて工場全体、都市全体、あるいは産業部門全体へと波及した。ストは工場の管理体制だけでなく、組合の指導体制も問題にした。早いものでは六三年に炭鉱員が戦闘的なストライキを行い、組合が決めた職場復帰に抵抗した。六四年には、ルノー社フラン工場の労働者が「われわれには生活する時間

＊34　ＣＦＤＴの一九六八年五月九日付のビラより。Baynac, *Ibid.*, 74.

＊35　Emmanuel Terray, *Le troisième jour du communisme* (Paris: Actes Sud, 1992), 9〔未邦訳、エマニュエル・テレ『共産主義の三日目』一九九二年〕を参照。『ロベール大辞典』によれば、この語の初出は一八六三年で、語源は「大きな棒」を指すアルジェリア・アラビア語の単語「マトラク」だ。この語が「六八年」後に持った意味について、この辞書はピエール・ジルベール『新語辞典』が収録する一九七〇年の用例を引いている。「ラジオ業界には、その意味と同じくらい平凡な『マトラカージュ』という用語がある。これはヒットを狙う新商品の広告コピーや新曲をリスナーの耳にすり込むプロセスを指す。専門家はこのテクニックを使えば、成功はほぼ間違いなしと見ている」。

が必要だ」と叫んで、一週当たりの労働時間の短縮を求めた。労組が指揮するよりも長期にわたる、激しい自然発生的なストライキは、このほかにも六四年のナント、六六年二月のミディの造船所で起き、ルドンとルマンでは労働者によるバリケードが築かれた。ロディアセタ社〔化学繊維企業〕のリヨン工場とブザンソン工場では、六七年一二月にストがまる一ヶ月続き、リヨン一帯のグループ企業の工場すべてに拡大した。カーンでは六八年一月、ストライキ後の暴動が暴力的に鎮圧されている。学生、農民、労働者が一体となって街頭を埋め尽くし、警察との市街戦を展開して、二〇〇人以上が負傷した。フランス全土が、「六八年五月」の直近数年で起きた労働運動の高揚の影響を受けていたといってもよい。この動きは、当初ストというかたちを取ってはいたが、担い手の労働者たちは、ストを象徴的なものにしてしまおうとする組合執行部のさまざまな試みに抵抗していたのである。これらのストライキでは、労働者による工場占拠が〔人民戦線のブルム内閣が成立したときの〕三六年以降初めて行われた。労働者の要求は経済的次元だけにとどまらず、生産体制や労働組合の権力構造、さらにはドゴール政権下の社会規範そのものを問う方向へと展開する。そしてこうした直接行動が、一部の学生活動家のモデルとなった。文脈は違うにしても、サルトルの言葉を借りるなら、直接行動が「可能性の領域を拡大した」のである。[*36] ストライキでは、ある労働者が言ったように、「一〇時間の街頭闘争のほうが、一〇ヶ月間組合の会議で座っているよりもはるかに効果的」[*37]であり、直接行動や直接対決のシナリオは、まさにその過程で浮上している。「三月二二日以前〔＝組織としての「三月二二日運動」が結成される以前〕に、効果的な直接行動、つまりいったん目標を掲げたら一歩も退かない運動がカーンやルドンなど各地で現れました。しかも大成功だったのです」[*38]。「六八年」の最初期に毛派がパリ郊外の労働者地区にまいたあるビラは、学生蜂起と六七年の労働者ストを直結させようとするものだった。「学生は警察を恐れない。ブルジョワジーを守る警察は進歩的な運動に対峙しても、それを思い通りになどできはしない。カーンとルドンの労働者は連中にこのことをはっきりと突きつけたのである。人民の闘いを支持する学生は労働者と農民に学ぼう」[*39]。

映画監督のクリス・マルケルと、労働者と映画制作者が参加する組織SLON[*40]が制作した、ロディアセタ社工場でのストを扱ったドキュメンタリー映画は、一九六八年二月に〔国営放送局の〕アンテナ2で放映された。この映画はその後、いくつもの映画サークルやナンテール校の学生向けに上映された。そしてまさにこの映画を通して、多くの活動家は、映画を観なければ知ることもなかったであろうフランスの工場内の騒然とした政治的雰囲気を感じていた。

＊36 Jean-Paul Sartre, "Sartre par Sartre," in *Situations IX* (Paris: Gallimard, 1972), 127.〔ジャン＝ポール・サルトル「サルトル、サルトルを語る」平井啓之訳、『シチュアシオンⅨ』鈴木道彦ほか訳、サルトル全集第三七巻、人文書院、一九七四年、一〇〇頁〕

＊37 カーンのCFDT代表の発言。Philippe Labro and l'Equipe d'Edition spéciale, "*Ce n'est qu'un début.*" (Pais: Editions et publications premières, 1968), 55.〔未邦訳、フィリップ・ラブロ、特別号編集チーム『これは始まりにすぎない』一九六八年〕

＊38 *Ibid.*

＊39 毛派のビラ。文責は「弾圧防衛委員会」。出典は以下。Baynac, *Mai retrouvé*, 46.

＊40 訳者――第Ⅱ章注77を参照。

私の身に起きた最も重要なこと、それは「六八年五月」の少し前に労働者への搾取に気づいたことでした。学校で労働研修に参加する機会があり、三週間、炭鉱で働きました。炭鉱員に交じって生活し、かれらの習慣だけでなく何を食べているのかも知ったのです。それまでまったく知らなかったことで、とても大きな経験でした。

この頃、クリス・マルケルが撮ったロディアセタ社の工場ストの映画をテレビで観ています。〔炭鉱研修と〕同じ時期にこの映画を観たことはとても大きかった。もし観ていなければ、炭鉱員は例外的な存在で、古典的な労働者階級にすぎないと片づけることもできたのですから。だがロディアは資本主義的蓄積のモーターの一部でした。あのストライキには「五月」を、いや「五月後」をまさに予告する、まったく新たな要求と闘争のかたちが存在していました。[*41]

この映画『また近いうちに』は、ある労働者の言葉で締めくくられる。「会社側はわれわれが負けたなんて思わないことだ。われわれは再び結集し、勝利する。では、また近いうちに」。[*42] しかしパリで「五月」の出来事に参加したり、それを眺めたりしていた人々の大半にとって、市街戦を通して再び頭に浮かんできたのは、棍棒《マトラク》が植民地に由来する事実が呼び起こす、また別の連想だった。警察が物理的に街頭を埋め尽くす光景は、一九六〇年代前半以降はパリから姿を消した国家の力の誇示であり、そこから生じる衝撃は、あの戦争の最後の数ヶ月間につきまとう暴力的な雰囲気をただちに思い起こさせた。「パトカーだらけの街を見てアルジェリア戦争を思い出した」と、メイヴィス・ギャラント〔カナダ人作家〕は記している。[*43] 当時の光景をもっと詳しく描いた目撃者もいる。

「サン＝ジェルマン＝デ＝プレ。救急隊員の第一陣が到着。シャツが血に染まった隊員もいる。一〇〇人ほどの機動憲兵隊。アルジェリア戦争以来、私は初めて敵と対峙した」[*44]。その衝撃によって一部の参加者や野次馬のあいだに、ある種の身体的な記憶がよみがえる。かれらは既視感に襲われた。ある参加者は無理やり過去に連れ戻された感覚をこう語っている。

サン＝ミシェル駅に着いて列車のドアが一斉に開いたとたん、催涙ガスの耐えがたい臭いが広がった。臭いはさらにきつくなった。頭を割られて血を流した数人が、警官を避けて駅構内に駆け込んできたからだ。突然、喉に締めつけられるような感覚があり、目に焼けるような痛みを覚えた。アルジェリア反戦デモで吸い込んだ、催涙ガスのひどい不快感を思い出した[*45]。

＊41 工員アランの発言。Giorgini, *Que sont mes amis devenus?* 85-6.

＊42 Chris Marker and Mario Marret, *A bientôt, j'espère*, film documentary, 1967.〔ドキュメンタリー映画『また近いうちに』クリス・マルケル、マリオ・マレ、一九六七年〕

＊43 Mavis Gallant, "The Events in May: A Paris Notebook - I," *New Yorker*, Sept. 14, 1968, 106; reprinted in *Paris Notebooks: Essays & Reviews* (New York: Random House, 1988), 36.〔未邦訳、メイヴィス・ギャラント「パリ手帳」『ニューヨーカー』一九六八年九月一四日号、後に『パリ・ノート——随筆・批評集』所収〕

＊44 Pierre Peuchmaurd, *Plus vivants que jamais* (Paris: Laffont, 1968), 24.〔未邦訳、ピエール・プシュモール『かつてないほど生き生きとした人たち』一九六八年〕

路上での出来事を建物の上の階から見た人物の脳裏には、アルジェリア戦争時代の暴力がただちによぎった。「建物の窓ではカーテンがひらひらと揺れていた。われわれは、ぞっとし、怯えながら、警察が、数年前にアラブ人を『袋だたき《ラトネ》 ratonné』にしていたのと同じように、学生たちに暴行を加えていたのを見ていた[*46]」。メイヴィス・ギャラントにとっては、その光景だけでなく音もまた、この連想の原因だった。「夜ごと、あの耳慣れた音が聞こえてくる。一九五八年と同じ音だ[*47]」。ギャラントは身体の一連の動き、街頭で暴力を振るわれた人々がとるとっさの姿勢を連想する。それが頭に浮かんで、いわばパリンプセストが生まれる。二つの瞬間が重なり合うのだ。

まず棍棒で何度も殴られて脳しんとうになり、手首や前腕が折れる。頭をかばおうと、腕を頭上に持ってくるからだ。次にくるぶしが折れる。ひざまずいたところを、追っ手によって滅多打ちにされるせいだ。（こうした光景を私は以前パリで目にしていた。ちょうど一〇年前、アルジェリア情勢が緊迫していたときのことだった［…］。そしていま再び目にしている。若者がよろめき倒れて、おとなが倒れ……）[*48]。

学生活動家が組織的に追跡、逮捕され、警察との口論で追い詰められる様子を説明するときの言葉すら、植民地の倉庫から借りてこざるをえなかったのだ。「ラトナド ratonnade」という言葉は、その時まで警察や軍によるアルジェリア人狩り（元の名詞の「ラトン raton」は「子ネズミ」の意味だが、ここではアラブ人やマグレブ出身者[*49]への人種差別的な蔑称で「ネズミ野郎」という意味）以外を指すことはなかった。だがそれは、警察が類似の手法で行う学生への弾圧を指す語になっていく。あるビラには「激しい暴行《ラトナド》や組織的な棍棒攻撃《マトラカージュ》を避け、個々の身柄拘束を防ぐため〔…〕、撤退の際にはつねに五〇人から最大一〇〇人で行動せよ」という指示が書かれていた。[*50] 少し後の六月、フラン工場ではこういうビラがまかれていた。「学生に対する追跡では激しい暴行《ラトナド》が当たり前だ」。「CRSは武器を肩にたすきがけにし、学生を追い立て、激しく暴行する《ラトネ》」[*51]。

一九六〇年代前半の反ファシズム闘争を通じて政治的に形成されたパリの活動家たちは、アルジェリア戦争と六八年の出来事との近さを明確に指摘していた。フランス国内では、左右の過激派が直接対決していた感覚を呼び覚ます、あの戦争と結びついた反ファシズム闘争だ。「六八年段階では、ア

---

*45 Maurice Rajsfus, *Le travail à perpétuité* (Paris: Manya, 1993), 157.〔未邦訳、モーリス・ラフュス『永久の仕事』一九九三年〕

*46 Jacques Baynac, *Mai retrouvé*, 93.

*47 Mavis Gallant, "Paris Notebook - I," 58; reprinted in *Paris Notebooks*, 10.

*48 Mavis Gallant, "The Events in May: A Paris Notebook - II," *New Yorker*, Sept. 21, 1968, 55; reprinted in *Paris Notebooks*, 53.

*49 訳者——マグレブ（マグリブ）は、モロッコ、アルジェリア、チュニジアの旧フランス領北アフリカ三国の総称。

*50 "Comment éviter les matraques," 434.

*51 Schnapp and Vidal-Naquet, *Journal de la Commune étudiante*, 520, 524.

ルジェリア戦争がつい先日の出来事だった。左翼は左翼、右翼は右翼だった」[*52]。六一－六二年のカルチェ・ラタンでは、警官が大量に配備されるなか、極右組織がソルボンヌ付近やルイ＝ル＝グラン校とアンリ四世校[*53]で左翼学生を襲撃していた。アルジェリア独立を支持する雑誌の販売員は路上で襲われ、独立支持の知識人が住むアパルトマンにはOASが頻繁に爆弾を仕掛けた。左翼系の新聞・雑誌もしばしば攻撃対象となった。六二年二－三月の一ヶ月だけでも、『ルモンド』が入居するビルの向かいで爆弾が爆発し、〔共産党の新聞〕『ユマニテ』の事務所にも爆弾が見つかった。また週刊誌『フランス・オプセルヴァトゥール』の事務所は攻撃で破壊された。

活動に参加していたピエール・ゴルドマン[*54]は、一九五〇年代後半に送った自身の思春期を次のように回想している。

私は当時ファシズムを見いだした。いや、むしろファシストの存在に気がついたのだ。あんなやつらが、枢軸陣営が敗北し、フランスが解放されてもなお、絶滅していないことを知った［…］。私はファシストという絶対悪は、この世から消滅したとばかり思っていた。その存在は、遠い過去の人間と同じくらい場違いなものだった。［一九五九年に高校生だったとき］ヴィシー政権を擁護する青年（と教員）やファシスト活動家、「ジュン・ナシオン[*55]〔若き民族〕」のメンバーにも出会った。ドゴールが復活し、アルジェリアでは極右の陰謀が始まる時期だった。[*56]

一九六八年に活動に参加した教師は、アルジェリア戦争終盤での政治的な二極化を次のように語っている。

フランスに来て、「フランスのアルジェリア」[*57]を支持する人々と会ったとき、それとは反対側につこうとすぐに思った。[*58]

ドミニク・ルクール〔哲学者〕はアルジェリア戦争の間近さと戦争がもたらした政治化効果を指摘

＊52 国立行政学院（ENA）の学生の発言。Jean-Pierre Beaurenant, *L'examen ou la porte !*, film documentary, 1990〔ドキュメンタリー映画『試験か退出か』ジャン＝ピエール・ボールナン、一九九〇年〕より。

＊53 訳者——ともに国内屈指のエリート高校。グラン・ゼコール進学者を多数輩出。運動も盛んだった。

＊54 訳者——作家（一九四四‐七九）。共産党青年組織を経て、六八年にはベネズエラでゲリラに参加。帰国後に強盗殺人で起訴されると、左翼のあいだで救援運動が起こった。七九年に右翼に暗殺される。

＊55 訳者——一九四九年にピエール・シドスらが結成した極右団体。反共民族主義とアルジェリア独立反対を掲げて少数のメンバーで活動し、左翼へのテロ行為などを繰り返す。五八年のアルジェリアでのクーデター未遂事件後に当局により強制解散。メンバーは六〇年に民族主義学生連盟（FEN）を結成。一部はその後に分派し「オクシダン〔西欧〕」を結成。

＊56 Pierre Goldman, *Souvenirs obscurs d'un juif polonais né en France* (Paris: Seuil, 1975), 33.〔未邦訳、ピエール・ゴルドマン『フランス生まれのあるポーランド系ユダヤ人のおぼろげな思い出』一九七五年〕

＊57 訳者——フランスのアルジェリア占領を継続することを当時こう呼んだ。

＊58 ドゥニ（教師）の発言。*Libération*, 13 mai 1978に引用されたもの。

する。

一九五八年の騒動とドゴール将軍の権力復帰に伴って軍靴の響きが聞こえてきた。そしてずっと後になっても、ファシストの「クーデター」が近いうちにあるのではないかと、われわれはたえず警戒していた。「青い夜」[*59]のOASのプラスチック爆弾攻撃は、サン＝ジャック通りでのほぼ連日の衝突と同様に、最も穏健な人々さえもが立ち上がるきっかけとなった。[*60]

一九六八年になって遅れて活動に加わったある人物にとっては、ファシズムの脅威に直接的かつ暴力的に応答することだけが唯一の解だった。

だが私は反ファシストだった。そうして私は社会に加わった。あちらは弁証法、こちらは棍棒《マトラク》。[*61]

左右両極の一方にあったのは、複数の準軍隊組織の構成員の混成からなるマッチョな「理想型」だった。CRSや憲兵隊《ジャンダルムリ》、職業軍人の精鋭部隊、そしてもちろん落下傘部隊《パラシューティスト》。他の精鋭部隊が軍のあちこちに配属されていたのと異なり、落下傘部隊は軍隊内組織、専門特化型の集団を形成していた。独自の制服、儀式、符丁、内部のみに通じる言葉づかい、歌（多くはナチの親衛隊歌の替え歌[*62]）を作り一致団結——軍隊内軍隊を構成していた。アルジェリア戦争時代には、マルセル・ビジャールやジャック・マシュら指揮官がかもしだす、影のあるロマンティックな落下傘部隊独特のオーラが、『パリ・

マッチ』誌や『フランス・ソワール』紙のグラビアを飾り、多数の読者を獲得していた。冷淡で無表情のまま遠くを見つめるまなざし、専用のいかつい迷彩服にサングラス、浅黒い肌、独特の行進――神話に出てくるような戦士のイメージが最もよく見てとれるのは、ポンテコルヴォが監督した映画『アルジェの戦い』で、配属まもないマチュー大佐（実名はマシュ）が、アルジェの大通りを闊歩するシーンだろう。「［落下傘部隊は］美辞麗句、無駄話、会議を嫌う。彼の職務はすべてに秩序を与えることだ。美辞麗句、無駄話、会議に対し、彼は身体と武器を対峙させる[*63]［…］」。

落下傘部隊の特徴的なヴィジュアル・イメージによって、落下傘部隊そのものもステレオタイプと戯画の固まりと化してしまった。その状況はアルジェリア戦争時代から一九七〇年代前半まで続く。落下傘部隊という人物像は、ドゴールと同様に、当時の左翼政治風刺画ではお馴染みの存在だった。

*59 訳者――一九六二年一一二月にかけて同時多発テロが起きた夜のこと。

*60 Dominique Lecourt, *Les piètres penseurs* (Paris: Flammarion, 1998), 26.〔未邦訳、ドミニク・ルクール『へぼ思想家たち』一九九八年。なおルクールは六〇年代当時、高等師範学校の毛派活動家だった〕

*61 ジャックの発言。ピエール・ゴルドマンらが結成した「防衛部隊」（街頭での白兵戦に備えて訓練を積んだ活動家部隊）のメンバー。Isabelle Sommier, *La violence politique et son deuil. L'après 68 en France et en Italie* (Rennes: Presses universitaires de Rennes, 1998), 81〔未邦訳、イザベル・ソミエ『政治的暴力とその喪――フランスとイタリアのポスト六八年』一九九八年〕を参照。

*62 Gilles Perrault, *Les parachutistes* (Paris, Seuil, 1961), 56.〔未邦訳、ジル・ペルロー『落下傘部隊』一九六一年〕

*63 *Ibid.*, 154.

たとえば〔漫画家の〕シネの作品。シネは一二一〇人のフランス国内の有名人とともに、一九六〇年九月の「一二一人宣言」に参加した。この声明は「アルジェリア人民への武力行使の拒否を尊重し、正当と見なす」とうたったものだ。[*64] シネはその後、「六八年五月」に創刊され、短期間発行された『アクシオン〔行動〕』や『アンラジェ〔過激派〕』といった新聞の挿絵で大活躍する。シネの最初期の政治風刺画には、五八年に描かれた『レクスプレス』誌での落下傘部隊を扱う連載物がある。

しかし一九六〇年代初めになると、左翼のなかには、かれらがファシスト親衛隊と呼んでいた勢力に対抗するかたちで、ピエール・ゴルドマンが述べるような明確に軍事的な対応物が現れていた。

私が衝撃を受けているのは、左翼組織によるOASへの対応が受動的なもので、効果的な戦闘はほぼすべて政府の特殊部隊によるものだという事実だ。一九六一年一〇月の虐殺《ラトナド》を行った差別的で冷酷な警察に対して、私はユダヤ人としての強烈な怒りを感じている。シャロンヌの犠牲者の敵討ちが果たされていないことがまったく理解できない。[*65]

もちろんゴルドマンの政治的な歩みは珍しいものではない。似た遍歴をたどった活動家はそのいきさつをこう述べる。

「五月」前の段階では、私は基本的に反ファシスト活動家だった〔…〕。フランスの階級構成のことは何も知らなかった。労働者が経験している搾取のことも知らなかった〔…〕。反植民地主義の立場から活動に参加し、その後に反帝国主義に転ずるというパターンはかなり多かった。[*66]
ゴルドマンや当時高校生だったミシェル・ルカナッティ[*67]は、活動家として「防衛部隊」の組織化と運営に参加していた。警察だけでなく、「オクシダン[*68]〔西欧〕」や「オルドゥル・ヌーヴォー〔新秩

*64 この「一二一人宣言」は当初「アルジェリア戦争での不服従の権利に関する宣言」と呼ばれていた。起草者は、モーリス・ブランショ、ディオニス・マスコロとモーリス・ナドー。署名者には後に「一九六八年五月」で活躍した人物も含まれる。シネ、サルトル、アンリ・ルフェーヴル、マルグリット・デュラス、ダニエル・ゲラン、フランソワ・マスペロ、マドレーヌ・ルベリユー、エレーヌ・パルムラン、クリスティアーヌ・ロシュフォール、ピエール・ヴィダル＝ナケなど。宣言の文面と署名者リストの複写はよく出回っていた。たとえばHervé Hamon and Patrick Rotman, *Les porteurs de valises: La Résistance française à la guerre d'Algérie* (Paris: Albin Michel, 1979), 393-96〔未邦訳、エルヴェ・アモン、パトリック・ロトマン『スーツケースの運び役――アルジェリア戦争へのフランスでの抵抗』一九七九年。なおこの宣言の邦訳はたとえば以下に収録。「アルジェリア戦争における不服従の権利にかんする宣言」、モーリス・ブランショ『ブランショ政治論集』安原伸一郎・西山雄二・郷原佳以訳、月曜社、二〇〇五年、三五－四一頁〕を参照。

*65 Goldman, *Souvenirs obscurs*, 40.

*66 アランの証言。Giorgini, *Que sont mes amis devenus?*, 85.

*67 訳者――政治活動家（一九四八－七八）。高校生行動委員会（CAL）の創設メンバーとして、六八年五月に参加。共産主義者同盟（LC）の防衛部隊の中核を担うが、本文にある七三年六月の市街戦を冒険主義と批判された後、組織を離脱。七八年に自殺。

序」」、「ジュン・ナシオン」といった極右組織（その指導部は、一九六〇年代半ばまでに外人部隊や落下傘部隊出身者が多くを占めていた）との街頭での肉弾戦に特化した小集団だ。「防衛部隊」は反ファシズムを前面に打ち出して人を集め、定期的に集団的な直接行動を行った。ときに都市ゲリラ戦のテクニックを派手に用いるその活動は、六八年五‐六月の前から始まり、七三年六月二一日のパリでの市街戦まで続く。この日、極右の「オクシダン」は警察の許可を受けてミュチュアリテで集会を開催しており、抗議行動では「防衛部隊」側に八〇人の重軽傷者が出た。当局はその翌日、行動を呼びかけた共産主義者同盟（LC）に解散命令を出した。LCは当局により六八年六月に非合法化された革命的共産青年団（JCR）などが結成したトロツキストの組織で、当時、「街頭からファシストを放逐せよ」というスローガンを掲げていた。

「防衛部隊」の存続期間と、その活動の非妥協的な反議会主義的性格、そして自己規定のあり方は、私が「六八年文化」と呼ぶものを時代区分するうえで一つの手段を提供してくれる。この組織の存在は政治闘争のまったく新たな形態が登場したこと、すなわち、フランスに先だって、日本の「全学連」[*69]の学生が「警察が強いとは限らない」という事実を発見したことと同等の広がりを持っていた。制服は魔力を失い、警察は無敵の存在ではなくなった。むしろそれらは「拡大と扇動」として知られる、自然発生的で無統制な暴力の行使ではなかった。部隊の「中核」部分の派手な軍事行動は、固有の戦術の片方を構成していた。中核部隊が警察やファシスト集団と激しく衝突した直後に、大量の合法的デモ部隊が登場するという一連の流れが考えられていたのである。その狙いは、最初の行動で当局を挑発して注意を引きつけ、次に大勢の人々を巻き込み行動に結集させることで、より大きな部分を政治化することだった。

ゴルドマンがとった準軍事的な応答は、アルジェリア戦争とそのフランス国内での反響を通して多くの人々が獲得した政治的意識の極端なあり方の一つだ。大まかにいえば、アルジェリア戦争の終結とともにフランス国内では新しいかたちの政治思想と政治的主体性が生まれ、その成果として一九六〇年代末の大きな政治的、哲学的、知的切断が果たされた。*70 アルジェリア戦争は、フランス社会に存在する公式の「人道的」言説と、アルジェリアでの、また時にはフランス国内での、フランス政府の行動とのあいだに亀裂を生じさせ、フランス社会とそのアイデンティティに断層を生じさせた。「反戦運動を通して、デモに参加し、抵抗運動を企て、秘密会議を行い、アルジェリア人を支援し、かれらの革命について議論することで、少数の学生たちは、自分たちの社会の何に反対しているのかを自

*68 訳者——一九六四年にＦＥＮ（本章注55参照）の分派らが結成した極右団体。旧落下傘部隊員に指揮され、武装した準軍事組織。一九六八年一〇月三一日に当局により強制解散。後継組織の「オルドゥル・ヌーヴォー」には七三年、ＬＣとのパリ市内での市街戦後に解散命令が下る。
*69 訳者——当時の日本の戦闘的学生運動の海外での総称。特定組織を指しているわけではない。
*70 なかでもマルク・クラヴェッツ〔ジャーナリスト〕は、サルトル主宰の雑誌『レ・タン・モデルヌ』が当時果たしたイデオロギー的役割を分析し、こうした見方を取っている。Herta Alvarez-Escudero, "Les Temps Modernes," episode of the television series *Qu'est-ce qu'elle dit, Zazie?*, 1997〔エルタ・アルヴァレス＝エスキュデロ「レ・タン・モデルヌ（＝現代）」、テレビ・シリーズ『ザジは何と言っているのか』（文学番組）、一九九七年〕を参照。

覚した［…］。アルジェリア戦争はその機会であり、反対勢力が自覚を追求し、それを少しずつ獲得していく触媒となった」――コルネリウス・カストリアディスは六三年にこう述べている。[*71]まさにアルジェリア戦争を通して、公認左翼としてのフランス共産党が「恭《うやうや》しき左翼」となる。サルトルによれば「たとえ自分が共有していないことを自覚してはいても、右翼の価値観を尊重する、、、左翼[*72]」になり、非難される政治の一形態となった。フランス共産党のアルジェリア解放闘争に対する典型的態度は、六八年に党書記長だったヴァルデック・ロシェが五六年六月五日に国民議会で発表した声明に表れている。同党はアルジェリアとマグレブにフランスは引き続き駐留して影響力を行使すべきだという立場をはっきり示していた。

われわれは共産主義者として交渉を断固支持する。なぜなら一つには、わが国の青年が少数の搾取者の利益保護のためにマグレブで命を落とすことを望まないからだ。また他方で、アルジェリアと北アフリカでのフランスの影響力を維持する唯一の方法は、自由な同意に基づきフランス人民とアルジェリア人民――もちろんかなり多くのフランス出身のアルジェリア人も含まれる――の利害にかなう関係の確立を目指して、アルジェリア人民の正当な代表者との交渉を試みることだと確信するからだ。[*73]

フランス共産党の「模様眺め」戦略への反発から、一つの見解が生まれた。共産党はアルジェリア人の同化を積極的に訴え、階級横断的で超階級的な主体として、フランス国家の利益を擁護する存在になったという考え方だ。ラディカル左翼はこうして形成され、公式共産主義への新たな態度が姿を現す。〔当時は活動家で、歴史家の〕マリー＝ノエル・ティボーはこう記している。「アルジェリア戦争はある一世代全体の目を開くとともに、その形成に深く関わった。植民地戦争での残虐行為に心底ぞっとしたわれわれは、ある単純なことに気づいた。民主主義国家は同時に帝国主義国家でもあるという事実だ。ここで最も重要だったのは［…］この政治的行動が、民族解放闘争への支持も含めて、一つの大衆運動として理解されていたことだ」[*74]。ある知識人は、この戦争をきっかけに多くの人が国家と自らを同一視するのをやめたと指摘する。「アルジェリア戦争の不名誉なかたちでの終結、OASという悪者喜劇役者の存在、そして戦争によって明らかになった、われわれの社会のあり方――こ

---

*71 Cornelius Castoriadis (avec Claude Chabrol), "La jeunesse étudiante," *Socialisme ou Barbarie* 34 (mars 1963): 56.〔未邦訳、コルネリウス・カストリアディス（共同執筆＝クロード・シャブロル）「大学生の若者たち」『社会主義か野蛮か』三四号〕

*72 Jean-Paul Sartre, "Plaidoyer pour les intellectuels," *Situations VIII* (Paris: Gallimard, 1972), 421.〔ジャン＝ポール・サルトル「知識人の擁護」岩崎力・平岡篤頼・古屋健三訳、『シチュアシオンⅧ』鈴木道彦ほか訳、サルトル全集第三六巻、人文書院、一九七四年、三〇九頁。強調は原文〕

*73 ヴァルデック・ロシェの発言。出典は以下。"Le PCF et la question coloniale," *Révolution* 7 (mars 1964): 98.〔未邦訳、「フランス共産党と植民地問題」『レヴォリュシオン（革命）』七号〕

*74 Marie-Noelle Thibault, "Souvenirs, souvenirs," in *May '68: Coming of Age*, ed. D. L. Hanley and A. P. Kerr (London: Macmillan, 1989), 192.〔未邦訳、マリー＝ノエル・ティボー「思い出、思い出」、D・L・ハンリー、A・P・カー編『六八年五月――時代の到来』一九八九年所収〕

うしたすべてが、われわれを自国と和解させるような性質のものではなかった」[*75]。政治的意識の獲得にまつわるこうした個人的な語りに目を向けると、多くの人々がそこに警察の役割があることを強調していることに気づかされる。

当時高校生だったわれわれの多くにとって、初めて参加した会合はアルジェリアでの「汚い戦争」に反対する会合だった。最初のデモは、パポンが指揮する警察がパリの街頭を血で染めた最中のことだった。つまりわれわれは、政治とは個々の日常生活に関わり、それを一変させるものだと理解していた[*76]。

一九六八年の時点で、僕はすでに政治的だった。きっかけはアルジェリア戦争だった。一九六二年、終戦のときには一二歳。戦争が起きている実感がまるでなかった。まだ幼かったせいだ。一九六一年にリセ・ヴォルテールに入学すると、反OASデモが近所でたびたび行われていた[…]。爆破予告も多かった。そうなると授業がなくなって最高だったよ。こうして僕は政治問題に関心を向けていった。そしてこの時に僕はある種の選択をした。自分が右翼やOAS側でないことは、まあはっきりしていたから[*77]。

アルジェリア人のフランス

一九六〇年代前半の政治的軌跡――それは個人的かつ集団的な性格を持つという声もある――を形

作り、人々の記憶にとどまる一連の事件がある。それをおそらく最もよく思い起こさせてくれるのは、一九八六年に刊行されたジャン＝フランソワ・ヴィラールの推理小説『バスティーユ・タンゴ』だ。ヴィラールは「六八年」当時はトロツキストの活動家で、革命的共産主義者同盟（LCR）の日刊紙『ルージュ〔赤〕』の記者を務めていた。『バスティーユ・タンゴ』においてあらゆる「手がかり」は、政治的暴力の痕跡が街中に物理的に刻まれ、しかし忘れられているそのありようとなんらかのかたちで関わっている。野放図な都市再開発の暴力が加速させる忘却という名の腐蝕と関わっているのである。このヴィラールの小説では、語り手の友人である「六八年世代」の写真家が発する質問がきっかけとなり、都市の外観に痕跡をとどめるさまざまな政治犯罪が織りなす一つの過去、政治的記憶の詩学の総体が想起される。

「いつだったのかな、君が……（彼は適切な言葉を探していた）……初めて意識を持つようになったのは。政治的な意味でのね」

はっとさせられた。しかしいい質問だった。いったい「いつから」なのだろう。アルジェリア戦争が終わったときか、シャロンヌか。そう、シャロンヌは重要な日付だ。最初のデモに行った

＊75　Emmanuel Terray, *Le troisième jour du communisme*, 16.
＊76　Lecourt, *Les piètres penseurs*, 25-26.
＊77　ルネの発言。出典は以下。Daum, *Des révolutionnaires dans un village parisien*, 213; Daum, *Mai 68*, 237.

日だった。デモの開始地点はリュクス映画館の前だった。親父に手を引かれて出かけた。親父はそれまでデモには行ったことがなかった。しかし「今度のデモには行かなければ」と言ったので、俺はそこで（無邪気にも、まだ小さかったから）「僕も連れていってよ」と頼んだ。親父は「いいだろう」と言ったが、口ぶりには少々重たいところがあった。地下鉄の駅から離れたところにいると、向こうでは警察の攻撃が始まっていた。だいぶ距離があった。しかしそれでもモントルイユ通りで大きな門扉の下に潜み、暴れまくる警官たちに見つからないようにしなければならなかった［…］。最初に活動に参加したのはいつだったか。大通りで暴動が起きていた頃だっただろう。その地区に住んでいた学校の友人からは、溺死体が出たと、アルジェリア人の死体がサン＝マルタン運河に浮かんでいると聞かされた［…］。新聞には載らず、俺たちが知らないことになっている死体だった。[*78]

ヴィラールの記述は、パリ警視総監モーリス・パポンの指揮する警察が、一九六〇年代前半に引き起こした最も陰惨な二つの事件を見事に浮き彫りにするだけではない。今では何の変哲もない場所に事件をうまく投影している。登場人物の考え込む姿はありふれた歴史の重なりに動きを与える。ただの事件の連なりが、主人公の記憶によみがえるにつれて、生き生きとしたものになるのだ。最初の事件には名前がある。シャロンヌという地下鉄の駅名だ。このフランス人の少年にとっては最初のデモ参加地であり、現実には、警察の激しい攻撃で九人が圧死した六二年二月八日の出来事である。シャロンヌは「フランス人の」事件だった。ＯＡＳによってアンドレ・マルロー文化相のアパルトマンに爆弾が仕掛けられたが、狙い通りに爆発せず、管理人の幼い娘を失明させる事件があった。このOASの陰惨な事件に抗議し、複数の左翼政党と労働組合が組織したパリ市民による大衆デモにからんだ出来事だった。OASへの抗議に集まったデモ隊が解散すると、警察の攻撃が始まった。閉鎖された地下鉄の入り口前に追い詰められて立ち往生した人々は、警察の暴行で死亡した。警察は、七年後に「六八年」のデモ隊にするのと同じように、街路樹に取りつけられていた鉄板を使ったのだ。ヴィラールの語りのなかで「シャロンヌ」は一種の隠蔽記憶として、表層、すなわち小説の登場人物の意識的な記憶に近いところに存在している。実際「いつから政治的意識を持つようになったのか」という問いに対する最初の答えはこの言葉だった。シャロンヌの壮絶な光景は、小説では子どもの視界には入っていない。まだ幼く、現場までの距離も遠かったからだ。けれども現場の状況は子どもの身体に書き込まれていた。大勢の人が押し合いになり、警察が登場する。警察から逃れるために腹ばいになる。父親の不安げな声が聞こえ、その手の感触を感じる——一連の恐ろしい光景を語り手の男性は目撃してはいないが、歴史的には表象することができる。六二年二月に亡くなった人たちは、一六歳の少年一人も含めて、数えられ、記録された。死体は回収されて身元確認が行われたからだ。地下鉄の駅名であるシャロンヌがこの事件の名前になった。それは場所の名であると同時に、その恐ろしい光景が公のものとなる「実際の」出来事の名でもある。何かが起きた。事件から五日後には五〇万を

＊78　Jean-François Vilar, *Bastille Tango* (Paris: Presses de la Renaissance, 1998), 112-13.〔未邦訳、ジャン＝フランソワ・ヴィラール『バスティーユ・タンゴ』一九九八年〕

超える大勢の人々がシャロンヌ事件の死者を追悼した。これが後に左翼主義者がパリの街頭で何度も行う人民葬のはしりとなった。一九八〇年のジャン＝ポール・サルトルが最後になったが、それ以前には、六八年の当時高校生だったジル・トタン、七二年のピエール・オヴェルネ、七九年のピエール・ゴルドマンといった活動家が弔われていた[*79]。

しかしシャロンヌの向こうにはもう一つの出来事がある。ヴィラールの小説の語り手にとって、この出来事に名前はなく、セーヌ川に浮かぶアルジェリア人の溺死体という、こびりついて離れないイメージとしてだけ想起される。実際の証言では、この出来事はおおむね「一九六一年一〇月一七日」という日付で呼ばれる。シャロンヌ事件は、人々が折り重なって圧死した地下鉄の駅という特定の場所の名で呼ばれるようになった。だがこれとは対照的に、一九六一年一〇月一七日の出来事には、おそらく一つの地名で呼びようのない大きな広がりがあった。この出来事はパリの街全体で起きており、パリ警察が全面的に動員されていた。ヴィラールの作中人物は、この二つめの出来事をシャロンヌのときのように実際には経験せず、友だちから聞かされている（だが事件についての何を聞かされたのだろう。何が起きたかとか、どうしてセーヌ川に死体が浮いていたのか、といったことだったのか）。この事件の輪郭を小学生の子どもたちはあやふやにしか捉えることができない。話の核になったのは、痕跡のようにして川に浮かぶ、溺死したアルジェリア人の名無しの死体──存在が想起されるとただちに検閲され、知覚から消去される死体だけなのだ。「新聞には載らず、俺たちが知らないことになっている死体」──その数はいまだ確認されていない。

一九六一年一〇月一七日、民族解放戦線[*80]（ＦＬＮ）が主催した六〇年代になって初めての大衆デモが行われた。しかしパリ警視総監が事前に夜間外出禁止令を発したため、パリ地域圏では午後八時三〇分以降にアルジェリア人が外出することは禁じられた。デモはこの措置に抗議するものだったのである。情報を事前に入手した警察は、CRSと機動憲兵隊の双方を「ビデュル」で武装させた。これは棍棒が長くなったもので、破壊力と射程を強化してあり、一度直撃を受ければ頭蓋骨が割れるほどの威力があった。警察は、当日に起こりうるあらゆる「過剰な警備行動」を事前に免責されていたも同然だった。数週間前からパポン警視総監は警察署を次々訪れて次のように述べていた。「アルジェリア人には徹底的にやってやれ。何が起きてもこっちが面倒を見る」[*81]。「一発やられたら、一〇発やり返せ」[*82]。自分の部隊に明らかに乗り気でない隊員がいると、良心の呵責を取り除くためにパポンはこ

*79 一九六八年六月一五日、毛派の活動家だった高校生ジル・トタンの葬儀が行われた。トタンはフラン工場の争議関係のデモに参加した折、警察の追跡を逃れている途中で溺死した。葬儀には約五〇〇〇人が参列し、ボザール（美術学校）の生徒によるトタンの大きな肖像画をフラン工場の労働者二人が掲げた。ルノーの労働者で毛派活動家だったピエール・オヴェルネは工場の正門で守衛に射殺された。一九七二年三月五日にパリで行われたオヴェルネの葬儀には、約二〇万人が参列した。人民葬の開催とデモ行進は政府の許可を得ていたが、当日は大量のCRSと警官隊が地方から動員された。一九七九年九月二〇日には、正体不明の人物に銃殺されたピエール・ゴルドマンの葬儀が行われ、街頭には一万五〇〇〇人が集まった。一九八〇年四月一五日のサルトルの人民葬には二万五〇〇〇人が参加した。Isabelle Goulinet, "Le gauchisme enterre ses morts" (Mémoire de maîtrise, Université Paris I, Panthéon-Sorbonne 1993)〔未邦訳、イザベル・グリネ「左翼主義によるその死者たちの葬送」一九九三年〕を参照。

*80 訳者――アルジェリア独立を目指して一九五四年に結成されたアルジェリアの政党。

う言った。「ごちゃごちゃ考えるな。たとえアルジェリア人が丸腰だとしても、いつでも武器を持っていると思っておけ[*83]」。

デモに参加したアルジェリア人の数は三、四〇〇〇人で男性のほか女性や子どももいた。武器を持たない非暴力のデモ行進だった。その多くが上等なよそ行きを着ていたが、これはフランス人と国際社会に対し、自分たちの行動が平和的な動機に基づいていることをはっきり示すためだった。だが警察はほぼすぐに発砲を始めた。衝突は一斉に、アルジェリア人が多いパリ中のあらゆる場所で起きた。警察の「戦闘部隊」は主要な大通りで群衆を追跡した。他の部隊が脇道を塞ぐように立って逃走経路を断ったため、群衆はちりぢりになり二、三人のグループに分かれてしまった。そして一人ずつ警官隊に包囲され、男性も女性も棍棒でめった打ちにされた。セーヌ川沿いでは、意識を失ったり、息も絶え絶えになったりしたアルジェリア人の身体を警官たちが持ち上げ、川に投げ込んだ。進歩派の警官が虐殺直後に発行した冊子には、そのときパリのある地域で起きていたことがこう記されている。

ヌイイ橋の一方のたもとには警察の部隊が、もう一方にはCRSの部隊が展開し、両者がじりじりと間隔を狭めていった。この巨大な罠に捕らえられたアルジェリア人全員がめった打ちにされ、整然とセーヌ川に投げ込まれた。デモ参加者のうち少なくとも一〇〇人がこの被害に遭った。犠牲者の遺体が毎日水面に浮かび上がった。遺体には殴られたり、首を絞められたりした跡があった[*84]。

逮捕された男女の一部はパリ警視庁の中庭に連行された。そこで、ピエール・ヴィダル゠ナケが伝えるように「もしある警官の証言を信じるならば——この証言はポール・ティボー[*85]が事件直後に入手したもので、私もこれまでたびたび引き合いに出してきたのだが——パポンは自分の目の前で、警視

＊81　モーリス・パポンの発言。*Ratonnades à Paris* (Paris: Maspero, 1961), 54〔未邦訳、『パリの大虐殺』一九六一年〕を参照（本書に正式な著者名はなく、編者は「ポレット・ペジュ」となっている）。

＊82　モーリス・パポンの発言。次のガリ版刷りのパンフレットを参照。Union régionale parisienne, CFTC, "Face à la repression," Paris, October 30, 1961.〔未邦訳、フランス・キリスト教労働者同盟（ＣＦＴＣ）パリ地域連合「鎮圧を目の当たりにして」一九六一年一〇月三〇日〕

＊83　モーリス・パポンの発言。*Ratonnades à Paris*, 54を参照。付け加えておくべきだが、ＦＬＮ側にも一九六一年一〇月一七日の死亡事件の責任があるとする文献もある。指導部が実際には虐殺を予見していたのに対策を取らなかった、または虐殺を予見して当然だったのにできなかったことが理由とされる。たとえばピエール・ハンペルは次のように書いている。「アルジェリア民族運動の指導部は、左翼主義者の『スーツケースの運び役』に支援を受ける一方で、マグレブ人労働者数百人を自らすすんで死地へと、パポン警視総監率いる政府の武装ヤクザがパリの中心部で行った虐殺の現場へと飛び込ませたのである［…］」。Pierre Hempel, *Mai 68 et la question de la révolution* (Paris: Librairie "La Boulangerie," 1988), 135-36〔未邦訳、ピエール・ハンペル『六八年五月と革命の問い』一九八八年〕を参照。

＊84　この記述は次に引用されたもの。*Ratonnades à Paris*, 52.

＊85　訳者——哲学者（一九三三－）。当時ヴィダル゠ナケらとともに活動。一九七七－八九年まで『エスプリ』編集長。

庁の中庭に集めたアルジェリア人数十人をめった打ち《マトラケ》にさせて殺害した」[*86]。このほかにも約六〇〇〇人のアルジェリア人が、警察が事前に手配していた複数の競技場に連行された。こうした場所すべてで被拘束者が死亡している。死因は連行前に受けた暴行や、競技場入り口で両側に並んで待ち構えていた警察の「歓迎委員会」によるリンチだった。

一〇月一七日夜、警察は声明を出し、アルジェリア人が警察に発砲したために、やむなく発砲を行ったと発表した。公式の死者数は当初二人だったが、翌朝に警視総監室が三人に訂正した。この事件については報道がほとんど行われなかったため、実際に亡くなったアルジェリア人の正確な人数を把握することはきわめて困難だ（なお警察側の負傷者はゼロ）。詳細な推計は死者数を約二〇〇人としている[*87]。

アフリカ系アメリカ人の作家ウィリアム・ガードナー・スミスは、一九六三年の作品『ストーン・フェイス』でこのときの死者数を「二〇〇人以上」と記した。フランスに住む外国人であるスミスが著者となり、アメリカで出版された（フランス国内での出版は不可能だった）小説が、一九九〇年代初めになるまでずっと、この出来事に関する数少ない表現の一つだった。この事実は、フランス当局が一〇月一七日事件に関する情報をうまく遮断していたことのしるしだ。そしてこの頃までには、若いブール（マグレブ系移民の子ども世代の自称）の一部は、自分たちの親の最期を知りたいと思い始める年齢に達していた。歴史研究を業とするアカデミズムの専門家たちは、一〇月一七日事件の真相究明ではアマチュアの後塵を拝している。調査研究を行うジャーナリスト、活動家、スミスや有名サスペンス作家ディディエ・デナンクスのような小説家が、記憶の「ブラック・ホール」[*88]に落ち込んでしまったこの出来事の痕跡を三〇年にわたってたどり続けてきたからだ。デナンクスの小説『記憶のための殺人』に出てくる刑事は、まったく別の犯罪を調査していたはずなのだが、分類済みと未分類の資料、映画やインタビューを通して、この日の夜の出来事に関する一つの見方を組み立てていく。一〇月一七日事件について刑事が知った事柄はまた、それ以前の政府による犯罪をも明るみに出す。さらにこの刑事は、警官であることを活かし、警察の情報管理システムに関する知識を駆使して、官僚による何重もの隠蔽工作をくぐり抜けていく。パリ警視庁のアーカイヴでは、国家による情報管理・発信の論理がきわめて徹底しており、書類の閲覧状況と閲覧申請者が記録されるほどだからだ。刑事はこうした微細な監視制度に残された痕跡をたどる。そして国家と警察のアーカイヴによって、人々が認識し、知ることができるものの範囲がどのように制限されているかを明らかにし、こうした制限

＊86 Pierre Vidal-Naquet, *Mémoire, tome II. La Trouble et la lumière, 1955-1998* (Paris: Seuil, 1998), 150.〔未邦訳、ピエール・ヴィダル＝ナケ『回想録 第Ⅱ巻――混濁と光 一九五五－九八年』一九九八年〕

＊87 Jean-Luc Einaudi, *La bataille de Paris: 17 octobre 1961* (Paris: Seuil, 1991)〔未邦訳、ジャン＝リュック・エイノディ『パリの戦い――一九六一年一〇月一七日』一九九一年〕を参照。同書はこの虐殺事件を最も徹底的に検証したものだ。著者による死者数の推計については同書の二六六－六八頁を参照。

＊88 したがって、この時代を扱う進歩的な歴史家でさえも、事件の重大さをしっかり記録できていない。ドロツとルベールの著書はこの虐殺に一段落を割いている。Bernard Droz and Évelyne Lever, *Histoire de la guerre d'Algérie, 1954-1962* (Paris: Seuil, 1992).〔未邦訳、ベルナール・ドロツ、エヴリーヌ・ルヴェル『アルジェリア戦争の歴史――一九五四－六二年』一九九二年〕

を、それ自体「犯罪」――それは刑事が解決しようとする当の犯罪でもある――と呼ぶ。
デナンクスのこの小説が反映しているのは、一〇月一七日事件の真相を究明しようという近年フランス国内で盛んな、しかし今日になっても終わりの見えない取り組みだ。虐殺の存在自体は、パポンがヴィシー政権下で行った犯罪を審理した一九九八年の裁判で明らかにされ、政府もこれを認めている。また個々の公文書管理官が情報を広めようと、最近になって英雄的な努力を続けている。しかし事件の真相は依然はっきりしない。相変わらずの官僚的な頑迷さによって、実際に存在する文書へのアクセスが、ひと握りの「公認」歴史家以外には依然として制限されているからだ。他方でパリ警視庁のアーカイヴにある重要文書が、原因不明の「紛失」とされていることも問題を複雑にしている。[*89]
デナンクスの小説が国家と官憲の抑圧的な論理をあばく効果を持つ一方で、スミスの作品『ストーン・フェイス』は、同じ問題を異なる角度と視点から扱っている。一九六〇年代初頭のパリに住む、若いアフリカ系アメリカ人の画家の視点だ。彼は自分の世界を捨て、闘争するアルジェリア人との不可能な連帯を模索する方向に引き込まれていく。スミスが語るのは、政治意識の目覚めについての、あるいは文化混交を通して形成される、新しい政治的主体性についての物語だ。当初、アメリカでの黒人に対する偏見から逃れた(「ああいう苦痛からすっかり逃れた」)ことの喜びにひたっていた主人公のシメオンは、フランス人から歓迎される、パリ在住の裕福なアメリカ黒人の文学者コミュニティに頻繁に出入りする。彼は自分の周りにいる、アラブ系フランス人からの敵意をほんのかすかに感じるだけだ。「彼は、フランス人男性と手をつないでのんびりと歩く黒人女性とすれ違った。新聞には大きくこう書いてあった――『アルジェー(=アルジェリアの旧称)でムスリム暴動、五〇人が死亡』」。[*90]

主人公はアラブ人男性に暴行する警官を目撃する。その典型的ともいえる場面が、彼が政治意識を獲得するきっかけとなる。

通りの角で警官が男を殴っているのが目に入った。男は道路に倒れているのに、警官は大型の白い棍棒を男めがけて何度も振り下ろす。男は両手で頭をかばう。男はシメオンには意味のわからない言葉で叫んでいた。[*91]

*89　一九六一年一〇月一七日事件関連の警察文書アーカイヴの最新の利用状況についての報告は、Claude Liauzu, "Mémoire, histoire et politique: à propos du 17 octobre 1961," *Tumultes* 14 (April 2000): 63-75〔未邦訳、クロード・リオズュ「記憶・歴史・政治――一九六一年一〇月一七日をめぐって」『テュミュルト』一四号〕を参照。現在では、多数の政治家、アーティスト、知識人などが団体「忘却に抗する一九六一年一〇月一七日の会」を結成し、フランス政府に対し、この犯罪を公式に認知するよう求める文書に賛同している。二〇〇〇年一二月一日現在で三〇〇〇筆近い署名が集まっている。

*90　William Gardner Smith, *The Stone Face* (New York: Farrar, Straus, 1963), 7〔未邦訳、ウィリアム・ガードナー・スミス『ストーン・フェイス』〕。この小説の存在に気づいたきっかけは、タイラー・ストヴァルの以下の論文だ。一九六〇年代初頭のパリがスミスの作品の背景になったいきさつについての詳しい考察がある。Tyler Stovall, "The Fire Next Time: African American Expatriates and the Algerian War," *Yale French Studies* 98 (2000): 182-200.〔未邦訳、タイラー・ストヴァル「次は火だ――アフリカ系アメリカ人の国外移住者とアルジェリア戦争」『イェール・フレンチ・スタディーズ』九八号〕

*91　Smith, *The Stone Face*, 38.

棍棒《マトラク》が鈍い音を立てる暴力的な光景に接したシメオンにフラッシュバックが起こる。フィラデルフィアで警察に殴られた過去の経験が、時間も距離も遠く離れたフランスで、警察から「あなた《ヴ》」と尊敬をこめて呼ばれ、エリートの社交場やレストランでは丁寧な扱いを受けることで――自分が親近感を抱きはじめたアルジェリア人の目からすれば――「白人」扱いされているフランスという場所でよみがえるのだ。だがシメオンがアルジェリア人と自分を次第に重ねていくプロセスは、両者が共有する人種差別と暴力にまつわる実存的な経験のみに基づくわけではない。アルジェリア人男性に棍棒が繰り返し振り下ろされる光景を目の当たりにしたシメオンが、アメリカの警察が自分をどう扱っていたかを思い出して、目の前の暴力を再び自分自身の身体的な経験にした、そのことだけに基づくものでもない。この同一化はまた、一種の気楽な汎アフリカ主義に帰することも不可能だ。アルジェリア人との同一化とは、シメオンにとってまずもって、自分のいる場、そこでの価値観から訣別することだった。それはまずもって、自分が属する社会集団である、フランスのアメリカ黒人からの脱同一化を意味していたのである。フランスに住むアメリカ黒人たちは、本国アメリカで始まりつつあった公民権運動に参加することを恐れためらっていた。そしてシメオンはこの集団を、在外社会という泡立つ波間を漂うだけの存在と考えるようになった。かれらは自分たちには直に向けられてはいない、フランスでの人種差別のありようを気にもとめていないと思うようになった。シメオンは、黒人の物書きのたまり場である六区のトゥルノン通りのカフェには次第に足を運ばなくなる。代わりにアラブ人の多い一八区のグットドール地区に通いだし、そこでの生活にとけ込もう、今までとは一八〇度異なるパリの姿に精いっぱいなじもうとする。一〇月一七日には、警察の逮捕劇を目にして、ある警官に激しく抗議したところ一斉検挙されたシメオンは、唯一のアメリカ人として他の逮捕者とともに競技場に連行される。そして一部の——だがすべての、ではなかった——アラブ人から「ブラザー」と好意的に迎えられながらも、警察《ポリス》側の論理にしたがってすぐさま釈放される。アメリカ黒人がアルジェリア人たちのなかにいること自体が場違いであり、ある種の分類ミスとみなされたからだ。そしてこの蜂起から何週間経ってもなお、シメオンはアラブ人の友人たちの居場所を突き止められずにいる。この小説は、シメオンがアメリカ黒人との同一化をやめたこと、すなわち、自分が本来いるべき社会的な場から飛び出して、アルジェリア人の独立運動家たちと交わるようになるという身体の動きこそが、彼に新しい政治的主体性をもたらしたことを明らかにしている。シメオンを突き動かしたのは非抑圧者への義務感のようなものではない。フランス人と闘うアルジェリア人が体現している、もう一つの世界への欲望だ。このような場所の移動を遂げることで、フランスの黒人たちが自身の排他的な同族意識に邪魔されて目にすることのできない事実、すなわちいま実際に起きていることが、シメオンには見えるようになったのだ。小説の最後で、シメオンはアメリカの公民権運動に参加するためにに帰国を決める。だがこのこともまた、自分の属する集団と袂を分かったことによって生じた、社会的アイデンティティの裂け目との関係で理解されなければならない。政治的主体性とは、この小説が示唆するように、〈他者〉を経由して形成されるのである。この意味で小説『ストーン・フェイス』は、まさに「五月」の前史の一部をなす。スミスは特定の政治的主体性の形成とその経験を語っているが、そうした主体性のある部分は、いよいよ剝き出しになるポリスの論理が整える社会的諸規定が乱されることで形成されるからだ。そしてこの攪乱こそが「六八年五月」に参加した多くの人々もまた共有することになる経験であり教育であり、主体性のあり方だったのである。

地下鉄シャロンヌ駅で九人を死亡させた警察の暴走はフランスの公的記憶のなかに登録された。だが一九六一年一〇月一七日の警察による虐殺はそうではない。「六八年五月」のあいだに、シャロンヌは馴染みの参照点やリフレインとして復活し、スローガンやグラフィティ、ポスターで取り上げられた。たとえば「パリで新たなシャロンヌ事件」や「CRS――シャロンヌ事件の下手人たち」といったようにである。雑誌『コンバ』の一九六八年五月七日号が掲載した記事は「警察の下劣な気配」に警鐘を鳴らし「まもなくわかる。やつらはシャロンヌを繰り返す」と記していた。サン＝ミシェル大通りで五月二一日にまかれた匿名のビラにはこうあった。「五月一〇日夜から一一日にかけての残虐行為は、〔内相のクリスチャン・〕フーシェや〔パリ警視総監のモーリス・〕グリモー、〔国民教育相のアラン・〕ペイルフィットといった連中の仕業であるだけではない。シャロンヌが明らかにしたような全体主義的な抑圧体制の所産なのだ[*92]」。「五月」での市街戦を観察していたフランソワ・トリュフォーは、「シャロンヌ」の語を交えて話すことで、暴力の激しくなるさまを表していた。「通常の警官隊の代わりにCRSが現れ、長い棍棒が登場した。『シャロンヌの棍棒《マトラク》』というやつだ[*93]」。

今日「シャロンヌ」とは、一九六〇年代初頭のアルジェリア戦争に関わる暴力のたとえであり、当時のことが話題になるとまず思い起こされる言葉だ。「暴力？　ああシャロンヌね」というかたちで。こうしたたとえの一例が、フランス国営テレビの夜の全国ニュースが最近流した、当時の説明のなかで使われた。一九九九年一〇月、モーリス・パポンはヴィシー政権時代に犯した人道に対する罪による収監から逃れようとスイスに亡命。しかしまもなく拘束された。このフランスからの逃亡事件について報じたテレビ局「アンテナ2」〔現在の「フランス2」〕の夜のニュースのキャスターは、パポンのパリ警視総監時代に発生した、一九六〇年代初頭のアルジェリア戦争に関わる警察の暴力について、パポンの責任を簡単に説明していた（実際には、一九九八年冬にパポンの裁判が始まってから、アルジェリア戦争時代が再び関心を集めるようになり、一〇月一七日事件関連の警察資料の公開を求める運動につながった）。だが記憶の交錯と衝突によって興味深い言い間違いが発生した。話を短くしようとしたキャスターは、「シャロンヌ」を「一九六一年一〇月一七日」に起きたと言った。二つの出来事が一つの警察の暴力としてまとめられる。こうしてここでもまた、九人のフランス人の死者が、数えられてすらいないアルジェリア人の死者よりも優先されている。今日、多くのフランス人がシャロンヌ事件については、日付はわからなくても何となく知ってはいる。だからこそ、二つの事件が交ざりあってシャロンヌでの出来事が思い出されたのだが、その一方でアルジェリア人の死者たちは再び「消えて」しまっているのである。

＊＊＊

＊92　匿名のビラ「工場占拠を伴う無期限スト断固支持」（サン＝ミシェル大通り付近で一九六八年五月二一日に配布）。

＊93　フランソワ・トリュフォーの発言。John Gretton, *Students and Workers: An Analytical Account of Dissent in France, May-June 1968* (London: MacDonald, 1969), 101.〔未邦訳、ジョン・グルトン『学生と労働者――一九六八年五－六月のフランス反体制運動についての分析的報告』一九六九年〕

モーリス・パポンは「一九六八年五月」当時は警視総監ではなかった――一年少し前に辞めて機会を逸していた。一九六七年一月に総監職を辞した彼は、ジスカール・デスタン政権下で財務大臣に就任する一九七〇年代半ばまで国民の注目を浴びることはなかった。だが六七年に総監を辞めていたからといって、翌年の蜂起をただ眺めていたわけではない。退職するパポンに対してドゴールは大使職を用意することにしていたが、すぐにはポストの空きがなかったようだ。フランスの官職を渡り歩いてきたパポンは、その経歴を買われてフランス西部に派遣され、大企業のシュド・アビアシオン社[*94]の社長に就任した。その四ヶ月後の一九六八年五月一四日、その会社――シュド・アビアシオン社――の〔ナント近郊にある〕工場が、パポンの経営スタイルへの反発もおそらく一因となって、ストライキに突入した工場第一号となった（しかも労働者たちは社長を辞任に追い込んだ！）。これにならうかたちでルノーの工場もさっそくストに入った。さらにその動きはフランス西部の製造業全体に広がり、フランス全土に波及していくことになる。五月中旬のゼネストが起きたのは、ドゴールを政権に復帰させた一九五八年五月一三日のクーデターの一〇周年当日のことだった。

パリに話を戻そう。パポンの後任として警視総監になったモーリス・グリモーは、前任者のイメージに助けられた。パポンとは対照的に、グリモーのほうは――次第に、何年もかけて――「リベラル」で反人種差別的な人物と見なされるようになっていった。そして今では「六八年」の死者数を最小限に抑えたとして、たとえば群衆への発砲を許可しなかったことで広く名声を得、神話化さえされている。しかしグリモー指揮下の警官隊は、一九六八年には学生と労働者を相手に暴れまくっていた。しかもこの部隊は、そもそもパポンによって創設され、アルジェリア危機を通じてできあがったものだった。ドゴールとパポンがアルジェリア戦争期に配備した警察《ポリス》が「六八年」には準備万端整えていたのだ。

では、アルジェリア戦争終結時点での「ポリス」とは誰を指しているのだろうか。この問いにそのまま答えても、本当の意味で答えたことにはならない。というのもこの問いは、分業つまり職業が定義されることを前提としているが、そうした分業のあり方は、戦争が生んだ矛盾や混乱によって、あらかた解体してしまっていたからだ。当時の「戦争」とは、離れた土地での戦争ではなく、当時呼ばれたように「警察《ポリス》=治安行動」だった。パポン総監下のパリ警察は、軍出身者の割合を次第に高め、兵士として活動するようになる。「文民公務員からなるあの軍隊は『六八年五月』が始まってからパリを震撼させてきたが、そのなかには、フェッラーガ[*95]に借りを返していない連中が大勢いた[*96]」。警察は、バルザックがかつて記したように、イエズス会士よろしく昔のことまで覚えている存在だ。

フランス議会は一九九九年九月になってようやく、三七年前に終結したアルジェリア戦争を、その名で、つまり「戦争」と呼ぶことを初めて決議した。それまで広く使われていた遠回しな表現——

＊94 訳者——一九七〇年まで存続した国営航空機会社（現エアバス・グループ）。西側初のジェット旅客機シュド・カラベル、超音速旅客機コンコルドの開発などで知られた。

＊95 訳者——文字通りは「反徒」。ここではFLNなどアルジェリア独立派の兵士を指す。

＊96 Maurice Rajsfus, *Mai 68. Sous les pavés, la répression* (Paris: le cherche midi, 1998), 13.〔未邦訳、モーリス・ラフュス『敷石をはがすと弾圧が待っていた』一九九八年〕

「名のない戦争」や「危機」、「和平工作の試み」、「事変」、「秩序維持作戦」、実情にぴったりな「治安《ポリス》行動」[97]——とは呼ばないということだ。この最後の表現が明確に示しているのは、フランス人にとってアルジェリアが、どのような意味で遠く離れた植民地以上のものであったかである。そもそもアルジェリアはとても身近なところだった。大勢のフランス人が長年暮らし、完全に統合され、県制が施行され、実に一八四八年から内務省の管轄下にあった。アルジェリアはフランスのなかで三つの県を構成していた。こうした事情があるのだから、フランスが——と、このように当時の論理は展開していた——自国と戦争することなどありえない。だからアルジェリアで起きていることは内戦であるわけがないし、そもそも「戦争」ですらない。むしろ国内に存在する、つまり内政問題として、警察《ポリス》が解決すべき長期化した局所的な衝突として理解されるのがふさわしかったのである。

フランシス・ザンポーニの一九八七年の推理小説『私の大佐さん』が描くのは、自分の仕事を定義するうえで新たに生じている、こうした混乱に直面したフランス人の職業軍人が抱えるジレンマだ（ザンポーニ自身は、「六八年」にはナンテール校の三月二二日運動のメンバーで、後に『リベラシオン・リヨン』誌の記者になった）。この小説では、アルジェリア東部のコンスタンティーヌ県（国内最貧で最大の地域）で暮らすフランス人大佐の姿が描かれる。仕事内容が軍務（戦闘行為）から「治安維持《ポリシング》」（情報収集や記録作成）に変わるにつれて、本人が苦悩を深める様子が描かれる。しかし自分の警察的な仕事が相変わらず拷問によってなされることそのものに、この大佐はたいして心を痛めてはいない。この人物は潔癖症でもなければ、こうしたやり方を倫理的に受けつけないわけでもないからだ。それどころか、ぞっとするような尋問の様子を詳細に記録しておいて、作戦を監督するためにフランスからやってくる国や軍の官僚にそれを突きつけさえする。ところがフランス本国にいて、この戦争については潔白さを装いたい官僚たちは、報告書を即座にもみ消し、大佐を黙らせようとする。したがって大佐が直面する危機の原因はむしろ、大佐本人が自分の仕事について行う、厳密で階層的だが武骨な定義のほうにある。大佐は人種差別主義者として描かれてはいない——アルジェリア人は相手側の兵士、すなわち敵にすぎないからだ。また大佐は閉所恐怖症なのだが、その原因は、自分が戦場で功績を上げたにもかかわらず、単調でなかば書記官向けの作業に任命されたためだった。たとえば「容疑者」（兵士には限らない）から情報を強制的に引き出す作業（フランス本国の司令官から要求されているが、公式には「否認」されている）や、アルジェリア人の村人一人ひとりの生活実態を記録するお役所仕事の維持が大佐の任務になった。ザンポーニのこの小説は、拷問に関する倫理的な問いを別の領域に移動させる。この大佐にとって大事なのは、自分が兵士か拷問役かではなく、兵士か書類整理係かなのである。

ザンポーニの小説における大佐の状況は、フランス政府の実際の命令がもたらした効果をフィク

＊97 「『アルジェリア戦争』という言葉を発してはならない」。一九六〇年九月一九日、フランシス・ジャンソン裁判で、裁判長はジャンソンにこう述べている。九六年になっても、ジャック・シラク大統領（当時）は「一九五二年から六二年に北アフリカで死亡した犠牲者と兵士」に対する追悼碑の除幕式で、紛争当時に遡る言葉遣いを依然として尊重していた。シラクは式典中に一度も「戦争」という単語を口にしなかった〔サルトル派の哲学者ジャンソンらによるFLNの活動支援の地下組織「ジャンソン機関」が六〇年二月に摘発され、同年九月五日に裁判が始まっていた〕。

ションにして描いたものだ。たとえば、一九五五年の「指令一一号」によって、アルジェリア反乱軍との戦闘における軍の方針は、それまでの軍事行動から「情報」にシフトした。「情報収集に絶えず気を配るべし［…］。戦闘に比べて治安対策にいかに不慣れであるとしても、軍はその遂行を任務とする」[*98]。一九五六年には、「特別大権」法が、共産党の全面的な支持を得て、社会党政権下で成立する。この法律によって、アルジェリアでの個人的自由の保障の大半が一時停止されるとともに、秩序回復、身体と財産の保護、領土保全のための「例外措置」の実施が許可された。同法が警察の権限を軍に委譲することも認めたので、拷問が実際に正規化された。拷問部屋となった場所への「容疑者」の長期拘留が事実上合法となったからだ。ザンポーニの小説において作戦の視察でアルジェリアを訪れたフランス人の官僚たちは、現実の世界では「アルジェリアでの個人の権利と自由擁護委員会」のメンバーに対応する。この委員会はドゴールが作った有名無実の組織で、最終的には上官から戦闘に勝利せよとの命令——マシュ将軍はこれを「あらゆる手段を使って」と簡潔に述べたことがある[*99]——を下された軍の暴力を隠蔽する手助けをしていた。

　警察の果たす国内での「内務的《ポリス》」活動が、アルジェリアでの軍の作戦行動の一部になっていったのとちょうど同じように、軍隊ふうの活動がフランス本土の大都市の警察官の仕事の一部となった。アルジェリア戦争の期間中、パリ警察は、地中海の対岸で軍隊が担う「治安対策」と同等の作戦を実施せよとの指示を絶えず受けていた。たとえば、フランス側の戦時戦略と作戦行動にとって次の事実が持った意味を考えてみればよい。この時期フランス本土に住み、働いていたアルジェリア人移民四〇万人の収入は、アルジェリア本土の同胞のそれをはるかに上回っていた。現に、アルジェリア本土の戦費の大部分はかれらが支えていたのである。[*100] 別の言い方をすると、この戦争は、アルジェリア側からすれば、資金面ではフランス本土での収入、つまりパリ郊外のアルジェリア人移住労働者の稼ぎにその多くを頼っていたのである。ＦＬＮが頭を悩ませたのは、パリなど大都市周辺のスラムに住むアルジェリア人からの資金調達ではなく、現金を都市部（アラブ人ふうの人物が運転する車は即座に怪しまれ、捜索を受けた）を通過させ、最終的に国外に持ち出す方法だった。こうして、アンリ・キュリエル[*101]やフランシス・ジャンソン、〔当時トロツキストの活動家だった精神分析家の〕フェリックス・ガタリ、漫画家のシネのほか、アルジェリア独立を支持するフランス人のネットワークがＦＬＮに提供した「スーツケースの運び役」の手で、資金（武器は除く）の大部分が都市部を通過し、国外に運び出

＊98 出典は以下。Claire Mauss-Copeaux, *Appelés en Algérie. La parole confisquée* (Paris: Hachette, 1998), 170-71.〔未邦訳、クレール・モース＝コポー『召集兵のアルジェリア――奪われた言葉』一九九八年〕

＊99 マシュ将軍の発言。Pierre Viansson-Ponté, *Histoire de la république gaullienne, Mai 1958 - Avril 1969* (Paris: Robert Laffont, 1971), 15.〔未邦訳、ピエール・ヴィアンソン＝ポンテ『ドゴールの共和国の歴史――一九五八年五月－六九年四月』一九七一年〕

＊100 ＦＬＮの財務担当者だったアブドゥルカリム・シェルキが次の箇所でこの事実を明らかにしている。Gilles Perrault, *Un homme à part* (Paris: Barrault, 1984), 289.〔未邦訳、ジル・ペロー『例外的な男』一九八四年〕

＊101 訳者――政治活動家（一九一四－七八）。一九四〇年代にエジプトで共産主義運動に参加。渡仏後はアルジェリア独立運動への支援活動に携わる。その後も非共産党左翼として第三世界主義の立場で活躍。七八年に暗殺される。

された。[102] しかしこの活動によって都市部の警察には新たな任務と責任が生じた。FLNによる都市部での資金の移動と国外への移送を物理的に阻止するのは、警察の役目だったからだ。

フランス軍の警察への浸透を明確に理解するには、人がどこからどこに異動するのかという人員配置に注目するのがよいだろう。警察と軍という二つの職のあいだを戦後期を通して切れ目なく渡り歩くパポン本人が格好のケースだ。警察の歴史を少しだけたどってみよう。フランス解放直後の一九四五年、パポンが内務省のアルジェリア副局長だったときに、警察組織は、きわめて短期間ではあったにせよ、重要な「進歩的」な一時期を経験した。レジスタンスの活動家だった人々が警察本体だけでなく、解放と同年の四四年に新設されたCRSにも加わることで、ヴィシー政権との密接さから自主退職あるいは「公職追放」された職員七〇〇〇人の穴を埋めた。その二年後、ジュール・モック内相（社会党）は秋に発生した労働者の蜂起を鎮圧するためにCRSを派遣したが、複数のCRS連隊、なかでもボルドーとマルセイユの部隊は命令に従わず、現場に向かわなかった。連隊は解散となり、「共産主義のシンパ」を粛正するためのレッド・パージが警察のあらゆる部隊で始まった。五一年から公職追放役となったのはパリ警視総監のジャン・バイロ〔在一九五一－五五〕で、その補佐役はバイロが事務総長に任命した人物、すなわちモーリス・パポンだった。バイロは第二次大戦直後に追放された警官を呼び戻したが、こうした人々はある時点まで、正規の警察に対するいわば影の「平行」部隊として生き延び、労働組合や共産党を監視していた。かれらは共産主義対策のスペシャリストであり、バイロの指揮下ではデモの暴力的鎮圧を担う専門部隊となる。インドシナ戦争の期間〔の後半〕を通して総監職を務めたバイロはまた、帝国を「売り払おう」とする人々を警官が見境なく敵視するような雰囲気をつくり出した。知識人や進歩派、共産主義者、組合活動家といった人々はすべてソ連に操縦された「国家の敵」なのだ。

警察でのパポンの師にあたるバイロは、一九五四年にマンデス＝フランス首相に解任される。パポンも同時に職を辞すが、モロッコ保護領の事務総長として地中海の対岸で復職し、モロッコ民族主義者の逮捕や拘束を行う治安活動の責任者となった。五六年六月にパポンはアルジェリアに復帰する。今度は戦時下の同国で、警察の責任者を再び任される。なおフランスの解放から五八年にパリ警視総監に任命されるまでのあいだ、パポンが北アフリカで行政職につくのはこれが三度目だった。

パリに戻るとすぐに、昔ながらの警察組織には反体制派と戦うだけの力がないことにパポンは気づく。そこでアルジェリアの農村部で自分がその育成に一役買った組織（「特別行政部」）や人員、テクニック（「心理作戦」）の一部を、新たなかたちで復活させた。パポンのもと、パリ警視庁にはインドシナ戦争の元兵士や、アルジェリアにいた元軍人と落下傘部隊出身者が急増する。一連の植民地戦争（インドシナとアルジェリア）が終結し、先制攻撃力の創設（ドゴールはフランス軍の自律性と、核兵器を含む潜在的即時攻撃力を強化した）により通常兵力が削減されたことで、一定数の将校が警察内で軍のときと似たポストに配置転換された。[*103] パリのアルジェリア人を強引に尋問するために、パポンはハルキ（アルジェリア戦争中にフランス側で戦ったアルジェリア人）だけの警察部隊の新設すらしている。これは一種の「平行」部隊で、警察と連携・協力してアラブ人地区でのローラー作戦や情報収集を担っ

＊102　訳者――この「スーツケース運び」はジャンソン機関の主要な活動の一つ。本章注83参照。

ていた。「現地人」だけで編成された補助部隊は、アルジェリアなど植民地で長年存在していたものの、首都に登場したのはこれが初めてだった。そしてパポンのもと、パリで拷問が行われるようになった。

本土と海外、警察と軍隊はこのように渾然一体となった。その原因は、植民地主義という思考障害《ディスオーダー》であり、一九五〇年代後半から六〇年代前半のフランスの対アルジェリア関係が呈する混乱《ディスオーダー》の異常な拡大だった。これは戦争なのか、治安《ポリス》行動なのか。対外戦争でないなら内戦なのか。アルジェリア人は外国人という（外部の）敵なのか、それとも市民なのか。かれらは「ベトナム野郎」なのか、兄弟なのか。アルジェリア人はフランス国民なのか――文字通り市民権に関わる最後の問いへの答えは、もちろん「イエス」だ。アルジェリア人は、四四年三月七日の委員会令によりフランス市民である。「アルジェリアのムスリムのフランス人は、非ムスリムのフランス人が有するすべての権利を享受し、すべての義務を負う」からだ。だがこうした問いかけのすべてを覆う混乱が最もはっきり表れているのは、六一年一〇月五日にパリ警視総監パポンの名で発表された緊張感に満ちた文書だ。パリのアルジェリア人を夜間外出禁止状態に置いたこの通達は、六一年一〇月一七日のアルジェリア人デモのきっかけとなったものである。文書はこう始まる。

> テロリストの犯罪的策動をただちに停止させるため、警視庁は新たな措置を決定した。その円滑な実施のため、ムスリムのアルジェリア人労働者に対し、パリ市内および郊外では夜間、すなわち午後八時三〇分から午前五時三〇分まで通行を控えるよう最も緊急に勧告する。[*104]

慎重な言葉遣いだ。アルジェリア人の外出禁止は「勧告」であって「命令」ではない。だが「最も緊急な」勧告とある。これはいったいどういう種類の勧告なのか。もちろん警察はこの通達が一連の命令を定めるものと理解して行動する。夜間外出禁止令の副作用として、雇用主はアルジェリア人を

＊103 Labro, *Ce n'est qu'un début,* 118. 同様に、CFTC〔フランス・キリスト教労働者同盟〕が一九六一年一〇月一七日の虐殺を受けて作成したある文書には、警官については「ここ数年来、反共的かどうかが主要な採用基準となっている。部隊には『インドシナとアルジェリアでの経験者』がいる。そのメンタリティは人種差別的かつファシスト的で、植民地戦争でもてはやされた手法が使えるように訓練されている」とある（*Ratonnades à Paris,* 47）。前出の小説『ストーン・フェイス』で、著者のスミスは一九六〇年代初頭のパリ市内の警官の質の変化に簡単に触れている。主人公のシメオンは次のことに気づき始めた。

警察はまるで変わった——あるいはシメオンにはそう思えた——パリに来てからのこの一年の話だ。シメオンはそれまで警察を好ましいと思ったことはなかった。しかしフランスの警察にはどこよりも好意的な印象を持っていた。ところが、かつては親切で思いやりのあった警官たちが、今では通りの角で権力を笠に着てだらしない姿を見せている。くわえたばこをし、通りかかる少女たちにときおり卑猥なしぐさをするのだ。シメノンははっとした。こうした警察の変化は偶然ではない。パリ警察では、フランス国内のアルジェリア人に穏やかに接していた警官が追放されていた。

(*Smith, Stone Face,* 174)

＊104 パリ警視総監モーリス・パポンの一九六一年一〇月五日付通達。出典は Einaudi, *La bataille de Paris,* 85 である。Michel Levine, *Les ratonnades d'octobre* (Paris: Ramsay, 1985)〔未邦訳、ミシェル・ルヴィン『一〇月の虐殺』一九八五年〕も参照。

新たに雇ったり、引き続き雇ったりすることをいよいよ躊躇するだろう。だが理論的には、アルジェリア人は警察の「勧告」を聞き入れるようなんら強制されてはいない。この文書の後半にも「非常に強く推奨される」という似た表現がある。対象となる時間帯が午後八時三〇分から午前五時三〇分に設定された背景には、パリ周辺に住む労働者に職場と自宅の往復に必要な最小限の時間しか与えないという明確な意図がある。かれらは文字通り街頭から姿を消す。いかなる時も自分の場所を離れず、居場所が特定できる状態に置かれる。働いているか、家で寝ているかのどちらかだからだ。文面の続きはこうだ。

仕事のために、この時間内に通行する必要のある者は、各自の住む地区や行政区の技術支援部に証明書を申請することができる。証明書は申請内容の確認後に交付される。他方、テロは大半が男性三、四人のグループによるものであることが判明している。したがって、ムスリムのフランス人には単独での通行をきわめて強く勧告する。数人のグループ行動は巡察やパトロール中の警官に疑念を生じさせる可能性がある。最後に、警視総監の決定により、アルジェリア出身のムスリムのフランス人が経営し、またかれらによく利用されている飲食店は毎日午後七時に閉店とする。

この「技術支援部」（SAT）はパポンの発案だ。アルジェリア人移民が出頭し、旅券のほか、アルジェリアに帰国する際の査証、労働許可証など、必要な公文書の発給を受ける場所だ。ここに出頭すると、警察から根掘り葉掘り事情聴取され、本人についてのファイルが作成される。したがって夜間外出禁止措置は警察に副次的効果をもたらす。これまでよりも多くのアルジェリア人、つまり今まで警察の網の目から漏れていたアルジェリア人が技術支援部に出頭する可能性が出てきたからだ。だがアルジェリア人は外出を控えるように勧告されたにすぎない。この時間帯に街頭に出るのになぜ特別な証明書を所持する義務があるのだろうか。いや義務ではないのだ。繰り返しになるが、申請が「できる」のであって「しなければならない」わけではない。だとすればこの夜間外出禁止措置には強制力があるのか、それともないのか。実際のところ、この声明で動詞が「勧告」から「命令」へとはっきり切り替わっているのはただ一ヶ所、飲食店の閉店時間を午後七時に定めるとした最後の一文だ。店の営業時間の決定は警視総監の監督権限に明確に属している。午後七時に閉店時刻が設定されることで、アルジェリア人は仕事後にカフェでコーヒーを飲むことができなくなる。一日で唯一の食事を取ろうと行っても店はすべて閉まっていることになる。息抜きも会話もなく、働くことと寝ること以外の活動の余地はなくなる。もっとも、何人もの労働者が住み、ベッドはローテーションで使う（寝ていない人は、他の人が寝られるように外出する）混雑した部屋で寝られればの話だ。しかし閉鎖の義務があるのはどの飲食店のことなのか。アルジェリア人の客が一二人いれば、アルジェリア人が「よく利用する」ことになるのか。三人ならどうだろうか。むろんこうした疑問からは、この通達のもっと根本的な問題が生じる。北アフリカかアラブ出身者ふうの客が三人いれば、そこは「アルジェリア人がよく利用する」店なのか。もっと重要な問いは、外出を禁じられているのは実際のところ誰なのかだ。対象者は誰なのか。アルジェリア人か。おそらく違う。というのも「ピエ・ノワール[*105]」や

「フランスのアルジェリア人」は、当時アルジェリア人だったからだ。しかしこの問題を無視しても根本的な問題が一つ残る。特定のカテゴリーに属するフランス人だけに移動を禁止することは可能なのだろうか。アルジェリア人も「フランス市民のあらゆる権利と義務を備えた」フランス人である。コルシカ人やブルターニュ人がフランス人なのと同じだ。しかしコルシカ人やブルターニュ人が公文書で名指されたことは一度もない。[*106]こうした人々はただの「フランス人」だ。こうした理由から、当局は「アルジェリア出身のムスリムのフランス人」なる表現を作り出さざるをえなかった。しかしここにも新たな問題がある。あるフランス人の集団を他の「フランス人」から区別する際に宗教が使われている。そこで当時の軍隊はＦＳＮＡ（北アフリカ系フランス人）という婉曲表現を編み出した。いずれにせよ、こうした婉曲表現を余儀なくされるのは、人種的な特徴だけが、アルジェリア人らしき人物は夜間に外出してはならず、三、四人の集団で行動してはならないというパポンの命令の基準となるからだ。しかしこの定義も当然混乱を引き起こす。アルジェリア人らしき人物には、警察に協力するハルキだけでなく、モロッコ人やチュニジア人はもちろん、それ以外のアラブ人、さらにはユダヤ人も該当するからである。つまりアラブ人ふうの人物は誰もが実質的に標的となってしまうのだ。

一九六一年一〇月一七日のデモへの残忍な弾圧の直後、共産党の機関紙『ユマニテ』はこのときの暴力について長文記事を複数掲載した。『ルモンド』や〔進歩派カトリック系の〕『ラクロワ』、『フランス・ソワール』など他紙が扱わなかった事件を報道することが目的だった。しかし『ユマニテ』は、この日の虐殺に抗議するデモを呼びかけるには至らなかった。反植民地主義委員会と反ファシスト大学戦線委員会（ＦＵＡ）という二つのかなり小さな組織が街頭に出て、警察の行動に抗議しただけだった。この二つはいずれも同年秋に結成されたばかりの学生組織である。とはいえOASの部隊や極右団体をカルチェ・ラタンから放逐するというまずまずの成果を上げていた。この二団体による抗議行動は、実際の団体規模をはるかに上回るきわめて重要なものだった。なぜならかれらの活動において、学生層内部に持続性を備えたラディカルな潮流が出現するのを初めて認めることができるからだ。すなわちこれは、学生が政治勢力として、学生の利益擁護以外のことを掲げて全国レベルで新たな行動を展開した初の機会だった。たしかに大手学生団体UNEF（フランス全学連）主催の六〇年三月の大規模な反戦デモはあった。だが抗議の対象は徴兵延期措置の制限だった。ここにはっきり現れているように、学生自治会の闘争とアルジェリア反戦闘争とを結合させる必要性自体が認識されてはいても、学生の利益の擁護が依然としてデモを呼びかける主な課題だった。UNEFはこの意味で一種の「コーポラティズム」にとどまっていた。一方FUAは、学生による反戦闘争をアピールや「直接行動」を通じてリードした。アルジェリア戦争がフランス社会の抱える問題に――学生の課題にとどまらず――広く関わることをメンバーに肌で理解させることで、ドゴール政権の基盤に対する批判の口火を切ったのである。真の政治勢力が公認学生自治会という組織の外側に登場したといってよいだろう。学生たちは、自らのアルジェリア反戦闘争とFUAでの経験、FLNへの支援（アル

＊105 訳者――アルジェリアに入植したヨーロッパ系フランス人。
＊106 訳者――コルシカ、ブルターニュの両地域とも歴史的経緯から、分離独立や自治権拡大を目指す動きがあり、当時は武装闘争を展開するグループもあった。

ジェリア独立宣言の日に、FUAメンバーはFLN旗をソルボンヌに掲げた）を通して、既成の組織や党派とは別個に形成された、自分たち自身の闘争の伝統を獲得した。学生による自前の組織の成立を契機として、大衆運動についてのまったく新しい考え方が出現しつつあった。明確な目的――この場合はアルジェリア独立――のもとに政治行動を組織し、また反ファシスト闘争時のような「激しい」肉弾戦を行うという考え方だ。反戦運動はまったく新たな革命的闘争を再建する出発点、いや最低でも、戦闘的性格を備え、もはや守勢に立つことのない労働運動が復活する出発点でありうるし、そうあるべきだ――学生たちはこう考えていたのである。

ジャック・ランシエールは、一九六一年一〇月一七日の警察によるアルジェリア人虐殺事件を論じた際、これと似た議論を展開している。ランシエールにとって、ポリスの行動には二つの目的がある。デモ隊が示す「誤り」を都市空間から一掃すること、もう一つは、自らの行動記録自体を一掃することだ。ランシエールの指摘によれば、フランス人にとって二つめの「一掃」は、一つめと比べておそらくより大きな意味を持つ。というのも一〇月一七日とは、一九六〇年代のフランスで行われた初の大規模デモの日付であるだけでなく、フランス人の多くが「隠蔽」の始まりを経験する日でもあったからだ。この出来事を隠しておこうとし、見えるものと見えないもの、言えることと言えないことを配分しようとする報道管制が試みられた。そして多くの人にとっておそらく、当日の殺人そのものよりもこの報道管制こそ、フランス人という自らのアイデンティティに、すなわちフランス人であることの意味に、ずれや亀裂が生じる初のきっかけとなった。国家はフランス人の名のもとにこの事件を起こし、次いで事件をフランス人の視界から消し去ろうとした――そうした国家への同一化をやめる機会となったのである。ランシエールはこのことを念頭に置いて、彼が政治的「主体化」と名づけるもの――政治的主体性の出現――を何よりも、共通の共同体的経験ではなく、同一化や分類を拒否する経験に位置づける。政党であれ国家であれ、既存の政治システムへの忠誠心にひびが入らなかったとしたら、警察と軍の行動によって多くの若いフランス人に訪れた危機は、セーヌ川で溺死した犠牲者への純粋に道徳的あるいは倫理的な同一化、同情をおそらく生じさせただけだっただろうからだ。このときを境に学生運動は学内課題を扱うよりも、大学の外に出ることを志向し始める。運動の課題は、学生であることの意味や、学生だけに関わる利益や希望を追求することではなく、学生という自己規定《アイデンティティ》や、フランス人としての自己意識《アイデンティティ》の同一性に亀裂を入れることに置かれた。まさにそこから〈他者〉の大義に共鳴する政治的な道が開かれたのである。たとえば「われわれはみなユダヤ系ドイツ人」というスローガンを、[*107]一九六八年五月中旬にパリの街頭で何万もの人々が唱和することになる。ランシエールが指摘するように、こうしたスローガンには、起爆後すぐには爆発しない爆弾のようなところがある。ある自己との同一化を拒むことを条件に成立する〈他者〉の包摂あるいは〈他者〉との連帯、その実現法を確立する実践が先立たないことには、こうしたスローガンは思い浮かんでこないからだ。[*108]ありえないはずの「われわれ」をこのように一風変わったかたちで形成することが、〈他

*107 訳者――三月二二日運動の中心人物ダニエル・コーン＝ベンディットはユダヤ系ドイツ人だった。このことを右翼や共産党が揶揄したことへの批判と当人への連帯を示すスローガン。

*108 Jacques Rancière, "La cause de l'autre," in *Aux bords du politique*, 148-64 を参照。

者〉を経た主体化のあり方であり、そこにはやがて「六八年五月」という政治的実験の大きな特徴となる、社会的アイデンティティを根底からずらし、あるいはそこに亀裂をもたらす営みが存在している。たとえば「われわれはみなユダヤ系ドイツ人だ」というスローガンの「われわれ」が、一つの集団――ユダヤ系ドイツ人――と同一化することで一つの集合的主体を構成するとき、その主体は、一つの共通の名を名乗るがゆえに、社会学的には分類できないものとなるのである。

この「われわれ」、すなわち「われわれはみなドイツ系ユダヤ人」というスローガンの「われわれ」を、一九六八年五月から六月の出来事で登場した、これと張り合う「われわれ」、すなわちかなり違った種類のずれや亀裂が生じるなかで一九六八年五月二九日に具体化した「われわれ」と比べてみたい。ドゴール大統領は、ほとんどの証言が一致しているように、フランス全土を麻痺させたゼネストと、衰える気配のない街頭での暴力によって弱気になり、混乱し、落胆しきっていた。そうしたなかでこの二九日にドイツのバーデン・バーデンに飛び、落下傘部隊の元指揮官で「フランスのアルジェリア」のシンボルであるジャック・マシュ将軍と会談した。[*109] おそらくドゴールは、マシュ将軍本人とその指揮下にあるドイツ駐留フランス軍部隊七万人には、狂気の嵐がまだ及んでいないことをなんとしてでも確認したかったのだろう。国軍には国内外の破壊活動を防ぎ、必要とあれば「フランスの秩序回復」のために軍の義務を果たす決意が十分に備わっているのか。この新たなヴァレンヌ逃亡[*110]にまつわるドゴールの予想外の行動とその意図、また本人がパリから秘密裏に姿を消したことについては、さまざまに議論されてきた。他方でこのような隠密行動には、ドゴールが部下に抱いていた軍人特有の軽蔑心を見てとることもできるだろう（ジョルジュ・ポンピドゥー首相は蚊帳の外に置かれたことに激怒して辞意を表明したが、実際には思いとどまった[*111]。

ともかくこの同盟について検討しよう。ここでの「われわれ」は、対独レジスタンスの英雄にして自由フランスの指導者ドゴールが、一九六二年に自分への反乱を仕掛けたファシストの軍幹部と親しい人物であるマシュ将軍と抱擁を交わしたときに生まれたものだ。レジスタンスの元英雄と旧敵マシュは素っ気ない会話を交わしたという。その会話の謎めいたイメージのなかに、一九六〇年代のフランスに広がっていた、反ファシズム思想の一進一退の動きが見事に具体化し始めていた。アルジェリア戦争中もそれ以降も、民主主義を人々から荒々しいやり方で奪い取ってきたことで、ドゴール主義の暗部は剝き出しになっていた。ドゴールのフランスはパポンとマシュ——警視総監と将軍を頼みの綱としたが、この同盟の参加者は、長い一九六〇年代を通して、共通の敵に対抗すべく団結を強い

＊109　訳者——フランス政府のアルジェリア独立容認に反対する一九五八年五月一三日のクーデターで結成された公安委員会で、マシュは代表に就任している。
＊110　訳者——フランス革命下の一七九一年、ルイ一六世一行がパリ脱出を試みるも、国境付近の町ヴァレンヌで逮捕された事件にかけた表現。
＊111　「私は職を辞そうと思います。このような状況で職務を続けることはできません〔…〕。ご理解いただきたい、こんなかたちで既成事実と向き合わされることは耐えがたいのです。他人には知らされている事柄が、私に伏せられているのです。仕方なしに私は決意しました。私は辞めさせていただきます」。ポンピドゥーの発言。出典は以下。Jacques Foccart, *Le général en Mai. Journal de l'Elysée*, vol. 2, 1968-69 (Paris: Fayard, 1998), 49-50.〔未邦訳、ジャック・フォカール『五月の将軍——エリゼ宮日誌2』一九九八年〕

られた人々だったのである。ドゴールがバーデン・バーデンに飛んだとき、亡命、あるいは権力の動揺、ないし放棄に見えたものは、実際のところ権力の強化だった。五八年に初めて軍の力で権力を掌握したドゴールが、六八年に再び軍の力を仰いだのは、権力にしがみつくためだったのである。五八年、富裕階級の支持を受けた軍事クーデターで首相になったドゴールは、国民的指導者かつ国家の統一者として、国家全体にとって重要な利益を体現するかのように振る舞った。そしてそれから一〇年間、「階級分裂を超えた」偉大で強力な独立国という神話を作り上げ、資本家の経済権力の強化を可能にした。六八年に訪れた全国的な政治危機は、ドゴール主義にとってボナパルティズム的理想——唯一の政治勢力としての国家——を実現する新たなチャンスとなった。だが国家権力がこうして強化されたことの代償として、国家のイメージのほうは変わってしまい、さらにいえばその真の顔をあらわにした。当時ジャン＝ピエール・ヴェルナン〔歴史学者〕は「ドゴール主義はどの体制にも似ていない」と評して次のように述べている。「暴動から生まれたドゴール体制は、深刻な危機の時代には権力と国民の仲介役や緩衝材となりうる、代表制民主主義の諸制度をことごとく消滅あるいは弱体化に追い込んでいる」[*112]。ストライキはいまや労働者を数百万人集めるまでになっていた。その脅威を払いのけようとした六八年五月時点のドゴールの国家には、過去の成功にならって「国家の統一者」という自らの神話を売り込む力はもうなく、むしろブルジョワ階級の結集を呼びかけざるをえなかった。ブルジョワジーはその階級的性格をあらわにしなければならず、政治はブルジョワ階級の直接支配に取って代わられなければならなくなっていた。ドゴールは、国民全体を束ねる力をすでに失ってはいても、ブルジョワ階級を構成するさまざまな派閥を束ねるくらいの力は残していた。そしてそのためには、こうした派閥もまたパリの街頭で自分たちの存在を誇示する必要があったのだ。ヴェルナンは記している。「ドゴールは、だてに将軍をやってはいない。めぐってきたチャンスを逃したりはしなかった。来るべきその日に独自の戦略をとった。反ドゴールの大衆運動が展開しているその場で、大衆運動を迎撃したのである」。[*113] 六八年五月三〇日、バーデン・バーデンでのドゴール‐マシュ会談の翌日（幸運にもこの日はちょうどジャンヌ・ダルクの聖名祝日だった[*114]）のことだ。中産階級の派閥という派閥に向け、結束して共通の敵と闘おうという檄が飛んだ。ペタン主義者や元レジスタンス闘士、そして「ドゴール政権の最も強力な社会基盤の権化である行政や警察のドゴール派のこそ泥連中など、現政権の寄生者がそろいもそろって[*115]」ドゴール派組織の要請に応じて登場した。共和国防衛委員会（CDR）という名の「市民行動団体」が結成されて、現政権支持のデモが行われた。五月三〇日、三〇万人を超す「秩序」派[*116]はシャンゼリゼ通りを埋め尽くし、ドゴール支持を掲げた。このデモでは、ジャック・シャバン＝デルマやアンドレ・マルローらドゴール派の政治家が「オクシダン」の分遣隊と同じ隊列に入る。そしてレイモン・アロンら知識人が、植民地戦争が生んだ底辺階層の人々（秘密

＊112 Schnapp and Vidal-Naquet, *Journal de la commune étudiant*, 788.
＊113 *Ibid.*, 790.
＊114 訳者――ジャンヌ・ダルクは右翼にとって象徴的な人物。
＊115 Daniel Bensaïd and Henri Weber, *Mai 1968: une répétition générale* (Paris: Maspero, 1968), 208.〔末邦訳、ダニエル・ベンサイード、アンリ・ヴェベール『一九六八年五月――総稽古』一九六八年〕
＊116 訳者――ドゴール派の有力政治家（一九一五‐二〇〇〇）。ポンピドゥー政権下で首相も務める。

結社団員、準警察組織、殺し屋、スト破り、元兵士）や、ドゴールの要請でデモに参加するよう雇われたごろつきと肩を並べたのだ。この日のスローガンは「フランスはフランス人のものだ」「労働者は仕事しろ」「コーン＝ベンディットはダッハウ送り[*117]」といったものだった。こうしたフレーズ自体が、役割と持ち場の配分の論理――ポリスの論理――に「六八年五月」が入れた亀裂をきわめて明確に示している。学生は勉強しろ、労働者は働け、教師は教えろ、フランスはフランス人の手に――秩序を守れという呼びかけだ。この日の午後、一連のスローガンが響き渡るなかで時折耳慣れたクラクションの合図が聞こえてくる。短く三回、長く二回だ。記憶を呼び覚ます短いが強力なこの仕掛け、ドゴール政権の「サウンドトラック」は、過去にも一度、大音量で鳴り響いたことがある。このリズミカルなクラクションは、一九五八年に「ドゴールを権力へ」（ドーゴールーオープヴォワール）の意味で用いられたが、それから数年は「フランスのアルジェリア」（アルージェーリーフランセーズ）へと変わった。そしてさらに「ＯＡＳは勝利するぞ」（オーアーエスーヴァンクラ）に転用されたのが、今度は「ドゴール孤立せず」（ドーゴールーネーパースゥル）の意味になったのだ[*118]。

古風なナショナリストがリズミカルにクラクションを鳴らすのは、秩序派にとって「六八年五月」が発する最もおぞましい音をかき消すためだ。その音とは、ルノー社ビヤンクール工場のスト労働者がジョルジュ・セギＣＧＴ書記長に浴びせた野次と口笛だ。五月二七日、スト終結に向けて急遽妥結したグルネル協定[*119]の内容を、セギがこの工場の労働者に発表したときに鳴り響いたのはこの音だった。ストの無期限化への疑念が生まれるなか、この口笛が表す労働者側のかたくなな拒否の態度こそが、ドゴールをバーデン・バーデンに出向かせ、旧敵の腕に飛び込ませたのである。強大な敵に直面する二人の将軍は、まるで鏡映しのように抱擁した。「六八年五月」の終盤情勢はいっそう加速した。シャンゼリゼ通りをコンコルド広場からエトワール広場[*120]まで行われた大規模なドゴール支持デモの翌日に、新たに絵になる人物が登場したからだ——その名はレイモン・マルスラン、一九六八年五月三一日に内務大臣となったこの男には、新顔にもかかわらずどこか馴染みがある——六〇年代の反政府運動に決着をつけ、「五月」を引き継ぐいかなる動きも許さないために呼ばれたこの男に、モーリス・パポンはぴったりの分身を見たことだろう。マルスランこそ、パポンが幕開けに一役買ったこの一〇年をすっかり幕引きする人物だ。パポンと同じくマルスランも若くして頭角を現した。出世のきっかけは副大臣時代の四七年から四八年にかけて、労働者のストライキで成果を上げたことだった。ベテラン「清掃人」としてのマルスラン（「国家の意志とは秩序である」[*121]）に、「公共の建物でも街路でも、金輪際何も起こってはならない」[*122]というドゴールの格率の実行役が回ってきた。

---

*117 訳者——ナチスの有名な強制収容所。
*118 Viansson-Ponté, *Histoire de la république gaullienne*, 648.
*119 訳者——本書第Ⅱ章一三三−一三四頁参照。
*120 訳者——現在のシャルル・ドゴール広場。
*121 Raymond Marcellin, *L'importune vérité* (Paris: Plon, 1978), 297.〔末邦訳、レイモン・マルスラン『わずらわしい真実』一九七八年〕
*122 ドゴールの発言。引用は Comité d'action Étudiants-Écrivains au Service du Mouvement, *Comité* 1 (octobre 1968): 1〔『ブランショ政治論集』一六九頁訳注1〕による。

何も起きてはならないとすれば、実際には何かが起きていたことになる。「五月」直後から長年続いた国家の肥大化——この時代の特徴は弾圧と抑圧だったが、ものわかりのいいカウンターカルチャー的な「五月」という現在の支配的な表象からは消去されている——は、少なくとも「五月」の重要性が認められていたことを示している。

　レイモン・マルスランは最も早く「六八年五月」を扱った社会学者であり、しかも対象をおそらく最も徹底的に研究した人物だった。マルスランの任務とは、本人によれば「階級間や階層間の闘争ではなく、社会的結合」に根ざした「フランスの政治的意志」を実行に移すことだった。したがって、とマルスランは記す。社会正義に関する次の原則が「精力的かつ根気よく」適用されなければならない——「各人が持ち場につき、分け前を得て、尊厳を持つこと」[*123]。各人が持ち場につくこと——「五月」で機能不全に陥った集団と役割の配分がいまや再建されなければならない。社会秩序構造をしっかり支えるのは警察《ポリス》の仕事だ。この任務を果たすため、内相に就任したマルスランがまず取りかかったのは、「六八年」の運動から生まれた約二万のビラや書類、新聞やテキストを手当たり次第収集し、自分で読むことだった。調査の目的はもちろん、名前の知られた左翼主義者や活動家——労働者や学生など——を警察として一人残らず同定し、分類し、取り締まること。それはさっそく実行に移された。早くも六月六日には、マルスランは所属組織ごとに分類された極左活動家のリストを作り終えていた。さらに警察の取り締まりを効率化するためとして、連絡調整局を再び立ち上げた。警察のあらゆる部署の情報を集中管理する一種の情報センターである。八月に入るとマルスランは「暴力による権力獲得を目的に組織された革命集団」に関する小冊子を発行して、「五月」には相当数の「外国勢力」すなわち巨大な国際的陰謀の共犯者が存在していることを匂わせた。[*124] 刑務所はすぐに政治囚でいっぱいになった。アルジェリア戦争以来の事態だ。だが政治囚を投獄する前には房を空けておく必要がある。そこで悪名高い囚人たち――OASの元幹部が釈放された。左翼主義の脅威はアルジェリアをめぐる分裂の面影を消し去った。そして政府は、一層深刻な脅威を前にして、古参の右翼将軍たちに手を伸ばした。一九六八年六月一五日、左翼主義団体がすべて非合法化された翌日に、殺人で有罪判決を受けて服役中のOASメンバー約五〇人が――反ドゴールの軍事クーデターの首謀者、ラウル・サランなどの極右の軍幹部とともに――恩赦となり、フランスへの帰国を許されるか、刑務所から釈放された。だが当時の活動家がこれに気づかないわけはない。「彼〔＝ドゴール〕が、自分で『手

*123 Marcellin, *L'importune vérité*, 297.

*124 内務省「革命運動団体の目的と方法」（一九六八年五月）を参照。マルスランのこうした見解を全面的に支持した人物に、ファシストのモーリス・バルデシュがいる。「自然発生的な性格が最も希薄なのは、間違いなくカルチェ・ラタンでの暴動だ。諸セクトは国外から派遣された専門家から資金や情報を得ており、その指導下にあった〔…〕。どこから資金や武器が提供されたのだろうか。ある陰謀の構成員が存在しており、内務大臣によって現在拘束されている」。Maurice Bardèche and François Duprat, "La comédie de la révolution, Mai 1968," *Défense de l'occident* 73 (June 1968): 4-6; Reprinted in *Mai 68 en revues*, ed. Caroline Hoctan (Paris: Institut Mémoires de l'édition contemporaine, 2008), 65-77〔未邦訳、モーリス・バルデシュ、フランソワ・デュプラ「革命の喜劇、一九六八年五月」『西欧の防衛』七三号、キャロリーヌ・オクタン編『雑誌に見る六八年五月』二〇〇八年所収〕を参照。

に負えない奴ら』と呼んでいた、学生や労働者の魔女狩りを始めたちょうどそのときに、マルスランはビドールやサラン、ラシェロワといったファシストを釈放した。そして工作員や元ＯＡＳの連中を中心とする民兵組織の結成を呼びかけた」[*125]。公道でのデモは一年六ヶ月のあいだ禁止され、政治的に「非中立的」な外国人は全員ただちに、国外退去となった。また「六八年」蜂起に関する映像の上映も全面禁止された。「五月」の革命的なビラが果たした役割をとくに重視していたマルスランは、このとき以来、街頭であろうと印刷物であろうと、「五月」について見ること、語ることを必死に管理した。ラディカルな「五月」関連メディアとつながりを持つ、新聞スタンドやポスター貼り、漫画家に容赦ない追及が行われると同時に、反米的な出版物（たとえば『トリコンチナンタル〔三大陸〕』誌）が押収され、政府に敵対的な政治スローガン（またはそう見なされるもの）を唱えようものなら投獄され、起訴理由に「警官への侮辱」が頻繁に用いられるようにもなった時代だった[*126]。

蜂起に積極的に加わった人々の多くにとって、「五月後」はいまわしい不吉な時期だった。亡霊のようにただよう闘いのイメージと常時監視下にあるという感覚がぴったり張りついていたためだ。不本意ながら再開した労働の退屈さや憂鬱ささえ、過去の暴力についての不鮮明な、しかし決して消えない痕跡をとどめている。経営側が政治指導者の経歴ありと見なした労働者は、作業のきつい部署に配置転換されるか、即座に解雇された。他方で多くの若い活動家が逮捕を逃れて地下に潜伏した。

一九七一年一一月、記者会見の席上でマルスランは自分の基本的な考え方をこう示した。

これまでほんとうに長いこと、経済社会問題が解決すればすべてうまくいくと考えられていました。だがそれは誤りなのです。最も古くからある機関すら二の足を踏み、その役割をもはや果たしていないこの混乱と異議申し立ての時代には、ただ国家だけが、人心の混乱がもたらす影響から国民を守る存在なのです。*127

要塞国家というマルスランの考えは数字にも表れた。一九七四年に内相を退任する時点で、四万二

---

*125 勤労者－学生行動委員会の一九六八年六月一五日付のビラ「総選挙　何をなすべきか」より。政府は計一一の左翼団体に解散を命じ、出版物の発行も禁じた。対象となった団体は以下の通り。革命的共産主義青年団（JCR）、労働者の声（VO）、『反乱《レヴォルト》』グループ、革命的学生連盟（FER）、革命的学生連絡委員会（CLER）、青年共産主義者連合マルクス－レーニン主義派（UJC－ml）、国際主義共産党（PCI）、フランス・マルクス－レーニン主義共産党（PCMLF）、革命的青年連合（FJR）、国際共産主義者組織（OCI）、三月二二日運動。マルスランはOAS所属の軍人の釈放を決めたことに特に満足しており、元メンバーの釈放で「素晴らしい成果」を上げたと述べている。Foccart, *Le générale en Mai*, 202を参照。

*126 一九七〇年代前半の弾圧に関する最も詳しい証言は、Rajsfus, *Sous les pavés, la repression* を参照。同書はラディカルな出版物（ジャーナリズム、書籍、演劇、映画も含む）の検閲や押収とともに、高校でのさまざまな弾圧を重点的に取り上げている。

*127 マルセランの発言。出典は以下。Comité de vigilance sur les pratiques policières, *POLICE: Recueil de coupures de presse* (Paris, Charles Corlet, 1972), 64.〔未邦訳、警察活動監視委員会『治安維持《ポリス》――メディア検閲の記録』一九七二年〕

〇〇〇人の警察官がパリ市内、ならびに工場と大学を奪還するために増員されていた——過去六年で五割の増員だ。市民による街頭の再占拠を政府が強く恐れていることは、その態度にはっきり表れた。たとえば六九年一一月一五日に計画されたベトナム反戦デモを政府は不許可とした。それでも当日一万一〇〇〇人が集まるのだが、対する警官の数は一万二〇〇〇人だった。「ポスト五月」に登場した新たな要塞国家は、過去の準軍隊的なヴィジュアル、落下傘部隊とCRSの派手なイメージ、ヘルメットや棍棒《マトラク》とあまり結びつかない分いっそう静かに展開した。警官の数はどんどん増えていった。一九七〇年代初頭にパリを訪れた人なら、地下鉄や歩道に武装警官が集まる光景や、都心のいたるところに整然と間隔を詰めて配備されるCRSの車両に必ず見覚えがあるはずだ。しかし街頭ではもっと目立たず、一見それとはわからないようにして警察が展開していた。「警官学生」というマルスランのアイデアにより、新規採用の警官を選考し、学内での出来事の報告を条件に大学で学ぶことを認める制度が設けられた。こうして監視と検閲が棍棒攻撃《マトラカージュ》に優先する。赤色救援会のような活動家組織が設立された目的は、警察の脅威とともに、そのスローガンの表現でいえば「(さまざまな制服を着た)官憲の絶対権力」との闘いだった。ポンピドゥー＝マルスラン体制下では、高校教師はさまざまな罪を理由に免職や停職になる可能性があった。たとえば生徒へのビラ配布、独身での妊娠、授業で同性愛関係の文献を扱うこと、学校の廊下での反帝ポスターの掲示などがそれにあたる。[*128] 六八年七月のモーリス・ブランショにとって「五月」後を覆う空気とは、国家の要塞化とそのパラノイア、つまり国家のあらゆる社会領域への浸透が露骨に感じられる日々の雰囲気のことだった。この空気はパリの街を巡回する新たな遍在的人物像——私服警官——に集約される。

明白なしるしがある。私服警官たちが街頭にあふれている〔…〕。あいつらは至るところ、つまり映画館の付近、カフェの中、さらには美術館の中に至るまで、自分たちが怪しいとにらんだ、ありとあらゆる場所にいて、三、四人が集まり、何の気なしに言葉を交わすやいなや、近寄ってくるのだ。あいつらは目立たない、けれどもやはりとても目立つのだ。市民一人ひとりが学び取らなければならない。街頭はもはや自分たちのものではなく、沈黙を強い、息苦しさを生み出そうと望む孤立した権力のものであることを。[*129]

＊128 Martine Storti, *Un chagrin politique: De mai 68 aux années 80* (Paris: L'Harmattan, 1996), 117.〔未邦訳、マルティーヌ・ストルティ『政治的な悲しみ——六八年五月から八〇年代へ』一九九六年〕

＊129 学生 - 作家行動委員会の一九六八年七月一七日付のビラ「街路」より。執筆者をブランショと明らかにしたうえで、*Lignes* 33 (March 1998): 144に再録された〔『ブランショ政治論集』一六七 - 六八頁〕。

第Ⅱ章

さまざまな形態、さまざまな実践

「六八年五月」とはまずもって平等へのすさまじい情熱だったと私は思う。
——ダニエル・リンデンベルク

専門化批判

一九六八年における活動家の「権力奪取」——その失敗が「五月」の失敗の本質なのだといまだに多くの人が回想するもの——この物語あるいは目標は、どの程度、国家によって押しつけられたものだったのだろうか。「国家権力の奪取」、そしてこの目標にまつわる一連の問題は、中央集権体制という国家自身が抱く幻想とどの程度まで関連していたのだろうか。その大半は六八年五月の最終週、ドゴールが五月三〇日の演説で、フランスに迫り来る——本人がいうところの——「共産主義者の独裁」を未然に防ぐためとして、国家的暴力を大規模に展開するとすごみ、軍隊の介入をほのめかしたときに生まれたものだ。五月末の数日間で事態は明らかに急展開した。国家は乱痴気騒ぎ《シアンリ》[*1]を終わらせると決め、自らが定める時間のあり方を押しつけてきた。あなた方は権力が欲しいのか。数千人が街頭に繰り出しているのだからそうに違いない。よろしい。軍や戦車を相手に奪い取ってみたまえ、というわけだ。ドゴールのきわめて軍事的な対応を顧みるときに思い出されるのは、街頭のデモ隊が丸腰だったことであり、後にサルトルがいったように「いかに勇敢であっても、武器のない学生一〇万人では体制を打倒できない」[*2]という事実である。

活動家のピエール・ゴルドマンは街頭のデモ隊が丸腰だったことを嘆いた一人だった。

　学生反乱が拡大していた。学内で始まった運動に、いまや労働者が決定的なかたちで合流したのだ。ゼネストも始まっていた。ただ高揚した気分を感じる一方で、それがかもし出す不吉な匂いも無視できなかった。学生たちが街頭で、ソルボンヌで、ヒステリーを不健全かつ大量にまき散らしているように思えたからだ。学生はお遊びとマスターベーションにふけるようにして、言葉で欲望を満足させていた。何かものを言って満悦する学生たちには不快感を覚えた。実際に行動するのではなく、動詞を並べているだけだ。かれらが想像力に権力を与えていることを不愉快に感じた。そうした権力奪取とは想像的権力の奪取にすぎなかった。私はこう考えていた。学生は政府の戦術をひどく誤解している。その戦術は巧妙だ。学生は暴力を行使している、蜂起していると考えている。だがかれらが投げているのは敷石であって手榴弾ではない［…］。

　しかしそれでも、このばかげた集団的な自慰行為から革命状況が生まれることを願ってはいた。労働者の存在——かれらのストライキ——は、実際には、学生たちとは別の領域に属していた。知り合いの活動家の何人かが学生戦線の指導部に深くコミットしていたので、そのうちの一人に会いに行った。三月二二日運動の一員だったその男に、武器の使用を提案した。私は言った。「何が起きても変わらないこの平穏な状況を打開すべきだ」と［…］。

　すると男は私のことを、大ばか野郎か大嘘つきかという目つきで眺めた［…］。

＊1　「改革はいいが、乱痴気騒《シアンリ》ぎはいかん」は、五月のあいだフランスを覆った出来事についてドゴールはこう漏らしたことがある。一六世紀には、この「シアンリ」はカーニバルの仮面を指した。もちろん、語源の「寝床で脱糞する」は、巣を汚すことを連想させる。ラルース仏仏辞典は、一九六八年をこの語が「無秩序な混乱状態」の意味で用いられた最初の年とする。しかし、「六八年」にこの言葉を初めて使った人間はドゴールではない。〔イギリス・グラスゴー大学のフランス研究者〕キース・リーダーと〔イギリス・ウォーリック大学の政治学者〕クルシィード・ワディアによると、一番乗りの栄誉は、「街頭を過激派《アンラジェ》による乱痴気騒《シアンリ》ぎにくれてやるわけにいかない」と書いたネオ・ファシスト系週刊誌『ミニュット』（一九六八年五月二日号）に与えられる。Keith Reader and Khursheed Wadia, *The May 1968 Events in France: Reproductions and Interpretations* (London: St Martin's, 1993), 3〔未邦訳、キース・リーダー、クルシィード・ワディア『フランス一九六八年五月の出来事——再生産と再解釈』一九九三年〕を参照。

＊2　Jean-Paul Sartre, *Situations VIII*, 194.〔サルトル「一九六八年五月の新しい思想」三保元訳、『シチュアシオンVIII』一四一頁〕

ドゴールはドイツから帰還した。演説を行った。中身は単純。彼は容赦なく、自身が体現する力、すなわち武力こそが戦争と歴史を担うのだと念を押す。そして敵対する者を無能な夢想家だと決めつける。タマ無し野郎なのだと。この挑発を受けて立つものはいなかった。権力が想像力を蹴散らした。パーティーはお開きになった。[*3]

ゴルドマンは「労働者の存在が決定的な意味を持つこと」を認識しており、労働者によるストライキが、学生による熱狂的で（彼の考えでは）錯乱的な街頭行動とは「別の領域」に属することもわかっていた。にもかかわらず、全能の軍事国家と、純粋に象徴的な領域をさまよう無力で自慰にふける学生という対立図式にこだわったために、視野を狭める結果に陥ってしまった。こうした見立ては、政治的な立場では正反対の人物のものとたいして違わない。たとえばレイモン・アロンである（ゴルドマンが運動に武装蜂起を促そうとしていた頃、反ドゴール主義を自認していたはずのアロンは、五月三〇日のデモでドゴール派の防衛部隊と仲良くシャンゼリゼ通りを歩いていた）。[*4]ゴルドマンと同じく、アロンは、よく知られているように「六八年」を「出来事でないことが明らかになった出来事」と捉えた。[*5]つまり何も起きなかったと考えたのだ。実際アロンは「五月」を「非＝出来事」と呼んだ初めての解説者だった。アロンとゴルドマンが下す「非＝出来事」という結論はきわめて似通っている。ゴルドマンは「ドゴールはドイツから帰還した。演説を行った。［…］パーティーはお開きになった」と書き、アロンは「ドゴールは三分間の演説で事態を収拾した。空気はがらっと変わった」と記した。[*6]いずれの証言も、力の源である軍隊を再び手にしたドゴールが、軍隊の投入を示唆するとすごむことで、学生たちは想像界へと消え去ったと捉えている。

今ならこういうほうが正しいだろう。軍隊を投入するという政府の恫喝は、街頭の学生に向けられていたのではなく、危機というコンテクストを作り出すことを狙いとしていた。グルネル協定は労使間で急遽結ばれたものの、ルノー社のビヤンクール工場だけでなく、シトロエンやシュド・アビアシオン、ロディアセタといった企業の各地の工場で労働者の反対に遭っていた。そのため、さまざまな労働組合、なかでもCGTが力を取り戻し、反対する労働者を包囲し、協定を強引に受け入れさせるために必要な「危機」の文脈作りがもくろまれたのである。運動に深くコミットする書き手や労働者の一部は当時から事態をこのように捉えていた。「ドゴールは暴力を煽っている[…]。だがわれわれは、このプロセスには足を踏み入れない[…]。ストライキを続けよう」[*7]。ルノー社のある労働者は言

＊3 Goldman, *Souvenirs obscurs d'un juif polonais né en France*, 70-71.

＊4 Raymond Aron, *Mémoires: 50 ans de réflexion politique* (Paris: Julliard, 1983), 473.〔レイモン・アロン『レーモン・アロン回想録2――知識人としての歳月』三保元訳、みすず書房、一九九九年、五〇七－五〇八頁〕

＊5 歴史家のピエール・ノラは「『六八年』では何も起きなかった」というアロンの評価を繰り返す最新の解説者だ。ノラは編著『記憶の場』の結論で「実体的で具体的なものすら何もなかった」と述べている。Pierre Nora, "L'ère de la commémoration," in *Les lieux de mémoire*. Vol. 3, (Paris, Gallimard, 1997), 4689.〔ピエール・ノラ「コメモラシオンの時代」工藤光一訳、ピエール・ノラ編『記憶の場――フランス国民意識の文化＝社会史3模索』谷川稔監訳、岩波書店、二〇〇三年、四三〇頁〕

＊6 Aron, *La révolution introuvable*, 36.

う。「大混乱と革命、こんな言い方をするのはやつ［＝ドゴール］だけだ。われわれは、こんな言葉は使わない」[*8]。これは、アンヌ＝マリー・シュヴァルチという労働者が改めて毅然と提示した見解でもある。六八年からあまり間をおかずに放送された「五月」特集の討論番組に出演したシュヴァルチはこう述べた。

当時の課題は革命の実行ではなく、CGTによるストライキの売り渡しを阻止することでした。しかし「そう言ってシュヴァルチは、一緒に出演していた共産党の下院議員ギー・エルミエ[*9]のほうを向く」あなたたちがね、作業所や工場を次々に回って「他のところはすべて操業再開だ。もう終わりだ」と言いふらしたんじゃないですか[*10]。

実際、経営側と組合代表との合意内容で最も特筆すべきことは、運動の規模に比べると労働者側の獲得物がきわめて少ないことだった。フランスの労働者が史上最大の割合で参加し、国内のあらゆる産業、あらゆる地域で、フランス史上最長のストライキが行われた。しかし、五月二五－二七日の交渉で成立したグルネル協定の主な成果は、最低賃金の小幅引き上げと、工場での労働者の権利拡大にすぎなかった[*11]。

一九六八年五月から六月における政府にとっての脅威とは、「権力奪取」を目指す学生の暴力的な異議申し立て行動ではなく、学生たちの混沌とした動乱が、警察の暴力的弾圧を契機に大規模ストライキに結びついた事実だったのである。最大の争点は、直接には国家権力をめぐる問いではなかった。

＊7 作家－学生－労働者行動委員会のビラ〔日付なし。一九六八年五月三〇日以降のもの〕。

＊8 ルノーの工場労働者の発言。Gudie Lawaetz, *Mai 68*, film documentary, 1974〔ドキュメンタリー映画『六八年五月』ギュディ・ラヴェッツ、一九七四年〕からの引用。

＊9 訳者――元共産党政治局員。一九六〇年代半ばに共産主義学生連合（UEC）の幹部として反対派のパージで名をはせ、党中央委員となる。

＊10 "Mai: Connais Pas," episode of TV show "Vendredi," May 13, 1983, prod. André Campana, FR3.〔フランス国営テレビ局「フランス・レジオン3（FR3）」（＝現在のフランス3）の番組『金曜日』の一九八三年五月一三日放映分「『五月』――何のこと？」（プロデューサー：アンドレ・カンパナ）〕

＊11 ダニエル・コーン＝ベンディットの指摘は当を得ていた。「グルネル街の大策謀は、最も驚くべき世紀のペテンである。権力を持つものすべてが、自分たち自身の権力を救うために一堂に会したのである。〔…〕ポンピドゥーが共産党とCGTを救う。セギ〔当時のCGT書記長〕は、権力が溺れる以前に権力に手を貸す」(Daniel and Gabriel Cohn Bendit, *Le gauchisme, remède à la maladie sénile du communisme* (Hamburg: Rowohlt Taschenbuch Verlag, 1968), 142〔ダニエル・コーン＝ベンディット、ガブリエル・コーン＝ベンディット『左翼急進主義――共産主義の老人病にたいする療法』海老坂武・朝比奈誼訳、河出書房新社、一九六九年、一五〇頁〕)。労働者がグルネル協定で得た成果は、人民戦線の勝利につながる過去最大のストを終結させた一九三六年のマチニョン協定に比べてわずかなものだった。グルネル協定の内容の詳細な分析は、Cornelius Castoriadis, aka Jean-Marc Coudray, *Mai 1968: La brèche: Premières réflexions sur les événements* (Paris: Fayard, 1968), 122; reprinted in: *Mai 1968: La Brèche. suivi de Vingt ans après* (Paris: Fayard, 2008), 165-7〔ジャン＝マルク・クードレイ（＝コルネリウス・カストリアディスの筆名）「先取りされた革命」、エドガール・モラン、クロード・ルフォール、ジャン＝マルク・クードレイ『学生コミューン』西川一郎訳、合同出版、一九六九年、一五二－五四頁〕を参照。

労働者のストライキは、ナショナル・センターの縄張りの外側、つまり共産党を筆頭とする左翼政党の要求事項と関わりのないところで起きたことで、こうした制度や組織の存在そのものを脅かした。ある労働者はこう述べる。「ストを打ったのはわれわれだ。ほかの誰にも決めさせやしない」[*12]。ドゴールは、ドイツの黒い森にヘリコプターで出かけ、共産主義の新たな脅威に対抗して連携するという約束を、マシュや軍から取りつけて帰ってきたのに、脅威のほうはすでに消えていた。新たな、そしてもっと破壊的な共産主義が「党」組織の外部にすでに形成されていた。もう一方の勢力、すなわち公式共産主義の側は、スト収束のタイミングをずっと前から知っていた。スト勝利の前日である。カルチェ・ラタンに注意を向けさせ、それを大規模ストライキが発生した五月一四日以降も維持すること、それが政府の戦略の要だった。街頭での暴力を孤立させ、労働者の大半を占拠中の工場に封じ込めて隔離しておくためだ。ドゴール政権の首相ジョルジュ・ポンピドゥーは五月一一日に、ソルボンヌを二日後に再開すると決定した。当時ポンピドゥーは周囲から激しく批判された。アロンは直後に批判を行っているし、ドゴールはポンピドゥーを対独協力者呼ばわりした（現に「あれではペタンだ」と側近に言っている）[*13]。しかし、まさにこの点でポンピドゥーの決定は、本人が後に一言で要約する大きな思惑と完全に合致していた。「私は若者の問題を区別して扱おうとした」[*14]。学生がスト中の労働者から分離されてしまえば、これら二つの集団はそれぞれの「社会学的」アイデンティティの枠内に再び落ち着いて共倒れとなるだろう。労働者のストライキは、単なる賃上げ――パンとバター――の問題に押し込められる一方で、学生が掲げた要求は方向を変えられ「教育」問題として再定義されるだろう。そして質としての「暴力」は学生だけに結びつけられ、暴力を用いず合法的に行動した労働者とは無関係のこととなる。「五月一三日以前の最大の目標は、闘争の拡大を防ぎつつ、カルチェ・ラタンへの学生の流入を防ぐことだった。しかしそれ以降は、あらゆる手段を用いて学生をそこから出さないようにすることが問題となった」[*15]。

分断と封じ込めという政府の戦略を踏まえるなら、運動側が展開しえた最も効果的な政治的形態と政治行動とは、労働者と学生との「対話」や「出会い」、「リレー」、「連携」、「連帯」、そして「合金」——〔歴史家の〕ジャック・バイナックの表現——とさえ呼ばれた試みのことだったのである。こうした「出会い」が阻まれた事例を二つ考えてみたい。一つは街頭、もう一つは工場でのものだ。

---

*12　シトロエン社の工場労働者の発言。*CA 13: Comité d'action du 13ème*, film documentary, Collectif Arc, June 1968〔ドキュメンタリー映画『CA13——一三区行動委員会』コレクティフ・アルク、一九六八年六月〕からの引用。

*13　アロンについてはAron, *Mémoires*, 475-78〔アロン『レーモン・アロン回想録2』五〇九-五一二頁〕を参照。ドゴールの発言は、"La dernière année du Général," an episode of the series "Les brulures de l'histoire" (prod. Patrick Barberis, 1995)〔テレビ・ドキュメンタリー・シリーズ『歴史の痛み』の「将軍最後の年」(プロデューサー：パトリック・バルブリ、一九九五年)の回〕から引用。この作品では、ストに入った労働者の要求と学生の要求との分断を図ったポンピドゥーの戦略がかなり詳しく論じられている。

*14　Georges Pompidou, *Pour rétablir une vérité* (Paris: Flammarion, 1982), 185.〔未邦訳、ジョルジュ・ポンピドゥー『真相究明』一九八二年〕

*15　"Le mouvement de Mai: De l'étranglement à la répression," *Analyses et documents*, 156 (27 juin, 1968): 5.〔未邦訳、「五月の運動——異化から弾圧へ」『分析と文書』一五六号〕

五月二四日、一〇万もの大規模なデモ隊がパリ・リヨン駅からバスティーユ広場まで行進を試みた。参加者の一人、ピエール・プシュモールはこう記している。「誰もがそこにいた。真のCGT、そしてCFDTやFO〔労働者の力〕傘下の組合連盟がいくつか。少なくとも半分は労働者だ〔…〕。われわれはお互いにビラを交換しあった。三月二二日運動のとても美しいビラにはこうあった。『あなたたちの闘争は、われわれの闘争だ』──この日、街頭を埋め尽くした労働者に向けられたものである。あれは間違いなく、われわれがあの場にいた理由を定義するたいへん優れた試みだった」[16]。プシュモールは当日見かけた別のスローガンにも触れている。「資本主義体制にとどまる限り、最終的な勝利はない」。だが、いくつも存在した「行動委員会」がすべて署名したというあるビラこそが、この日のデモの空気を一番よく捉えている。

ドゴール退陣と経営側の留任という議会型解決に反対。
瀕死の資本主義の延命のみに資するボス交に反対。
国民投票にはうんざりだ。見世物はたくさんだ。
われわれの立場は誰にも代弁させないぞ。

しかしデモ隊は目的地に近づくと、壁となって立ちはだかるCRSにバスティーユ広場への移動を阻止され、カルチェ・ラタンのバリケードに押し戻された。このとき以来バリケードは、学生運動にとって生き生きとした、あるいは似つかわしい唯一の「表現」として、治安部隊から暗に容認されていることが明白となる。「バスティーユ広場、ここまでだ。ものすごい警官の数だ［…］。完全に制圧されている。カルチェ・ラタンまで撤退」。この後プシュモールは、カルチェ・ラタンというゲットーのレトリックにすすんで閉じこもる学生たちを批判し、デモ隊には「政治的なミス」があったと記す。「なかでも失敗だったのは、カルチェ・ラタンに戻り、間抜け面をして蛾のように身を寄せ合ったことだ。小さなグループに分かれて街中に浸透すべきだった。もう一つの失敗は、バリケードの神話から当時の自分たちを解放できなかったことだ」[*17]。デモ隊のカルチェ・ラタンというゲットーへの封じ込めは、政府が意図的に採用した戦術だった。そのことは、このデモの時点から最後に大規模デモが行われた六月一〇日から一一日までのあいだにはっきり見てとれた[*18]。

二つめの例はスト労働者による「工場占拠」の実践に関わるものだ。工場占拠は一九三六年に初めて行われたが、六八年の直前まで労働者が実践する機会は訪れなかった。占拠は一般にストライキの力量や本気度の表れと考えられていた。会議や署名集めなどの古くさく形式的なやり方や、おざなりに組合運動の旗を掲げるだけで労働者の動員をもはや伴わない、不完全で「象徴的な」ストライキからの断固たる訣別を意味しているからだ。「工場占拠は、職や賃金をめぐる要求を実現するもの――その実現を阻止することが目的の場合も多いが――であり、街頭デモとは別物だ。占拠とは自分たち

＊16　Pierre Peuchmaurd, *Plus vivants que jamais*, 115-16.
＊17　*Ibid.*, 120-21.
＊18　“Le mouvement de Mai: de l'étranglement à la répression,” *Analyses et documents*, 156 を参照。

の職場の主人になろうとする意志のことである」[19]。ストライキの発火点となった、シュド・アビアシオン社の工場とルノー社のクレオン工場[20]でともに採用された占拠モデルは、左翼主義者の多くが今も主張するように、学生によるソルボンヌの占拠に範をとったものなのだろうか。それとも労働者自らの伝統に由来し、三〇年代の歴史的なモデルまで遡るのか、あるいは直近の六六年から六七年にかけて〔リヨンの〕ロディアセタ社やカーンなど各地で組まれたストライキに端を発するのだろうか。いずれにせよ、占拠実施の決断は、学生の戦術の真似ではなく、政府側が見せた明らかな動揺や弱さ、さらにいえばその敗走を受けてのものだったことはほぼ間違いない。しかしどの事例においても、占拠にあたっては——工場長は軟禁されるか追い出されることが多いが、占拠中の工場内での滞在が許されたケースも少なくない——安全確保や食料供給などの役務、またレクリエーション企画の実施を労働者が引き受けていた。このように工場長の権限はほっきりとひっくり返されている。「占拠とは工場の操業を阻止するためのスト強化策であり、スト防衛策の一つである」[21]。占拠を支持する側にとって、占拠とは生産点としての工場を管理することではなく、対立階級が敵として構築される非中立的な場を管理することを意味する。つまり占拠とは、施設を支配する論理的なカテゴリーの奪取であり、施設そのものの奪取ではないのである。占拠はこの意味で学生の築くバリケードに近い。そこは占拠時と同様、支配階級が一切存在しない空間であり、バリケード越しに眺めるときほど敵がはっきり見えるときはない。占拠はバリケード同様、階級対立を、すなわち敵との関係を明確にしてくれる。占拠を擁護する論理によれば、支配権力の空間を領有することは、理念的には、この空間が定める領域の外側へと労働者の運動を拡大することである。

しかし事実はこの通りだったのか。街頭では種々雑多なものが交じり合っている。またそうであるからこそ、占拠下の工場よりも街頭のほうが、労働者の運動の拡大に資したのではないか。「六八年五月」にまつわる紋切り型の表象のおかげで、街頭が五月上旬の時点でかなり雑多な場所であったという事実はあっさり忘れられている。街頭闘争の激化に伴い、労働組合からの指令にうんざりした青年労働者が学生側にますます加勢するようになり、さらには失業者も加わった。後者は運動に果たした役割や人数の多さにもかかわらず、蜂起の当時も、その後の表象でも正当な評価が与えられてこなかった。〔社会学者・フェミニストの〕エヴリーヌ・シュルロは、街頭の労働者の姿が、当時「五月」を報道していた主流メディアの言説から消されていったさまを指摘する。

学生を大きな脅威に仕立てて孤立させるうえで、一定の役割を果たすことになる用語法が確立する。それを看過するわけにはいかない。たとえば「バリケード」という語は、いくつか積み上がった木箱やゴミの塊を指して用いられた。「学生」は便利な呼び名だということで「五月」の

＊19　匿名のパンフレット〔一九六八年四月二五日付〕より。
＊20　訳者――セーヌ＝マリティーム県にあるルノー社の工場。
＊21　次に引用された労働者の発言。Daniel Vidal, "Les conditions du politique dans le mouvement ouvrier en mai-juin 1968," in *Grèves revendicatrices ou grèves politiques?* ed. Pierre du Bois (Paris: Anthropos, 1971), 514.〔未邦訳、ダニエル・ヴィダル「一九六八年五－六月の労働運動における政治状況」、ピエール・デュ・ボワ編『要求獲得型ストライキか政治的ストライキか』一九七一年所収〕

序盤には使ってもよいとされた。そして今度は「非学生」という言葉が周到に用いられる。「労働者」といわないための遠回しな表現だ。こうした「非学生」たちはいつでも何だか得体の知れないものとされて、場合によっては「盗賊《ペーグル》」や「カタンガ人」とまぜこぜにされる。実際の学生が活発であるとはいえ、数のうえでは少数にすぎず、大群衆の一部でしかない夕方のデモであっても、ラジオのアナウンサーは「学生がこちらに避難しています」とか「学生が反撃に出ました」などと言い続けた。[*22]

パリの街頭に当てはまることは、他のどこにでも当てはまった。いや実際それ以上だった。ナントやレンヌ、またあらゆる地域で、大勢の学生と労働者、そして多くの場合は農民も参加した街頭占拠が、パリよりも長いあいだ行われたのだ。[*23]クレルモン゠フェランとグルノーブルでは五月六日に、青年労働者と失業者が学生に合流した。またトゥールーズの五月七日のデモでは、街頭に出た学生と「非学生」つまり労働者が渾然一体となっていた。[*24]しかし「工場占拠」は、実際には多くの労働者を工場内に閉じこめ、街頭に出る機会を奪ってしまう。ゆえにそれは大規模なストライキが始まると、すでにCGTの指導を超えて「全面化」していた個々のストライキを組合指導部が掌握し、押さえ込むのを利した面があるのではないだろうか。占拠に入った労働者は、しかるべきいつも通りの場所に縛りつけられることで、学生たちとの接触が断たれたばかりか、より深刻なことに工場どうしの連絡も断たれてしまった。大規模な街頭デモでは、産業部門間はもちろん、地域の枠すらときには超えて労働者がインフォーマルな情報のやりとりを行ったが、占拠によってそれがほぼできなくなったことも大きかった。[*25] 労働者が職場に無事にとどまり続けているだけでは、たとえ工場が操業を停止していたとしても、工場どうしの連絡調整を通した工場占拠の拡大は難しくなりかねない側面があった。つまり工場占拠が、ストに関する組合指導部の説明とは異なった情報の伝達を妨げた可能性があるのだ。「政府にとって、またある程度は労働組合にとっても、スト労働者は街頭よりも工場にいてくれたほうが都合がよい[*26]」。したがって、たとえ大学や高校が休みであっても、学生たちがカルチェ・ラタン

＊22 Évelyne Sullerot, "Transistors et barricades," in Labro, *Ce n'est qu'un début*, 135〔未邦訳、エヴリーヌ・シュルロ「トランジスタ・ラジオとバリケード」〕。「カタンガ人」とは街頭闘争で非常に戦闘的だった一団を指す。かれらは一切の指示に従わず、いかなる組織にも属さなかった。一部はコンゴのカタンガ州の戦闘に傭兵として参加したと自称した。

＊23 だからこそロワール＝アトランティク県（県庁所在地はナント）知事が次のように主張するのだ。「パリの情勢はロワール＝アトランティク県と比べれば、たいしたこともないし、大騒ぎすることでもない」。René Mouriaux *et al.* (eds.), *1968: Exploration du Mai français*, vol. 1, *Terrains* (Paris: L'Harmattan, 1992), 255〔未邦訳、ルネ・ムリオーほか編『一九六八年――フランス五月の爆発1』一九九二年〕からの引用。同書所収の Danielle Tartowsky, "Les manifestations de mai-juin 68 en province," *ibid.*, 143-62〔未邦訳、ダニエル・タルトウスキー「地方での一九六八年五‐六月のデモ」〕も参照。

＊24 Hempel, *Mai 68 et la question de la révolution*, 51.

＊25 「占拠中の工場は、連絡を取るためにすべての労働者・学生の同志たちに開放されなければならない。一堂に会して自分たちの要求を決定しよう」。工場労働者・学生行動委員会のビラ（日付なし。一九六八年五月一五日以降のもの）。

にいてくれるほうが、セーヌ右岸にいるよりも具合がよいことになる。[*27] 労働者が工場に閉じこもっていることで、組合指導部は労働者の立場を代弁し、情報を独占して「産業部門ごとに」やすやすと決定を下すことができたというわけだ。こうした解釈に近いものは、先ほど引いた労働者アンヌ＝マリー・シュヴァルチの発言にも認められる。また「労働者の五月」の貴重な現存史料の一つ、ドキュメンタリー映画『ヴォンデール社工場の操業再開』にも見て取れる。この短編は、操業再開の決定は認められない、スト終結の投票と操業再開は茶番劇だと叫ぶ一人の女性労働者の姿を映している。周りには、工場の管理部門の男性管理職三人――労務担当――が、彼女に「対応」しようとする。「でも認められないわ」「わかったから後で話し合おう」。この三人は次第に苛立ちを強め、女性労働者を工場内に戻そうと徐々に強引なやり方に出る。「これは勝利なんだぞ。わからないのか！」[*28]。

ピエール・ゴルドマンとレイモン・アロンはともに「五月」を権力奪取に失敗した試みだと捉えるが、これらの語りは一対の選択肢をめぐって形成される。すなわちドゴールか学生か、革命か心理劇か、革命かヒステリーか、出来事か非出来事か、遊びか本気か、言葉か行動か、発言（＝言葉の奪還）か権力の奪取か、想像か現実か――こうした軸に基づいておおむね規定された枠組みのもとで、大半の「六八年」論は、「五月」という出来事そのものへの分析・「評価」であると同時に、一九七〇年代における理論的言説の転回として現れる。「権力」という主題は、権力を中央集権的な形態をとりつつ、ミクロレベルに存在して絶えず変化するものとして捉えるものだが、これがいってみればある種のフーコー主義を支配し、七〇年代半ばには、新哲学派にこき下ろされながら、マスコミの全面支援のもとで普及することになるだろう。またマスコミの「武装闘争」問題へのこだわりは、「六八年」の運動から派生し、一九七〇年代のヨーロッパを支配することになる、イタリアの「赤の旅団」とドイツ赤軍の派手な行動がことさら取り上げられることにもつながっている。

るとだが私は真の問いは別のところ、「五月」が革命だったかとか、失敗したかといった指標の外にあると考える。なぜ何かが起きなかったかではなく「起きた」のか。そこで起きた出来事とはどのような性格のものだったのか。権力の問題系に注意が向けられたことで、「五月」において、より一般的には一九六〇年代文化において問われていた一連の問題が消去されている。まさに政治的な問題としてまとめうる平等という問いだ。ただしここでの「平等」とは、地位や収入、役割の「平等」といった具体的な意味でもないし、契約や改革に建前として存在する「平等」の力学のことでもなければ、はっきりした要求や綱領としての「平等」のことでもない。闘争のなかで現れ、主観的に裏づけられ、いまここで、あるべき姿としてではなくあるがままの姿で、明確に示され、経験されるもののことである。こうした経験は「国家権力の奪取」の傍ら、そうした物語の外に位置している。換言すれば、

＊26 パンフレット「試練にある組合運動」から。出典は、Hempel, *Mai 68*, 62。労働者が工場内で孤立した主な理由は「連携を断つために組合指導部が故意に行った」ためとされる（“Contribuer à la liaison travailleurs-étudiants,” *Cahiers de Mai*, 3 (Sept. 1, 1968): 3〔未邦訳、「労学連携への貢献」『五月手帖』第三号〕）。

＊27 訳者——歴史的にカルチェ・ラタンなどのある左岸は文教地区で左翼的とされ、右岸は保守的でブルジョワ的とされる。

＊28 Jacques Willemont and Pierre Bonneau, *La reprise du travail aux usines Wonder*, June 1968.〔ドキュメンタリー映画『ヴォンデール社工場の操業再開』ジャック・ウィルモン、ピエール・ボヌ、一九六八年六月〕

権力奪取への欲望やその失敗をめぐる語りとは、国家の論理に規定された語りであり、国家が自らに向けて語る物語なのである。国家にとって街頭の人々とは、国家権力の奪取につねにすでに失敗している人々を指す。一九六八年には「国家権力の奪取」は国家による語りの一部にはとどまらなかった。それは自己完成に向けた国家の欲望――〔人々の〕日常生活を、国家の必要性に完全に従属させたいとする欲望――の表明でもあった。「六八年五月」をこの物語に、つまり中央集権的権力の奪取への欲望、あるいはその失敗に切り縮めるとはどういうことか。それは「政治的なもの」の定義自体にたがをはめ、出来事の政治的側面――秩序側への真の脅威となり、かれらがパニックを起こす原因にもなりえたもの――をその縮減の過程で完全に否定、または消去することだ。こうした政治的側面は、大きく異なる二つの時間性――労働者の世界と学生の世界――の同期によって果たされる主体性の獲得のなかに存在すると同時に、「六八年五月」の中心的発想――知識層の異議申し立てと労働者の闘争の結合という考え方――にも存在する。そして平等の確認、すなわち行動目標としての平等ではなく、行動の不可欠な一部となり、闘争のなかで生じ、そのように経験され宣言されたものとしての「平等」の確認に存在するのである。闘争の過程で展開した実践は、こうした同期を実際に表現することで、共通の、ただし「コンセンサス」とはかけ離れた時空間を構成した。さらにこの実践は、分業――デュルケームでは、社会を束ね、社会の再生産の継続を保証する当のものを指す――が直接には無意味であることも明らかにした。こうした実践はそれ自体として、国家の奪取と同じくらい直接に、いやおそらくはそれ以上に、資本の論理と資本の作用に介入するのだ。

「五月」論を支配する対立軸〔革命か祝祭か、権力の奪取か言葉の奪還〔＝発言〕か〕は偽りの軸である。

〔歴史社会学者の〕ベルナール・ラクロワは述べている。たしかに「五月」は来るべき「革命」を告げていなかったし、それを理解するのに多くの人が一定の時間を要した。だがこのことにのみ依拠して、「五月」がその対極にあるもの、すなわち「個人主義への回帰」に先鞭をつけたという結論は導けない。[*29] 言い方を換えれば、この運動が国家権力を奪取しそこねたからといって、権力の問題にも、八〇年代型の消費者意識の原型にも、本当にいっさい目を向けていなかったなどと見なすのは誤りなのだ。中央集権型国家権力に注目する視点が「五月」になかったわけではない。〔歴史家の〕ルイーザ・パッセリーニはイタリアの「六八年五月」を扱う著作で、フランスに存在したのとよく似た、革命への熱望のありようを描いている。

「冬宮襲撃」モデルで国家権力の奪取を考えるのは、魅力的ではあったにせよ、古くさいとわかっていた。しかし被抑圧階級への権力の移行のイメージもなかった。それでも突っ込むしかなかった。痛みを伴わない移行などありえなかった。[*30]

＊29 Bernard Lacroix, "A contre-courant: le parti pris du réalisme," *Pouvoirs* 39 (1986): 117-27 を参照。〔未邦訳、ベルナール・ラクロワ「流れに逆らうこと——現実主義の賭け」『プヴォワール（力）』三九号〕

＊30 Luisa Passerini, *Autobiography of a Generation: Italy, 1968* (Middletown, Conn.: Wesleyan University Press, 1996), 111.〔未邦訳、ルイーザ・パッセリーニ『ある世代の自伝——一九六八年のイタリア』一九九六年〕

とはいえ運動側の情熱は、こうした「突入」よりも、直接民主主義と集団的自己組織化をさまざまに実現することのほうに強くひきつけられていた。こうしたさまざまな形態とさまざまな実践からこそ、既存のものとは異なる社会の組織化がまさに始まる。たいていは革命のプロジェクトとみなされる類の、あるいは少なくともその端緒とみなされる類の、普遍化しうる目標がそこには存在しているのである。

私がここで区別しようとしているものは、レーニン主義的傾向とローザ主義的傾向とを対比させればはっきりするだろう。この二つはともに、「六八年」のあらゆるラディカルな組織と同じく反資本主義を掲げている。しかしレーニン主義の「党」とはつまるところ、自分たちにこそ統治の権利があると主張するラディカルなインテリゲンツィアの集まりだ。この党が目指す「権力奪取」は、その目的そのものと同様、党が対峙する敵、すなわちブルジョワ国家によって規定されている。この「敵」を制圧するつもりで、党は敵の武器と方法を拝借する。そしてその魅力に十分に分析できないままに囚われて、敵の組織を徹頭徹尾、模倣する。党は敵の忠実なレプリカとなり、とりわけ活動家と労働者大衆のあいだに階層関係を設定して、国家の存立基盤そのものである社会的分業体制を再生産する。だが「五月」に広く存在していた側面のひとつ、レーニンよりもローザに近いものは、こうした社会的分業体制こそ問わねばならないと主張し、レーニン主義につきものの階層型組織をどうにかして避けようとした。そしてそのようなかたちで、組織を闘争の結果として生みだした。

機械論的で官僚的な硬直した考え方をしていては、闘争を一定の力に達した組織から生まれるものとしてしか捉えられない。だが反対に、生き生きとした弁証法的発展にあっては、組織は闘争から生まれるのである。[*31]

ローザ的観点からいえば、資本主義体制が解体され、社会主義がそれに取って代わるためには、具体的な状況から出発した下からの動きが不可欠だ。運動は状況の政治的要請につねに対応し、ブルジョワ国家に対峙する実践を展開し、またそれによって、運動の展開とともに希求される新たな社会の萌芽を生み出す。「闘争継続中」と題された六月一日付の匿名ビラは、このことをはっきりと表している。

われわれには運動を率いる指導者はいない。これは運動の性質そのものに関わることだ。問題は誰が全体の先頭役を務めるかを知ることではない。一人ひとりが自分を導く方法を知ることだ。正確に言おう。この運動に先だって存在していたなんらかの政治組織や労働組合が運動を乗っ取ることなど論外だ。

運動の団結は、有名人を早々と頭にいただくことで生じるべきではないし、生じるべくもない。

＊31 Rosa Luxemburg, *The Mass Strike, The Political Party and the Trade Unions*, trans. Patrick Lavin (New York: Harper Torchbook, 1971), 64.〔ローザ・ルクセンブルク「大衆ストライキ・党・労働組合」河野信子・谷川雁訳、『ローザ・ルクセンブルク選集 第二巻』高原宏平・田窪清秀・野村修ほか訳、現代思潮社、一九六二年、一三二頁〕

それは労働者、農民、学生が希望を一つにすることで生まれるのである。[*32]

私がいま「ローザ的」あるいはシチュアシオニスト的傾向と呼んでいるものを一番よく表していたのは、「五月」が発明した最も特徴的な組織、行動委員会（CA）の活動である。一〇－一五人ほどの小集団が、既存の政治組織に属したことなどなかった人たちを主体として、五月中旬のゼネスト突入を機に組織化され始めた。職業に基づいたり、地区や工場を単位にしたりすることもあったが、たいていはスト労働者への物的支援とスト継続のアジプロを目的としていた。五月三一日時点でこうした委員会がパリ地域圏だけで四六〇以上立ち上がっていた。また早くも二月には、高校で高校生行動委員会（CAL）が発足していた。これらのグループの共通点は、労働者への権力委譲を支持する点以外にも、ポンピドゥー〔首相〕とまともな政治対話ができるとは考えないこと、伝統的な主流派政治組織への「回収」を拒否すること、またなににもまして、自分たちの闘争を反資本主義的と規定することだった。「工場、地区、高校、大学に根ざす行動委員会に、単一の闘争、すなわち反資本主義闘争に参加する組織労働者と未組織労働者を再編し、連携すること[*33]」。地区行動委員会の一部は、パリのマレ地区行動委員会のように「五月」後も長く存続した。

行動委員会は四年続きました。毎週の会議には最低三〇人が参加した。でも書記を置くことも事務所を設けることもなかったし、会費を定期的に集めたりもしなかった。会議の場所も定めず、日程だけ決めておいた。行動委員会で味わったのはまさに驚くほど自由至上主義《リベルテール》的な経験でした。[*34]

ある意味で行動委員会とは、闘争やデモに参加するために街頭に出た未組織部分、つまりどこにも属さない「大衆」をつなぎ止めるためにはどうしたらよいかという問いへの最善の回答でもあった。こうした人々をいかにすれば媒介し、組織化できるのか。むろんその答えが、近代国家や党という極度に官僚的な装置の模倣であるわけがない以上、定まった綱領を持たない、柔軟な組織形態の採用が答えになるのは必然だった。しかもそうした組織は、指導部と大衆行動とを切り離す手法を克服しつつ機能しなければならない。行動委員会はこの課題に取り組む。そして工場や地区に、加入や選挙に基づいて機能するのではない、別種の組織を生み出すことに成功した。

われわれの活動のあり方は、伝統的な党組織やいわゆる小集団《グルピュスキュール》〔セクト〕とは大きく異なっていました。外から与えられたイデオロギーを持たなかったから、これから何をするかを話し合う場には、どんな人でも加わることができた。発言することに不慣れな人もいれば、政治活動をやったことがないとか、政治的素養がない人もいた。だからすでに政治がかっていた人間にとっては、自分の分析を他人の見方と突き合わせる機会でもありました〔…〕。行動委員会は、年代も社会階層もばらばらな人どうしを結びつける場だったのです。[*35]

＊32　匿名のビラ（一九六八年六月一日付）。題名は「闘争継続中」。
＊33　日付なしのビラ。題名は「行動委員会の政治的プラットフォーム・プロジェクト」。
＊34　ドゥニーズの発言。Daum, *Des révolutionnaires dans un village parisien*, 149; Daum, *Mai 68*, 286.

学生－作家行動委員会は次のように記している。

われわれはこの否を推し進め、われわれの否を拒むという、もろもろの政治団体への同化を拒否する。われわれは、反体制的な機構によって綱領化された否を拒否する。われわれの否が、包装され、紐をかけられ、ひとつのブランドをまとうことを拒否する。[*36]

あるビラの手短な定義によれば「行動委員会は基本的に、底辺から出発して共通の政治方針を規定することを目指す[*37]」ものだった。

「行動委員会」の歴史とその活動のありようは、あるビラが「大衆が有する、民主主義への根源的な欲求[*38]」と呼ぶものへの応答であり、公認の政治史や、国家権力（奪取されるにせよ、されないにせよ）による語りへの応答ではない。「五月」の公認記録で、この歴史が語られることはめったにない。たとえば、委員会の日常活動で女性が中心的な役割を果たした事実は等閑視されている。[*39] しかしこうした女性たちの存在は、ローザ・ルクセンブルクが「生き生きとした弁証法的発展」と呼んだものを表す実に格好の例だ。もちろん、ローザの名前を引き合いに出したからといって、「五月」の活動家の行動に、彼女の（あるいは他の人物の）思想のはっきりとした、あるいは意識的な影響があるというつもりはない。この反乱が発生し展開するうえで、外部から持ち込まれたラディカルな思想や革命理論がどんな役割を果たしたか、それを明確に示すのはおそらく無理だろう。そのためには、意識が行動に先立つとか、運動は闘争からではなく、モデルや青写真、ある思想や考え方から生まれるなどと考えなければならない。けれども本書はそうした立場をとっていない。思想と政治行動のあり方は、状況次第でいかようにも結びつく。とはいえ、ここで記述している運動の傾向に限るなら、「ローザ主義」という簡単な表現のほうが、「反権威主義」や「無政府主義」といった性急な、しかし「五月」関連のテキストにはたびたび登場する、支離滅裂な個人主義というニュアンスを持った表現より

＊35 *Ibid.*, 145; *Ibid.*, 282.

＊36 Marguerite Duras, "20 mai 1968: Texte politique sur la naissance du Comité d'Action Étudiants-Écrivains," in *Les yeux verts* (Paris: Éditions de l'Étoile/Cahiers du cinéma, 1996), 65.〔マルグリット・デュラス「一九六八年五月二〇日：学生作家行動委員会の誕生に関する政治的テクスト」『緑の眼』小林康夫訳、河出書房新社、一九九八年、七九頁。テキストは委員会の名義で発表されたが、後にデュラスの筆によるものとされた〕

＊37 Bulletin de Liaison Inter-Comités d'Action (B.L.I.C.A.), July 22, 1968.

＊38 「パリ地域圏連合」と署名のあるビラ（一九六八年五月一五日付）。Schnapp and Vidal-Naquet, *Journal de la commune étudiante*, 475からの引用。

＊39 地区行動委員会に関する最もまとまった二つの資料は、女性が男性と肩を並べていたことをともに示している。コレクティフ・アルクが一九六八年六月に製作したドキュメンタリー映画『ＣＡ13――一三区行動委員会』〔本章注12を参照〕では、大きな成果を収めたこの組織と、パリ一三区のシトロエン社の工場でのストライキ支援の取り組みが扱われている。ニコラ・ドーム『パリの片隅の革命家たち』〔第Ｉ章注19参照〕は、三区・四区行動委員会の元活動家に行った二〇年後のインタビューを収録する。同委員会は最も長く活動を続けた行動委員会の一つ。"Journal d'un comité d'action de quartier," in *Cahiers de Mai* 3 (Aug.-Sept. 1968): 13-16〔未邦訳、「地区行動委員会日誌」『五月手帖』三号〕も参照。

も正確だろう。大衆運動にとって重要なのは、実際の運動が具体的にどのような形態を取るかであり、個人が自らの行動にいかなる意味を与えるかだ。「五月」の一次資料、たとえば高校生行動委員会の活動を伝える映画や書類に、とりわけ今という特権的な場所から接したときに大きく驚かされるのは、組織化や連携の高度さである。新たな実践と新たな地平は、大衆運動において不即不離の関係にある。「行動委員会」のように、五月一三日以降に誕生し、新たな社会関係として体験された新たな実践は、運動の方向性が拡大・修正されて初めて可能になった。新たな地平が現実のものとなったのは、新たな政治実践が発明されつつあったからにほかならない。

こうして「五月」文化のいたるところに「平等」の主題と呼びうるものがよみがえった。肉体労働と知的労働の分断を乗り越え、社会の階層性や代表制の政治システムの正当化根拠とされる専門能力や文化的資質を拒否すること、あらゆる指導を拒み、専門化を揺るがすこと――つまり、定められた役割や立場、機能の暴力的中断という主題が復活を遂げたのである。社会システムがあらかじめ定めた役割や立場を拒否することから出発した「五月」の運動は、その全存在をもって社会的分業を批判した。アロンは、実際に本人がそう書いているが、こうした異議申し立てがはらむ政治的暴力をこう認識していた。「社会組織は、諸個人が労働の一体性と分業を拒絶し、それぞれに課し合っている命令への服従を拒否したときに崩壊する[*40]」。

たしかに一部の活動家のあいだには、「五月」の終わりにまつわる失望感やつらさの一部として、ある種の「事後的な」レーニン主義が生まれた。「五月」にはある瞬間が存在した。それは閣僚や首相、共和国大統領がこぞって動揺し、一貫性を欠いた瞬間。政権が影となり、『オズの魔法使い』の魔女のように煙や塵となってかき消えてしまった瞬間だった。これを後から振り返るからこそ、チャンスを逃したことへの後悔の念がかき立てられる。そして実際には「国家権力の奪取」が「五月」の運動の中心であったことなどほぼなかったにもかかわらず、ある問いが生じてしまう。「五月」から一〇年を経て、毛派の活動家が記した文章には、「五月」の終わりと、ドゴールが呼びかけた六月総選挙での左翼の敗北とに結びつく、両義的で幾重にも絡まった思いが実によく表れている。この選挙での「敗北」は、選挙での敗北よりも選挙が実施されたことそのものに関わっていた。

そして六月になった。右翼が態勢を立て直しているのに、左翼は提示できるようなイデオロギーを、改良主義的なものですら持ち合わせていなかった〔…〕。一つの考えが去来した。「権力を取らずにこんなことを繰り返してはだめだ。権力を獲得せずに底辺の権力を奪取するようなこと、言葉を奪取するようなことを二度と行ってはならないのだ」と。私はやってきたことがことごとくもろくも崩れ去ったことにある種の苦々しさを覚え、挫折感を味わいつつ再出発した。〈権力〉（大文字の権力だ）すなわち政治権力の奪取をどう考えればよいのか、この問いを、それまでは自分たちは街頭で権力を獲得し、好きなようにやっていたと思っていただけに、なおのこと強く意識させられたのだ。

本当に手痛いしっぺ返しだった。だからこそ、部分的な権力奪取の志向とか、分子革命なる発

＊40　Aron, *La révolution introuvable*, 45.

想を唱える類の言説はきわめていかがわしく映る。私が「六八年五月」を心の底から愛していたのは、そこに反権威主義があったからだ。しかし六月には、底辺（草の根）の権力では不十分だと心の底から感じていた。私は両極のあいだを行ったり来たりし続ける世代のまさに典型なのだ。[*41]

「ベトナムはわれらが工場内に！」

「六八年」で活動した何千人もの中産階級フランス人にとって、新しい政治的主体は〈他者〉を経由して出現した。「六八年」が抱く〈他者〉の人物像とは、まずもって政治的近代を規定する〈他者〉、すなわち労働者だった。しかし一部の活動家にしてみれば、「五月」前から存在していた政治的主体は、これまで見てきたようにアルジェリアに遡るのであり、それは自己と、自己とは異なる集合的他者性とを軸として、植民地の人々という〈他者〉への答えのない、あるいは不可能な同一化を経て形成されたものだった。「この時代に政治に関わり始めたわれわれすべてにとって、脱植民地化の問題はただちに、唯一のとまではいわないが、主要な関心事となった」[*42]。また、一九六〇年代初頭の「第三世界主義」がきっかけで、はるか遠くで闘うキューバやベトナムの革命家という人物像が徐々に視界に入ってくる場合もあった。「他地域の情勢、キューバとベトナムだ。キューバとベトナムに思いをめぐらそう！　われわれはこの両国について何を知りえ、何を理解でき、この両国のために何ができ、またできなかったのかを」[*43]。アメリカ合州国と、すなわち第二次世界大戦以降のアメリカによるグローバルな政治的文化的支配と闘うことで、ベトナムは反帝国主義と反資本主義という二つの主題の統合を可能にした。理論的正当化のおおまかな根拠は毛沢東主義が提供した。いわく、あらゆる革命家は同一の闘いに参加している。つまりフランスの労働者、北ベトナム人民、そしてフランスの学生までもが同一の敵、帝国主義的資本主義と対峙しているというわけだ。こうして毛沢東主義は初めのうち、フランス「共産」党（フランスの毛派はこう表記することもあった）の古めかしいプロレタリアート中心主義を、別の政治的主体（小作農や自作農など）が持つ可能性を認めることで突き崩していった。毛沢東理論はまた、第三世界主義に基づいた世界の地政学的組織化を「南北」の軸——国際労働分業論が際立たせる軸——に沿って補強した。階級闘争は、西側ではその存在を間近に感じる機会は断続的にしか訪れなかったが、国際的なレベルでは、帝国主義本国と新植民地主義国とのあいだに、すでに存在しており、つねに発生していた。毛沢東の中国は、ソ連が裏切った革命的社会主義の公約が第三世界で復活していることの証左だった。『レヴォリュシオン〔革命〕』紙の編集部による巻頭論文は、階級闘争が当時どのように考察されていたのか、その一例を示している。同紙はジャック・ヴェルジェス[*44]が一九六三年から六五年まで発刊した反帝国主義を掲げる新聞で、一九六三年九月発行の創刊号には、フランスの毛派の一潮流に見られる最初期の高揚がはっきりと現れている。

＊41　アランの文章。Giorgini, *Que sont mes amis devenus?* 88-89からの引用。
＊42　Terray, *Le troisième jour du communisme*, 15.
＊43　Peuchmaurd, *Plus vivants que jamais*, 13-14.

解放を目指す同一の企てが、このようにかつてない規模で取り組まれている。プロレタリアートは工場労働者の悲惨なイメージを体現する存在ではもはやない。全世界の三分の一で勝利しているのである。今日かれらは世界の運命を握っている。かれら抜き、かれらの力抜きでは考えられない。大陸という大陸で存在感を発揮している［…］。この意味で『レヴォリュシオン』の任務とは［…］、それが担う情報の分野で、最も広範な反帝統一戦線の結集を支援することだ。実際われわれは、闘い、行動するすべての人々の同伴者なのである［…］。[*45]

一九六八年に至る数年間、ベトナムでの戦争が激化し、特に六六年一二月の米軍によるハノイ空爆後には、ビヤンクールの自動車工場労働者ではなく北ベトナムの貧農こそが、フランス人活動家の多くにとって労働者階級の人物像となった。歴史的にも理論的にも、当時はベトナム兵が過渡的な人物像、すなわち「身近な」植民地の他者である六〇年代前半のアルジェリア人と、「六八年」のフランスの労働者との橋渡し役になったのだ。

ベトナムとの強い同一化は、西ドイツや日本、アメリカなど、世界のどこでもそうだったように、「六八年」のフランスの活動家集団にも、ほぼおしなべて認めることができた。サルトルはこう言っている。「この戦争がヨーロッパやアメリカの闘士たちに及ぼした本質的な影響は、この戦争によって可能性の領域が拡大したことなのです[*46]」。この同一化には象徴的なところがあった――国外の争点を、まだ定義しきれていなかった国内の政治的争点とする行為だったからだ。そしてまたたいへん実用的なところもあった――国内で活動を始める方法だったからだ。さらにいえばフランスとイタリアでのみ、国内にいる〈他者〉への概念的飛躍、あるいは外から内への橋渡しが行われた。人々は国外の闘う農民から自国の労働者へと人物像を移動させ、フィアット社のトリノ工場のスト労働者とともに「ベトナムはわれらが工場内に」と宣言し、あるいはブザンソンの時計工場労働者とともに「フランスの工場に抵抗運動《マキ》を！」と叫んだ[*47]（フランスでは「マキ」という語に独特のニュアンスがあり、第二次大戦下の対独レジスタンス活動を想起させる。だが一九六〇年代後半には、この語からただちに連想するのは第三世界での運動であり、アジア、ラテンアメリカ、アフリカの農民による民族解放闘争を指した。したがって「工場にマキを」は自国を闘争の舞台にせよという呼びかけだった）。ドイツでの学生デモは、フランスよりもかなり大規模で激しく、団結したものだったが、労働者はこれに反応したり同時に蜂起したりはしなかった。ではフランスの場合、こうしたリレーはどのように行われたのだろうか。現代

---

*44 訳者——弁護士（一九二五－二〇一三）。アルジェリア民族解放戦線（FLN）の支援に参加し、独立運動家の弁護で活躍。一九六三年に毛沢東と面会してからは急速に毛沢東主義に傾倒。フランス初の毛派の新聞『レヴォリュシオン』を中国の支援で創刊。アルジェリアに渡る六五年まで刊行。その後、独裁者や戦争犯罪人など代理人の受け手がない著名人の弁護を数多く務めた。

*45 Jacques Vergès, Éditorial, *Révolution*, 1 (Sept. 1963).

*46 Sartre, "Sartre par Sartre," *Situations IX*, 127.〔サルトル「サルトル、サルトルを語る」『シチュアシオンⅨ』一〇〇頁〕

*47 *Classe de lutte*, film by the Groupe Medvedkine, SLON-Iskra Production, 1968/69.〔『闘争階級』製作：メドヴドキン集団、SLON－ISKRA、一九六八－九年〕で引用されたスローガン。

史家（現CNRS研究ディレクター）のジャン＝ピエール・リウの言葉を借りてこの問いを次のように記してみよう。「たとえば、学生の『五月』から『労働者』の『五月』への移行を実現した要因である『関連』や『接続』［…］とは何なのだろうか」[*48]。

この問いに答えるには、離れた場所で闘われている巨大な国際闘争の位置関係――「南北軸」――が、現実の位置関係、つまり一九六〇年代前半のパリの学生や知識人の日常的な歩みと重なり合うようになった場所や言説をまずは検討する必要がある。フランソワ・マスペロは五六年から七五年まで、サン＝セヴラン通りで、ジョワ・ド・リール（＝読書の喜び）書店を経営していた。この時期は（第一次インドシナ戦争でのベトナムの勝利を決定づけた）五四年のディエンビエンフーの闘いと翌年のバンドン会議[*49]から、ベトナム戦争が終結する七五年までの約二〇年とほぼ重なる。これは「周縁」がヨーロッパの、とくにフランス知識人の関心の「中心」となった時代だった。ヨーロッパの帝国が解体していくこの時期に、マスペロが経営した書店と出版社は、ヨーロッパがもはや「中心」たりえない、解体した世界のイメージを描く任務を担った。こうしてジョワ・ド・リール書店は、多くの活動家の生活の一拠点、毎日通う場所となったのであった。ここではまた、特にアルジェリア戦争時代には、検閲された定期刊行物、国の資料、アンリ・アレッグの『尋問』[*50]などの発禁本はもちろん、外国で出版された、入手困難あるいは短命の政治関係のパンフレットも扱っていた。単なる待ち合わせ場所というわけでも、マスペロ自身が言ったように「左翼のあらゆる矛盾が出会う場所」[*51]というわけでもなかった。端的にいって、ここは「パリで一番活気ある書店」[*52]だった。ここはまた多くの読者が、クロード・リオズュ（植民地文化史の研究者）によれば「西洋がもはや万物の尺度ではありえないことを否応なく考えさせられる」[*53]道具を発見する場でもあった。ある常連は言う。「自分にとって一番感動的なのは、人々がここの本を眺め、手に取るときの真剣さだ」[*54]。ジャン＝フランソワ・エルド〔ジャーナリスト、作家〕もまたこの書店に「濃密で飾り気のない雰囲気」があったと記している[*55]。しかしここはまた多くの人にとって、街頭が敵対性一色のときでも、温かくほっとできる場所だった。

＊48　Jean-Pierre Rioux, "A propos des célébrations décennales du Mai français," *Vingtième siècle*, 23: 57.

＊49　訳者——一九五五年四月、アジア・アフリカ二九ヶ国が参加し、インドネシアのバンドンで開かれた国際会議。平和十原則を採択。反植民地主義、反帝国主義、民族自決を掲げ、米ソとは異なる「第三世界」が登場する契機となる。ネルー、ナセル、周恩来、スカルノらが主導。後の非同盟運動につながる。

＊50　訳者——アルジェリア戦争でのフランス軍の残虐行為を早い段階で告発したことで知られる。サルトルが序文を寄せた。邦訳は長谷川四郎訳、みすず書房、一九五八年。

＊51　次のインタビューでのフランソワ・マスペロの発言。Guy Dumur, "Maspero entre tous les feux," *Le Nouvel Observateur*, Sept. 17-23, 1973, 60.〔未邦訳、ギー・デュミュール「集中砲火を浴びるマスペロ」『ヌーヴェル・オプセルヴァトゥール』一九七三年九月一七－二三日号〕

＊52　Dumur, "Maspero entre tous les feux," 58.

＊53　Claude Liauzu, "Le tiers-mondisme des intellectuels en accusation. Le sens d'une trajectoire," *Vingtième siècle*, 12 (Oct.-Dec. 1986): 75.〔未邦訳、クロード・リオズュ「非難の的となる知識人の第三世界主義——ある軌跡の持つ意味」『二〇世紀』一二号〕

＊54　Chris Marker film, *On vous parle de Paris: Maspero. Les mots ont un sens*, SLON Production, 1970〔映画『パリからの報告　マスペロ——言葉には意味がある』監督：クリス・マルケル、製作：ＳＬＯＮ、一九七〇年〕より引用。

既存の政治的枠組みの一切から――党であれ極左小集団であれ――外れたところで生じる偶然の出会いや会話が、各人の役割、とりわけ国籍を超えて起こりうる場所だった。六三年頃の活動家は「魔法の三角形」の内側で日々を過ごしていた。つまりソルボンヌ校（ジュシュー校〔パリ第六大学＝ピエール＆マリ・キュリー〕はまだ企画段階で、サンシエ〔パリ第三大学＝新ソルボンヌ〕とナンテールは図面上の存在だった）と、通りを挟んだポール・パンルヴェ広場に移転済みの共産主義学生連合（UEC）パリ事務所、そしてサン＝ミシェル大通りの突き当たりのサン＝セヴラン通りにあったマスペロ社のことだ。[*56] 当時キャトル・ヴァン通りにあったラルマッタン社のような専門書店や、ラシーヌ通りの共産党の書店に見当たらない本を、ジョワ・ド・リール書店ではちょくちょく見かけた。あらゆる革命的潮流が区別なくそこに流れ込んでいたおかげだ。マルティーヌ・ストルティの追想によれば、六七年当時の活動家の典型的な行動パターンは次のようなものだった。

サン＝ミシェル大通りの突き当たり、サン＝セヴラン通りに行って、マスペロの書店で何時間も過ごした。「革命家」にとって文化的・政治的な安息の場だった〔…〕。通りをさらに下ると集会の会場になるミュチュアリテがあり、反対側、サン＝ジェルマン＝デ＝プレ大通りへ向かっていくと、レンヌ通り四四番地には全国産業振興協会会館がある。ここもよく集会会場になった。ときにはゴブラン通りへ行き、サンシエに足を延ばした。ここは一九六五年にソルボンヌのいわば別館として建設されていた。[*57]

もちろんサンシエは、「五月」になると、労働者の活動家と学生との出会いの場、巨大な実験場となる。そしてジョワ・ド・リール書店は、負傷したり、催涙ガスにやられたりして、警察に追われた学生たちの文字通り駆け込み寺となる。[*58] だが一九六〇年代前半の段階では、マスペロ社はまずもって「南風」系出版社のひとつとして知られていた。帝国の支配と崩壊を記録し、ラテンアメリカ、アフリカ、アジアの政治理論家や、こうした地域からの報告や証言を定期的に紹介する出版社だった。ま

---

*55 Jean-François Held, "A portrait de François Maspero," in *Le Nouvel Observateur*, Aug. 24-30, 1966, 26.〔未邦訳、ジャン゠フランソワ・エルド「フランソワ・マスペロの肖像」『ヌーヴェル・オプセルヴァトゥール』一九六六年八月二四－三〇日号〕

*56 Jean-Paul Dollé, *L'insoumis: Vies et légendes de Pierre Goldman* (Paris: Grasset, 1997), 39.〔未邦訳、ジャン゠ポール・ドレ『まつろわぬ者たち――ピエール・ゴルドマンの生涯と伝説』一九九七年〕

*57 Martine Storti, *Un chagrin politique: De mai 68 aux années 80*, 70-71.

*58 この時代を通じて、ジョワ・ド・リール書店自体がつねに爆弾や攻撃、監視の対象だった。アルジェリア戦争の時代にはOASが、また「六八年」には警察がその主体となった。この書店が一九六八年九月に配布したマスペロの署名入りのビラ「当書店前の警察に関して」には次のようなくだりがある。「この五月に新しい連中が介入してきた。ごった返す当書店内に制服警官が催涙ガス弾を打ち込んだ。出口を塞いでおきながら、それでもようやく出てきた人たちを棍棒で殴りつけた。複数が重傷を負った［…］。ここ数年で最悪の事件だった。おろかなことに、この事件は警察の自作自演だ。しかし今日はそのときと同じ警察が、同じ制服を着て、当書店の前を『警戒』している。誰を警戒しているというのか。至極当然のことだが、当書店はこうした茶番とは無関係である。F・マスペロ」。

たファノンの『地に呪われたる者』をサルトルの序文つきで初めて出版したことはもちろん、メフディー・ベン・バルカ[59]やヴォー・グエン・ザップ[60]、アミルカル・カブラル[61]、チェ・ゲバラ、マルコムX[62]らの著作も出版していた。理論と現状報告は同列に扱われていた。だが読者は、この「ジョワ・ド・リール・コンプレックス」に、政治的なものと詩的なものとを横断する線があることにも気づかされる。ボードレールがレーニンの隣に平積みになり、〔ジャン・〕ジロドゥがマルクスの横に、〔アンリ・〕ミショーがゲバラの横に並べられていた。多くはマスペロ社のおかげで、同時にこの時期の『ル・モンド・ディプロマティーク』と『レ・タン・モデルヌ』が似た編集方針を取ったことも手伝って――書き手の多くは現に重なっていた――当時の左翼主義の大きな特徴の一つがここにははっきり現れている。理論そのものがヨーロッパではなく、第三世界から立ち上がりつつあるという考え方だ。行動する人物像、自由を求める戦闘的な農民兵が第三世界的現象のひとつだというだけではなかった――それならば、結局のところ、ヨーロッパ人と西洋人が頭を使い、残りの人々は体を使うという標準的な国際分業体制の想定内だ。そうではなく「地に呪われたる者」である毛沢東、ゲバラ、ファノン、カブラルらが、左翼主義的な転倒というこの時代では思想家にもなっていたのだった。

　マスペロにはエジプト学者の祖父とナチに殺された中国学者の父がいた。こうした家族的背景、また恭《うやうや》しき左翼と訣別し、フランス共産党とはアルジェリア問題で袂を分かった政治遍歴から、マスペロが第三世界の事態の推移に注意を払った理由の一端はたしかに説明できるだろう。だが一九七三年のインタビューで、マスペロはある特定の出来事について語っている。本人が大きな「ショック」と形容するこの出来事によって、その後の方向性が決定づけられたというのだ。五〇年代半ばには民族学を専攻し、共産党の学生活動家だったマスペロは、パリで初めて開催された第一回民族学映画祭に足を運んだ。そこで上映されていたのは、ニジェールのドゴン人のカバ狩りを撮ったジャン・ルーシュの作品〔『大河の戦い』（一九五〇年）〕だった。だがマスペロが衝撃を受けたのは映画の内容ではなかった。客席にいた何人ものアフリカ人が作品の「民俗的」側面を批判したことだった。かれらは続けて、一九三二年の法律が現在も有効なために、政府の許可なしには自国内でカメラを使うことそのものが不可能だと指摘した。[*63] このエピソードが重要なのは、戦後フランスで第三世界主義的な物の見方が広まっていくにあたって、きわめて重要な要因となったものを思い起こさせてくれるからだ。相当な数のアフリカ系、カリブ系、アジア系の知識人がいて、そのかなりの部分がこの時期にパリに居を構えるか、長期滞在し、やがてジョワ・ド・リール書店の常連となった。後にマスペロは、政治闘争に加わる人々が自己表現するさまざまな著作を流通させ、入手できるようにするための活動を行う。本人にとってそのきっかけになったのは、こうした「出会い」――フランス人民族学者の映画が、

*59 訳者――モロッコの左翼運動指導者（一九二〇－？）。一九六五年パリで失踪。現在も事件は未解決。
*60 訳者――ベトナムの軍人、政治家（一九一一－二〇一三）。インドシナ戦争からベトナム戦争にかけてベトナム人民軍総司令官。邦訳書に『人民の戦争・人民の軍隊――ヴェトナム人民軍の戦略・戦術』（真保潤一郎・三宅蕗子訳、中公文庫、二〇〇二年、原著一九六一年）。
*61 訳者――ポルトガル領ギニアの民族独立運動指導者（一九二四－一九七三）。一九七三年暗殺。
*62 訳者――アメリカの黒人解放運動指導者（一九二五－一九六五）。一九六五年暗殺。
*63 Dumur, "Maspero entre tous les feux," 58-59を参照。

そこで描こうとした「人々」から批判されたこと――を初めて経験したことだったと後に語っている。マスペロは一軒目の店となったムッシュー＝ル＝プランス通りの書店では、プレザンス・アフリケーヌ社[*64]の初期出版物を主に扱った。次に一九五九年に自身の名を冠した出版社を興し、アルジェリア戦争中にFLNに「発言の場を与える」ことを目的として、『パルチザン』や『トリコンチナンタル〔三大陸〕』（政府による発行停止処分で、マスペロは費用のかさむ裁判闘争に長らく巻き込まれた）などの雑誌を編集する。そして読者が「キューバの革命家やアメリカの黒人活動家がいま考えていることを、ある程度正確に知る[*65]」ことができるテキストを刊行した。こうした取り組みの狙いは「フランス国内の、そして世界の左翼運動において情報と議論の可能性を最大限拡大すること[*66]」であり、したがって「使いたい人々が使える道具をつくりだすこと[*67]」にあった。マスペロにとって情報とはそれ自体で一つの活動だった。情報の存在自体が、主要日刊紙やテレビ、ラジオなどのブルジョワ・メディアが日々洪水のように流す「対抗情報」との闘争に用いる武器だったからである。

一九六〇年代半ばになると、マスペロの働きも手伝って、フランスで接することが可能になった第三世界主義的なパースペクティヴが、フランスの国内情勢を捉え直す手段となったと彼は考えている。マスペロが六一年九月に創刊した『パルチザン』誌にはこの軌跡がはっきり現れている。創刊号の巻頭に置かれた論説にはヴェルコール（本名：ジャン・ブリュレ）と署名があった。レジスタンスの有名な地下作家で、ミニュイ社の創設にも関わっており、当時も戦時中の偽名を使い続けていた人物である。彼の論説は同誌を反帝国主義の始まりに明確に位置づけている。

とくにわれわれはアルジェリア革命を支持する。われわれが支持するのは、この革命が要素のひとつをなす大きなコンテクスト、すなわち第三世界の出現である。現在が、またおそらく二〇世紀後半全体が、中国で突然始まった巨大な現象によって、今後左右されるだろう。有色人種が世界の政治史に登場し、世界の経済、文化、社会の歴史に、ますます参加するという現象によって。[*68]

創刊時点では第三世界主義的傾向の強かった『パルチザン』誌は、一九六〇年代半ばになると「五月」に先立つ文化論争に加わり始める。また「六八年」の後にはフランス国内の社会問題や政治問題を好んで扱うようになる。六六年のインタビューでマスペロは、今後はフランスを、また国内での闘争を――それがフランスだけの局所的な現象ではないと考えられるものに限ってのみ――分析対象とした本を出版したいと語っている。フランスは国際主義的な視座から捉えられるべきだと彼は言う。

＊64　訳者――汎アフリカ主義運動やネグリチュードに大きな影響力を持った同名の雑誌で有名。
＊65　マスペロの発言。前出の映画『パリからの報告』より。
＊66　エルドによるインタビューでのマスペロの発言。*Le Nouvel Observateur*, Aug. 24-30, 1966, 27.
＊67　インタビューでのマスペロの発言。"Le long combat de François Maspero," *Le Nouvel Observateur*, Sept. 27, 1976, 56.〔未邦訳、「フランソワ・マスペロの長い闘い」『ヌーヴェル・オプセルヴァトゥール』一九七六年九月二七日号〕
＊68　Vercors, Éditorial, *Partisans*, 1 (Sept. 1961): 5.

繰り返しますが、私がフランス社会や政治についての分析をもっと出版したいと考えるのは、「すべてはつながっている」という事実を踏まえているからです。一九六六年時点でのフランスのドゴール主義や資本主義、労働運動を、世界の他の地域での出来事と切り離して捉えてはならないのです。[*69]

左翼・極左思想が洗練されるうえで、またマルクス主義的な社会・経済・政治研究が深められるうえで大きな役割を果たしたあらゆるテキスト——アルチュセール、ランシエール、〔ピエール・〕マシュレらが当時発表した理論的テキスト[*70]や、一九六〇年代から七〇年代にかけてフランスの活動家に最も広く読まれた作家の一人であるポール・ニザンの「再発見」など——が、六七年に始まった叢書プチ・コレクション・マスペロで編集され、あるいは再編集されて刊行されることになる。特徴的なパステル調の表紙を採用し、一冊六・一五フランで発売されたこともあり〔当時のレートで約四五〇円〕、この叢書のラインアップは、共通の政治文化を支える諸要素となった。新刊が出ると同時に購入（あるいは失敬）したと、みな口をそろえて語るのだ。

「五月」のあいだ、そしてその後も、大学教授からは学生活動家が「反知性主義」的であり、「読書文化」への敬意を欠いているとの批判が聞こえてきた。しかしかれらは、大学図書館や教科書からは知的文化を導き出すことはなかっただろう学生たちが、ジョワ・ド・リールやラルマッタンなどのマイナー書店に通うことで、現に一つの知的文化を生み出しつつあったという事態を見過ごしていた。[*71]

一九六〇年代の知的活動の熱さは今からは想像できない。それは当時の表現を使うなら、スターリン主義批判や、民族解放運動への支援と結びついていましたから。あのときは『アルギュマン』や『社会主義《ソシアリスム》か《・ウ・》野蛮《バルバリ》か』など雑誌がいくつもあった。『レ・タン・モデルヌ』や『エスプリ』だけの時代ではなかった。自分のちっぽけな政治文化は大きく変わっていって、理論的考察の必要性がますます痛切に感じられたんです。[*72]

ウィリアム・クライン『革命の夜、いつもの朝』など、当時のドキュメンタリー映画が拾った「五月」の街頭での何げない会話に耳を傾けてみれば、一九六〇年代の学生は粗暴で無教養だというステレオタイプはただちに消え失せる。当時は一つの読書文化——五〇年代半ばから七〇年代半ばにかけ

*69 エルドによるインタビューでのマスペロの発言〔*Le Nouvel Observateur*, Aug. 24-30, 1966, 27〕。叢書プチ・コレクション・マスペロで出版された第三世界関連書籍は大半が一九六〇‐六八年に刊行された。Liauzu, *L'enjeu tiers-mondiste*, 37を参照。

*70 訳者——『資本論を読む』〔今村仁司訳、ちくま学芸文庫、一九九六‐九七年、原著一九六五年〕のこと。

*71 〔現代史家の〕ウラジミール・フィスラは、BBCラジオ4のドキュメンタリー番組で同様の指摘を行った。"Year of Dreams," ed. David Caute, prod. David Levy, BBC Radio 4, January 20 and 24, 1988.〔『夢あふれた年』BBCラジオ4、編集：デヴィッド・コート、プロデューサー：デヴィッド・レヴィ、一九八八年一月二〇日・二四日〕

*72 ドゥニーズの発言。Daum, *Des révolutionnaires dans un village parisien*, 143; Daum, *Mai 68*, 280-81.

て勢いのあった、批判的かつ反スターリン主義的なマルクス主義の書籍や雑誌が、同じ時期に編集・翻訳されていた第三世界主義のテキストとともに形成した文化——が存在していた。反対にこれによって、世界情勢を知り、外国人嫌いではない考え方をし、議論する力のある高校生や大学生とのあいだに、きわめて有機的な結びつきが生まれていたようである。

クリス・マルケルが一九七〇年に制作し、マスペロに捧げた映画『パリからの報告』で、マスペロは編集者の定義を三つに分けて説明している。編集者はまず、出した本のリスト、すなわち自分が世に送り出した本の選び方で定義される。だがもっと大切なのは、自分が出していない本で定義されることで、その意味でマスペロは自分の業績をとくに誇りに思うと語っている。そして第三に、マスペロ社の存在ゆえに他社が出した本で定義される。というのは、マスペロ社がある種の本の購買層を作り出したために、他社が先を越そうと割り込んでくるからだ。この動きをマスペロは「私が他社から出版した本の有名なリスト」と呼んでいる。[*73] 第二のカテゴリー、つまりマスペロが出版しないことにした本のリストには「六八年五月」に関する無数の本があった。フランスの出版社は「見苦しく「げんなりとした気分を起こさせる」——マスペロの表現——ようにして「五月」関連本を「節操なく」次々と出版した。というのも出版社からすると、街頭の一〇万人は、すなわち一〇万人の購読者だったからだ。蜂起から数週間しか経たないうちに書店にあふれかえった「五月」関連本について、マスペロは正確かつ痛烈な評価を下し、これらのほとんどを「『われわれの行動は素晴らしかった』とか『バリケードにいたことは素晴らしかった』という、学生運動による果てしない自己賛美の類」と呼んだ。マスペロはこうした流れのなかに、将来の、あるいは現在進行中の闘争を構成するもの、または単にそれらを教えてくれると思しきものをほとんど認めなかった。「おわかりでしょう。次の闘い、それが存在することを」[*74]。

マスペロ社は「五月」関連本をほとんど出していない。同社が力を入れて出版したのは工場ストライキ関連の著作や証言集だ――これらは今日でもなお、「五月」運動の全体的な見通しを得るうえで、また個々の労働者の発言を知るうえで、有用かつ希少な資料である。マルケルの映画では、カメラがこうした本のタイトルをなぞっていく。『サクレーの労働者評議会?――原子力委員会労働者評議会の経験についての第一次総括』、『フランのストライキ』、『ナント・コミューン』、『ストライキこそわれらの武器』[*75]。マスペロは一九七六年のインタビューでこう話していた。「記録と告発をめぐるこの終わりのない厳密な作業――このモグラもどきの活動こそが、私を引きつけるのです」[*76]。

マスペロの関心は、「五月」が起こった時点ですでに、植民地の他者という人物像からフランス人

*73 マスペロの発言。*Le Nouvel Observateur*, Sept. 27, 1976, 56.
*74 マスペロの発言。前出の『パリからの報告』より。
*75 書誌は以下の通り。Jacques Pesquet, *Des Soviets à Saclay? : premier bilan d'une expérience de conseils ouvriers au Commissariat à l'énergie atomique* (Paris: Maspero, 1968); J.-P. Talbo, ed., *La grève à Flins* (Paris: Maspero, 1968); Yannick Guin, *La Commune de Nantes* (Paris: Maspero, 1969); *Notre arme c'est la grève* (Paris: Maspero, 1968)〔一九六八年五月一五日－六月一七日のルノー社クレオン工場でのストライキに参加した行動委員会の活動家が編集(フランス語版注より転記)〕.
*76 マスペロの発言。*Le Nouvel Observateur*, Sept. 27, 1976, 56.

労働者という人物像に移動していた。マスペロの編集者兼活動家としてのキャリアには、フランスの一九六〇年代でこうした移動が可能になった経路の一例が現れている。他方、クリス・マルケルのキャリアはまた別の事例となる。マルケルらのグループは、映画制作者と労働者との共同作業によって、六七年のロディアセタ社工場のストライキを扱ったシネトラクト〔＝アジビラ映画〕『また近いうちに』を完成させていた。このグループは、ほぼ並行して制作していたベトナム関連作品『ベトナムから遠く離れて』のプレミア上映を、ブザンソンのロディアセタ社工場の労働者（労働者九〇人がストライキ終結後に退職を「許可」された）向けに行った。ベトナムを扱うこの映画の上映場所の選び方、そしてまた作品自体のスタイル――マルケルは『また近いうちに』の複数のシーンを『ベトナムから遠く離れて』に織り込んでいる――によって、〔カリブ研究者の〕セリア・ブリットンが指摘するように、反帝国主義の文脈がフランスの工場労働者の闘いの文脈に直接持ち込まれている。[*77] 上映会場で本作を紹介したロディアセタ社の工場で働くジョルジュ・モリヴァールは、両者を次のような表現で結びつけた。

> これからスクリーンで提起される問いはいかなるものであるのか。
> 世界の反対側で起きている問いだろうか。
> われわれには傍観しかできない、悲惨な出来事に関わる問いだろうか。
> 断じて否である。
> まさに、われわれ自身に関わる事柄なのだ。

この出来事に対するわれわれの態度が問われていることはもちろんだ。だがなによりも問われているのは、われわれが日々の生活を送るこの世界に対して、われわれがどのような態度を取るかなのである。

ベトナムでは、われわれもよく知る二大勢力が闘っている。富める者と貧しい者、力と正義、金の支配と新たな世界への希望とが闘っているのだ。[*78]

上映後に行われた観客と制作側との討論で、ＳＬＯＮのメンバー、アラン・レネは「ベトナムを超えて」（レネ自身の表現）フランスに向かいたいと述べた。そしてたとえば、冷蔵庫を持つことが、アメリカ社会では必然的に他国の破壊、そしてついには自国の破壊につながるかを問いたいと述べた。「われわれはベトナムから出発します。しかしそれはまったくといってもかまわないほどに、フラン

＊77　映画製作集団ＳＬＯＮ（「新しい作品を世に問う会 Société pour le Lancement des Oeuvres Nouvelles」の頭文字をとった）には、マルケルのほか、アラン・レネ、ヨリス・イヴァンス、クロード・ルルーシュ、ウィリアム・クライン、ジャン＝リュック・ゴダール、アニエス・ヴァルダらが参加した。Celia Britton, "The Representation of Vietnam in French Films Before and After 1968," in *May 68 - Coming of Age*, ed. D. L. Hanley and A. P. Kerr (London: Macmillan, 1989), 163-81〔未邦訳、セリア・ブリットン「一九六八年前後のフランス映画におけるベトナムの表象」一九八九年〕; Sylvia Harvey, *May '68 and Film Culture* (London: BFI Publications, 1978)〔未邦訳、シルヴィア・ハーヴィー『六八年五月と映画文化』一九七八年〕を参照。

＊78　"Loin du Vietnam," *Cinéma*, January 1968, 37.〔未邦訳、「ベトナムから遠く離れて」『シネマ』一九六八年一月〕

スの現状に至るため［…］です。資本主義そのものが問題であることははっきりしています[*79]」。

マルケルが行ったような文化的な運動や実験的試みが思い起こさせてくれるのは、フランスではとりわけ階級関係という観点を通して、第三世界にまつわる諸問題が問われたことだ。第三世界の問題を包括的に解決するただ一つの方法は、資本主義的世界システムを根本的に変革し、新たな経済秩序に置き換えることだと考えられていたのである（〔地政学者の〕イヴ・ラコストによれば、英米圏の「第三世界主義」は、発展途上国世界に対し、キリスト教的慈善の考え方に基づく博愛的で宗教的な態度を取りがちだった[*80]）。学生活動家層では、たとえば「青年共産主義者連合マルクス‐レーニン主義派（ＵＪＣ‐ｍｌ）第一回大会のための第一回会合の政治決議」（同連合は一九六六年一二月に高等師範学校のアルチュセール派の学生が結成した毛派組織）では、第三世界の状況と西側労働者の状況との不可分性が指摘されていた。ここでは、共通の敵であるアメリカ帝国主義の存在が「ベトナム人闘士」から「フランス人労働者」への直接的移行を可能にしている。それはベトナムでの闘争を西側の国内問題に結合させる試みのことだった。ＵＪＣ‐ｍｌは以下の原則を掲げた。

一、［…］全世界人民の主要敵、すなわちアメリカ帝国主義に抗する青年統一戦線［…］。ベトナムのわが同志たちが成功裏に進める人民戦争への留保なき強力な支援。

二、［…］これらの課題を実現できる新たな形態の組織の設立、および労働者および勤労大衆と連帯する革命的インテリゲンツィアの形成[*81]。

フランス知識人が、闘争のさなかにあるベトナムの〈他者〉と結ぶ関係は、「統一戦線主義」と留保なき「支援」の一形態であり、この関係は、きわめて率直な革命的統一あるいは連帯への志向性、連帯が同情のことではない戦線間での相互依存状況とも表現できるだろう。だが驚くべきことに、フランスがベトナムの宗主国であった歴史にはまったく言及がない。その代わりに、現代のアメリカ帝国主義によってフランス人とベトナム人が「同志」となる。他方でフランスの中産階級の学生と、フランス本国の「働く人民」との関係は、より複雑で未来志向型となる。「教育=形成」のプロセスのなかで、労働者という〈他者〉との連携と連合をもたらす、まったく新しいさまざまな形態の発明が目指されていた。労働者とつながるには、別々の状況どうしがいかに結びついているのかを明らかにするさらなる理論的作業が、いや、そうした作業をまずは生みだしてくれるようなさまざまな実践の形態を発明することこそが必要だと考えられていたようだ。

＊79　*Ibid.*, 48.
＊80　Yves Lacoste, *Contre les anti-tiers-mondistes et contre certains tiers-mondistes* (Paris: La Découverte, 1986), 17〔未邦訳、イヴ・ラコスト『反第三世界主義者および一部の第三世界主義者に反論する』一九八六年〕を参照。
＊81　"Résolution politique de la 1ère session du 1er congrès de l'UJC (m-l)," *Cahiers Marxistes-Léninistes* 15 (Jan.-Feb. 1967).

こうした諸形態とは何のことだったのか。ベトナムは、実践的な作業の土台となることで、まさにそうした諸形態をもたらした。ＵＪＣ－ｍｌは、フランス共産党が〔党の強い影響下にある大衆団体の〕「平和運動」に「まったく形式的に」参加していると見なして批判し、ベトナム人との「積極的連帯」を呼びかけた。

「平和運動」がほんとうにかたちばかりのものであることは明らかだった。工場や地区、高校や大学を軸とした行動も、アジテーションも、プロパガンダもなし、活動家としての作業もなかった。[*82]

この毛派系団体は「ＦＮＬ〔南ベトナム解放民族戦線〕は勝利するぞ」という独自のスローガンを掲げて共産党とは一線を画した。共産党は熱核戦争[*83]の脅威を中心的な関心事としていたので、ベトナム革命の完全勝利を訴えるのではなく「ベトナムに平和を」と呼びかけるにとどまった。しかしより重要なのは、ＵＪＣ－ｍｌが、これまでとは異なる政治的組織化に着手したことだ。かれらは直接接触、つまり大学地区を離れ、労働者住宅や工場の門扉の外、郊外の移民居住区のカフェで頻繁にオルグ活動を行った。オルグはカルチェ・ラタンの外部、つまり共産党が規定する政治路線の外で行われた。

こうしてベトナムの果たした役割はきわめて重層的に決定された。ベトナムとは、まさに文字通りに、街頭での暴力を生んだ最初のきっかけとなった。というのも「五月」の始まりとは、一九六八年三月二〇日に、パリのスクリブ通りにあったアメリカン・エクスプレス社の建物の窓を一人の学生が割った事件にあるからだ。学生側は彼の逮捕に即座に抗議した。他方で、テト攻勢[*84]を受けてベトナム反戦デモに参加する学生もいた。ナンテールでの一連の事件はこうして勃発する。

ベトナム底辺委員会（CVB）、ベトナム全国委員会（CVN）、その他すべてにとって、こうした言い方[*85]は耳慣れないものであり、ここに「三月二二日運動」が誕生した。反帝国主義であれば、CVN、底辺委員会、親中国派、その他なんであろうと「三月二二日運動」に参加した。[*86]

＊82　一九六七年一〇月七日の活動家集会で配布されたベトナム底辺委員会（CVB）の活動に関する証言（ガリ版刷り）からの引用。

＊83　訳者――核戦争のこと。この表現は、軍事戦略家のハーマン・カーン『熱核戦争論』（一九六〇年）などで知られ、当時よく使われた。

＊84　訳者――一九六八年一月三〇日、アメリカの傀儡国家であるベトナム共和国（南ベトナム）に対し、ホー・チ・ミン率いるベトナム民主共和国（北ベトナム。FNLを支援）が行った大規模な軍事行動。

＊85　訳者――三月二二日夕方のナンテールでの学生討論での出来事に関する記述。本文先述のアメックス事件で逮捕されたCVNの活動家への救援に関し、組織の違いを乗り越えて「ベトナム人民の勝利」、つまり反帝闘争の一点で結集しよう、と呼びかけたコーン゠ベンディットの提起を指す。

＊86　*Mouvement du 22 mars, Ce n'est qu'un début, continuons le combat* (Paris: Maspero, 1968), 17.〔3月22日運動『五月革命』西川一郎訳、合同出版、一九六八年、二〇頁〕

（「三月二二日運動」という名称はキューバ革命運動にならったものであることは指摘しておいてもよいだろう。カストロは一九五三年七月二六日に、モンカダ兵営を襲撃したが、バティスタ政権への初ゲリラ戦にちなんで、自分たちの組織を「七月二六日運動」と名づけていた。）こうしてベトナムは街頭行動のきっかけになると同時に、無数の組織を一つの旗印のもとに結集させる（全国委員会はトロツキストが、底辺委員会は毛派が、それぞれ主導権を握っていた）。そしてそれまでどこにも所属していなかった活動家どうしの協働ももたらした。それまで「小異のナルシシズム」を強調していた諸集団が、「反乱部族同盟」（ジャン・シェノー）として共闘し始めたのだ。ベトナムの状況が悪化するにつれ、そしてまた軍事顧問団に代えて大量の米兵が続々と投入されるにつれて*87、高度に発展した技術をもつ資本主義社会の根本的なメカニズムが明らかになった。西側では目立たないか、時々目にするだけの抑圧が、この戦争では恐ろしいまでに強調されて示されていた。同時に、ベトナム共和国本国での大衆的な怒りと国際世論の支持の高まりに根ざした南ベトナム解放民族戦線の軍事的・政治的実践が、毛沢東主義ふうの表現をすれば、まさに勝利へと向かっているために「全世界人民のモデル」となった。サルトルは一九七二年に、自分はやはりベトナムが「六八年五月」の起源だと思うと記している。これは学生たちが、南ベトナム解放民族戦線による対米戦争で戦線側支持に回ったことだけを指しているのではない。サルトルは、ベトナムが西側の活動家の「可能性の領域を拡大した」と述べたうえで、ベトナム人がアメリカの軍事機械と対決し、勝利できるなどとは想像だにできないものだったことに触れている。こうした感覚は、毛派の文書が、ベトナム人の示す「模範」に実に頻繁に言及していたことにも表れている。「あらゆる活動家は、『五月』の闘争期間中に自分が考えていたことは、その大半がベトナム人民の実践に由来することを理解している」[*88]。理論的表現を用いるなら、「被抑圧人民が、英雄的なベトナム人民と思想を通じて行う共同闘争」[*89]は一つの物の見方をもたらした。それによれば、外国の農民とフランスの労働者は、「主要敵」たる資本主義的帝国主義との関係で構造上似た立場にあることで、両者のあいだにいくつものアナロジーを生みだすことができたのである。二つはともに「下から」の闘争だ。アメリカという軍産帝国に抗する第三世界の小国群の革命的ゲリラ闘争には、ロディアセタ社の工場やカーンでの山猫スト――突然あるいは暴力的に「下から」、つまり労働組合の決まりきった仕組みの外部で、そしてそうした装置に対抗する度合いをますます強めて発生するストライキが対応する。毛沢東の「二五項目書簡」[*90]の表現を用いれば「第三世界」は世界革命の「台風の目」になったというわけだ。「人民解放闘争から、帝国主義中核での大衆蜂起の組織化までは一気

＊87 訳者――ベトナム戦争（第二次インドシナ戦争）は、一九六〇年の南ベトナム解放民族戦線（ＦＮＬ）結成と南ベトナム軍への武力攻撃により勃発した。南ベトナムの共産化を防ぐためとして、米・アイゼンハワー政権は六一年に軍事顧問団（特殊部隊）を投入し、ＦＮＬへの攻撃を開始。その規模は当初数百人だったが、ケネディ政権下で数万人に拡大した。六四年に成立したジョンソン政権は、同年八月のトンキン湾事件を口実に北ベトナムへの空爆を行い、翌六五年には陸軍と海兵隊による大規模な地上戦を展開するに至った。最盛期の六八年には五〇万の兵力が投入されていた。

＊88 *Cahiers de la Gauche prolétarienne / La Cause du peuple*, 5 (April 1969): 24.〔未邦訳、『プロレタリア左派手帖／人民の大義』第五号〕

＊89 *Ibid.*

通貫である」。プロレタリア左派〔GP＝巻末略語表参照〕が一九七二年にヴァンセンヌ付近でまいたビラにはこうあった。林彪は「人民戦争の勝利万歳」（一九六五年）で「農村部に包囲された都市部」の状況が、帝国主義本国での発火点になることは避けられないと説いている。「世界革命の未来はベトナム人民の勝敗にかかっている、そうわれわれは考えていました。キューバ革命の『驚くべき』勝利を受けて、アメリカ帝国主義は、大規模な軍事介入などあらゆる手段を講じて、各地での革命のうねりを必死に押しとどめようとしていました。世界革命と世界反革命がベトナムで死力を尽くして戦っていたのです[*91]」。フランスの労働者大衆が、さまざまな懸案を抱えながらも、ベトナム人民と一体化し、アメリカ帝国主義を——工場経営者ではなく——「主要敵」と見なしていたとして、それがどの程度だったかといえば、実際にはおそらく微々たるものだったろう。だが活動家や知識人にとってみれば、ベトナムがあったからこそ、共産党の外部にあり、かつ共産党より左の領域侵犯的な共産主義者の立場——先に見たようにアルジェリアをめぐって生まれた立場——を維持・発展させることができたのである。ラディカルな学生運動の中核部分がアルジェリア戦争時代に誕生したことは先に論じたが、そこで見たように、学生など社会集団の政治化は、その時点での組織と政治闘争のありようが根本から再編されることによってのみ可能となったのだ。

　したがって、「学生の五月」と「労働者の五月」との連関を問ううえで決定的に重要になったのは、ベトナム反戦運動を通じて培われたさまざまな組織形態とさまざまな組織的実践——中央集権型装置の陳腐な政治から自らを分離させようとするさまざまな形態——だった。これらこそが、学生たちを労働者なり、大学外の他者なりとの直接かつ具体的な接触——一種の「現地調査・活動」、あるいは

「現場」訪問——へと導く実践であり、底辺における「政治領域」の新たな、また広範な開拓のことでもあったのである。
ベトナム底辺委員会（ＣＶＢ）は一九六七年に活動を開始した後、その多くが、「五月」のさなかに誕生する行動委員会の土台となった。ＣＶＢは新しいタイプの運動体で最も重要度が高く、まさにこうした脱領域化の取り組みを実践しながら、過去の遺産と意識的に訣別する政治スタイルを編み出した。

われわれは、中国の文化大革命がもたらしてくれたものを自家薬籠中のものとし、共産主義運動が伝統的に作ってきたものよりも、矛盾を抱え、安定しない組織形態をそこから取り出そうし

＊90　訳者——中ソ論争の主要文書の一つ。正式には「国際共産主義運動の総路線についての提案——ソ連共産党中央委員会の一九六三年三月三〇日付の書簡にたいする中国共産党中央委員会の返書」（一九六三年六月一四日）。
＊91　アンリ・ヴェベール▼の発言。Ronald Fraser, *1968: A Student Generation in Revolt* (London: Chatto and Windus, 1988), 114.〔未邦訳、ロナルド・フレイザー『一九六八年——反乱する学生世代』一九八八年。▼アンリ・ヴェベール（一九四四-）は、六六年にアラン・クリヴィーヌらとともに革命的共産主義青年団（ＪＣＲ）の設立を主導するなど「五月」以前からトロツキストの著名な活動家。六八年では組織のナンバー2として活躍した後、七〇年代は革命的共産主義者同盟（ＬＣＲ）で活動。八六年に社会党入り、後に内閣に参加、要職を経験して党幹部となる。上院議員を経て二〇〇四年からは欧州議会議員〕

た。われわれはマルクス＝レーニン主義者として、理論と実践の観点から組織の抜本的刷新を目指した。弁証法的な色彩の非常に濃い組織を建設しようと考えていた。[*92]

CVBの活動を支えたのは、知的労働と肉体労働との分業が、分業体制の空間への投影や空間構成のあり方とは切り離しえないという認識だった。それは都市と郊外との格差のことであり、さらにいえば、〔パリ中心部の〕カルチェ・ラタンと、〔パリ郊外の〕サン＝トゥアンやさらにその先に集中する労働者住宅との格差のことでもあった。「われわれは郊外につねに強く惹かれていた[*93]」。しかしたいていの場合、こうした委員会は自然発生的な（ここでは、運動のある時点での要請に応じて形成されたという意味）政治感覚の表現だった。上からの指導や理論の習得によって形成されたのではなく、なんらかのインフォーマルな「実験状況」のなかで――トゥールーズやストラスブールなど各地で、また往々にして高校で――共同作業によって構築されていった。「〔「六八年五月」に関していえば〕すべてがゼロから始まったというのは誤りだ。高校では政治的生活があった。たとえばベトナム委員会だ[*94]」。委員会内部では、組織として取り組む共同作業のスタイルが徐々に形作られていった。底辺レベルで最大限の自律を実現しようという発想だ。現場＝底辺での直接接触という、ある意味で理論を「真に受けた」毛派の人々は、現場すなわち労働者地区での活動を優先するようになる。通称「郊外分遣隊」が、工場地区と都市とをつなぐために定期的に派遣された。

われわれは、これを「集団労働」方式と名づけました〔…〕。つまりこう考えていたのです。

学生は重要な構成要素であるが、大衆と必ず結びつかねばならない。もし大衆と結合しなければ、われわれ学生に未来はないと。ここでいう大衆との結合とは、物理的な意味です。[*95]

ある毛派組織が初期に上げた決議にはこうした連帯を呼びかけるものもある。

青年と学生は高校や大学のキャンパスという狭い枠に閉じこもり、勤労人民とかれらの闘いから切れたままにとどまるのか。そうなれば、かれらの反乱は行き詰まり、革命の大義には貢献しないだろう。あるいは、青年と学生は一つの運動を、すなわち労働者との具体的な連帯関係を発展させるのか。そうなれば、学生と青年の闘争は、労働者階級と勤労人民のそれと一つとなり、進歩的で革命的なものとなるのである。[*96]

＊92 Robert Linhart, "Evolution du procès de travail et luttes de classe," *Critique Communiste*, special issue, *Mai 68-Mai 78* (1978): 105-6.〔未邦訳、ロベール・リナール「労働過程と階級闘争」『共産主義批評特別号 六八年五月―七八年五月』、一九七八年〕

＊93 〔ピエール・〕ヴィクトール（＝ベニー・レヴィ▼）の発言。Michéle Manceaux, *Les Maos en France* (Paris: Gallimard, 1972), 217.〔未邦訳、ミシェル・マンソー『フランスの毛派』一九七二年。▼ベニー・レヴィは当時プロレタリア左派の活動家。七三年にはサルトルの個人秘書となる。ピエール・ヴィクトールは別名〕

＊94 ヤンの発言。Giorgini, *Que sont mes amis devenus?* 120.

＊95 ヴィクトール（＝ベニー・レヴィ）の発言。Manceaux, *Les Maos en France*, 188.

規律と即興を組み合わせること、また確固たる規則性——特定の地区や場所への「移住」——と改良とを組み合わせること、このように実践レベルで、ベトナム問題をフランスの日常生活の文脈に統合することが目指された。かつてアルジェリアが——徴兵によって、アルジェリア人がフランスで多数暮らしていることによって、またOASの攻撃によって——フランス本国の日常生活と不可分のものとして経験されたようにして、ベトナムとの統合が目指されたのである。

一年以上にわたり、他のCVBと同様に、われわれもあらゆる手段を用いて——解説パネルからプラカード、ポスターだけでなく、もちろんビラまきや街頭討論も含めて——大衆に対し、英雄的なベトナム人民がアメリカ帝国主義の侵略者とサイゴンの下僕どもを相手に行う解放闘争の基本的な側面を粘り強く訴えかけている。[*97]

各委員会は中央の指示にただ従うのではなく、注目を集めるために新たな手法も交えて活動した。『ベトナム通信』[*98]を売ったり、大声でビラの内容やスローガンを宣伝したり、パネルを取り入れたり、サンドウィッチマンをやったり、ポスターを壁に貼ったりした。「一番大切なのは、粛々と『ユマニテ日曜版』を売る連中と——共産党のつまらないひ弱さを体現する連中と——一緒くたにされないことでした。だからわれわれは週が変わるたびに、周りの注意を引いてやろうと工夫を凝らしたのです[*99]」。後に工場の組み立てラインで働くことになる毛派活動家はこう回想する。

次第に私は、当時住んでいた二〇区のベトナム底辺委員会の活動家になっていきました。『ベトナム通信』を売って街頭活動のなんたるかを知ったのです。買い物客の耳にしっかり届くスローガンを考えて、説教や決まり文句を繰り返したりはしなかった。それがわれわれにとっての、UJC-mlでの政治でした。自前のスローガンを考え出して、できるだけ人目につくようなパネルを作りもしました。地区の底辺委員会ではジャン=クロード、後で息子のファビアンの父親になる人と出会いました。彼と暮らすことで、親からの二度目の自立を果たしたのです。[*100]

CVBの活動に見られるような毛派の取り組みは、悪名高い実験である工場潜入活動《エタブリッスマン》によく似たと

*96　UJC-mlの決議（一九六八年四月一三日付）。Jean Moreau, "Les 'Maos' de la gauche prolétarienne," *La Nef*, 48 (June-Sept. 1972): 77-103.〔未邦訳、ジャン・モロー「プロレタリア左派の『毛派』」『ネフ』第四八号〕

*97　"Une rencontre entre un comité Vietnam de base parisien et une cellule du parti communiste du même quartier," in CVB, *Victoire pour le Vietnam* 6 (March 1968).〔未邦訳、「パリ市内のあるベトナム底辺委員会が同じ地区の共産党細胞と衝突」、ベトナム底辺委員会『ベトナムに勝利を』第六号〕

*98　訳者——*Courrier du Viêtnam.* ベトナム民主共和国外務省発行のフランス語の日刊紙（一九六四年創刊）。

*99　Jean-Pierre Le Dantec, *Les dangers du soleil* (Paris: Les Presses d'Aujourd'hui, 1978), 84.〔未邦訳、ジャン=ピエール・ル・ダンテック『日差しの危険性』一九七八年〕

*100　ダニエル・レオンの発言。Virginie Linhart, *Volontaires pour l'usine* (Paris: Seuil, 1994), 121.〔未邦訳、ヴィルジニ・リナール『工場労働を志願した人たち』一九九四年〕

ころがある。これは「六八年五月」の前後の時期に知識人が行った、工場の生産ラインで働く実践を指す。両者の実践を可能にしたのは、ともにある種の「移動」だ。ここでの移動とは身体的なもので、単にテキストや理論上での話ではない。新しい社会関係を底辺から構築することを目指し、自分が今いる立場・場所を出ることだった。毛沢東好みの言い方なら「虎穴に入らずんば虎児を得ず」である。こうした移動――「世界に身を投じること」や「水中の一匹の魚のように」というスローガンが当時あったが――を行ったのは毛派だけではない。「五月」の活動家の多くもまた、移住労働者の存在に初めて政治的に注目した人々を含め、こうした移動を行っていた。「スラム」行動委員会はそうした組織の一つだった。

多くの私的な、あるいは半公的な組織がスラムに「関わって」はいる。こうした組織は精神的・物質的支援をしているのだが、それによって、スラムの存在それ自体が問われるどころか、スラムが固定化し、安価な労働力の「予備軍」の役割を果たすことがはてしなく可能になってしまっているのである。「スラム」行動委員会は住民に直接接触し、食料を提供することはもちろんだが、まずもってかれらの情宣手段（ポスター、複数の言語に翻訳された団体ビラ）を確保し、資本主義体制下での搾取に抗うための団結の強化そのものを目指す。[*101]

実際「六八年五月」は移住労働者の政治的シーンをフランス社会に出現させている。「六八年」以前、左翼政党は移民をあまり話題にしなかったが、理由の一つは移民に選挙権がないことだった。一九六四年に開設されたナンテール校の機能主義的なキャンパスの一帯はパリ郊外で最悪の移民スラム地区であり、学生たちは不均等発展がいかなるものかを「生きた」経験として肌身に感じていた。それは、とりわけアンリ・ルフェーヴルが飽きずに繰り返していた「六八年五月」の最大の「原因〔＝大義〕」である日常経験のことだった。ナンテール校の学生たちは、新キャンパスでの授業に出席するため毎日スラムを横切らなければならなかった。しかしできたばかりのキャンパスの前できびすを返し、周囲の移民スラムに入る選択をした者は決定的な一歩を踏み出した。極左組織は五月から六月にかけて、移住労働者がまったく新たな表現や表象、運動を展開する触媒となった。七〇年になると、家賃不払い運動やハンガー・ストライキといった「六八年五月」以前には見られなかった集団的な闘いによって、移民は国家機構と直接対峙するようになっていた。[*102]「五月」に続く少なくとも一〇年間、極左組織はこうした行動との連帯が実現するうえで、貴重な媒介の一つとなった。

ここに見られたのは逐語主義とユートピア主義との特異な混交である。「逐語主義」とは、理論や労働組合による媒介に一切阻まれることのない、労働者との直接接触に基づくこと、そしてまた実践

＊101　スラム行動委員会のビラ（一九六八年六月四日付）より。

＊102　ビラ「移住労働者の闘争計画案」（一九六八年五月二九日付）。Geneviève Dreyfus-Armand, "L'arrivée des immigrés sur la scène politique," CNRS, Institut d'Histoire du Temps Présent, *Lettre d'information*, 30 (June 1998)〔未邦訳、ジュヌヴィエーヴ・ドレイフュス＝アルマン「移民が政治の舞台に登場したこと」、ＣＮＲＳ現代史研究所『ニュースレター』三〇号〕; Yvan Gastaut, *L'immigration et l'opinion en France sous la Vᵉ république* (Paris: Seuil, 2000)〔未邦訳、イヴァン・ガストー『第五共和制下でのフランスにおける移民と世論』二〇〇〇年〕も参照。

的に構築された理解を強調することを指す。他方「ユートピア主義」とは、とりわけ毛派にとっては、知的労働と肉体労働との区分が今後消滅すると考え、区分自体がすでに消滅しているかのように生きることだった。またここには、中国文化大革命に由来する「はだしの医者」[*103]という人物像が、過剰な思い入れを寄せられて、「ベトナム人兵士」という人物像と負けず劣らず重要な役割を果たしていたことも見てとれる。この「はだしの医者」という人物像の役割は、おそらく次の意味で逆説的なものだったといえるだろう。まずおおむね幻想に基づく関係──中国で起きている現実の事態について経験的知識がほぼ皆無の状態で確立された関係──がある。そしてその関係性が、フランスで毛派を名乗る人々のあいだで、社会の「裏側」へ旅立とうとする試み──体験や現実に基づく一連の経験的な「人民のなかへ」型の実験──が考案されるうえで、一定の役割を果たしていたのである。エマニュエル・テレは、専門化への生きた批判を体現する存在として「はだしの医者」という人物像を取り上げ、当時の情熱をきわめてはっきりと証言している。〔毛沢東が死んだ〕一九七六年以降、幻滅した毛派の人々は、「後知恵」を働かせて、若いときには〔毛沢東や文革を〕神秘化をしていたのだと一斉に反省しだすのだが、テレの話の例外さと貴重さは、自己批判と自己告発からなるそうしたお決まりの語りのパラダイムと袂を分かっているだけに、いっそう際立つものがある。

私は他の人々と同じく、文化大革命を──フランスから──熱烈に支持していた。だがその事実を若気の至りと捉えて、口をつぐんでいたほうがよいとか、反対に仰々しく告白したほうがよいとかなどとは考えない。今ではもちろんわかっている。自分たちが思いをはせ、政治実践の一部を鼓舞した「文化大革命」は、中国が経験した文化大革命とはほとんど似たところがないことを。だが私は、自分の過去の称賛を気の触れた試みだったと片づけるつもりはない。実際、毛沢東主義の象徴的な力は、一九六〇年代末のヨーロッパで、中国の実態とは無関係に広がっていた。「われわれの」文化大革命は、中国のそれとはたしかにかけ離れていた。だがそこには、社会学や人類学によって長年研究され、規定されている集合的表象行為の重要性と一貫性が存在する。

しかし、この予想もしなかったが現実に起きた「民主主義」の爆発は、フランスでの別の爆発、つまり「平等」の爆発と結びついていた――インテリや幹部は大衆の声を聞き、大衆のために活動すべきであり、そのためには生活条件も同じくすべきだという考え方に。中国にも幹部と貧農大衆とを分離する固有の深い溝が存在していた。それは第三世界のあらゆる国で支配的な事態でもある。中国の場合、この溝は儒教文化と共産主義文化の影響が重なったことでさらに深まっていた。前者は教養階級と知識人の優位を、また後者は啓蒙された前衛の優位を肯定するからだ。こうした状況にあっていったい誰が、さげすまれた社会集団に属する人々の更生を目的とするプログラムを突拍子もないとか、犯罪的だなどと批判できただろうか。むしろ反対に、特権的な人々が「民衆」に対して傲慢に振る舞い、かれらを侮蔑していることが大きな特徴だった社会では、その動きをひっくり返そうと願ったことは賞賛されるべきではなかったのだろうか。「はだ

＊103　訳者――基礎的な医学教育を施され、医師不足の農村で医療を担った農民のこと。一九六五年に毛沢東が強力に推進したことで全国化し、文化大革命の一つの象徴となった。

しの医者」、つまり現場で訓練された看護師や都市から農村へと向かった医学生は、ある意味で平等を求め、大衆的であろうとする意志のパラダイムを構成していたのだ[*104]〔…〕」。

テレの発言を踏まえると、フランスの毛沢東主義とは、国家としての中国よりも、ほとんど想像によって成立していた「中国」なるフィルターを介した、一連の政治的欲求の形成のことだったように思われる。こうしたフィルターをくぐったことで、新しい世代はすぐれてフランス的なユートピア主義の伝統をまとめあげたのだ。生産力から生産関係に関心を移動させることで、毛沢東はソ連型の官僚ヒエラルキーを避けようとした。こうして分業が社会分析の前面にはっきり押し出される。技術を分業からの解放と見なしたマルクスとは異なり、毛派は分業と連携しながら機能する技術こそ不平等の基礎だと考えた。技術的知識とは神秘化であり、労働者を階層化し、または支配する技術だというのだ。はだしの医師という人物像はルソー主義の調べに耳を傾ける一方、フーリエの初期ユートピア主義の伝統や、ジャック・エリュール[*105]のように反技術を掲げた同時代人と共鳴する[*106]。フランス本国での新たな分業批判のほうが、中国の政治情勢を実際に知ることよりも重視されていた。たとえばフラ

*104 Terray, *Le troisième jour du communisme*, 19-20. フランスの毛沢東主義に対する初期の有力な批判はシチュアシオニストのもの。特に、Hector Mandarès, ed., *Révo cul dans la Chine pop: Anthologie de la Presse des Gardes rouges (mai 1966-jan. 1968)* (Paris: Union générale d'éditions, 1974)〔未邦訳、エクトール・マンダレス編『人民中国の文革——紅衛兵が刊行した定期刊行物選集』一九七四年〕を参照。同書はシチュアシオニストのルネ・

ヴィエネが編集した叢書に収録された。また Simon Leys, *Les habits neufs du Président Mao* (Paris: Champ Libre, 1971)〔未邦訳、シモン・レイ『毛主席の新しい衣服』一九七一年〕も参照されたい。元毛派が行った最も洗練された自己批判はクローディ・ブロワイエルとジャック・ブロワイエルによるもの。Claudie and Jacques Broyelle, *Deuxième retour de Chine* (Paris: Seuil, 1977)〔未邦訳、クローディ&ジャック・ブロワイエル『二度目の訪中』一九七七年〕; Claudie and Jacques Broyelle, *Le bonheur des pierres: carnets rétrospectifs* (Paris: Seuil, 1978)〔未邦訳、クローディ&ジャック・ブロワイエル『小石の幸福――回顧日誌』一九七八年〕の二冊を参照。一九七七年の著書で、クローディ・ブロワイエルは、中国女性に関して以前に著した毛派ふうのテキスト(Claudie Broyelle, *La moitié du ciel* (Paris: Denoel Conthier, 1973)〔クローディ・ブロイエル『天の半分――中国の女たち』天木志保美・武井麻子訳、新泉社、一九七六年〕)でおかした誤りは、初の訪中がごく短いものだったからだと述べた。なお七〇年代末刊行の両書はいずれも、七〇年代中国の政治制度に関して筋の通った考察は行っていないが、レイモン・アロンやシモン・レイ、ルネ・ヴィエネの引用も参照しながら、中国での実験はソ連の経験の劣化コピーと論じている。

　毛沢東主義の概念装置に魅了された過去を自己批判しないと宣言する人物はテレだけではない。一九九二年にジャン・シェノーは、世界政治の分析にとって毛沢東主義的発想は有益なのだと主張した。「しかし私は依然として次のように考えている。あのような悲劇的失敗をおかしたことは確かだが、毛沢東主義は根本的な諸問題を提起した。その妥当性は第三世界の代わり映えしない悲劇的状況によって示されている。すなわち、都市と農村の関係、西洋型・ソ連型開発モデルが一般化できないという事実、低開発国でのネオ国家ブルジョワジーのほとんど自然発生的な誕生、知識人による自己の特権への自然な後退といった問題だ」。Jean Chesneaux, "Réflexions sur un itinéraire engagé," in *Politiques*, 2 (spring 1992): 1-10〔未邦訳、ジャン・シェノー「活動への関わりを振り返る」『ポリティーク』第二号〕を参照。

*105 訳者――社会学者、キリスト教無政府主義者(一九一二-九四)。主著『技術社会』(島尾永康・竹岡敬温・鳥巣美知郎・倉橋重史訳、すぐ書房、一九七五-七七年、原著一九五四年)。

ンスの毛派は、ソ連の支援を受けるベトナムと中国との複雑な対抗関係——こうした対抗関係と政治情勢により、ホー・チ・ミンと中国との関係は、一九六六年八月に文化大革命が始まると急速に悪化した——については呆れるほど無知だったようだ。だがこうしたややこしい状況にもかかわらず、フランスの毛派は中国人民とベトナム人民双方と友好な関係を保っていた。ある毛沢東主義者がいったように「両国人民は唇と歯のような関係」にあった。自分たちのユートピア的な言説のなかにある、大きく矛盾する言説どうしを共存させる能力——当時多くの人々にも備わっていた——を発揮することで、フランスの毛派はベトナム人民を心から支援しつつ、中国の経験から自分たちに固有の分析とプロジェクトを導きえたのである。この分析は毛沢東のソ連との決裂と、毛による「人民戦争」概念の導入に由来する。そしていまや、アルジェリアにおける民族解放戦線の勝利とベトナムにおける南ベトナム解放民族戦線の勝利を、ソルジェニーツィン問題のはるか以前から信頼を失っていたソ連の経験とは異なる、新たな革命的社会主義という観点で考えることが可能となった。この新たな社会主義は、フランス共産党のスターリニズム、そして連綿と続く社民的妥協が何十年も葬り続けてきた、フランスと西側諸国の労働者運動を刷新するものだった。文化大革命は資本主義に対するのと同時に、ソ連型社会主義に代表される社会主義的近代化へのオルタナティヴとして登場する。毛沢東の根本にある「人民」概念は政治的なものを第一とする。この操作は「諸階級」による政治的領野の拡大、すなわち諸階級の厳密な経済的規定を超え、諸階級の相互疎外からの解放によってなされる。この試みの狙いは、まずもって肉体労働と知的労働との、そしてまた都市と農村との矛盾を解消することだったし、ひいては、知識のある者とない者との、また命令する者とそれに従う者との分割に基づくブルジョワ政治の総体――能動的主体と受動的主体とを明確に区別する指導と代理の政治のすべて――を破産させることにあった。この試みは、一方で政治経済過程という現実の力学への没入によって行われる。また他方で、現在の労働者との具体的な生きた関係へと、「未来から」――と、〔スラヴォイ・〕ジジェクなら言うところだろう――なされた経験に基づく予測を通して行われる。ある活動家が「毛沢東主義的観点、つまり現実との一つの関わり方[*107]」と呼んだものは、UJC－mlの創設者の一人、ロベール・リナールの活動に関わる記述にも読み取れる。リナールがシトロエン社工場の組み立てラインで働く〔一九六八年秋より〕ずっと前のことだ。一九六四年夏にアルジェリアで行われ、フランスの急進的な若者が多数参加した国際共産主義青年キャンプについて、ティアンノ・グランバック[*108]はこう記している。

＊106　A. Belden Fields, *Trotskyism and Maoism: Theory and Practice in France and the United States* (New York: Autonomedia, 1988)〔未邦訳、A・ベルデン・フィールズ『トロツキズムと毛沢東主義――フランスとアメリカにおける理論と実践』一九九八年〕; A. Belden Fields, "French Maoism," in *The 60s without Apology*, eds. Sohnya Sayres *et al.* (Minneapolis: University of Minnesota Press, 1984), 148-77〔未邦訳、A・ベルデン・フィールズ「フランスの毛沢東主義」、ソーニャ・サイレスほか編『弁明なき六〇年代』一九八四年〕を参照。著者のフィールズはフランスの毛派組織の歴史を記述するなかで、フランスの毛沢東主義に認められるフランス独特のユートピア主義的傾向に関して示唆的な指摘を行っている。

＊107　ヴィクトール（＝ベニー・レヴィ）の発言。Manceaux, *Les Maos en France*, 190.

アルジェリアに行った若い知識人のなかで、何が起きているのかを本当に理解しようとしていたのはリナール一人でした。彼は協同組合で現地調査をして、アルジェリア人と食事をし、ともに生活し、支援に取り組んだのです。そして事実に基づいて理論を組み立てる点では、ほんとうに素晴らしい才能を発揮していました。現実を明晰に理解していたのです。知らないことについては口をつぐんでいた。知は経験と証明を通してのみ得られるということです[*109]。

＊
＊＊

毛派による「人民のなかへ」という試みは、後に「五月」が矮小化された際に大きな役割を果たした。「五月」前後の時代に工場の組み立てラインの仕事についた毛派や知識人たち――「潜入活動《エタブリッスマン》」として知られるプロセス――は、もはや時代遅れとなった生き方（「闘争」）の、最も極端な事例として戯画化されることも多い。人民主義的な自己卑下やマゾヒスティックな自己否定の人物像、赤い坊主《キュレ・ルージュ》というステレオタイプは、同じくらいステレオタイプ化されたもう一つの「五月」の人物像である自由至上《リベルテール》主義的な快楽主義者の対極に位置する。この二つのステレオタイプは互いを支え合っている。まるで遊園地のビックリハウスの鏡に映った姿のようだ。両者のステレオタイプの要には、快楽と個人主義という二つの言説の結びつきがある。この二領域を完全に切り離すことで、つまり、工場の組み立てライン――快楽が皆無と思われている場――で労働者に交じり、活動家としての規律を身につける毛派の自己否定的「現実原則」と、ブルジョワ的拘束のくびきを打ち破る、純粋に快楽主義的でアナーキーな自由至上主義的「スリル・マニア」との対立を強調することで、「五月」に等しく敵対的な二つの道が開かれる。前者の場合、「五月」とは、宗教じみた自己卑下によって自身を大衆のなかに消し去ること、個人の意見を捨てて活動家の紋切り口調を身につけることだ。後者は、ジル・リポヴェツキー[*110]やアラン・ルノー[*111]、リュック・フェリー[*112]らが一九八〇年代半ばに提出し、以後

＊108 訳者――弁護士（一九三九-二〇一三）。元首相マンデス＝フランスの甥。一九五〇年代後半から共産主義と第三世界主義に傾倒。リナールが六四年にアルジェリアを訪れた際は、独立後のアルジェリアの支援活動で長期滞在中。同年冬に帰国してからは毛派の学生活動家として活動。六六年のＵＪＣ-ｍｌ創設にも参加、幹部となる。六八年五月後の組織解散後は工場潜入を行う。七〇年代に弁護士となり、労働運動や活動家の弁護で活躍。

＊109 ティアンノ・グランバックの発言。Fraser, *1968: A Student Generation in Revolt*, 56-57.

＊110 訳者――哲学者（一九四四-）。グルノーブル大学教授。大学時代には「社会主義か野蛮か」グループとクロード・ルフォールの影響を受けた。本書で言及される『空虚の時代』以降も個人主義、ハイパー近代、ハイパー消費社会などをキーワードに現代大衆社会論を展開。

＊111 訳者――哲学者（一九四八-）。パリ第四大学教授（政治哲学・倫理学）。カントやリベラル政治哲学に依拠して合理主義、啓蒙、近代的主体の擁護を唱え、いわゆるポスト構造主義を「現代の反人間主義」と批判。本書で言及される『68年の思想――現代の反-人間主義への批判』（リュック・フェリーとの共著、小野潮訳、法政大学出版局、一九九八年、原著一九八五年）のほか、著書多数。

＊112 訳者――哲学者、著述家（一九五一-）。複数の高校と大学で教えた後、ラファラン内閣の国民教育相となる（二〇〇二-〇四年）。在任中の〇四年には、脱宗教性（ライシテ）を根拠とし、公立学校でのムスリム女性のヒジャブ着用禁止を実質的な目的とする通称「スタージ法」が成立した。

の「五月」解釈に一定の影響を与えた考え方である。すなわち、一九八〇年代の所有的個人主義の前触れ、自己表現の純粋な戯れとしての「五月」――快楽も自己もない政治か、快楽と自己だけの祝祭かのどちらかというものだ。しばしばこの分裂は「世代」に沿って形作られる。「五月世代」内部の先輩後輩のあいだの、アルジェリア戦争期を経て自己形成した世代と、その後登場する「カウンターカルチャー」的な若手世代とのあいだの分裂だ。

しかしマルティーヌ・ストルティらの証言がはっきり示しているように、個性とは集団によって完成されこそすれ、覆い隠されはしない。経験とは真剣でありながら、同時に幸福でもありうる（実際、革命の集団的経験はほとんどの場合、真剣かつ幸福な性格を持っているか、そのようなものとして記憶されている）。

> 「五月」の意味を説明することはできない。けれども一九六八年五月から六月にかけての数週間に何をしていたのかを話すことならできるし、その期間が自分にとっては今なお公的な幸福の原型であると言うことならできる［…］。各人がそれぞれに「五月」を生きたということだろう。私の「五月」とは幸福かつ真剣なものだった。
>
> 最先端の流行の場となったソルボンヌにパリのお歴々が集まってきたことなど気づきもしなかった。期間中、私はソルボンヌかサンシエにほぼ張りついてはいた。しかし、あちこちの集会や総会[*113]に顔を出すので忙しく、代わる代わる登壇していた有名人の顔を拝む暇なんてなかったのだ。オデオン座の占拠は自分には関係ない動きだったし、ほとんど下劣なことにさえ思えた。

「五月祭」と呼ばれたものは自分に関係があったか。あった――ほぼ毎日デモを行い、ついに世界を変えられると信じ、その希望を他の人々と分かち合い、一日一日を、今述べた意味での明るい希望を抱いて生きていたという意味でなら。なかった――もし「祝祭」が「すべてを、ただちに」を望み、「制限なく享楽せよ」と呼びかけ、「禁止することを禁止せよ」という意味でなら。率直にいえば、こうしたスローガンなど、私にはほぼどうでもよかった。一見ラディカルだが、その実ちっとも革命的ではないと思っていたし、社会はこうした扇動的なフレーズを消化することはできても、「権力を労働者に」という呼びかけは消化できないと考えていたからだ。[*114]

「五月祭」というステレオタイプから削除されているのは、ストルティが「公的な幸福」という表現を与えた経験だ。それは集団性や快楽――自己表現の快楽も含めて――を、当時どう捉えたか、どう経験したかに関わっている。快楽は一九八〇年代のような孤立した個人主義的現象と見なされてもいなかったし、そう経験されてもいなかった。「われわれは人々に支えられていた。ゼネストが起き、あらゆる人が運動に参加していたのだから。誰もが知・情動・感覚の限界を超えたところで生きていた。自分の彼岸にいたのだ[*115]」。ここでいう「彼岸」こそが、自分ひとりという意味での「一」ではなかった。

*113 訳者――ここでいう「総会」（Assemblée générale: AG）とは、関係者が集まって全体で議論し、物事や方針を決める場のことを指す。
*114 Storti, *Un chagrin politique*, 88-89.

く、自分と他者との関係としての「一」であり、未決定かつ不可能なかたちで個人と集団の同一性と他者性とをまとめあげる「一」である。まさにこの意味での「われわれ」が、〔マルクス主義哲学者〕リュシアン・ゴルドマンの次の表現を正面から受け止めることで現れる。人称代名詞の「私」には複数形はない——「われわれ」とは「私」の複数形ではない、まったく異なる別のものなのだ。「五月」の蜂起中の風説とコミュニケーションに関して鮮やかな分析を行ったエヴリーヌ・シュルロは、こうした自己と他者とのまったく異なった関係性、すなわち個人と集団との接点を描いているが、そこで思いがけない場所に注意を向けている。「五月」の街頭デモでのトランジスタ・ラジオの使い方に見られる独特の現象学だ。シュルロが論じるのは、いわば純粋に水平的で瞬間的かつ「同時並行型」のコミュニケーションがもたらした効果である。こうしたタイプのコミュニケーションは、テレビが信頼されなくなり、新聞が出来事に追い越された少し後のこと、パリ周辺の短波送信施設を通じてラジオだけが稼働している時期に展開した。「ラジオによって情報がどこでも手に入ったおかげで、多くの参加者が、その一人ひとりが大衆から切断されず、自分で判断して動くことができた」とシュルロは記している。ここでは、ある男子学生のエピソードが引用されている。

五月六日、私はダンフェール＝ロシュローにいた。そこからサン＝ジェルマン＝デ＝プレに向かった。多くの人がトランジスタ・ラジオを持っていた。すごいことだった。情報がすぐに入ってきて、めいめいが自分なりの戦略を立てていた。個人は羊の群れの一匹ではないことは明らかだった。一人ひとりが頭を使っていた。ラジオの周りに人だかりができる。しばらくして解散。

情報をもとにして自分なりの結論を出す。一緒にラジオを聞いていた人たちに短く言い放つこともあった。「わかった。連中はあちらに向かっている！　行こう、大変なことになりそうだ。仲間を放っておくわけにはいかない！」といった具合だ。「あそこからは退却だ！」というのもあったが、これは巻き込まれたくない人の声だ。基本的には、自分のことは自分で、自分の性格や信条に基づいて結論を出した。もちろん集団としての意識はあったが、リーダーはいなかった。一人ひとりが自立していた。トランジスタ・ラジオを通じて情勢を把握する感じだった。[*116]

政府が五月二三日に短波送信機システムを停止し、直接放送は不可能になった。もっと一般的なレベルでは、フレドリック・ジェイムソンが、個人と集団のあいだのダイナミクスを次のように的確かつもの悲しく語っている。

一九六〇年代に多くの人々は次のことを自覚した。真に革命的な集合的経験を通して生まれるのは、顔のない、あるいは名を持たない群衆や「大衆」ではなく、存在の新たな段階［…］なのである。そこでは個性が集団性によって消去されずに補完される。これは今や次第に忘れられつつある経験である。そしてその痕跡はすさまじい勢いで復活するあれこれの個人主義によって組

＊115　アデクの発言。Daum, *Des révolutionnaires dans un village parisien*, 18-19; Daum, *Mai 68*, 20.
＊116　Sullerot, "Transistors et barricades," in Labro, *Ce n'est qu'un début*, 127.

織的に一掃されつつある。[*117]

一九八〇年代後半になると、自己表現の自由至上主義的祝祭という支配的な「五月」観によって、ストルティの記述がかなり明確にしてくれたことがゆがめられてしまう。ストルティは、当時の日々の「祝祭的な」あるいは快楽に満ちた雰囲気を、「五月」から政治を差し引いた残りではなく、具体的な政治的行動そのものの核と考えている。ストルティと同様、ジャン＝フランクラン・ナロがこの快楽を直結させる先は、当時の日々の時間的な加速、主役たちに追いつき、ついには追い越してしまうという予測不能な急展開である。[*118]ナロはこう強調する。六八年五月から六月にかけては、急激な加速と即時的な効果からなる固有の時間のあり方が存在した。そこでは媒介や遅延がすっかり消滅した感覚が味わわれる。時の動きが、官僚制のもとで凍てついてしまったかのような時間よりも早かっただけではない。それはまた戦略や計算を支配する、悠長で注意深い時間のあり方をも乗り越えていた。行動の結果が本人の予測をはるかに上回るとき、あるいは一つの局所的な取り組みが、百余りの場所からの予期せぬ反響を同時に呼ぶとき、空間は縮減し、時間は加速する。ストルティのように、ナロの語りも「高揚と消耗」のムードを思い起こさせる。現場に次々と駆けつけ、総会から総会へと足を運んで疲れ果てながらも、不測の事態に対応できるようにつねに身構え、用意しておくこと――他人との関係が様変わりし、出来事が計画に逆らって同時発生するなかで、そしてまた、そのような社会の急変によって突然無意味になった事物（事実、当時についての回想録を読むと、物的対象としての物は重視されておらず、存在感すらほぼないことが一般にいえる）が壊されていくなかで、たしかに自分も疲れきってしまうのだが、そこには喜びが存在していた。そしてまたストルティと同じく、ナロもまた次の点を強調する。自身も体験したと回想する、自分がくたくたになりながらもその場にいることの楽しさが、闘争の論理を押しのけるどころか、「闘争に影のようにつきそっていた」のだと。快楽と闘争は結びついていた。八〇年代以降の解釈は「五月」を「失敗した革命」や「無目的な」祝祭、あるいは「展望の欠如」とする。別の言い方をするなら、こうした見方は、快楽をその発生源から移動させようとしていたのではないかと、ナロは示唆する。しかし快楽は、直接民主主義の新たな形態を発明することによって、つまり「五月」が一時的であれ達成した、それまでとは異なる社会秩序の働きによって発生していた。「五月」に見られる断絶あるいは闘争の論理は、ある種の既成事実として働いた。既存の媒介項や制度のすべてが、学生自治会にせよ国会にせよ、単なる議論や暴露、糾弾の対象ではもはやなくなっていた。それらはあたかももう存在しなくなったかのように扱われていた。快楽をもたらした作業は次のようなものだった。こういったさまざまな制度とは関係なく続けられたあらゆる作業。また制度の外側で、あるいは制度にとってかわって続けられたあらゆる作業。さらに、

＊117　Fredric Jameson, *Brecht and Method* (London: Verso, 1998), 10.〔フレドリック・ジェイムソン「ブレヒトと方法(1)〜(7)」大橋洋一・横田保恵ほか訳、『舞台芸術』第一－三、七－一〇号、ただし本文中の引用箇所は未邦訳〕

＊118　Jean-Franklin Narot, "Mai 68 raconté aux enfants. Contribution à la critique de l'intelligence organisée," *Le Débat*, 51 (Sept.-Nov. 1988): 179-92〔未邦訳、ジャン＝フランクラン・ナロ「子どもたちに語る六八年五月――組織化知性批判論」『デバ』五一号〕を参照。

代表を置かない形態、上役とヒラとの分業を消し去る形態、活動と生存の諸条件を自主管理することを目指して多種多様な人々が共同作業に着手できる形態を編み出したあらゆる作業。そして、これまでとは異なる新たな社会組織を一から生み出したあらゆる作業。これらの作業こそが実際の快楽だったのである。

みすぼらしい活動家的ライフスタイルというステレオタイプのイメージは、活動家のその後の証言に当時の主要な記憶としてきわめて鮮明に表れる、ひとつの情動を抹殺あるいは無視している。フランスのように徹底的に区分された社会では、いかなるコミュニケーションであれ——体制転覆に関わるコミュニケーションがそうであることは当然だが——区分横断的なコミュニケーションがなかなかうまくいかない。こうした社会にあって、社会的な境界線をただ乗り越えるだけでも時折感じられる快楽こそが、この情動のことなのである。何週にもわたる蜂起のなかで物事が変わっていった。そこでの特徴のひとつに、ナロの言葉を借りると「出会い」が頻繁に起きたという事実がある。この「出会い」は魔術的なものでも神秘的なものでもない。それまでは社会的、文化的、職業的分割によって出会いを妨げられていた人々と絶えず出会う経験のことであり、そうした媒介や社会的区分が霧消してしまったという感覚を呼び起こす、ちょっとした出来事のことでもあった。ただしストルティの証言は、活動家の日々の単調な作業ぶりをも思い起こさせる。当人にとっては、いまや時代遅れの技術となったガリ版印刷が体現するムスケル。しかし当時の鮮明な経験はまた、感覚的にも感情的にも圧倒的に豊かなものとなり、何年も後に（証言もまた一九八〇年代後半のものだ）彼女自身を呆然とさせることになる。ある日ストルティは、未使用の原紙を見つける。それがまるでプルーストにとってのマドレーヌのような役割を果たすのだ。

そしてビラの山のなかから、一枚の記念品が、三〇年は経つだろう未使用の原紙が出てきた。まだあの臭いがする。インクの臭い、カーボン紙の臭い。甘酸っぱく、コショウと砂糖が混ざったような独特の臭い。何時間も幾日も幾晩もガリ版でビラを刷ったときの臭いだ。ミスをしてはいけないと肝に銘じ、原紙を破らないようにと作業には慎重になった。インクをつけすぎたり、輪転機を速く回しすぎたりすると破れてしまうのだ。最後まで原紙を保たせようと（たいていうまくいかないが）破れた部分を貼り合わせて、輪転機を手でゆっくりと回しはする。でもやはり最後には、鉄筆という旧式の道具を二本の指で挟み、新しい原紙にテキストを書き直すことになるのだった。[*119]

だが多様な快楽や身体的、社会的侵犯から、あるいは新たな友情や共犯関係の可能性から生じる快楽が、ストルティら活動家の証言には現れている。これは快楽ではあるのだが、ストルティがはっきり書いているように、当時の革命的要求やスローガン（「制限なく享楽せよ」）の一部ではないし――本人は「五月」のこうしたスローガンには懐疑的だった――それ自体を目的として追求された快楽でもなければ、当時は快楽としては概念化されてもいなかったものだった。社会は――物理的にも人付

＊119　Storti, *Un chagrin politique*, 52.

き合いのうえでも――細分化されている。そうした状況の克服がもたらす快楽は、当時の都市部での社会的分割の厳しさに比例して存在していた。分割線を横断して行われる対話から伝わってくるのは、将来的な見返りではなく、今この場で体験される実に直接的な変容の感覚だ。ロベール・リナールは一九七八年にこう回想している。「一五年ほど前、工場は閉じられた世界だった。証言を得るためにはひたすら待たなければいけなかった[*120]」。また工場の組み立てラインで働いた女性活動家は、自分や知識人が工場に入るまで「パリ郊外の労働者や工場とは非常に距離感がありました。ほとんど到達不可能なほど、アルジェリアやベトナムほど離れているという感覚です」と述べている[*121]。フランス工場の激しいストライキを扱ったドキュメンタリー映画『闘争、勝利』を監督したジャン＝ピエール・トルンですら、小さい頃から思春期にかけて、社会が完全に分け隔てられているさまを経験してきたという。「一九六八年になるまで、私は工場や労働者階級の存在を意識することはありませんでした。六八年になってようやく、自分たちの周囲には、労働をやめることでフランスという国家を停止させる力を持ったすごい世界があることに気づき始めました。工場の門にはためく赤旗。二〇歳の私にとって強烈な経験でした[*122]」。一九六八年当時、パリ都心の高校で教えていたクレアは、乗り越え不可能のように見えた規則や社会的障壁が乗り越えられていくさまを目撃し、そこでわき起こった感情を一〇年後にこう表現している。

私は労働者に初めて会ったんです。それまで一度も見かけたことがなかったのです。冗談抜きで、地下鉄ですら一度も［…］。工場というのもまったく見たことがありませんでした［…］。そして気がつけば、私は労働者と一緒に生活していた。活動仲間は労働者ばかり。共産党の古株の男性もいれば、移民の若者もいました。「六八年五月」で思い出すこと、ほんとうの意味での思い出はデモではありません。週に二度、労働者のところで開いていた集まりです。工場はストをしていて占拠中だった。私たちは「理論をする」ために集まったのです。そして理論をしていました。でも六八年にはそれができたじゃないですか［…］。楽しかったです。これが続くんだろうと思っていました。今となっては認めざるをえませんが、労働者たちともう会わなくなる日が来るなんて、当時は考えもしませんでした［…］。工場のピケットラインの向こう側にすっと迎えてくれて、作業場にも普通に通してくれたものです。[*123]

ある活動家も似たような出会いについて語っている。

一方、活動に関わることで［…］たくさんの人々、自分とは社会的に異なる人たちと付き合うようになりました［…］。われわれのあいだには人間としての血の通った関係があったのです。

＊120　R. Linhart, "Evolution du procès de travail," 117.
＊121　ジェニー・ショミエンヌの発言。V. Linhart, *Volontaires pour l'usine*, 102.
＊122　ジャン゠ピエール・トルンの発言。*Ibid.*, 191.
＊123　クレア（高校教師）の発言。*Libération*, May 19, 1978.

活動しているときには、すべてを満足させてくれる何かがありました。たとえば天気のよい午前四時に、他人には秘密の共通の動機から立ち入り禁止場所にいるという幸せ、一種の共犯意識を感じながら集まるといったことがあったのです。[*124]

そしてきわめて現実的な「副産物」が、社会的境界を横断するこうした侵犯的な立場の移動、「反対側」への旅立ちによってもたらされる。自らが元の場所に残してきたありとあらゆるものを、つまり自らを既成の場や役割に縛りつける硬直した見通しや慣習を、洗いざらい捨て去ってしまうことで生じる快楽である。これこそ、ジャック・ランシエールとダニエル・ランシエールが指摘するように、「労働者に交じる」活動家を悲惨なふうに描く「ポスト六八年」的な見方がしばしば見落とす、もう一つの快楽なのだ。

知識人は自分の人格から、自分の言葉遣いや振る舞いのうちに存在し、出自を明らかにしてしまいかねないあらゆるものを、そしてまた自分の習慣に認められる、自分を民衆から切り離してしまいかねないあらゆるものを取り除かねばならなかった。これは矛盾した理想であり、今の時点からやや過度に単純化して捉えれば、ボーイスカウトの子どもや禁欲修行者のようなものだ。しかし当時、快楽と苦痛を当時計算してもマイナスにはならなかった。大学の運営や、最先端の認識論や言語学でマルクス主義に新たな装いを施す作業は、老いぼれやキャリア志向の若手に任せておき、工場の実情を熟知し、移民が集まるカフェやかれらの住まいで親交を深めようとしたが、悲壮感などなかった（大学に戻るときになって初めてそういう気分を味わうのだ）。民衆への奉仕とは、ある意味では、教壇のどちら側にいるにせよ、大学での日常に対する、実際的な嫌悪の別名にほかならなかった。知識人の変容とはしたがって、本当の意味での解放の行為として経験されうるものだったのだ。*125

快楽がまずもって事後的に感じられるからこそ、間接的に、ひそかに、そして往々にして再開というつらい時期に、すなわち身につけていた習慣や元いた場所にもう一度自分を合わせなければならないときにそれを感じるからこそ、快楽は一層強くなる。潜入活動家《エタブリ》と呼ばれる、工場労働をときに何年も続けた知識人や活動家の証言には、悲惨さを強調する決まり文句の類はほとんど見当たらない。労働者と「同じ生活スタイル」を目指したり、実際に労働者階級の一員になろうと苦悩したりする活動家の姿はそこにはない。しかしまた、ドゥルーズ的な「生成」――動物になること、機械になること、労働者になること――あるいは変容への欲望というユートピア的な語りの痕跡も存在しない。む

*124 ある活動家の証言。Giorgini, *Que sont mes amis devenus?* 50 からの引用。

*125 Danielle and Jacques Rancière, "La légende des philosophes: les intellectuels et la traversée du gauchisme," *Révoltes Logiques*, special issue, *Les Lauriers de Mai ou les Chemins du Pouvoir*, 1968-1978 (1978), 14; reprinted in Jacques Rancière, *Les scènes du peuple* (Lyon: Editions Horlieu, 2003), 294-95.〔未邦訳、ダニエル・ランシエール、ジャック・ランシエール「哲学者列伝――知識人と左翼主義の不遇」『論理的反乱』特集号『「五月」の桂冠詩人たち、あるいは権力の道（一九六八‐七八年）』一九七八年所収。現在は『民衆のシーン』（未邦訳、二〇〇三年）に再録〕

しろある潜入活動家はこう強調する。「自分にとって唯一の関心事は、労働者に政治的な中継役を担ってもらうことでした。自分を労働者の立場に置くつもりなどありませんでした[*126]」。「われわれにとって、潜入活動が純化の手段であるわけがありません。それは政治の手段でした[*127]」。「工場はよかったです。工場に行ったのは、知識人という自分の境遇を忘れるためではなく、自分とは違った出自の人々と出会うためでした。工場内で働こうと思いましたが、着いたとたんに退路を断ってしまうようなつもりなどありませんでした[*128]」。そして時には「五月」が起きたときのように、労働者と学生を隔てる距離は思ったほど遠くもないと気づく人もいた。

「六八年五月」が起きたとき、学生の世界は工場で数ヶ月過ごしていたのですでに遠いものでした。五月一三日のデモの後で、ルノーの労働者がストライキに入って、一五日か一六日には自分の工場でも占拠をやることになりました〔…〕。工場内では文字通り小さな戦争が起きて、それは六週間続きました〔…〕。自分にとってこの状況はとても居心地がよいものでした。この時期、労働者たちが「知識人化」しつつあることで、お互いの歩んできた道の半ばで出会っただけになおさらです。工場の若い労働者はバリケードやソルボンヌに出かけていました[*129]。

おそらく、ダニエル・ベンサイードが指摘しているように、五月上旬に見られた象徴的なしかけの全体――疑似蜂起的なデモ、大量の黒旗、バリケード、大学占拠――、労働者の伝統にインスパイアされて学生が持ち込んだありとあらゆるものは、一つの意味を持った集合体、一つの言語活動と見なされるべきだろう。それによって学生運動が官僚的な指導者の頭越しに労働者に直接呼びかけ、それまで隔絶していた二つの世界をつなげ、同心円をいくつも作るという長いプロセスを経て労働者階級に到達しようと試みた一つの言語活動としてである。五月三日という早い段階で学生が唱えたスローガン「CRS＝SS（CRSのナチ野郎）」さえ――その時点でソルボンヌに出動が要請されたのは憲兵隊《ジャンダルムリ》であり、CRSはまだ登場していなかった――ある種の呪文のようにも読めなくもない。ある意味で学生たちは「取り越し苦労」をしていたが（CRSはまだ来ていなかったのだから）、それは状況を加速、あるいは「切迫」させた。しかし学生たちはまた、まだその場にいなかった労働者にも呼びかけていたし、そうするときには労働者が使う言葉を用いていた。というのも「CRS＝SS」というこのスローガンは、学生が考えたわけではなかったからだ。一九四七－四八年にストを打った鉱山労働者が初めてこれを唱えたのは、社会党のジュール・モック内相がCRSを現在のかたちに再編し、スト鎮圧の新たな戦力に使用したときのことだった。[*130]

五月中旬にゼネストが始まると、サンシエ地区の労働者・学生行動委員会は大学と工場の連携強化という具体的な作業に取りかかった。ソルボンヌやオデオン座といった大講堂や劇場は、言葉による

＊126 ニコル・リナールの発言。V. Linhart, *Volontaires pour l'usine*, 119.
＊127 ジョルジュ（工員）の発言。Manceaux, *Les Maos en France*, 63.
＊128 イヴ・コーエンの発言。V. Linhart, *Volontaires pour l'usine*, 181.
＊129 ダニエル・レオンの発言。*Ibid.*, 123.

熱狂に包まれていた。だがサンシエは、これらに引きつけられたジャーナリストが足繁く通う場所からは少し外れていた。五月から六月にかけて堅実な活動を行った地区委員会の資料を読むと、青年労働者と学生がスト中に協力していた様子がよくわかる。しかしサンシエでは「移動」が逆向きに生じた。学生が労働者のところに向かったのではなく、労働者が学生のところに向かっていた。必要なものが何でも使えることから多くの労働者がサンシエ校〔パリ第三大学＝新ソルボンヌ〕に行き、いつでも開いている工房を訪れる。ガリ版を使い、いつでも手伝ってくれる人々の力を借りて印刷物を作り、議論を行った。そこは工場内での活動とは異なる場だった。工場内の労働者は、誰にも説明できない禁止事項、ためらいや管理、監視、そしてありとあらゆる策動と衝突した。レポートの丁合を取り、伝令役を指名し、スト労働者に食料や物資を届けることで、サンシエは調整・連携拠点となり、ときに実際的な成果を上げていた。その存在は、「五月」論にたびたび登場する「労働者偏重」神話という皮肉交じりの否定的な物言いの一切を退けるとともに、労働者のストライキが学生運動とは自律して展開したとか、たまたま同時に起きたのだという見方をも退けている。

　サンシエでのレトリックは「五月」運動が遂げた進化のしるしだ。五月初旬にドゴールがデモ隊を乱痴気騒ぎ《シアンリ》の原因だと名指した際、ボザール人民工房の有名なポスターはこの中傷にドゴールの顔に「騒動《シアンリ》の原因はこいつだ」というフレーズを組み合わせ、この言い回しに即座に反撃した。いわばドゴールの面にこのフレーズをぶつけたのだ。五月二五日にフーシェ内相がドゴール主義のレトリックをさらに推し進めた。「盗賊《ペーグル》は日に日に数を増している。こうした盗賊はパリの最下層から出てくるいきり立った者たちで、学生の後ろに隠れ、人殺しでもしかねない勢いで闘っている〔…〕」。私はパリに対し、街の面汚しであるかれら盗賊を唾棄するよう要請する」[131]。共産党の機関誌『ユマニテ』は即座に同じような言葉遣いでこう書いた。「夜通し、パリのあちこちに大変怪しげな社会のくずが現れる。徒党を組む盗賊たちは、かれらを受け入れる人々はおろか、かれらをそそのかす人々にすら悪影響を及ぼしている」[132]。パリ・コミューンの語彙とイメージが、自然主義的な表象のフェティッシュとともに息を吹き返すのだ。労働者や下層階級は野蛮な獣、いまわしいクズであり、立派な学生たちの影に隠れ、流行病や伝染病の原因となる不潔な寄生虫のように学生たちを堕落させるのだという。サンシエではこうしたレッテルを引き受けつつ、その背後にある社会「動物」学をしりぞけるビラを作って即座に対抗した。「もし権力者たちが、学生とともにバリケードの内側にいる人々を盗賊呼ばわりするのなら、われわれ労働者、公務員、工場労働者、失業者もまた盗賊である」[133]。同じ頃、マルグリット・デュラスやブランショ、〔作家の〕ディオニス・マスコロらが加わる、これとは別の行動

＊130　Michele Zancarini-Fournel, "L'Autonomie comme absolu: Une caricature de Mai et des années 68," *Mouvements*, 1 (Nov.-Dec. 1968) : 138-41〔未邦訳、ミシェル・ザンカリーニ＝フルネル「絶対としての自律——『五月』と六八年時代のカリカチュア」『ムヴマン（運動）』一号〕; Daniel Bensaïd and Henri Weber, *Mai 1968: Une répétition générale*, 142-43 を参照。

＊131　クリスチャン・フーシェの発言。*Le Monde*, May 25, 1968からの引用。

＊132　*L'Humanité-Dimanche*, May 26, 1968.

＊133　サンシエ地区労働者・学生行動委員会のビラ「エスカレーション——大混乱《シアンリ》の次は盗賊《ベーグル》……」（日付なし。一九六八年五月二六日以降のもの）。

委員会も似たようなビラを出していた。「われわれ、行動に参加する者は盗賊などと呼ばれている。上等だ。われわれはみな暴徒である。われわれはみな盗賊である」[*134]。これら二つの行動委員会が採用した戦略は、社会的存在と政治集団の組成をいっそう切り離すというものだった。「われわれはみなユダヤ系ドイツ人だ」という例のスローガンを唱えるのと同じように、「盗賊」の語の意味を変えることで、言葉とその社会学的な意味との連関を断ってしまえば、その言葉を――ユダヤ系ドイツ人であれ盗賊であれ――新たな政治的アイデンティティや政治的主体性として用いてもかまわなくなるのだ。不適切な名を引き受けてしまえば、その名前は社会学的には定義できないある集団を表すことになるのである。こうしたビラは、官庁であれ共産党であれ、場所と機能を配分する者たちが与える正統性をリセットする。政治と抗争を自然主義的ではないかたちで定義する。「盗賊」は他者に対する関係を、言説によって構築する――ランシエールならば、これもまた「不可能な同一化」と呼ぶだろう。二つの、しかしそのどちらも引き受けることのできない同一性のあいだに開いた裂け目、あるいは隔たりで活動する政治的主体である。

サンシエでの取り組みや、毛派による工場潜入《エタブリッスマン》といった活動家の実験的な試みには、中産階級に向けて労働者イメージを生み出してきた、あるいは規定してきた表象体系を飛び越えよう、あるいは包囲しようという意志がある。そこに見られるのは表象の領域を不平等の決定的な要因と捉える鋭敏な意識だ。こうした実践の一つとして、毛派が一九六七年に始めた調査《アンケート》活動がある。かれらは労働者や農民の家を一軒ごとに訪ねて回り、市場や地下鉄の入り口、人里離れた村々にも足を運んだ。こうした調査はそもそも、〈労働者階級〉から一枚岩的なまとまりを作り出す、神話的あるいは超越的な表象を拒否することから始まっていた（フランソワ・マスペロもまた「第三世界」を自分の出版物では大文字で書かないことで、「第三世界」を神話的、超越的に表象することに抵抗した）。労働者――あるいはこの場合でいえば、零細小作農――が直接経験していることで自分たちの知らないことがあれば、「人民のなかへ」を実践し、かれらから学ぶことで――実践的な活動を行い、地域の実情に細心の注意を払うことで、言い換えれば理論的テキストから学ぶのではなく――それを解明することができるだろう。毛派のマルクス主義は、地域の実情と歴史的環境――「状況」――を権威あるテキストよりも重視した。理論と実践の必然的な結びつきや、毛沢東の言い方によれば「馬から降りて花を見る」必要性を論じたテキスト群は、カルチェ・ラタンから外に出ることへの刺激となった。毛沢東のテキストは理論的な綱領としてではなく、書を捨てよ、街から出ようという呼びかけとしてしばしば読まれていた。

われわれは、国の内外、省の内外、県の内外、区の内外の実際の状況から出発し、そのなかから、われわれの行動の導きとして、憶測でない固有の法則性を引き出す、すなわち周囲の出来事の内的連関を探しだすのである。そして、このようにするためには、主観的な想像、一時的な熱情、死んだ書物に頼ってはならず、客観的に存在する事実に頼って、詳細な資料を掌握し、マルクス－レーニン主義の一般的原理の導きのもとに、これらの資料のなかから正しい結論を引き出

＊134　作家・学生・労働者行動委員会のビラ（一九六八年五月二六日付）（パリ・コミューンの有名な革命歌を連想させる表現）。

さなければならない。[135]

カルチェ・ラタンの外に出ることを促す別の刺激はおそらく、ある毛派組織による一枚のビラが鮮やかに示しているように「セクト内部でのむなしい口論や、なんら具体的経験に基づかない長ったらしい議論に訣別」するだけで得られる快楽だった。[136] プロレタリアの世界の猥雑さに到達することを目指した点で、毛派による調査は、今から見れば、労働者階級に対するもう一つの戸別調査のゆがんだ鏡像のようにも思えてくる。同時代に行われ、ジョルジュ・ペレックの一九六五年の小説『物の時代』[137]でも描かれた市場調査《マーケティング・リサーチ》のことだ。市場調査が呼びかける先は「消費者」としての労働者、一九六〇年代後半段階ですでに、消費習慣と嗜好によってサブグループに分類可能となっていた社会的カテゴリーである。これに対して毛派の調査は、「資本の観点」と、共産党－CGTの本来的に修正主義的な観点という二つに対抗して規定される「大衆の観点」を模索した。労働者とその習慣を扱う政策志向型の研究や社会学的研究の始まりは、少なくとも一九世紀半ばにさかのぼる。市場調査をその歴史の後継者と見なすこともできるだろう。たとえば、公衆衛生上「危険」と見なされる衛生状態の悪い世帯の管理を目的とした調査や、疫病研究を伴う調査は、一九世紀末にかけてある種の科学的厳密性を獲得した。しかしこうした一九世紀の貧民調査が収集した情報は、当初から社会管理に役立てられた。研究者は、労働者や貧民を他とは異なる集合や社会的カテゴリーとして分類するようになったのだ。衛生調査は、〔歴史家の〕アンドリュー・アイゼンバーグが示したようにポリス[138]による管理を後押しした。[139] 他方で毛派の調査は、少なくとも理論上はこうした過去の調査の類とは一線を画す中国派的起源をもって任じていた。同じ語を使ってはいても、別の転覆的な実践を試みていたからである。「大衆の学校に」没入するにあたっての知識人の役割、それは社会学者や衛生学者、教師、あるいはレーニン主義的な前衛指導者のそれではなく、よくいえば産婆役のものだ。革命への潜在的情熱

＊135 毛沢東「われわれの学習を改革しよう（一九四一年五月）」『毛沢東選集 第三巻』東方書店、一九六九年、二〇頁。

＊136 UJC-ml執行部のガリ版刷りビラ「学生内の正しい作業のために」より。Patrick Kessel, *Le mouvement "Maoïste" en France: Textes et documents, 1968-1969*, vol. 2 (Paris: Union générale d'édition, 1978), 31〔未邦訳、パトリック・ケッセル『フランスの「毛沢東主義」運動――テキストと資料 一九六八-六九年』一九七八年〕に再録。強調は原文。

＊137 訳者――弓削三男訳、文遊社、二〇一三年。

＊138 訳者――ここでいう「ポリス」（ポリツァイ）とは、国内の社会管理全般を担った行政上の仕組みを指す。

＊139 こうした社会学的研究の最初期のものには、Eugène Buret, *De la misère des classes laborieuses en Angleterre et en France* (1840)〔未邦訳、ユジェーヌ・ビュレ『イギリスとフランスにおける労働者階級の貧困について』一八四〇年〕や、Honoré Frégier, *Des classes dangereuses dans la population des grandes villes et des moyens de les rendre meilleures* (1850)〔未邦訳、オノレ・フレジエ『大都市の民衆における危険な諸階級について』一八五〇年〕がある。次は、これらの文献と一九世紀後半の研究の展開に関する最も優れた考察である。Andrew Aisenberg, *Contagion: Disease, Government, and the "Social Question" in Nineteenth-Century France* (Stanford: Stanford University Press, 1999), esp. 156-64.〔未邦訳、アンドリュー・アイゼンバーグ『感染――一九世紀フランスの病、統治、「社会問題」』一九九九年〕

を引き出し、その表出を支援し、まとめあげ、政治的命題にして大衆へと返すこと――「調査なくして発言の権利なし」である。[*140] 闘争のニュースを集め、それをまとめ、新たな形式で大衆に返し、流通させ、再生産すること、媒介項になること。理論的アプリオリは脇によけておかなければならない。労働者は、自らの境遇や問題、情熱、希望をさまざまに表現する。ただし政治路線は、そうしたばらばらな意見とはそのうち切り離されて、直接関わらなくなるだろう。こうした予想を根気強く抱いておくことが求められていた。「実際のところ『自然発生的に』理解できることなどありはしない。調査が必要なのだ」。[*141] この実践がどれくらいうまくいったか、工場で毛派と関わった労働者のあいだで評価はかなり分かれた。ある労働者は工場で毛派と出会ったことを肯定的にこう評価している。

トロツキストも来ました。だけどかれらは毛派とは違う。ビラを持ってはくるが、そこには「労働者は搾取されている。なぜなら云々」と書いてきて、マルクスを引用して、『資本論』の何ページ参照とやるわけです。信じられないほど理詰めで、こっちは一言もわからなかった！　対照的に毛派は、われわれの発言から出発していた。こっちと話をするまで何一つ知らないわけだから。できあいの思想や刷り上がったビラを持ってくるのではない。われわれの話を聞き、そこからビラを作っていくんです。とても驚きました。[*142]

しかし別の労働者は反対の意見を持っていた。「工場ではトロツキストも毛派も大差ない。実際、連中にとっては、工場は工場、それが左翼主義者」。[*143] 元潜入活動家はコミュニケーションに壁があったことを回想している――ただし、だからといって友情がはぐくまれなかったわけではなかった。「私はまずシトロエン社の工場に行きました。とにかく話をし続けたのです。今でも付き合いのある労働者が、その二年後にこう打ち明けてくれました。当時のこっちの話は、向こうにはまるでちんぷんかんぷんだったと。『毛語録』から直接引っ張ってきた、毛派の言葉で話していたせいに違いないでしょう」[*144]。

ダニエル・アンセルム[*145]、ジャン＝ルイ・ペニヌ[*146]、マルク・クラヴェッツ[*147]が編集し、一九六八年から七四年まで発行された『五月手帖《カイエ・ド・メ》』（全三〇号）は、行動委員会と調査から生まれた。この雑誌は、とくに「六八年五月」以降に、工場や地方で行われたばかりの、あるいは進行中の闘争から出現した

＊140 毛沢東「『農村調査』のはしがきとあとがき（一九四一年三月、四月）」『毛沢東選集 第三巻』六頁。

＊141 *Garde rouge*, 5 (April 1967).

＊142 ジョルジュ（シトロエン社の工場労働者）の証言。Manceaux, *Les Maos en France*, 77.

＊143 パトリック（ルノー社の工場労働者）の証言。*Ibid.*, 93.

＊144 ジェラールの証言。Giorgini, *Que sont mes amis devenus?* 50.

＊145 訳者――作家（一九二七－一九八九）。対独レジスタンスの後にジャーナリストとなるが、アルジェリア反戦運動に本格的に加わる。一九五七年に小説『休暇許可 *La permission*』を発表。アルジェリア戦争に従軍した兵士が休暇を取り、パリで過ごした一〇日間を描いた。『五月手帖』はアンセルムが主導した。

＊146 訳者――ジャーナリスト（一九四二－）。一九六〇年代にフランス全学連（ＵＮＥＦ）の幹部として活動。六八年には行動委員会系の運動に関わる。七〇年代には『リベラシオン』の創刊に関わって記者となり、一九九〇年代前半には代表を務める。

新たな発想を扱う一種の情報センターを目指した。七〇年の記事「調査の政治的役割」は、こうした実践を、平等の存在を証明し、確かめるひとつの試みとして、また共同の場を構築する作業として捉えた最も優れた分析である。活動家による調査は当初から、既存のさまざまな「労働者の社会学」に対抗するものとして位置づけられた。社会学者による情報や資料の収集は、労働者を研究対象として構築することで、社会学者本人を研究対象が置かれている状況、場所と機能の階層的な配置——前出の表現でいえばポリスの論理と一致する配置——の外部に置く。だが調査では、プロジェクトが労働者による指導と管理のもとに置かれ、たたき台となる文書は労働者によって一文ごと、議論を通じて練り上げられる。こうして調査は、一つのプロジェクトに参加する労働者たちの再集団化という政治的役割に貢献する。文書作成が、組織の自己形成過程を開始あるいは維持する結合力として機能し、自分たちが集団という組織的存在であるとの自覚を高めた。文書作成に取り組んだことにより、調査は当時盛んだった「下からの」集団的制作という数々の試みと共通点を持った。この時代にはSLONのアジビラ映画やブザンソンのメドヴドキン労働者映画制作集団、無数に存在した匿名筆者の運動がらみのパンフレットの作成に至るまで、さまざまな実験が存在していた——それは社会学者だけでなく、一匹狼のマッチョな理論家や「作家」としての映画監督までをも、ブルジョワ文化とブルジョワ的知の生産という独房に追いやる実験だった。調査に基づく文書はアジプロの道具にも用いることができた。しかし工場どうしの連携の道具になりうることのほうがはるかに重要だった。工場間の連携は、組合指導部による「垂直的コミュニケーション」で積極的な妨害を受けはしないまでも、かなり頻繁に非難の対象となっていた。労働者が頻繁に表明したニーズや要求を明らかにしたという意味で調査が「暴露」したことの一つは、まさにこの連携だったのである。連携とは、同じ工場内にある作業場どうしのコミュニケーションや、地域や産業を同じくする工場どうしのコミュニケーションを指す。さらに調査は、工場の内と外での活動家どうしの分断を弱める効果も発揮した。ある活動家兼ジャーナリストはこう述べている。

もちろん調査者は中立ではありえない。中立な調査役など存在しないからだ［…］。最後まで話を聞くこと、それでこそ調査は十全たる意味を持つ。なぜなら最後まで話を聞くことは、最初のやりとりでは満足できないことを示すからだ［…］。そして自分が誰とともに、なぜ闘っているのかがよくわかるようになる。そして傷や腫瘍を発見する。「革命」を語るにしても、もはやステレオタイプやできあいの観念、われわれは勝利するぞ式の表現は用いられない。日々経験される想像と現実が言葉の基礎を構成するときに言葉が示す、あの爆発力こそが丸ごと用いられるのだ[*148]［…］。

＊147 訳者――ジャーナリスト（一九四二－）。六〇年代初頭からフランス全学連（ＵＮＥＦ）、ソルボンヌ校の文化団体連合会（ＦＧＥＬ）など学生組織の中枢に関わる。六八年は『アクシオン』の編集や行動委員会にも参加。後に『リベラシオン』の記者となり、海外特派員で活躍。

＊148 Philippe Gavi, *Tout*, 2 (Oct. 8, 1970).〔『トゥ（すべて）』は、毛派組織「革命万歳」派（ＶＬＲ）の機関誌〕

活動家たちは、自ら実践する「調査」を、次のような人々による労働者の説明・記述と区別しようとしていた。すなわち、調査が自分たちの仕事だと主張する、社会学者や労組指導部、政治理論家、さらには善意の運動系ジャーナリスト――こうした人々の活動に対し、労働者はしばしば「いきなりやってくる《パラシュテ》」という動詞を用いていた（ラルザックの農民は、善意の部外者が突然短期間だけ顔を出し、その後に何の連絡もよこさない事態をよく「彗星」と呼んでいた）[*149]。たとえば、シトロエン社のある工場労働者は、工場を訪問した共産党の派遣団が「落下傘演説をぶってさっさと切り上げる」と批判した[*150]。また自分たちのストライキが「パリからお見えになった運動系ジャーナリストの手でかき集められたテキスト」で描かれることを批判した労働者たちもいた。「活動家がいきなりやってきてストに参加しても、その活動が実を結ぶかは怪しいものだ[*151]」。こうして書かれたテキストは「実際の運動がそこに至る経緯や、運動の展開、そこで提起された問題［…］」が書かれていない。「闘争についての具体的な考察もないままに、それを後景へと、あるいは抽象的な分析や過度の一般化の背後へと追いやっている」。この「いきなりやってくる《パラシュテ》」という動詞が持つ英雄的な冒険主義――垂直攻撃、「上空からの」救出、急襲――という軍事的含意がありありと思い起こさせるのは、植民地戦争の落下傘部隊《パラシューティスト》の古い思い出だ。おまけに部隊出身者の多くが工場で警備の仕事をしていた。だがこれはまた一九八〇年代の人道的「落下傘部隊」、つまり国境なき医師団（メンバーの多くが元毛派）を先取りしてもいる。かれらは緊急事態に飛び込み、現地の事情もわからないまま、一部からは「救急車政治」と揶揄される実践を行った。他方で調査とは、単なる「飛び込み」ではなく「時間をかけた浸透」の結果、上からの垂直的コミュニケーションではなく、共同のプロジェクトが持つ水平的平等の結果でなければならなかった。調査においては、人為的または恣意的な観念論的統一への誘惑が完全に断ち切ることが求められた。「本質的」特徴と「付随的」特徴とを区別しようという、あらゆる経験論的な誘惑を完全に断ち切らねばならないのとまったく同じようにである。人はそれぞれに意見がある。誰であれ無視されたり、取るに足らない存在として扱われたりしてはならない。調査にあっては多様性を認め、丁寧に尊重しなくてはならないのだ。

表象の幻想

活動家という存在は、運動が退潮期を迎え、かれらがジャーナリストや映像作家、理論家、あるいは労働運動のオルグになった後にはどうなってしまうのだろうか。その人の「民衆」や「労働者」への関係はどうしても落下傘的なものにならざるをえないのだろうか。

ピエール・マシュレが「とりわけ活発だが困難な時期」と呼んだ「五月」直後の数年間、「五月」

＊149 Catherine Fabienne and Raphael Fabienne, "Larzac: Lutte contre l'armée et luttes de classes," *Les Cahiers du Forum-Histoire*, 5 (Jan. 1977): 14.〔未邦訳、カトリーヌ・ファビエンヌ、ラファエル・ファビエンヌ「ラルザック――反軍闘争と階級闘争」『歴史フォーラム手帖』第五号〕

＊150 映画中の労働者の発言。Citroen-Nanterre, *Mai-Juin 1968*, Collectif Arc, 1968.〔『シトロエン＝ナンテール――一九六八年五‐六月』コレクティフ・アルク、一九六八年〕

＊151 "Le rôle politique de l'enquête," *Cahiers de Mai*, 22 (July 1970): 12.〔未邦訳、「調査の政治的役割」『五月手帖』第二二号〕

の運動ではあれほど中心的な位置にあった分業批判や平等をめぐる問題は、あらかた姿を消してしまった。「権力奪取」（統治機構と暴力装置の両方の意味での）をめぐる問いによってほとんど潰されてしまっていたのである。だがそれでも完全についえてはいなかった。学校や大学での知の分割をめぐる議論では、「五月」の主題の痕跡が依然として重要な役割を果たしていた。一九七〇年代に自身が体験した大学での状況について、マシュレは、身体的に、また往々にして精神的にもつらい政治的議論や、長々と続く会議の雰囲気を回想している。そこでは若手教員が、ジスカール・デスタン政権が強力に推進する大学改革のただなかで、政治活動の可能性を維持し、あるいは作り出そうと試みていた。

今からすれば、あの時代がどれほど、実に感情のレベルで騒然としたものであったのかを思い出すことは難しい。ましてや当時の直接の経験者以外に理解させるのはなおさらだ。反動勢力がこれ見よがしに権力を取り戻してはいたが、あらゆることが、あるいはほとんどのことが依然として可能に思えた。そうした想像的に開かれた未来にあっては、実際には不確かなことがほとんどな状況であったけれども、やはりそう感じられた。というのも、どこに向かってよいかはわからないにせよ、とりあえずどこかには向かっているだろうと思えたからだ。[*152]

しかし、表象をめぐる問い、知識人による民衆の表象――つまりジャーナリズムと歴史記述――の問いを直に探究するなかでこそ、新しい実験が「六八年五月」後も何ヶ月、何年ものあいだ続けられることになったのである。当時の多くの活動家にとって「五月」の経験とは、被搾取者やその歴史といかに直接コミュニケーションするかという問題や、集団どうしの相互理解の（したがって闘争の）新しい方法を構築するという継続的な試みを追求し続けることだった。活動家集団が離合集散し、態勢を整え直し、闘争の新たな空間と方向性を模索しているとき、活動家の一部が引きつけられたのが継続的闘争のアクチュアリティ――革命的ジャーナリズムというアクチュアリティだった。工場調査から育った活動家系ジャーナリストたち――ジャン＝ルイ・プニノ、ジャン＝マルセル・ブゲロ、フランソワーズ・フィランジェら――は、『五月手帖』を離れ、新創刊のラディカルな日刊紙『リベラシオン』に結集した。同紙は一九七三年五月になんとか立ち上がり、サルトルを後援者として少しずつ動き出した。さらにそこに『アクシオン』（一九六八年五月から六月にかけて発行された日刊紙。五〇サンチームの「最低料金」――運動系出版物でよくあるように、余裕があれば余計に払ってもよい――で販売）[*153]や、一九七三年九月に終刊した毛派の新聞『人民の大義《ラ・コーズ・デュ・プープル》』の執筆陣も加わった。『リベラシオン』は、毛派的傾向を持った当初の宣言で「民衆の発言を支援する」というユートピア的な目的を掲げており、少なくとも創設者の一部が当初抱いた期待としては、一種の「大衆的文筆家」集団を自任していた。すなわち「情報は民衆から来て民衆に返る」である。同紙を宣伝するため、サルトルはラジオ出演を承諾したが、これはアルジェリア戦争時の「一二一人宣言」に対して政府が行った中傷キャンペーン以来のことだった。そして番組では『リベラシオン』は直接民主主義を志向すると述べ

＊152 Pierre Macherey, *Histoires de dinosaure: Faire de la philosophie, 1965-1997* (Paris: Presses universitaires de France, 1999), 74.〔未邦訳、ピエール・マシュレ『恐竜の歴史――哲学をすること 一九六五‐九七年』一九九九年〕

た。「何らかの出来事に直接関わる人々に、われわれは意見を求めます。そうした人々に発言してほしいのです」[*154]。ミシェル・フーコーは、人々の発言を促す新たなジャーナリズムの創設をめぐる紙上討論に早い段階で参加し、個人的に「労働者の記憶を扱う欄」に取り組みたいと述べている[*155]。直接民主主義は日常的な発行態勢にも貫かれた。編集決定は集団で行われ、結論は共有された。同紙に関わる人々の給料は全員同額——一九七四年で月額一五〇〇フラン。当時の最低賃金より若干高い程度——であり、執筆作業と印刷業務も平等に割り当てられた。その後の何ヶ月、何年ものあいだ『リベラシオン』は、パリ一九区の労働者地区にある事務所で必要に応じて働く、文字通り数百人の活動家の一時宿泊所のようなところだった。そこに参加することは、ある活動家によれば「特定の陣営には戻らないこと。そして何よりも、たくさんのアイデアを日々生みだして、闘争に立ち会い、大義を支持すること」だった[*156]。主筆のセルジュ・ジュリーのように今も新聞に関わっている人もいるが[*157]、多くは長年にわたる経営陣の妥協や方針変更を批判して『リベラシオン』をすでに去っている。またサルトルのように、既存の新聞と大差なくなったために興味を失ってしまった人々もいた。

『リベラシオン』がその後どうなったにせよ、初期の読者にとって、なかでも「ポスト五月」の、静けさと不穏さとが同居する政治的空気のなかで孤立や行き詰まりを感じ、同紙を入手するだけでもたびたび大変な思いをした地方の人々にとって、『リベ』(『リベラシオン』の愛称)は、起きたばかりの一連の出来事と自分たちの取り組みとが連続し、つながっていることを感じさせてくれるものだった。『リベ』は六八年五月に実際に何かが起きたことのはっきりしたしるしだったのだ。

『リベラシオン』の変遷はよく知られている。初めはつましい毛派の新聞だったが、後には同紙の記者によれば「新ブルジョワジーの『プラウダ』[*158]」となり、カウンターカルチャー的なものがメインストリーム化するというおなじみの道をたどった。[*159]「五月」は次第に別のコードへと移し替えられていくが、そのときに用いられた比喩やイメージが生産され流通していくにあたり、『リベラシオン』はかつて中心的な役割を果たした。しかし同紙とは関係のない、「五月」とその後を経験していた多く

*153 『アクシオン』は一面を切り離して街頭ポスターに使えるようになっていた。「ナンテールの呪われたる者よ、立ち上がれ！」「番犬はワンパターンにしか吠えない」「街頭は勝利する！」などのスローガンとシネがよく寄せたマンガで有名。一九六八年五月から六月にかけて、他の雑誌や新聞がストライキで麻痺状態だった時期に、『アクシオン』は日々の情報源として、一連の出来事の「公報」だった雑誌『アンラジェ』（全一二号）とともに読まれていた（同誌の第一二号の表紙はシネが描いており「みんな、へとへと《クレーヴ・ジェネラル》」〔グレーヴ・ジェネラル（＝ゼネスト）との掛詞〕とあった）。一九六八年の後半になると、『アクシオン』は政府から名指しされる非合法出版物となった。発行部数が一〇万部から毎号五五万部へと急増したことも理由の一つだ。

*154 サルトルの発言。ラジオ番組『ラディオスコピ』（一九七三年二月七日）より。

*155 Didier Eribon, *Michel Foucault*, édition revue et enrichie (Paris: Flammarion, 2011), 398.〔ディディエ・エリボン『ミシェル・フーコー伝』田村俶訳、新潮社、一九九一年、三四〇頁〕

*156 Storti, *Un chagrin politique*, 132.

*157 訳者——ジュリーは二〇〇六年に、会社の財政的救済と引き換えに同紙を離れた。

*158 Guy Hocquenghem, *Lettre ouverte a ceux qui sont passes du col Mao au Rotary* (Paris: Albin Michel, 1986), 15.〔未邦訳、ギー・オッカンガム「人民服を脱ぎ、ロータリークラブに入った人々への公開書簡」一九八六年〕

の活動家にとって、知識人と「大衆」との関係という問題、大衆の記憶と声をめぐる問いは、それとは別の理論的かつ実践的なレベル、歴史と歴史記述の領域で最もしっかりと取り組みうることだった。過去が振り返られ、労働者の言葉や経験、実践が改めて検討されることにより、「五月」のユートピア的側面は長く保たれ、「五月」とその後への失望は検討と評価の対象になりえた。信念を新たにした歴史的実践によって「声なき者たち」に声を与え、専門家の領域と対決しようという「六八年」の強い思いは持続しえたのである。一九七〇年代を支配することになる諸理論——構造主義やポスト構造主義——が、フレドリック・ジェイムソンのいう「通時的なものへの飽くなき掃討作戦」を実施する一方で、「六八年」の経験に直接由来する別種の作業が「公認の歴史」という学問的範疇の内部と周辺で営まれつつあった。社会学者や、知的生産の枠内で「五月」の伝統を体現するとしてたびたび参照される、リオタールやドゥルーズといった〈欲望〉の哲学者に目を向けるかわりに、まさにここにこそ、平等への問いをめぐるきわめて興味深く、かつラディカルな政治的実験の一形態を見てとる必要がある。

こうした状況は、〔女性史家・労働運動史家の〕ミシェル・ペローのような歴史家一人ひとりの仕事に豊かに存在する。当人は「五月」の出来事の最中、『ストライキする労働者』という長大な研究をまとめていたところだった。かなり後になってペローはこう記している。

労働者の歴史に取り組むという決断は、当時の情勢と深く関わりがある［…］。労働者階級を研究対象とすることは、労働者階級が知られ、認知されるうえで一定の役割を果たすことを通じて、労働者階級に連帯または奉仕する一つの方法のように思えた〔…〕。労働者階級の歴史を、これまで無視するか、あからさまではないにせよ、軽蔑さえしてきた大学という場に向けて書こうと思った〔…〕。取り組むだけの価値があり、一種の連帯でもあると[*160]〔思えたのだ〕。

〔八〇年代に写真家となる〕アラン・フォールはナンテール校の文学部に一九七〇年に修士論文を提出した。後に『労働者の発話』〔一九七五年。ジャック・ランシエールとの共著〕として出版されるが、主題となったのは一八三〇年代前半の労働者階級と大衆運動だった。マスペロ社の『民衆の行動と記録』叢書の一冊として、〔歴史家の〕アラン・コトローはドニ・プロが一八七〇年に著した『崇高なる者』の新版を、「一般民衆だけでなく、活動家の労働者にも読まれうる[*161]」左翼主義的な序文を付して刊行した。この序文は、労働者の抵抗と搾取への対抗戦略という観点から同書を分析している。し

*159 特に、François-Marie Samuelson, *Il était une fois "Libération"* (Paris: Seuil, 1979)〔未邦訳、フランソワ゠マリ・サミュエルソン『昔々「リベラシオン」がありました』一九七九年〕; Jean-Claude Perrier, *Le roman vrai de Libération* (Paris: Julliard, 1994)〔未邦訳、ジャン゠クロード・ペリエール『「リベラシオン」の本当の物語』一九九四年〕を参照。

*160 Michelle Perrot, "L'Air du temps," in *Essais d'ego-histoire*, ed. Pierre Nora (Paris: Gallimard, 1987), 286〔未邦訳、ミシェル・ペロー「時代の雰囲気」、ピエール・ノラ編『自我゠歴史論集』一九八七年〕。ペローの著書であるMichelle Perrot, *Les ouvriers en grève*, 2 vols. (Paris: Mouton, 1974)〔未邦訳、ミシェル・ペロー『ストライキする労働者』一九七四年〕も参照。

かし「五月」後に生まれた三つの雑誌は、実践に根ざし、学会とは別のところで、共同でリサーチを行い、執筆し、決定を行う集団作業であったというそれだけで、個々の学者による研究と比べてみても、「六八年」の一連の政治的出来事とおそらくより密接に結びついていた。『フランスの民衆《プープル・フランセ》』、『歴史フォーラム手帖《カイエ・デュ・フォリュム・イストワール》』、『論理的反乱《レヴォルト・ロジック》』の三誌すべてが、「反乱」あるいは異議申し立てを、歴史家が調査を開始する中心的な前提に位置づけた。三誌はそれぞれかなり違うやり方で、アカデミズムのエリート主義や個人調査、政治制度史に存在する一定の伝統からの切断を図り、左翼政治を源とする別の歴史を作ろうとしたのである。またこの三誌は互いに広告を掲載しあい、インタビューや討論を通じた相互交流も時折行っていた。[*162] 三誌は歴史記述への介入のあり方が異なるが、その実際の違いのほうが、いかなる類似点よりも興味深い。三誌の違いは三つの大きな主題に関わることだった。労働者あるいは「民衆」という人物像、歴史家の役割、そして過去と現在の関係である。

『フランスの民衆』は、民衆史を扱う雑誌として一九七一年に、ナンテール校行動委員会の元メンバーの一部によって創刊された。同委員会の主要メンバーの大半は、助教員や高校教師などアカデミズムのヒエラルキーの底辺部に属していた。同誌の民衆主義（「われわれは民衆のために執筆する」）は、読みやすく非常にわかりやすい文体（「それはまずもって、われわれ自身に簡潔に書くことを課すことである[*163]」）となって表れていた。発行部数――購読者数は五〇〇〇-七〇〇〇人――はかなりの水準だったが、その理由の一つに、事務担当者や専従を置かず、効率を身上によく働くスタッフの献身的な努力によって、一号あたりの価格が抑えられていた（四フラン）ことが挙げられる。同誌の購読者層の多くは労働者（二〇-二五%）や農業労働者（一〇%）だった。

しかし創刊の経緯にもかかわらず、『フランスの民衆』には、当時進行していた左翼主義的なうねりの兆候はほとんどない。「歴史家」は職業として認定された人のことであるべきだという考え方が問われただけだった。「われわれは、自分たちなりに『研究者』である。しかしこの作業は誰にでも可能なのだ」[*164]。メンバーは、アカデミズム外の歴史家の能力についての前提を問いはしたが、「フランスの民衆」という自分たちの研究対象をめぐっては、支配的な仮定をすっかり受け入れていた。そもそも雑誌のタイトルに、メンバーたちが、ある一つの同質的なフランス「民衆」――国民統合という誰もが認める集権化過程の産物――の存在を信じていることが表れている（また『フランスの民衆』は、たとえば「ブルターニュの民衆」や「フランデレンの民衆」に興味を示してもいない）。しかも同誌の「民

＊161　アラン・コトローの発言。"Au sublime ouvrier: Entretien avec Alain Cottereau," *Révoltes Logiques*, 12 (summer 1980): 32.〔未邦訳、「崇高な労働者へ――アラン・コトローへのインタビュー」『論理的反乱』第一二号。なおプロの本の第一部の邦訳は、ドニ・プロ『崇高なる者――19世紀パリ民衆生活誌』見富尚人訳、岩波文庫、一九九〇年。この本は居酒屋に集まる一九世紀半ばのパリの労働者を分類し、日常生活を描いたことで知られる。ゾラ『居酒屋』の下敷きにもなった〕

＊162　たとえば次の『フランスの民衆』に関する『歴史フォーラム手帖』の批判的検討を参照。"Le Peuple Français," in *Les Cahiers du Forum-Histoire*, 7 (Oct. 1977): 41-46.〔未邦訳、「『フランスの民衆』誌」『歴史フォーラム手帖』第七号〕

＊163　Éditorial, *Le Peuple Français*, 24 (Oct.-Dec. 1976): 3. 雑誌の発行人欄にはジル・ラガシュとアラン・ドゥラルの二人の名前が挙がっている。

＊164　*Ibid.*, 4.

衆」とは、〈民衆〉という相変わらずの英雄主義の色彩を帯び、いくつかのおなじみの態度によって論文中に描かれた。過酷な抑圧に耐える者として、あるいは対照的に、栄えある叙事詩の英雄として、鉱山や工場から、あばら屋から、そして団結の旗の下から立ち現れる。ときには、もっと人類学的な姿で登場し、昔ながらの伝統的な日々の営みにいそしむこともある。『フランスの民衆』はこの民衆なる観念の理論的問い直しについては、いかなるものであれ積極的に拒んでいた。民衆の観念は、きわめて曖昧でありながら一枚岩でもあるカテゴリーだ。ペタン政権に始まり、対独レジスタンスで神話化されたイメージを展開した共産党とドゴール派を経て、ジスカール・デスタンに至るあらゆる人々が、この概念の所有権を主張し、自分たちの政治的言説に確かさと正統性を与えるために利用してきた。この点では、『フランスの民衆』にとって「六八年五月」は存在しないも同然だったのである。同誌による「民衆」の表象と古典的な表象との違いは、『人民の大義』の名残として時折顔を覗かせる、毛派的センチメンタリズムにかすかに見いだせるほどのものだった。

また『フランスの民衆』は、現在の事柄にほとんど、あるいは一切影響を与えない、現在とは明確に異なる自律した領域であるかのように過去を見なして、その過去という縄張りに「巣くう」歴史家の本能的な傾向から脱しようとすることは一切なかった。むしろ「巣作り」は奨励されていたのだ。したがって、同誌は非常に多岐にわたる主題や時期を扱ったものの、第四・第五共和制には踏み込まなかった。過去の出来事と現代の課題とのつながりや関わりにも、ごくまれにしか言及しなかった。歴史を書くのに専門家である必要はない。しかし『フランスの民衆』を読めば、人はたちどころに過去の専門家に、つまり閉じた回路としての、あるいはそれ自体が目的であるような過去についての、歴史知の専門家になったのである。別の言い方をすれば、根深く存在する厳密な分業に支えられた、技術的で、究極的には高度に教育的な——過去にまつわる情報を収集・供給する——歴史家の役割と、同時代の政治的省察や政治的分析に携わる活動家の役割とを区別したのだ。同誌は「事実をよく知ることなしに優れた理論は存在しない」[*165]と宣言した。しかし事実を突き止めようとする終わりなき過程がもたらすのは、理論的地平の無限後退なのである。

『歴史フォーラム』グループは、ジュシュー校〔パリ第六大学〕の歴史学部と地理学部を拠点とする、ベトナム反戦と反帝国主義を掲げる組織（ベトナム底辺委員会とベトナム全国委員会）から生まれた。他の二つと異なり、このグループはアカデミックな職業的歴史家の内部に組織された。一九七六年一月に創刊された同誌は、たしかに一つのグループとして——参加者は「アルジェリア」や「歴史と環境」といったテーマごとに作業部会を作って——動いていた。しかし奥付に発行人として記されたのは、当時中国研究者で毛派でもあったジャン・シェノー一人だけだった。表紙に掲げられた副題である「なぜ歴史を書くのか」には、歴史家集団として、歴史家の機能に対するイデオロギー批判を、当人たちの表現によれば「中国から得た着想」[*166]を受けて行おうという、このグループの意思が表明されている。最初の論説には雑誌が歩むべき路線が明記されている。「『歴史フォーラム』は、歴史の領域

*165 『フランスの民衆』同人の表現。"Une société sans mémoire?" *Vendredi*, Nov. 23- Dec. 6, 1979, 11.〔未邦訳、「記憶のない社会?」『金曜日』一一号〕

*166 ジャン・シェノーの表現。"Une société sans mémoire? " 11.

に働きかける政治活動家の集団として〔…〕、過去との関係の変革に資するために〔…〕結成された」[*167]。誰が歴史を書くのかという問いについての関心を『フランスの民衆』ほど明確に示さないかわりに、このグループは、歴史記述の機能そのものへの問い――「なぜ過去を研究するのか」という問いを中心に据えた。

同誌の出した答えとは、過去の研究は、現在の要請に応じて行われなければまったく無意味であるというものだった。

相当程度の知識人が分業（過去について知りたいときに、資格を持った歴史家に尋ねる態度）を自明としているようだ。しかしわれわれは、これをおよそ危険なものと捉えている。この分業によって、仕事を介して知識にアクセスできる人々と、日常生活のレベルで、その知識を今日ほんとうに欲している人々とのあいだに、事実として分割が生まれ、かつ保たれるからだ。この分割が制度化されている原因は、知的欲求に対する知識人の動機が、民衆の実生活とまったくつながっていないことにある。歴史家は歴史書を書く。博士論文を書くから、自分が研究者だから、カネが必要だから、あるいは楽しいから本を書く。左翼の歴史家は労働運動の歴史をどうにか書いてはいる。しかしその動機は、労働者の闘争の今日的要求よりも、自分たち自身に由来しているのである[*168]。

あるインタビューでシェノーはこう語っている。「歴史家が、自分と現実社会との違いを括弧に入れてしまうのは、たとえば一八世紀研究を行うとして［…］、過去と現在との根本的な隔たりを当たり前のものとして受け入れているからなのです[*169]」。

『歴史フォーラム』グループは、科学として受容された歴史学について、その言説内部での議論――たとえば中期や長期といったカテゴリーをめぐる単に技術的な論争――を全面的に軽蔑する態度を取った。その代わり、自分たちと同じく歴史を書く人々による社会実践を批判的に論ずることに注力した。そこでは、どのように歴史を書くかではなく、どの過去がどの未来に対応するかが問題とされた。かれらによれば、この問いが全面的に解決されない限り、歴史は、専門家の手で生産され、さまざまな顧客（受動性と能力不足の程度に応じて分類される）に提供される一商品の枠にとどまろうとし続けるのである。

そしてこのグループは、三つの区別が伝統的な歴史学の実践を規定すると捉え、その修復に取りかかった。すなわち過去と現在との区別、過去についての研究と現在行われている政治実践との区別、そして歴史家と、かれらが描く歴史の客体（あるいは主題＝主体）となる人々との区別である。過去

＊167　Éditorial, *Les Cahiers du Forum-Histoire*, 1 (jan. 1976): 2.
＊168　Éditorial, *Les Cahiers du Forum-Histoire*, 5 (jan. 1977): 2.
＊169　ジャン・シェノーの発言。Christian Descamp, "Jean Chesneaux, historien du présent et de l'avenir," *Le Monde Dimanche*, Sept. 4, 1983, 4.〔未邦訳、クリスチャン・デカン「ジャン・シェノー――現在と未来の歴史家」『ルモンド・ディモンシュ』一九八三年九月四日〕

は今日の政治行動と分析が豊かなものになるよう機能しなくてはならない——ただしその貢献は、〔過去を〕現在と機械的ないし連続的に結びつけるのではなく、何が連続していないのかを明らかにすること、今日において、過去になかった何が新たに用いうるのかを明らかにすることで果たされる。過去の研究は、現在が偶然的なものであることを、その確実性が決して証明されることのないままに繰り返し用いられる図式や認識論上のカテゴリーを通してではなく、きわめて身近なかたちで理解する手助けとなるべきだ。「過去を政治的に考えよ、現在を歴史的に考えるために」[*170]——これはつまり、現在を変更可能なものとして捉えようということだ。『歴史フォーラム』グループは『フランスの民衆』が取り組む「庶民」概念の復興はほとんど使いものにならないと考えていた。また「民衆」を一枚岩的に描くことも、過去の英雄的な出来事を現在の「士気高揚」の手段に流用しようとすることもなかった。

『論理的反乱』といったラディカルな雑誌と同じく、『歴史フォーラム手帖』(定価八フラン)もやりくりに苦労したため、最終的にはフランソワ・マスペロが同誌の発行と販売を引き受けた。発行部数は毎号四〇〇〇部ほどだった。しかし同誌の実践からは一層深刻な問題が明らかになりだした。先ほど述べた三つの区分を問題とすることには成功し、歴史記述のある種の伝統がもたらす重圧からはうまく抜け出せたものの、グループの自己評価によれば「別の歴史」を提示することに失敗したのである。かれらは一九七〇年代半ばにラルザックの農民や労働者と出会い、当時、最も重要な民衆蜂起として結実しつつあった活動に関わったが、このときの経験がその一例だった。

南アヴェロン県ラルザック高原は比較的貧しく、交通の便も悪く、人もあまり住んでいない農村地帯だった。フランス政府が一九七一年に、地域の商業振興とヨーロッパ防衛への貢献を名目に同地にある軍事演習場の拡張を決定すると、現地の農民は反乱を起こし、軍と農民との対立が始まった。反対運動は生計維持のために農業を行う昔ながらの貧農と、大規模経営で土地を持つ「近代的な」農民がともに参加し、その後一〇年にわたって続くことになった。まもなく、第三のグループとして移住農民《ペイザン・アンスタレ》（工場潜入と同じように、以前は農業以外の仕事をしていたが現地に移住して農業を始めた人々を指す）が支援のために現地に移り住み、軍が演習場拡張のために接収する予定の土地を――多くの場合は不法に居座り――占拠したり、軍が所有する建物に住みついたりした。ジョゼ・ボヴェもこうした移住農民の一人で、七六年七月にラルザック高原に引っ越してから今日まで生活を続けている。七三年には、その後何度か行われることになる大規模な支援集会の第一回が行われた。ある参加者によれば、フランス各地から一〇万以上の人々が、さまざまな理由で一つの場所に集まったおそらく初めての機会だった。他方、この運動は毛派好みの表現でいう「持久戦」を行い、一〇年にわたり粘り強く創意に富んだ法廷闘争で、国軍の一連のプロジェクトを妨害した。七八年のことだが、農民一行がラルザックからパリまで羊を連れて徒歩で行進し、その羊たちを法廷内に連れ込んだこともあった。この運動の力の源になったのは、運動そのものによって結びつけられた人々やイデオロギーの多様性だ。反戦活動家や平和主義者（良心的兵役拒否者）、オック地方分離主義者、非暴力活動家のほか、ブルジョワ国家打倒を目指す革命家、反資本主義系活動家、アナーキスト、その他の左翼主義者やエコロジスト

＊170 *Ibid.*

などが参加した。ミッテランは八一年に大統領に選出された際、ラルザックを守るために必死に活動してきた急進系左翼に歩み寄る必要を感じ、七四年にラルザック高原を訪れたときに示した公約を果たした。軍は演習場拡張計画の放棄を余儀なくされた。

ラルザック高原一帯は不毛な過疎地域なのだから拡張工事をしてもかまわないだろう、こうした軍の支配的な想定を覆す取り組みの一つがラルザック大学の設立である。ここでは地域住民、活動家、農民のほか、パリなど他地域の住民がセミナーを開いたり、さまざまな文化・教育プロジェクトを行ったりした。一九七六年に『歴史フォーラム』グループは、郷土史家や非研究者(地元の労働者や農民など)とともに郷土史セミナーを実施し、近くのミローの農民と労働者の歴史を扱った。するとただちに、そこに何を期待しているかの違いから参加グループのあいだに亀裂が生じた。たとえば伝統主義的な志向を持つ郷土史家はこのセミナーを、南アヴェロンの郷土史を深く理解する試みと捉えていた。他方で『歴史フォーラム』グループの歴史家はもっと理論的な目標を持っていた。ラルザックで現在進行中の闘争を、過去を政治的に考えたうえで、民衆が職業的な歴史家から独立し、その歴史を再びわがものにする手段として用いようと考えていたのである。『歴史フォーラム手帖』に掲載された一連の率直な論文で、メンバーはセミナーの開催前と開催中に発生した不安や失望、幻想の衝突を分析した。[*171] たとえばパリから来た人々のあいだには、この地域のことを何も知らなかったために、自分たちの立場に固執する傾向が見られた。非歴史家は歴史家とほとんど言葉を交わさなかった。ミローから参加したグループは、準備には非常に積極的に関わったものの、セミナーが実際に始まると引いていった。現に、ラルザックの農家とミローの労働者は、この集まりの中心であったはずなのに、調査のためのインタビューには応じても、セミナー自体にはほとんど参加しなかった。おそらく農業や作業のスケジュールとかち合ったからではないかと思われる。

結局のところ、パリからの参加者は、自分の理論的思考とラルザックの運動を、ともに過度に理想化していたようなのだ。こうした人々は、当時五年目に入っていた運動に対し、本や映画、雑誌などの記事から得た一定のイメージを持ったうえで現地を訪れた。かれらは、ラルザックの農家一〇三戸が模範的な民主的組織のもとに団結して反動的な過去と訣別し、国家権力を相手にラディカルな闘いを継続して、昔ながらの生活を続けようとしているのだと思っていた。かれらにとって農民と軍との闘いは、生と死の神話的な闘いだった。農民側は、新しい参加者や、この闘争に関心を持ち、それまでの生活を捨ててラルザック高原に移住したマージナルな人々を誰であれ受け入れている。支援を申し出る何千、何万の人々による無数の集会を歓迎する。また他の地域で闘う人々、とくに当時ブザンソンで長期ストライキを打っていたリップ社[*172]工場の労働者や、アイルランドなどでの先住民の自治権要求運動と積極的に連帯している――このように考えていたのだ。

＊171 次の特集に載った記事を参照。“Le stage d'histoire de Larzac-Université,” *Les Cahiers du Forum-Histoire*, 5 (Jan. 1977): 3-27〔未邦訳、「ラルザック大学での歴史セミナー」『歴史フォーラム手帖』第五号〕; “‘Faire de l'histoire’ … avec les paysans du Larzac, II,” *Les Cahiers du Forum-Histoire*, 6 (May 1977): 50-54〔未邦訳、「ラルザックの農民と……歴史を行う 二」『歴史フォーラム手帖』第六号〕。歴史家と農民の出会いに関するここでの議論は、これらの記事に依拠している。

しかしパリの住民は実際にラルザックに来ると大きなショックを受けた。農家ははっきりした態度を見せず、長年の闘いで心底消耗しきっていた。また妥協も悪くないと考え、運動の代弁者を自任する「名士」農民、つまり地元の大規模農家に支配されていた。パリからの参加者が目にしたのは、激しく分断された農民の姿だったのである。ラルザックの農民は、この地域にやってくるマージナルなカウンターカルチャー系の人々をたしかに歓迎したが、自分たちと似た境遇にある人々、つまり現地への移住を試みる農業労働者についてはそうでもなかった。他の闘争に連帯はしたが、多くの場合、その相手は近場の闘争ではなかった。実際、付近のミローでストを打っていた労働者たちは、近くに住むラルザックの農民からたいした支援は受けていないとこぼしていた。

知識人についていえば、農民からは、その「職業」だからこそできる政治参加を行う存在と見なされがちだった。つまり農民が自分たちだけで行った決定を無条件で支持するというかたちで参加するのだ。しかしそれこそ、ラルザックの農民がミローの労働者に出し渋った支援のかたちだったのである。農民はよそ者が支援をしたり、活気づけたりしてくれることを歓迎はしても、歴史を扱うセミナーやそこでのテーマ、つまり自分たちの過去についてはほとんど、もしくはまったく興味を示さなかった。軍と闘う半面での内部分裂という切迫した事態を前にして、農民は自分たちの過去を把握することにも、そうした過去を現在の政治闘争に結びつけることにもさほど関心を持っていなかった。農民の話の大半は現在のことか、闘争が始まってからの五年間に起きたことであり、主たる関心は軍との交渉の是非にあった。

『歴史フォーラム』グループのメンバーは、自分たちがどのような役割を果たせるのかとますます頭を悩ませた。現にラルザックでの実験的な試みでは、自分たちの理論が結びつけようとしていたことを、分離したままにすることが強調された。つまり、過去と現在の生き生きとした郷土史と、ラルザック闘争の今日的かつ本質的に政治的な課題とが、また専門家の歴史と生きた実践とが別々のままになっていたのだ。メンバーは、自分たちにできることを考えるなかで、現在への関心がますます強くなっていくのを感じた。そこで目の前で起きている事態を理解するために、会話ベースの「調査」の実施を始めることにした。社会学的な方法はとらず、いわゆる代表的なサンプルを想定することもなく、インタビューを行うにあたっては疑似科学的な客観性の装いも凝らさなかった。このように行われた「調査」から浮かび上がったのは、昔ながらの農家と、近代化した農家——一帯に大規模投資を行い、広い土地を持ち、農業労働者を雇用して農場を経営する農家——との分断に関わる一連の主題ないし問題だった。メンバーはこうした問題を踏まえることで、ラルザック闘争の分析の枠組みを押し広げた。そして闘争を、軍に対する自衛の闘いとしてだけでなく、農業の資本主義的発展というより広範な問題が提起され、議論されている場としても捉えていった。

＊172 訳者——リップは、一八〇七年創業の名門時計会社で、ブザンソンなどに工場を持っていたが、一九六〇年代以降に経営環境が悪化。七三年六月、経営陣の合理化案に抗議する労働者が、工場占拠後に自主管理闘争に入る。大規模な連帯デモも起こるなど、全国的な注目を集め、六八年五月後最大の労働運動に発展した。一連の闘争は七六年まで続いた。経緯は、シャルル・ピアジェ編『リップはどう闘ったか——労働者管理の新たな展開』（海原峻訳、柘植書房、一九七五年）などに詳しい。

歴史そのものは構図の外にはじき出された。「現在」は探究の開始地点になっただけでなく、探求の過程で明らかになったように、数々の取り組みの帰着点にもなった。グループは「〜について研究する」のをやめ、「〜とともに研究する」。かくして歴史は政治実践に完全に溶解してしまう。歴史学の知識を得ることそのものを目的にはしないという姿勢はたしかに成功した。「けれどもわれわれはそこから先には進めませんでした。現在から養分を受け取りつつ、一定の水準を保って厳密さも失わない歴史研究のオルタナティヴをどう規定すべきか、その点を見極めることができなかったのです[*173]」。支配的な歴史へのラディカルな批判と「民衆の発する」底辺の歴史の声とをかけあわせる取り組みは、その大半が失敗に終わった。

「在野の歴史家たち」の貢献は、支配的な歴史と、そこに見られる専門家中心のエリート主義に向けたわれわれの批判を深めるうえで非常に重要だった。そこでは歴史と現在——政治闘争——とが必ずしも分断されないことも明らかになった。だが、かれらを「われわれとは異なる歴史家」と呼んだのは、われわれのほうだった。かれらのほうは、自分たちをそのように定義する必要性をまったく感じていなかったのだ[*174]。

＊＊＊

『歴史フォーラム』グループとラルザックの農民との出会いには、お互いの期待のすれ違いや驚き、失望をはらみ、調整を繰り返すという側面があった。ここから生まれた複雑さの経験が、歴史研究を扱う第三のグループ、理論的には最も野心的な『論理的反乱』のメンバーの研究の主題となった。[*175] 歴史家よりも哲学者としての訓練を積んだメンバーが多数を占めるこのグループの一部は、ジャック・ランシエールがヴァンセンヌ校（パリ第八大学）の哲学科で行っていた、労働者の実践を扱った演習の出身者だ。『論理的反乱』のメンバーは、『歴史フォーラム』のメンバーができるだろうと思いながらも実際にはうまくできなかったような、「もう一つの歴史」を描こうとはしなかった。[*176] このグループは、歴史の言説の根拠づけに資する認識論的カテゴリーや表象に亀裂を入れ、それを問い直そうとしたのである。とくに対象としたのは、社会史の言説のように、政治的近代の特権的他者、すなわち労働者の物語を描こうとする言説だった。社会史家が生み出した労働と労働者の表象は何に由来し、

＊173　シェノーの発言。Descamp, "Jean Chesneaux, historien du présent et de l'avenir," 4.

＊174　Jean Ahmad and Jean-Michel Dominique, "Pourquoi cessons-nous de publier Les Cahiers du forum-histoire?" *Les Cahiers*, 10 (Nov. 1978): 57.〔未邦訳、ジャン・アフマド、ジャン＝ミシェル・ドミニク「『歴史フォーラム手帖』廃刊の理由」『歴史フォーラム手帖』第一〇号〕

＊175　訳者――ランシエール自身による『論理的反乱』についての回想は、ジャック・ランシエール『平等の方法』（市田良彦ほか訳、航思社、二〇一四年）第I部を参照されたい。

＊176　創刊時の主要メンバーは次の通り。ジャン・ボレイユ、ジュヌヴィエーヴ・フレス、ジャック・ランシエール、ピエール・サン＝ジェルマン、ミシェル・スルティ、パトリック・ヴォデ、パトリス・ヴェルムラン。発行部数は毎号約二五〇〇部で、一九八一年に終刊号が発行されるまでに加わったメンバーには、セルジュ・コスロン、ステファン・ドゥアイエ、クリスチャン・ドュフランカテル、アルレット・ファルジュ、フィリップ・オヨ、ダニエル・リンデンベルク、ダニエル・ランシエールらがいる。

何を曖昧にするのかを問題としたのである。

雑誌の題名は、アルチュール・ランボーがパリ・コミューンの直後に書いた詩「民主主義」から取られた。この詩でランボーが風刺するのは、大都市から「胡椒まみれの、水浸しの国々へ」広がり、「最も恥知らずな売春をはびこらせる」とともに「理にかなった反抗《レヴォルト》をめちゃくちゃに」する、不安定な帝国主義者たるブルジョワ階級の言葉だ。[*177] コミューンが流血の敗北を喫した後、フランス中産階級の（ランボーがどこかで用いた表現を借りれば）「いかがわしさ」――のちに数十年にわたって駆り立てられることになる植民地支配への衝動を高めていた――に直面しているのに、どうして別の未来が構想できるというのか。『イリュミナシオン』の多くの詩と同じく、「民主主義」が呼び覚ますのは、弾圧がもたらす胸の引き裂かれるような革命の末路、政治の可能性が閉じていく体験、変革を求めるユートピア思想の解体や希薄化だ。こうした一連の認識や経験が、『論理的反乱《レヴォルト・ロジック》』のメンバーには、一九六八年五月の余波のなかで、ランボーにちなんで雑誌名をつけたときに間違いなく共有されていた。[*178] 誌名にある「反乱《レヴォルト》」には、同誌の掲げる明確に政治的な（歴史的なものや哲学的なものとは異なる）目標がはっきり表れている。すなわち、自分たちも参加していた直近の反乱が持っていた革命的で民主主義的なエネルギーを別の方法で持続させること、そして社会学に政治が再統合されるという、「ポスト五月」の知的シーンを支配している現状に対抗すること。こうした再統合は、いつまでたっても変わらない状況への「ラディカルな」批判らしきものを生みだすのが関の山だというのがメンバーの考えだった。また雑誌名は、メンバーの一部が所属した毛派組織、プロレタリア左派のスローガン「反逆は正しい on a raison de se révolter」（＝「造反有理」のフランス語訳）も反映していた。このフレーズの主語は総称代名詞「オン on」だが、この語の指示対象の曖昧さは、革命的主体化のプロセスは開かれたものであり、どのような集団にも（架空のものにすら）適用範囲が広がっていくことを示していた。もちろんこのスローガンは、サルトルと〔『リベラシオン』創刊に参加した〕フィリップ・ガヴィ、ベニー・レヴィ（ピエール・ヴィクトール）が一九七四年にガリマール社から刊行した、同名書籍のタイトルにも使われていた。[*179] この本は、同年に創刊された叢書「野生のフランス」の一冊で、創刊の辞には「われわれは事実から出発し、かつたえず事実に立ち戻る。〔…〕これこそ、自由についての一つの可能なる思想に到達する道であると、われわれには思われるからだ」とうたわれた。[*180] なおサルトルはこの本の印税の取り分を、資金繰りに苦しんでいた『リベラシオン』に回している。[*181]

＊177 訳者――邦訳引用は、アルチュール・ランボー『ランボー全詩集』鈴木創士訳、河出文庫、二〇一〇年、一五四頁。

＊178 ランボーの詩のタイトルである「民主主義」は、当時この言葉に生じたイデオロギー的なずれの存在を暗にほのめかしている。というのは、第二帝政期にこの語の意味はすっかり変わったからだ。「民主主義」の語は、ブルジョワジーの政府と対立する皇帝政府が用いるようになり、皇帝は国民に主権を取り戻してやったのだと主張した。拙著の該当箇所を参照。Kristin Ross, *The Emergence of Social Space: Rimbaud and the Paris Commune* (Minneapolis: University of Minnesota Press, 1988), 152-53.〔未邦訳、クリスティン・ロス『社会空間の出現――ランボーとパリ・コミューン』一九九八年〕

＊179 訳者―― Philippe Gavi, Jean Paul Sartre, Pierre Victor, *On a raison de se révolter: discussions* (Paris: Gallimard, 1975) のこと（ジャン＝ポール・サルトルほか『反逆は正しい――自由についての討論』鈴木道彦・海老坂武訳、人文書院、一九七五年）。

他方で『論理的反乱』という雑誌は、その名前と企画自体の双方が、七〇年代半ばに生じた、ある亡霊的な「非＝出来事」の名残をとどめてもいた。サルトルの知識人としての歩みに焦点をあてた『二〇世紀の反乱の意味』という連続テレビ番組である。ランシエール、フィリップ・ガヴィ、シモーヌ・ド・ボーヴォワールら約八〇人の研究者や歴史家がこの企画に初めの一年ほど関わった。監督を務めることになったのはロジェ・ルイ。フランス・ラジオ・テレビ放送局（ORTF）を六八年五－六月の長期ストの際に辞職したテレビ・リポーターだ。歴史家や活動家、研究者が小さな班に分かれ、フェミニストの反乱や労働者の反乱といった特定のテーマについてリサーチを行った。ダニエル・リンデンベルクは八〇年代に『論理的反乱』の編集委員会に参加するが、この番組ではポール・ニザンについての調査の責任者だった。リンデンベルクは「われわれはすぐに大量の作業を始めた。プロジェクトの完遂を確信していた。〔政権の中枢にいた〕シラクが最初から明確に反対していたからだ」と回想する。[*182] しかしこのシリーズは、国営放送局で流せば大いに議論を呼ぶことは間違いなかった。最終的には、技術面と資金面での問題を理由に──政府はサルトルが個人的に金儲けを企んでいるとほのめかそうとさえした──この企画は中止に追い込まれた。反発したサルトルらは「テレビ検閲問題」をテーマに記者会見を行った。

このテレビ・シリーズ『反乱史』の企画と、主役に据えられた哲学者サルトルに対する国家の神経質な視線は、ちょうどこの頃から、新哲学派の人士やその発言を嬉々として流し始めるテレビの姿勢と好対照をなす。ここからは、ジスカール・デスタン政権時代にどんな左翼主義者が許容され、あるいはされなかったのか、その理由がある程度見てとれもする。だが企画が最終的に実現しなかったとはいえ、その存在は、『論理的反乱』の発行主体である「反乱イデオロギー研究センター」を設立した毛派を中心としたグループの誕生に一役買った。同誌が目指すのは、創刊号にあるように「歴史を反乱から問い、歴史から反乱を問う」ことだった。だが雑誌のタイトルにある「論理的」という形容詞は、これとは別の、一連の問題に注意することも呼びかける。歴史記述に生じる二つの独立した論理——歴史家の論理と歴史家の研究対象の論理——の相互作用が惹起する問題だ。歴史家の論理からすれば、真理とは、知識となった過去をめぐるデータのなかに、また今日に役立つ教訓（「歴史的教訓」）となった知識のうちにある。研究対象の論理（実際には歴史家の論理の一ヴァージョンにすぎないのだが）からすれば、真理はマルクス主義者と経験論者が同様に（または『フランスの民衆』の場合のように、両者がともに）その存在を信じる真正な「労働者階級文化」のうちにある。この真理はたしかに労働者のなかに存在するのだが、かれらは歴史家の訓練された目に対し、必ず真理を具現化し、提示しても、自分の力ではそれを知ることも表明することもできない——こうした図式のどこがどう間違っているのか、『論理的反乱』はこう問いを立てる。

*180 Simone de Beauvoir, *La cérémonie des adieux; suivi de Entretiens avec Jean-Paul Sartre : août-septembre 1974* (Paris: Gallimard, 1981), 90〔シモーヌ・ド・ボーヴォワール『別れの儀式』朝吹三吉・海老坂武・二宮フサ訳、人文書院、一九八三年、八七頁〕を参照。

*181 Annie Cohen-Solal, *Sartre, 1905-1980*, (Paris: Gallimard, 1989), 619を参照。〔未邦訳、アニー・コーエン゠ソラル『サルトル——一九〇五‐八〇年』一九八九年〕

*182 ダニエル・リンデンベルクの発言。Cohen-Solal, *Sartre*, 641からの引用。

同誌は創刊の辞で、ある種のユートピア的欲望を表明する。初期毛沢東主義を思わせるような、「もう一つの記憶」、民衆の記憶、あるいは「下からの思想」を明らかにしたいと述べるのだ。そうした記憶は、媒介者にわずらわされることなく、実際に自分たちを表象し、または自分たちの歴史を記述できる民衆の能力と結びつく。そしてそれは、労働者階級の同定、分類、賞賛、あるいは中傷に用いられてきた歴史主義のもろもろの慣習的な手法なり、社会学や人類学、経済学が用いるさまざまな「類型」なりが、こぞって覆い隠してばかりいた能力なのだ。だが『論理的反乱』がまず手がけたのは、民衆自身のあり方に似てもいなければ、かれらが体現もしていないような民衆の記憶について、それを歴史的に捉え、掘り下げようとする動きをリストアップすることだった。国家による歴史、あるいは公認の歴史は、支配者の英雄的能力を賞賛することしかしない。したがって「［そうした歴史は］労働者の反乱も零細農民の反乱も無視するし、女性や少数民族の反乱も取り上げない」。今をときめくアナール派の歴史についても、不動の歴史というその考え方について、また歴史を変革する役目をエリート層に託すことに同意する、これまた不動の歴史については、不動の「民衆」という観点をめぐって徹底的な批判を行った。また「左翼主義」や共産党による歴史は、反乱の「形而上学」の域を出ていないとされた。同誌のメンバーは、当時まだ進行中だった新哲学派現象を先読みするように、マルクスから逃避した左翼主義者を、「欲望」や「宗教」の形而上学に屈服したと見なしたのである。「民衆文学」——民俗歌唱や伝承に埋め込まれ、民俗的記憶の管理人（民間伝承が、外部の影響に対していかに純粋さと真正さを保ち、その浸透を許さないかを主張することに忙しい）に取りしきられた民衆の記憶——についても、民衆をめぐる表象やステレオタイプの保管場所にすぎないと捉え、『論理的反乱』はこれを覆えそうとした。またメンバーは、自分たちのプロジェクトを「言説の歴史」――同時代人では、かれらの目指すところにおそらく一番近かったミシェル・フーコーが実践したもの――に反映させることもしなかった。メンバーにいわせれば、かれらの目的は、言説の歴史を記述することではなく、言説と実践との連関を分析することだった。フーコーにとって（同誌はインタビューを行ったことがある）言説実践はつねに権力の実践である。したがって、フーコーは（またミシェル・ド＝セルトーのようなフーコー派は、かえって本人以上に）一方に権力を、他方に民衆の抵抗を配置してしまい、権力のシーソーゲームという力学的図式から抜け出せずにいる。フーコーへのインタビューで、メンバーはこう問いかけることで批判を定式化した。すなわち、権力技術の分析にあたっては、権力がつねにすでに存在すると仮定される一方で、ゲリラ闘争や大衆的な抵抗戦術が権力と互角の持続性を備えてはいても、権力は決して打倒されないこともまた仮定されている。こうした仮定によって権力は絶対的なものになってしまわないだろうか。このことはまた、権力が提起する真の問い、すなわち権力が誰に資するものであり、何のためのものなのかという問いを避ける役目をしているのではないかと問うたのである。[*183]

支配的な歴史記述のさまざまな形態からこうして距離を取ったうえで、メンバーは『論理的反乱』のプロジェクトをこう規定する。

『論理的反乱』の目標は単純だ。社会史が明らかにしてきたことに改めて耳を傾け、その論争と係争点の内部に、下からの思想を位置づけ直そうとするのである。「労働運動史」のような、転覆に関する公認の系譜学と、それが作り上げられ、拡散し、取り戻され、再び現れる実際の姿とのあいだには落差がある。

反乱はてんでばらばらなかたちをしている。

その性質は互いに矛盾している。

ミクロ権力という内的現象が存在しており、そこには意外性がある。

階級闘争は決して終わることがない。（国家の、党の、セクトの）学校の教えと合致はしない。このシンプルな発想とともに［…］、『論理的反乱』は［…］、反乱の軌跡と道のりを、反乱が抱える矛盾を、反乱の体験と夢とを追おうとするのである。[*184]

過去は現在からの横断的なアプローチの対象となる。組織された労働運動と、闘争の現場で語られる言葉や現実の形態とのあいだのギャップに見て取れる、今日的問題の前史の一部にあたるものを探すためだ。しかしそうなると、過去は現在に教訓を与えるという役目だけを果たすことになってしまわないだろうか。『論理的反乱』は、過去と現在のあいだの教育的な関係をすべて退け、教訓や啓発的な物語として抽出される知識として過去を捉えることを拒んだ。物語形式による歴史の再構成を目指したのでもなければ、体系や教訓という表現形式に引きつけられたのでもなかった。過去は何も教えない。「教訓など、革命を飯の種にする人々や、革命の不可能性で商いをする人々に任せておけばよい」[*185]。だが過去が現在に教訓をもたらさないのなら、どうして過去を研究するのか。歴史の「教え」とは、せいぜいのところ「一つの選択、予測不能なことが生じる瞬間、つまり自由の出現を認識すること。歴史から引き出すべきは、教訓でも単なる『講釈』でもなく、あらゆる治安命令や、あらゆる対決に見られる固有性を見逃さないための原則[*186]なのである。過去を扱えば、現在がよく見えてくる。また、選択を行うべきとき――選択とは偶然かつ一回限りのもので、反復的な構造や決定からは生じない――がわかるようになる。扱うべきは連続性よりも切断、統計的な集積よりも互いに異なる個人、民衆の名による発言よりも民衆が実際に話した内容となる。「われわれが関心を持つのは〔…〕歴史とはつねに一つの切断であり、ここでのみ、政治的にのみ、問われるべきということだ[*187]」。『論理的反乱』は反乱の固有性、その「もう一つの記憶」を描こうとしたのである。

＊183 "Pouvoirs et stratégies: entretien avec Michel Foucault," *Révoltes Logiques* 4 (1977): 89-97; reprinted in Michel Foucault, *Dits et écrits* III (Paris: Gallimard, 1994, 418-28)〔ミシェル・フーコー「権力と戦略」久保田淳訳、『ミシェル・フーコー思考集成Ⅵ』筑摩書房、二〇〇〇年、五八三－五九七頁〕を参照。『論理的反乱』同人のフーコー批判は、一年後にプーランツァスが行ったものと似ている。Nicos Poulantzas, "Vers une théorie relationnelle du pouvoir ?" in *L'Etat, le pouvoir, le socialisme* (Paris: Maspero, 1978), 160-69〔ニコス・プーランツァス「関係論的権力論へ」『国家・権力・社会主義』田中正人・柳内隆訳、ユニテ、一九八四年、一六五－一七五頁〕を参照。

＊184 Éditorial, *Révoltes Logiques*, 1 (winter 1975).

＊185 *Ibid.*

＊186 Éditorial, *Révoltes Logiques*, 5 (spring-summer 1977): 6.

＊187 Révoltes Logiques collective, "Deux ou trois choses que l'historien social ne veut pas savoir," *Le mouvement social*, 100 (July-Sept. 1977): 30.〔未邦訳、論理的反乱グループ「社会史が知りたがらない二、三の事柄」『社会運動』第一〇〇号〕

だがこの「もう一つの記憶」とは何のことなのか、それはどこに見いだせるのか。『論理的反乱』にとっては、たとえば『歴史フォーラム』のメンバーとは異なり、こうした記憶はアーカイヴに、とりわけ特定の男女が発した言葉、かれらの話のなかにある。それは労働者という概念を、文字通り「主体＝主題」として捉えることで初めて耳に入り、聞き取れるようになる言葉である。では労働者の言葉や経験は、どのようにして自由をもたらすのか。言葉を発することはすでに闘いの一部である。ただしその言葉とは、民衆の「ために」語る人々の言葉ではなく、ただ話をする人々の言葉のことだ。それは、統計が示す労働者の真理にたどり着こうとするときに、社会史家が扱いに苦慮したり、労働者の本質的特徴（取引好き、取引嫌い、連帯、コミュニティ等）と一致しないとして等閑視したりするおしゃべりのことだ。過去の人々を現代の人々と同等に扱うということは、過去や現在のブルジョワ知識人の発言に向けるのと同等の注意を、労働者のおしゃべりや書き残したもの、そして実際の行動にも向けることだ。それはまた、アーカイヴに存在する労働者「らしくない」発言――たとえばブルジョワジーの言葉を模倣しているために、歴史家からは「階級的裏切り者」の地位を与えられかねないような発言――に認められるレトリックにとくに注意を向けることでもある。

文字の綴り方を知らずに当世ふうの詩作に挑む労働者のほうが、革命歌を口ずさむ労働者よりも、既存のイデオロギー的秩序にとっては危険な存在だろう［…］。というのは、ある階級が危険なものになる始まりは、おそらくこうした逃走線にあるからだ。それは労働をもはや耐えがたいと感じるだけでなく、作業場でのしきたりや会話を耐えがたいと感じる、つまり労働者で﹅あ﹅る﹅

ことにもはや耐えられないマイノリティが描く逃走線のことだ。[*188]

労働者の集団性にあれほどの関心が向けられても、その内部にある亀裂には十分な関心が向けられてこなかった。また労働者文化は大々的に扱われるのに、他の文化との接触、階級横断的な移動や出会いについての扱いは不十分だった。こうした出会いの契機は、「六八年」での労働者と知識人との、またラルザックでの歴史家と農民との複雑な出会いとは異なり、他から見れば文化「汚染」や「ブルジョワ文化の浸透」と概念化してもよさそうなものだったろう。しかし、人々が自分たちとは異なる人々と出会ったからこそ――アイデンティティを共有したことの喜びではなしに――変革の夢は花開いたのである。したがって『論理的反乱』が矛盾と固有の運命を探求するなかで、一九世紀の女性たち(労働者と知識人)の立場と発言を特別なトピックの一つとして掲載したことも、有力なフェミニ

＊188 Jacques Rancière, "Le bon temps ou la barrière des plaisirs," *Révoltes Logiques*, 7 (spring-summer 1978): 30; reprinted in Rancière, *Les scènes du peuple*, 208)〔未邦訳、ジャック・ランシエール「楽しい時、あるいは快楽の障害」『論理的反乱』第七号、『民衆のシーン』所収〕。この論文は、初期の『論理的反乱』に掲載されたパリ万国博覧会(一九〇〇年)に関する論文や、プロ『崇高なる者』にコトローが寄せた序文とともに以下の本に収録されている。John Moore, Adrian Rifkin and Roger Thomas (eds.), *Voices of the People: The Social Life of "La Sociale" at the End of the Second Empire* (London: Routledge and Kegan Paul, 1988)〔未邦訳、ジョン・ムーア、エイドリアン・リフキン、ロジャー・トーマス編『民衆の声――第二帝政期末の「社会的なもの」の社会的生活』一九八八年〕。同書のロジャー・トーマスによる序文は大変参考になる。

スト理論家ジュヌヴィエーヴ・フレスが、メンバーとして女性とフェミニズムに関わる論文を後に寄稿することも驚くにはあたらない。

したがって『論理的反乱』は、『フランスの民衆』のような雑誌が代表する試みの総体を中心的な批判の対象とする。前者にとって後者は、左翼内部に存在し、自分たちが解体を目指す経験主義的で実証主義的な傾向を隅々まで体現する存在だ。『フランスの民衆』の試みとは、細々とした事象の集積にすぎず、既知の事柄についての知識を増やすことでしかない。そして最終的には、社会的諸条件を扱う歴史家——過去を扱う社会学者——は、事態が根底から違っていたかもしれないという発想を排除してしまう。そうした人々が労働者階級に向ける賛辞には、もう一つのまったく異なるメッセージが隠れている。すなわち、集団としてのアイデンティティに忠実であれ、自分の場所を離れるな、労働者のように振る舞え（つまり自分たちが労働者ならこうすると考える通りに振る舞え）というメッセージだ。

他方で『論理的反乱』は、労働者の発話の固有性に関心を向けることを提起した。それは発話の種別性を見いだすために行う、途方もない忍耐と時間を要する文書館《アーカイヴ》での検索作業と、意味が捉えがたいことも少なくないテキストを熟読することだった。『歴史フォーラム手帖』は、最終的に過去を理解することをやめ、同時代の運動へと自己解消した。一方で『論理的反乱』は、アーカイヴの中で迷子になるリスクを冒した。というのも、一九世紀のフランス労働者の非常に特殊な——まったく手つかずなことの多い——アーカイヴに、どっぷりと長期的に取り組む必要があったためだ。研究にあたっては、標準的な労働者の表象と合致しないことを理由に看過されてきた発言を見つけるために、きわめて注意深く、かつ根気強い史料研究者であるだけではなく、一般的な歴史家であることが求められた。雑誌の理論的野心に基づいて、メンバーは事実のために事実を求める経験主義的手法を採用しなかったが、その同じ理論的野心から、一種のハイパー経験論——概念化と一般化の拒否——が求められたようだ。同誌はかなり多くの局面で、個々に異なる運命や、異例な、深遠な、あるいは表に出てこない契機——労働者の闘いから漏れてくるつぶやき——のラディカルな種別性にとどまり続けた。ある特定の場所をはみ出しさえしそうなラディカルで遠大な理論的目標が、アーカイヴに取り組んだことでつなぎとめられていたのである。ただ同誌が比較研究の可能性を追求しなかったこと、つまりフランス国外に研究範囲を拡大しようとしなかったことは、その議論が、たとえば一種の例外論に陥る危険性も伴っていた。

一九世紀の労働者のアーカイヴ研究から出発することになったほど、『論理的反乱』は現在を強く志向していた。そうした記された歴史は、文書館《アーカイヴ》よりも実験室の様相を呈した。同世代の政治的な言説と実践を調査し、批判する実験室である。一九七八年、編集部はフランスの日常生活における「五月」の残余や記憶を分析し、現在の同志やかつての同志のさまざまな活動を取り上げた。「下からの」政治という、「五月」と結びつき、共有されていた理念のその後を追う作業に取りかかったのである。こうして生まれた『論理的反乱』の特集号『「五月」の桂冠詩人たち』は、一〇周年を迎えた「五月」の記憶をめぐる最も真摯な著作になったといってよいだろう。

『「五月」の桂冠詩人たち』には心を動かされるものがある。その理由の一つは、執筆陣が「六八年」にまつわる真理——たとえば真の革命的綱領や、大衆が現実に抱いている政治的願望——を知る者の役割をあえて引き受けなかったことにある。そして同時に、「六八年」の歴史について当時支配的になりつつあった見方によって、自分たちを理解するのを拒んだことにある。そうした見方を中心的に広めたのが新哲学派だった。この宗旨替えした元左翼主義者たちは、左翼主義の反スターリニズム的要素を自由主義《リベラル》的資本主義への賞賛に変換することに精を出していた。「六八年五月」の出来事の記憶が徹底的にゆがめられたことに触発され、まず『論理的反乱』のメンバーは「五月」以外のことについて、過去の失われた「断絶」を掘り起こすことにした。ドナルド・リードが指摘するように、メンバーはこの試みを通して、歴史のある読み方と対決することになった。すなわちユートピア的「切断」の試み、つまりこの場所とは別の世界で生活し、考えようとする試みを、膨大な失敗や逸脱のリストへと縮減する歴史解釈──同様の試みを志す者を非難する効果（意図的ではなくても）を生む──と闘うようになったのだ。[*189] 一九世紀に生じた切断を深く考察したメンバーは、次に「五月」という切断の影響を記述する。もっと近い時期の歴史もまた「オルタナティヴな歴史的記憶」の一つとなる。「五月」後の一〇年間で左翼主義者が歩んださまざまな道のり（新哲学派から社会党へ、あるいは『リベラシオン』からCFDTへ）をたどることは、雑誌メンバーにとっては当然、一種の自己分析──「ある種の言説や実践をなぜ看過できないのかを［…］自問自答すること」──でもあった。メンバーは科学的客観性や高次の真理を主張せずに、かつての左翼主義者と一線を画そうとした。かれらは、「五月」から新たな政治的正統性──労働組合であれ、知識人であれ、ジャーナリストであれ──を付与されて、ついに一〇年後にはその遺産管理人となっていた。

「五月」をめぐる「オルタナティヴな記憶」の存在を示唆し、それに活力を与えようとするメンバーの試みは、ただちに、つまり出版前からトラブルに見舞われた。『「五月」の桂冠詩人たち』はもともと『レ・タン・モデルヌ』の特集号として刊行される予定だった。だが巻頭論文は同誌の編集委員会から掲載にふさわしくないと判断された。その論文は、新たに出てきたばかりの新哲学派現象をかなり論争的に読み解くものだった。そして新哲学派を、毛派組織であるプロレタリア左派の活動を背景にして、また「ポスト五月」の失望感に乗じて、「ポスト六八年」の新たな知識人の座につこうとする動きとして捉えたのだ。当時『レ・タン・モデルヌ』編集委員会にはプロレタリア左派の元メンバーが複数入っていた（有名なのはベニー・レヴィ）。したがって、自分たちもその一角を占める歴史的経緯がこのようなかたちで理解されたことは、攻撃的とまではいかないにしても論争的な事態だったことは間違いない。

まだ日の浅い自分自身の過去について、何らかの解釈を提示することは難しい。この事実は『リベラシオン』の軌跡を分析した『「五月」の桂冠詩人たち』の論文でも示唆されている。この日刊紙の

＊189　特集号執筆陣では、ジャック・ランシエールが『論理的反乱』と最も密接に関わっていた。ランシエールの著作に関するドナルド・リードの一連の指摘は、一九九一年にバンクーバーで行われたフランス史研究のカンファレンスでの、リードとリンダ・オー、ロイド・クレーマー、そして著者が参加したラウンド・テーブルでなされたもの。『プロレタリアの夜』英語版〔一九八九年刊〕（Jacques Rancière, Donald Reid (trans.), *The Nights of Labor* (Philadelphia: Temple University Press, 1989)）にリードが寄せた素晴らしい序文を参照。また著者による『無知な教師』英語版〔一九九一年刊〕（Jacques Rancière, Kristin Ross (trans.), *The Ignorant Schoolmaster* (Stanford: Stanford University Press, 1991)）への序文も参照。

発足の経緯（『リベラシオン』は毛派の新聞ではないが、毛派が立ち上げている）[*190]と、民衆の言葉を取り出すという当初の狙いは、『論理的反乱』ときわめて近いところにあった。論文「愛しの『リベラシオン』？」は、「反逆は正しい」というスローガンの変容を通して、組織としての『リベ』の歴史を考察すると同時に、この新聞を歴史記述の試みに積極的に関与する新聞として理解した。「われわれは『リベ』が、〔左翼主義の〕歴史からこしらえる表象に無関心ではいられなかった。その歴史の大部分はわれわれのものだからだ」[*191]。『リベラシオン』が「六八年」当時とその後の運動史にとっていまも不可欠な一部であるとすれば、それは「六八年」とその後の歴史をめぐる大衆的な表象が生み出されるなかで、同紙が唯一ではないにせよ、主要な媒体へと急速に変化したからである。

『論理的反乱』は、不満を持った消費者の視点からは書かないように、『リベ』の労働者五人に「調査」を行った。うち三人は主筆のセルジュ・ジュリー、元植字工で著述家のB・メイ、サルトルとともに『反逆は正しい』を執筆したフィリップ・ガヴィ。この論文は、対象者の発言に基づいて、ただちにこう評価する。すなわち、同紙が掲げる左翼主義かつ大衆主義的な目標は、最初期のある号が宣言するように、名もなき人々の声、つまり「下からのフランス、低所得者向け団地（HLM）の、農地や工場の、地下鉄や路面電車のフランス」の声となることだった。しかしこうした目標は一九七七年段階で完全に失敗している。次いで『リベ』への分析が、この新聞が当初の目標を達成するかわりに実現した三つのもの、すなわち民間報道機関、文化制度、そしてイデオロギー装置の観点から行われる。かつて人は活動家になることでジャーナリストになったが、いまは職業としてジャーナリストになる。日刊態勢の維持というプレッシャーもあって、当初は作業を全員で分担していたものの、次第に役割が明確に区分され、割り当てられるようになった。そして編集（日中の作業、おおむね男性）と印刷（夜間の作業、ほぼ女性）とのはっきりとした区別が、分業をめぐる昔ながらのさまざまな要素とともに、再び目につき始めた。「底辺」つまり元植字工の逸話がこのことをよく示している。

ある日、われわれは印刷工程を扱った四頁の記事を本紙に載せようとしました〔…〕。この新聞〔＝『リベラシオン』〕で起きていることを示そうとしただけなのだけれども、それがかれらの気に障ったのです。われわれは闘わなければなりませんでした。もし公表されたら会社を辞めると脅す連中さえいました〔…〕。連中は、この新聞に関して、自分とは異なる見方があると考えるだけで面白くなかったのです。かれらにとって、われわれがやろうとしたことはこの新聞の政治的分析ではなかったのです。*192

こうした市場を意識した専門分化のプロセスのなかにおいて転換点、あるいは象徴的な契機となったのは、主筆のセルジュ・ジュリーが民放ラジオ局「ヨーロッパ1」の番組「プレス・クラブ」に一

＊190 ジャン＝ポール・サルトルの発言。Beauvoir, *La cérémonie des adieux*, 373.〔ボーヴォワール『別れの儀式』四六一頁〕

＊191 Pierre Saint-Germain, "*Libération*, mon amour?" *Révoltes Logiques*, special issue, *Les Lauriers de Mai* (1978): 59.

＊192 Saint-Germain, "*Liberation*," 61.

九七六年のある時点で参加したことだと、ガヴィは考えていた。『リベ』の記者だったマルティーヌ・ストルティもこの点に同意している。同紙が運動からジャーナリズムへと徐々に方向転換したことに関して、その正確な日付は示すことはできないものの、ストルティもまた、ジュリーがフランスの報道機関の「お歴々」が出席する日曜の記者会見に招待されたと告げた日の重要性を指摘している。その時点まで同紙は「政治家の政治」とは無関係に等しかったからだ。また誰かが『リベ』を外部に対して代表ないし体現するようになれば、スターシステムといった個人化によって生じるさまざまな欺瞞的側面が出現しかねない。ストルティらは当時こうした危惧を抱いていた[*193]。その頃、ジュリーは署名入りの社説を再び掲載するようになっていた。ガヴィはこう話す。「『リベ』の一面に、新聞としてではなく、主筆の署名が入った社説が載ることは、それ自体がいわば政治家的スタイルへの退行だったのです」。

『リベ』の変化の理由ははっきりしていたとストルティはいう。マージナルな領域で生活することへの疲れ、活動家的作風をやめたいという欲望、社会的承認への欲望、そしてもっと売れる紙面をつくる必要性があったからだ。しかし変化そのものは、さまざまなアリバイの陰に隠れて進んでいた。『リベラシオン』という寺院の番人をなんとか務めようとしながら、当の寺院の解体に精を出す人々のアリバイだ。一九七〇年代末、ストルティが同紙を退職する時点になると「大義に忠実であることはイデオロギー的な盲目性であり、愚かなアクティヴィズムを目指す活動家的な振る舞いだと見なされた。その一方で、社会との和解は政治的タブーからの解放と見なされていた[*194]」。

職業的ジャーナリストがジュリーを招き入れたこと自体は、『リベ』がお堅い新聞の仲間入りをしたことのしるしであり、また「愛しの『リベラシオン』?」の筆者たちが指摘するように、新聞以外の社会制度からも同誌が承認されたことのあかしといえる。『リベ』は、いわばフランスの主流メディアというオーケストラで楽器を演奏するように、あるパートを果たすことを期待されるようになっていた。新聞がよい商品たらんとすれば、適性を活かして任務を果たさなければならない。『リベ』は、風変わりな話やマージナルな話題を扱い、いわば左翼向けの文化的居留地を生み出す作業に特化することになった。こうして『リベ』の仕事は、左翼主義が解体し、一九七〇年代、そしてそれ以降のさまざまな社会運動への分岐が起きるなかで、ばらばらになり、かつお互いに矛盾するようになっていった、さまざまな部分なり個人なりのその後をすべてたどることになる。この左翼主義の解体過程とは「リベラル-リバタリアン」――ジュリーは一九七八年の段階で、この言葉を『リベ』のイデオロギーだと予言的に述べていた――つまり、「一九八〇年代コンセンサス」の登場のことである。『リベ』は「情報」を伝えるだけの新聞になった。矛盾を抱える現実について、その変革を目指す立場から分析を行うのではなく、それをただ説明するだけの新聞になってしまった。こうして編集部は、最低限の共通見解を生み出すための共同作業という性格を弱め、バラバラな個人の集まりへと

＊193 Storti, *Un chagrin politique*, 128-64 を参照。ストルティの回想によれば、スタッフが日曜日の「クラブ」の会合にジュリーと交代で出席したいと言ったところ、ジュリーは同一人物が毎週出席する決まりになっていると言い張った。その後、この説明は事実ではないことが判明した。

＊194 *Ibid.*, 163.

変わる。したがって「読者からの手紙」欄の役割も、『論理的反乱』の筆者たちによれば、「民衆に発言の場を提供する」という最初に掲げた目的のアリバイに変わってしまった。『リベ』が読者に紙面を開放するのは、たいていの場合、新聞としての立場を明らかにしたくないときだった。それは、たとえばレイプのようにある特定の話題がきわめて物議を醸したときであり、バーダー＝マインホフ・グループ〔＝ドイツ赤軍〕のメンバーが死亡し、『リベ』の編集スタッフが、自分の左翼活動家としての過去に非常な居心地の悪さを覚えたときだった。『リベ』は社としての見解が求められそうな話題になると、B・メイによれば「大衆の意見」に従うことで、その場を切り抜けようとした。

自分たちの番になると、編集部はボールを読者に投げてしまう。バーダーたちのグループの事件のときは特にひどかった。一定の距離を保ち、かれらに過度に肩入れしていないように見せるために、われわれはかれらを批判も支持もしませんでした。抗議の手紙がたくさん寄せられました。すると突然、バランスを取り戻すために、読者投稿を見開き二ページで扱うことになったのです。そしてこんな調子で次のメッセージが発せられました。『リベ』はバーダーたちを心情的には支持するが、政治的には批判する、と。

『論理的反乱』が特集号『「五月」の桂冠詩人たち』を刊行したのとほぼ同時期に、セルジュ・ジュリーは有名な社説を書いている。一九七八年五月三日付の『リベラシオン』に掲載された「『五月』にはうんざり」だ。ジュリーはあるインタビューで、ジャーナリズムが文学や哲学を尻目に、現代の主な表現手段となったこと、またジャーナリストが新たな知識人になったことの影響を語っている。[*195] 『リベラシオン』設立時の代表であるジャン＝ポール・サルトルは反論の必要性を感じて、ジュリーのジャーナリスト観をくだらないと批判した。この発言のあった七九年のインタビューで、サルトルは『リベラシオン』の現状についても大きな留保をつけた。自分が七四年に新聞に直接タッチすることをやめたのは健康問題があったからだと一般に受け止められている。しかし、それがすべてではなかったというのだ。「私は『リベラシオン』が自分の作品の一部だと思っていました。つまり新聞に関わり続け、よりよくしていこうと考えていたのです。今でも『リベラシオン』は出ています。悪くはない新聞として［…］」。『リベラシオン』の文体についていえば、サルトルはかつて新たな「書き／話し」言葉のスタイル――市井の人々（たとえば清掃労働者や労働者、学生）の話を書き起こした文体――の創造を望んでいたが、このインタビュー当時の文体は、サルトルにとって「小児的」としか思えなかった。「『リベラシオン』は左翼主義的真実を伝えています。しかしその背後に真実はもはや感じられません。仕事としては悪くないが、反乱を感じさせてくれることはもうないのです[*196]」。

*195 ポール・ティボーによるジュリーへのインタビューを参照。Paul Thibaud, "De la politique au journalisme: *Libération* et le génération de 68," *Esprit*, 5 (mai 1978): 3-24.〔未邦訳、ポール・ティボー「政治からジャーナリズムへ――『リベラシオン』と六八年世代」『エスプリ』第五号〕

*196 Jean-Paul Sartre, interview with François-Marie Samuelson, *Les Nouvelles littéraires*, Nov. 15-22, 1979. 引用元は Perrier, *Le roman vrai de Libération*, 161 である。

＊
＊＊

もちろん『リベラシオン』は今もある。他方で、これまで扱った三つのラディカルな歴史雑誌はずっと短命に終わった。三誌とも終刊号を一九七〇年代終わりから八〇年代初めに発行している。[*197] 短命だった原因の一つは、知的・政治的パースペクティヴが動いている時代にあって、小さな雑誌を存続させていくには金銭的な難しさがあったからだ。『論理的反乱』は終刊号の一つ前の号で、購読者への緊急のお願いを掲載した。それは破産寸前の『フランスの民衆』からのものだった。同誌は印刷コストの高騰にもかかわらず低価格を維持すると決めていたが、財政的には立ち行かなくなってしまっていた。およそ一〇年ものあいだ、一〇人に満たない人々が一つの雑誌の編集から印刷、流通までを担っていたのだ。事務面での支援もなければ、メディアや政党、金融機関からの支援も受けず、基本的には友人のネットワークを頼っての発行だった。「いまでは給料ではなく借金がある」[*198]。この号のすぐ次のページで、『論理的反乱』も読者に対し、自動更新での購読継続を求めている。この雑誌は――と、この要請文は読者に思い起こさせる――七五年に「『ポスト六八年』への幻想と失望から」、またそうした失望がたびたび引き寄せてきたさまざまなタイプの伝統回帰への拒否から生まれていた。八一年のイデオロギー状況と、雑誌が創刊されたわずか六年前とのあいだには大きな時間的・政治的亀裂が存在する――そう同誌が感じていることが、この論説にははっきり読み取れる。七五年には政治的かつ芸術的で、歴史的な研究が花盛りだった。創造的な思想が生まれる革新的で新しい舞台が、毎日のように登場した。おそらく――と同誌は記している――こうした一連の研究は七五年の段階ですでに、新たな「理論的・商業的帝国主義」によって乗り越えられようとする危機的状況を経験していた。だが当時このことは自覚されてはいても、大問題とはなっていなかった。こうした状況があったにせよ『論理的反乱』のメンバーは、公認の歴史的言説の周辺で自分たちの作業に従事し、こうした言説の確実性を問題にしてきたのである。「五年にわたって模索しながらこの道を進んできた。そのなかでわれわれは、抱いている疑念を時には沈めてくれる、興味関心や励ましの兆候を感じてきた。だが同時に、矛盾の『もう一つの側面』が、われわれよりずっと早く動いていることも感じている」。そして八一年ともなるとこの動きの兆候はあまりにはっきりしていた。「現在のイデオロギー的かつ商業的な状況のもとでは、断章的で、問いを提起するスタイルで書かれた営利目的ではない著作が流通する余地はほとんどない。優秀なジャーナリストには、読者に対して『少部数の』雑誌の存在を知らせる時間はもはやなく、そうした雑誌を置いてくれる書店もどんどん減っている」。『歴史フォーラム手帖』も二年前に同じような袋小路に陥っていた。第一〇号（終刊号）で、編集委員会は雑誌の発行を停止する理由をいくつか並べている。他の二誌と同様、購読者数が大きく伸びることはなかった。またメンバーは、その他のラディカルな雑誌がとっていた解決策や調停案を採用することには及び腰だった。たとえば、『エロドート（ヘロドトス）』誌（一九六八年直後にジャン・ドレ

＊197 『歴史フォーラム手帖』は一九七八年、『フランスの民衆』は一九八〇年（同人の一部は『ガブローシュ』という類似の雑誌を創刊（二〇一一年まで存続））、『論理的反乱』は一九八一年にそれぞれ廃刊となった。

＊198 *Les Révoltes Logiques*, 13 (winter 1981): 104.

シュなど運動関係の地理学者が創刊したラディカルな雑誌）の例に倣おうとはしなかった。同誌は何号か逡巡した後に、職業的地理学者向けの雑誌になる方針を採用し、『地理学年報』のライバルとなる専門雑誌に衣替えすることに成功した（同誌は現在も発行されている）。『手帖』は、読者層を歴史家などの知的専門家に限定しなかった。また集団の内部にはイデオロギー的なつながりが、自分たちで宣言したようには、また洗練されたかたちでは存在していなかった。このため、たとえば『ディアレクティック〔弁証法〕』誌が目指したように、雑誌には特定のイデオロギー的傾向が現れていると主張することができなかった。論文を匿名かつ共著のかたちで発表することにこだわったために、『手帖』には『論理的反乱』のように「書き手の雑誌[*199]」になるという道をとることもできなかった。グループは、ある種の専門化批判――それは自分たち自身のものであり、自分たちが想定する読者層のものでもあった――にますます近づいていった。しかし一〇号を発行し終えた時点でも広範な読者層に到達することもできなければ、当初の作業部会の範囲を、ジュシュー校という「ゲットー」の壁を越えて、明確なかたちで拡大することもできなかった。

ある特定の政治的な歴史に、そして広がりと可能性に満ちた雰囲気にあれほど強く結びついて誕生した集団的試みは、そうした雰囲気が退潮あるいは消滅してしまえば、歴史の流れから逃れることはできないのだろう。雑誌のテーマについていえば、これらの雑誌の一つとして、刊行されていた時代を直接「反映」してはいない。これらの雑誌の関心の対象は、結局のところ歴史であり、過去を問うことにあった。こうした試みが短期間ではあれ実際に存在したことは、これらの雑誌が語のあらゆる意味で「状況的」だったことを示している――つまり、現在に織り込まれ、時々の切迫したニーズや制約に縛られたうえに、そうしたニーズや制約をときにははねのける制度的な保護をまったく受けていなかったのである。大きな悲しみと混乱を抱えながら、これらの雑誌の終刊間際の号は、雑誌の存続という問題に向き合っていた。それはつまり、もう過去のものとなったかのように思われる自発的な政治実践と集団とをいかに継続するかという問題だった。しかし一部の活動家にとっては、新たな場所、新たな試みへのエネルギーの移行という、大変なプロセスがすでに進行中であることの兆しでもあった。

われわれ内部の旧式レーニン主義者を逆撫でする危険を冒しても問うてみたい。ある「組織化された」構造を恒久不変のものとすることが、ほんとうに政治的妥当性を確保するための主たる目的であり第一の条件なのかと。おそらく逆だろう。「構造」は可及的すみやかに、すなわち有意義な機能を果たし終えて、自己目的化し、人々とそのエネルギーとを呑み込む危険性が出てきたら、ただちに退くべきではないのか［…］。引き際を心得ることが、必ずしも失敗や無力さの承認になるとは限らない――実際には正反対なのである。[*200]

＊199 Ahmad, "Pourquoi cessons-nous," 57.
＊200 *Ibid.*, 58.

第Ⅲ章

違う窓に同じ顔

報復と審判

工場ゲート前の少し広くなった場所の片隅、工場が街頭に合流して経済闘争が政治闘争へと変貌する場所で、〔パリ郊外のセーヌ＝サン＝ドニ県〕サン＝トゥアンのヴォンデール社の電池工場で働く若い女子工員が、二度とあの刑務所に戻るものかと叫んでいる。二度と生産ラインに立つものか、スト解除の投票はやらせじゃないかと叫んでいる。一九六八年六月中旬、グルネル協定が調印された直後のことだ。ストの季節が終わる直前、すべてが元通りになる直前、不確かな見通しと確かな裏切りが共存する、最後の光景。白い薄手のカーディガンを着たその女性は、両腕を胸の前でぎゅっと組む。他の人々が、その周りを取り囲むように立っている。ほとんどが男性だ。ＣＧＴの支部役員、工場長、毛派の高校生、人事部長といった面々。複数の男性が説得に回る。ストライキは終わらせ方が肝心だとか、大きな前進があった、あるいは今すぐにでもあるのだと説いている。しかし女性は「否」と叫び続ける。背後に映るのは、ゆっくりと工場に入っていく労働者たちの姿だ。いったい彼女がほかに何を望みえたというのだろうか。

＊＊＊

映画『ヴォンデール社工場の操業再開《ルプリーズ》』は一〇分たらずのドキュメンタリーだ。映画学校の学生がシトロエンの〔大衆車〕2CV《ドゥ・シュヴォ》のボンネットにカメラをくくりつけながら撮影にあたった。パリ高等映画学院〔ＩＤＨＥＣ。現在のフランス国立映画学校〕がストに入っていたため、いわば「調査」をしようと六月中旬にパリの郊外の工業地帯に出向いたのだ。この二人の手による本作は「六八年」という時代の最も強烈なドキュメントだろう。[*1] この作品は、映画の世界と労働の世界との本当に偶然の出会いから生まれたものだ。労働者が工場の敷地外、入り口のある少し広くなった場所にいたからこそ撮ることができた映像だ。生産が行われ、労働者が働く工場の内部を撮影することは経営側がまず認めない。したがって労働者をカメラに収めることができるのは、労働していないときに限られていた。一九九五年、若手映画作家のエルヴェ・ル・ルーは、この六八年に撮影された短編ドキュメンタリー作品を、『撮影再開《ルプリーズ》』と題した自身の作品に使おうと思いついた。[*2] この作品には、元の作品に登場する女性を三〇年近くたってから捜し出そうとするル・ルーの姿が描かれている。名前もわからず、有名でもなく、弱々しいが力強いところのある、しかしはかない姿で、一九六〇年代の白黒映像の中心に映る女性が対象だ。この女性を探すことを名目に、カメラを手にした監督は人々の日常生活に入っていく。作品に登場する人と会って話を聞くのだ（工場の労働者仲間がほとんどだが、労働組合の幹部や毛派の潜入活動家も登場する）。その際には当時の記憶を呼び覚ますために、オリジナルの作品を必ず観せている。ル・ルーのこの作品は、この映像が思い起こさせるものについて、一人ひとりから出てくる物語や連想を収めたものだ。

一九六〇年代の歴史を、また当時の歴史と現在との関係を考えようという大変興味深い試みが近年になって行われている。そのうちの相当部分が推理小説のジャンルを利用するのはなぜだろうか。ル・ルーだけではない。推理小説の側にも明確な事例が複数存在する。ジャン＝フランソワ・ヴィラール、ディディエ・デナンクス、フランシス・ザンポーニの作品についてはすでに本書に登場したが、このほかにジャン＝パトリック・マンシェット[*3]の作品の一部もそうだ。[*4]ル・ルーは映画のスタイ

＊1　ドキュメンタリー映画『ヴォンデール社工場の操業再開』ウィルモン&ボノー。
＊2　訳者――「操業再開」も「撮影再開」も「ルプリーズ reprise」という同じ語で表現できるので、ル・ルーは掛詞として用いた。本章でこの語はいくつもの意味で用いられる。
＊3　訳者――作家（一九四二―一九九五）。六〇年代前半の学生運動に参加した後、職を転々とし、小説を書き始める。社会批判やラディカリズムを盛り込んだハードなクライム・サスペンスを七一年から発表。「ネオ・ポラール」という新ジャンルの立役者となる。本書に登場するヴィラールやデナンクスらの作品もこの系統。邦訳に『愚者が出てくる、城寨が見える』中条省平訳、光文社古典新訳文庫、二〇〇九年（原著一九七二年）など。

ルを決めた理由をこう語る。

調査が全体を導いてくれました。自分も楽しかったし、当時の目撃者と楽しんでやりとりすることもできました［…］。映画の素材は、人々が語る体験をもとにしたかなり重たいものでしたが、推理小説の約束事がクッションの役割を果たしてくれた［…］。つまり調査は素材の重さをやわらげる手段〔の一つだったのです〕。社会学をやらずに済んだのは、人々と一緒に時間を過ごしたからです[*5]［…］。

ル・ルーの興味の対象は——たぶん過去と同じくらい——一九九〇年代という撮影時点での郊外の日常生活にある。郊外についての表象といえば、夜のニュースで流れるセンセーショナルな紋切り型の映像がほとんどだ。パリに住む中産階級の観客は、郊外の生活の様子を目にしたことなどまずない。ル・ルーの賭けは、そうした人々を、いわばだまして、自分たちのすぐそばの（なるほど「すぐそば」だが、いまでは、歴史的かつ地理的にアルジェリアやベトナムと同じくらいはるか遠くの）地域の不均等発展がもたらす、耐えがたい結果と出会わせようとしたところにある。そこで用いられたのが「女探し」——きわめて古典的で、確実かつ正確な調査物のプロットだ。「この映画は調査でなければならなかったし、実際にそうなっている[*6]」。

だが「調査」よろしく探偵物の制作に着手したル・ルーは、ふたを開けてみると毛派の古典的な「調査」の系譜、民衆に発言の機会を提供する夢に属するものを作り出している。ル・ルーの作品は、

＊4　とくに次を参照。Jean-François Vilar, *Bastille tango* and *C'est toujours les autres qui meurent* (Paris: Actes Sud, 1997)〔未邦訳、ジャン＝フランソワ・ヴィラール『死ぬのはいつも他人』一九九七年〕; Didier Daeninckx, *Meurtres pour mémoire* (Paris: Gallimard, 1984)〔ディディエ・デナンクス『記憶のための殺人』堀茂樹訳、草思社、一九九五年〕; *Le bourreau et son double* (Paris: Gallimard, 1986)〔未邦訳、ディディエ・デナンクス『死刑執行人とその分身』一九八六年〕; Francis Zamponi, *Mon colonel* (Paris: Actes Sud, 1999)〔未邦訳、フランシス・ザンポーニ『私の大佐さん』一九九九年〕, and *In nominé patris* (Paris: Actes Sud, 2000)〔未邦訳、同『父の御名において』二〇〇〇年〕; Jean-Patrick Manchette, *Nada* (Paris: Gallimard, 1972)〔ジャン＝パトリック・マンシェット『地下組織ナーダ』岡村孝一訳、早川書房、一九七五年〕一九六八年五－六月をテーマにした次の短編小説集も参照。ただし作品の出来はまちまち。Frédéric Fajardie, Michèle Lesbre, Noël Simsolo, Evelyn Ruppert *et al*; Alain Dugrand (preface), *Black Exit to 68: 22 nouvelles sur mai* (Montreuil: PEC, 1988)〔未邦訳、フレデリック・ファジャルディほか『六八年の暗黒小説――「五月」をめぐる二二編』一九八八年〕には、デナンクス、ヴィラールのほかジャン＝ベルナール・プイ、ティエリ・ジョンケらの主要な作家の作品も収録されているが、読むに値するのはヴィラールの「カール・Rの帰還」のみ。

＊5　エルヴェ・ル・ルーの発言。出典は以下。Serge Toubiana, "Entretien avec Hervé Le Roux," *Cahiers du Cinéma*, Feb. 1997, 51.〔未邦訳、セルジュ・トゥビアナ「エルヴェ・ル・ルーに聞く」『カイエ・デュ・シネマ』一九九七年二月号〕

＊6　*Ibid.*, 50. 私はデナンクスの作品に関して似た議論をしたことがある。次を参照。Kristin Ross, "Watching the Detectives," in *Postmodernism and the Re-reading of Modernity*, ed. Francis Barker *et al.* (Manchester: University of Manchester Press, 1992), 46–65; reprinted in *Postmodern Literary Theory*, ed. Niall Lucy (London: Blackwell Press, 1999).〔未邦訳、クリスティン・ロス「探偵監視」、フランシス・バーカーほか編『ポストモダニズムとモダニティ再読』一九九二年所収〕

被搾取者とその歴史といかにして直接的なコミュニケーションを取るかという、かねての問いと向き合う試みの一つだ。探偵物という作品の構成は実はただの見せかけだ。例の女性を探すというフィクションは、ル・ルーが今現在の人々と接し、ある種の共同事業を作り出すために必要な仕掛けである。この仕掛けの最も重要な効果は、監督自身がほとんど姿を消してしまい、入手した素材を構成するにあたって、映像に上から被さり、解釈を与える語りを——ナレーターの説明であれ、アプリオリなテーゼであれ——挿入できなくなってしまうところにある。ル・ルーが強調するように、モンタージュさえもまた、二つの対立する描写——たとえば同じ一つの状況（ストライキの終結やヴォンデール社工場の労働条件）をめぐるもの——を対比させて「真実」を作るようには構築されていない。「私の目的は、筋の通らないやり方で事実を裏づけることではなく、人々に語る機会を与えることにありました。私には証明したい客観的なテーゼがあったわけではないのです[*7]」。ル・ルーの集める話は、普段なら人生を描く際に——この映画から一例を引けば、一四歳で母に連れられて工場のラインに立ち、退職まで働き続けた女性たちの人生——それを組み立ててしまう数字や事実、統計といった社会学的表象に取って代わるのである。

一九九五年一一月、撮影のさなかに、公共交通機関の労働者を中心とする大規模ストライキが起きた。フランスは再び機能停止に陥った。ル・ルーのプロジェクトと、フランスのテレビニュースが放映するストライキの表象とがこれほどかけ離れたときもなかっただろう。労働者の発言は、たとえ放映されてもせいぜい数秒で、その一方でいつもの「専門家」たちが発言し、夜のニュースで毎晩詳細なインタビューを受け、ストライキを「幻覚的」で「非理性的」で「時代遅れ」だと評価してみせる。

ル・ルーのこの作品では、オリジナルの映像の断片が何度も繰り返し映される。あの若い女性とは純粋な拒否であり、革命的騒乱を経験した後に訪れる時代への我慢ならなさそのものだった。それまでと違った生き方を経験し、今後もそうなるという感覚が得られるとき、しかし同時に、その経験と感覚のすべてが次第に色あせ、生活が退屈なルーティン――「お決まりのコース」、そうランボーがかつてそう呼んだことは誰も覚えていないだろうが[*8]――に舞い戻る危険も感じるとき、それを許容することなど到底できるわけがない。作家のレスリー・カプランは一九六八年当時とその後に工場で働いた経験を持つが、ストライキが終わり、不満が蔓延するなかで労働者が職場復帰するときのおぞましい結果を、一つのイメージを使って呼び覚ます。それは「ポスト五月」というきわめて変化しやすい時間――数ヶ月、五年、あるいは三〇年――の雰囲気と経験とを徹底して捉えるイメージだ。

殺しても腐乱するだけで、また復活する死体のイメージ、これこそ社会全体に感じたことだ。すべてがこうした不気味な様相を呈した。[*9]

---

*7　ル・ルーの発言。Toubiana, "Entretien," 51.

*8　訳者――ジョルジュ・イザンバール宛書簡（一九七一年五月一三日付）の表現（『ランボー全詩集』四六八頁）。

*9　Leslie Kaplan, *Depuis maintenant: Miss Nobody Knows* (Paris: P.O.L., 1996), 83.〔未邦訳、レスリー・カプラン『今から――ミス・ノーバディー・ノウズ』一九九六年〕

〔ル・ルーの作品では〕オリジナルの映像がスローモーションや短い引用、静止画といったかたちで、情報を伝えるのに必要な回数よりもはるかに多く繰り返し引用される。これによって、操業再開という事実としての「ルプリーズ」——中断の後で、前と同じことを繰り返すという卑近な意味での「反復」——の耐えがたさが私たちのなかにすっと入ってくる。そしてこの「ルプリーズ」を通して、私たちはこの語の持つ第二の、きわめて暴力的な意味に出会うことになる。ストライキという労働の中断期間に労働者が獲得し経験したもの〔権力の奪取《プリーズ》、言葉の獲得《プリーズ》〔=発言〕、あるいは意識の獲得《プリーズ》だろうか〕が、まさにこの瞬間に、秩序の強制力によって剝奪され、失われ、おそらく二度と取り戻すことができないという事実である。

カプランは先に引用した小説『今から』の少し前の箇所で、ゼネストによって現れる時間の宙吊りによって、たとえそれが一瞬であったとしても、今とは異なる生き方、未踏の広大な可能性の領域がいかにして感じられるかを再現してみせる。

> 把握できないもの、把握しがたいものが、ストライキと占拠を通してずっとあった。今にも何かが起こりそうで、実際に起きている、そんな感覚だ……。外からやってきて、こちらを出迎え、驚かせ、夢中にさせ、高揚させ、せき立てるもの、それはここにある。現にある。われわれはそのそばに、それとともにあるのだ。われわれはうずうずする。うずうずさせるものを作り出す。あらゆることが起きている。何が起きてもおかしくない。それが現在なのだ。世界はへこんだり、ふくれあがったりする。仕切りが開かれ、遠のき、場が生じる。それが今、今、今なのだ……。

愛から、あるいは芸術から、こうした感覚を得ることはある。だが社会から感じることがそうあるだろうか。義務的な惰性にほとんど決まって出くわすなかで行動を起こしたとしても、あるいは起こせると思ったとしても、それには限界があるという不快な感覚をほとんど決まって味わわされるこの社会で。

だがスト中には、この感覚をはっきり味わったし、それに多少は触れることもできたのだ。[*10]

六八年制作の映画に登場した女性の行方は途絶えてしまったことがわかった。足取りを追うことは難しかった。この事実は劇中で説明される。この女性はヴォンデール社工場でも、とくに劣悪な作業場で働いていたようだ。ターールと化学物質まみれの仕事はかなりきつかったため、労働者は定着せず、しばらくすると別の工場に移っていく。けれども、われわれの視界の中心にちらりとだけ現れた、純粋な拒否としてのこの女性、その亡霊のような佇まいは、歴史が下すある種の裁きをほのめかしているようだ。それは「六八年」そのものを亡霊的なものにする裁きである。その時代を過去に持つ人々の心のなかで、「六八年」という近過去は、独特の亡霊性ととらえがたさをまとう。この女性のように、距離的には近くに、だが時間的には遠く離れたところで保存され、ただよっているために、「六八年」はつねに(とりわけ、文字によるテキストと負けず劣らずの力強さを持つ映像による記録では)別の世界のかけ離れた時代に起きているような印象を与える。「六八年」はわれわれの生きる時代に起き

*10 *Ibid.*, 61–63.

たことなのか、それともゾラの生きた一九世紀に起きたことなのか(「ゾラふうの」と「一九世紀」は、ル・ルーの映画に収められた複数の証言が、一九六〇年代のヴォンデール社工場の労働条件を表現する際に繰り返し用いる言葉だ)。ヴォンデール社工場を扱った元の作品は、限られた短い時間に一つの語りがかろうじて存在するだけなので、あらかじめ存在する「人類学的な」民衆の物語は語られない。抑圧された生活を通してともに立ち上がり、否をつきつける「労働者階級」の物語は語られないのだ。この映画は、あの女性が実際に拒否の態度をただ示すことで、本人が——「民衆」としてもよいだろうが——出現するところを映し出している。今やこうした民衆のあり方——ル・ルーの映画では幽霊のように何度も現れ、現在を揺さぶって、その忘れっぽい性格を許さない——を位置づけることは難しい。というのは、この「民衆」は「現実のものとなっている」ときにだけ現れるからであり、民衆は、人類学者や社会史家、社会学者がこうした出来事を分類しようと持ち出す、さまざまな語りや表象をことごとく揺さぶるからである。

『撮影再開』はある意味では監督が語る意図以上に興味深いところがある。あるインタビューでル・ルーは、サン゠トゥアンのような地域で、大規模リストラで断ち切られた労働者の社会的記憶に連続性を作り出したいと語っている。一九六〇年代後半のことだが、この街では冶金工だけで約四万人が暮らし、働いていたこともあった[*11]。もしル・ルーの言う通りなら、その試みは「ルプリーズ」という語のもう一つ別の意味も含むことになる。この語には布を修繕したり、織り直したりすること、あるいは布地に開いた穴を繕ってもう一度きれいな状態にするという意味がある。これは社会的歴史において、記憶に関するきわめて伝統的な捉え方が目指すものを、きわめて伝統的なかたちでたとえたものだ。しかし対象となる人類学的な社会集団に対し、義務的に「記憶の再注入」を行い、アイデンティティの揺らぎを止めようという、このモデル——世代間で切れた糸を撚り直す作業としての「修復《ルプリーズ》」——の内部でもなお、お針子と同じく歴史研究者もいくつかの問題に直面することになる。修復部分がどうしても目立ってしまうからだ。ル・ルーの映画が冴えわたるのは、過去と未来の非連続性をあらわにするとき、この二つの時間を層のように合わせ、一種のパリンプセストを作るときだ。そこでは過去と現在のあいだに優劣はなく、等しく妥当であって、一方が他方を批判・判断する高みに立ったりはしない。もちろん作品に過去を持ち出すのは、現在の居心地の悪さを解消するためではない——自分のかつての姿を眺めるル・ルーの映画の登場人物は誰一人としてそうした反応を見せない。また現在についても、マスコミで幅を利かせる、戦後とくに一九八〇年代をめぐる決まりきった語り口とは異なり、「時の成就」としては描かれることはない。

『撮影再開』は一九六〇年代の歴史を、ありえたかもしれない別の姿で描こうとしている。本作はこの点で、「五月」の運動を大衆運動として描く近年の最も優れた試みに通じる。〔フェミニストで「女性解放運動」(MLF) の共同創設者の〕エリザベート・サルヴァルジの『受け継がれる「五月」』とニ

＊11　本章注5のル・ルーへのインタビューを参照。Toubiana, "Entretien," 50–55. また同じ号に掲載された『撮影再開』についての議論は Emmanuel Burdeau, "Lettre à une inconnue," *Cahiers du Cinéma*, Feb. 1997, 47–49〔未邦訳、エマニュエル・ブュルドー「身元不明人への手紙」『カイエ・デュ・シネマ』一九九七年二月号〕も参照。

コラ・ドームの『パリの片隅の革命家たち』がそれだ。この二冊は「五月」二〇周年の一九八八年に、それぞれ小さな出版社から刊行された。当時の「五月」関連文献が相変わらず、活動家としての過去を葬り去ることに特に力を入れていたのだから、この二冊の出版は、そうしたならわしを打ち破るようなものだったといってもよいだろう。ドームの実験的な試みは、かたちのうえではル・ルーの実践と似ている。この映画監督と同様、ドームの民族誌は当初から一つの団体に対象を絞っていた。ただしドームは工場ではなく、脱中心型の構造をもつある行動委員会（CA）を取り上げた。この行動委員会はパリの第三区と第四区で一九六八年五月中旬に突然出現し、一九七二年までさまざまな活動を行った。自分もメンバーだったドームは、当時活動した——労働者やアーティスト、教師、工員など、職業も年齢も多様な——約二〇人を探し出して、そのインタビューを記録した。そして本の最終章ではインタビューを受けた数人が、今度はドームをインタビューする側に回る。匿名の活動家たちは有名人でも殉教者でもない。当時、地区で行われた日常的な草の根活動に携わっていた人々だ。こうした人々の発言とは、一九八〇年代半ばまでに登場した「六八年」論からは完全に姿を消した声であり、後に運動のスターや指導者、代弁者となった人々によって軽んじられてきた声である。「六八年」が残したものは、一部の、たった一握りの人たちに専門家としての権威を与えた知識以外にはないのだろうか。ドームは自分の方法に自覚的だ。彼は「五月」の表象をすっかり支配している私物化や回収、見世物化の戦略に対する、計画的な攻撃、あるいは包括的な介入を行おうとしている。そのことは序文にはっきりと現れている。

一部の読者の不興を買うことになるだろうし、なにがしかの期待があるのもわかっている。だが私には、以下に収めたインタビューを今ふうの書き出しで始めることはできない。「潑剌とした四〇代の女性が、猫に囲まれたレ・アール地区のロフトで出迎えてくれた。サボテンのコレクションに水をやっているところだった。陽気なまなざしも巻き毛も昔のままだ」とか「結婚し、父親となった彼は、管理職として人事部門を任され……」などとは。この手の単純かつ凡庸なディテールを書いてみても、平凡な謎すら解けない。なぜなら、アデックは画家以外のこともしているし、J－Pは医者以外のこともしているし、といった具合だからだ。かれらは自分でそう言っているし、現に別の顔もまた持っている。他方でかれらは市井の人でもある。メディアに登場することも、リーダーを仰いだこともない。かれらは地域では（もちろん）知られていたが、目立つことなく暮らしていた。[*12]

かれらは別の顔もまた持っていた。一九六〇年代と何も変わらず、かれらは運動の〈主役〉だったことも、出版物のトップページを飾ったことも、世代のシンボルだったこともなければ（事実、さまざまな年齢の人がいたことが、「世代」という考え方そのもの――これが、八〇年代半ばにはすっかり定着していた六〇年代像を特権的に支えている――の嘘を暴いている）、専従活動家だったことも、「典型的存

＊12　Daum, *Des révolutionnaires dans un village parisien*, 15; Daum, *Mai 68*, 16.〔新版では、この記述は「他方で」から最後までのみ採録〕

在」だったこともなかった。ドームのインタビュー相手とは、工場のゲート前や、中央集権ではないスタイルをとる数々の運動や行動委員会の総会を構成する、多数の同志の一人なのだ。ル・ルーも作品中でインタビュー相手に接する際、似たような表象戦略を用いている。「インタビュー相手の言葉を尊重しようとすること、相手の持つ多面性や矛盾が表に出てくるまで、じっくり時間をかけること、登場する人を社会的なレッテル（管理職、労働者）や政治的・組合的なレッテル（トロツキスト、毛派、CFDT組合員、CGT組合員、共産党員）へと絶対に還元しないこと[*13]〔…〕」。だがドームはル・ルーよりも巧みに、かれらが別の顔も持つことを示す。とはいっても、社会的立場も職業もさまざまな人たちが行動委員会に結集し、やがて解散することのほうが、工場や職業の持つ規定力と比べて任意性が高いのだから、驚くにはあたらないのかもしれない。たとえばル・ルーの映画に登場する組合活動家は、おおむね組合ふうの語調で語り、インタビューされた労働者はおおむね労働者として話をする。工場によってそうした役割があてがわれるからだ。ストライキのときを除いては。だがストライキは終わりを迎えつつある。対照的にドームの本の登場人物は、二〇年前のほんとうに偶然の出会いの結果なのだ。地区という空間的「出自」が共有されていても、かれらの話が「マレ地区の声」のようなものに還元されることがない。活動の舞台はマレ地区だったが、かれらが行動委員会に結集した理由、あるいはかれらが解散した理由はもっとずっと偶然的なものだ。たとえばアントワーヌはある雨の日に、自分が行くことになっている会合に参加するらしき若い女性の後をついていったら、代わりに行動委員会の集まりに来てしまい、そのまま何年もそこに加わった。ドームがインタビューした別の人物はこう言っている。「グループとしてのまとまりは、組織を構成する一人ひとりには依存していなかった。誰か来ればそれでメンバーになったし、誰かが抜けて困ったことにもならなかった。重要なのは〔行動委員会という〕培地のほうだった」[*14]。職業的活動家(むしろ職業的元活動家だろうか)という、一九八〇年代に広まり、支配的になったイメージに対抗するように、ドームは一つの集合的経験をよみがえらせる。

---

*13 Hervé Le Roux, *Reprise: Récit* (Paris: Calmann-Lévy, 1998), 151.〔未邦訳、エルヴュ・ル・ルー『撮影再開』――物語』一九九八年〕

*14 アデクの発言。Daum, *Des révolutionnaires dans un village parisien*, 24; Daum, *Mai 68*, 25.「行動委員会」のメンバーの流動性は、こうしたタイプの委員会の一つである学生‐作家行動委員会の内部報告にも記されている。以下は、一九六九年に組織として発表されたが、後にマルグリット・デュラスが起草者とされたテキストからの引用。「ときに全然見たこともない人が来て、八日間連続で来て、それからもう、まったく来ない。/ときに全然見たこともない人が来て、いつも来る。/ときに全然見たこともない人が来て――どこに来たと思っているのだろう?――新聞を読み、永久に姿を消す。/ときに一度会ったことのある人、何度か会った人が来る。/ときに全然見たこともない人が来て、幾日かあとに来て、それから、だんだん間をあけずにやってきて、それから急に、いつもいるようになる」(Marguerite Duras, "20 mai 1968: Texte politique sur la naissance du Comité d'Action Etudiants-Ecrivains." in *Les yeux verts* (Paris: Éditions de l'Étoile/Cahiers du cinéma, 1996) 59–70〔マルグリット・デュラス「一九六八年五月二〇日 学生作家行動委員会の誕生に関する政治的テキスト」『緑の眼』小林康夫訳、河出書房新社、一九九八年、七三‐八四頁。引用は七五頁〕)。

「六八年五月」では、全体状況に参加していることを即座に感じられた。しかし当時と同じくらい、今の自分は支配的イデオロギーに正面から立ち向かっているように思える。「六八年五月」への郷愁があるならそういうことだ。われわれは実のところ運動をしたのではなくて、ある生き方を実践していた。生活と運動のあいだに断絶はなかった。家には毎晩のように友だちが来ていた。自分たちのあり方と主張とが互いに結びついていた。[*15]

この感動的な発言は、政治的想像力によって日常生活がかたちづくられるときに人々が味わう経験を実によく描いている。そしてまた実践という概念が、さまざまな苦難から解放され、豊かさを取り戻した日常の経験であることを的確に表してもいる。そのような政治と融合した日常性においては、疎外による分断が修復され、平凡な日常性と非日常性のあいだに、公的なものと私的なもののあいだに、活動家の生活と普段の生活とのあいだに緩慢だがぱっくり口を開けて広がる断絶が、無効となったかのように経験される。この短い引用には、アンリ・ルフェーヴルが「日常性の変容」という言葉で考えていたことが見て取れる――このとき、慣習ではなく生き方としての文化が創造され、さらにその状態が、役割や社会関係を自己決定する集団の活動を通じて一時再生産されるのである。政治活動が、社会生活から孤立し、完全に区別された別個の領域として現れることはもはやなくなる。生活と労働の現場で、一人ひとりが別の未来の誕生を準備することが可能になる。専門化――専門家がいて「当然の」分野――は領域の分割で成り立っている。だがここでは社会的なものが再編される。そしてこうした分割は廃絶され、専門家が占めて当然とされたカテゴリーが拒絶されるのである。

エリザベート・サルヴァルジがインタビューする人々には、「六八年五月」で運動に参加したこと以外に共通点がない。ドームやル・ルーとは異なり、無名の人々や「自己の歩み」というかたちで語る著者本人に加えて、著名人たち——ギー・オッカンガム、〔思想史家でフェミニストの〕クリスティーヌ・フォーレ、セルジュ・ジュリー——への聞き取りもある。彼女の目的は「当時の思想ではなく、当時二〇代だった自分の亡霊と向き合うことで〔…〕かれらが今日見ている夢と悪夢」から多層構造のテキストを編むことだ。[*16] ル・ルーと同じく、サルヴァルジも自分の著作を、捜査の意味での「調査」に分類する。しかしここにもやはり「底辺の声」、あるいは媒介されない証言への到達を目指す、左翼主義的な衝動におそらく近しいものが浮かび上がってくる。

したがって「調査」を読むことは、捜査そのものに図らずも似てしまう。何時間も何日もかけて「誰それについてはどうだ」と、他人についての記憶を人々に問いただすのに似てくるのだ。「この人物を覚えているか」「まだ会っているのか」「何か聞いていないか」と。したがって私の調査は、探偵の仕事のようになった。断片的な情報を次から次にたどり、その「誰それ」を突き止めようとしたのである。インタビューの端々で、六八年当時の何らかのイメージ、シーン、あるいはエピソードを頼りに、私はその名が不十分なかたちで、あるいは名字だけ登場する「誰そ

＊15　アデクの発言。Daum, *Des révolutionnaires dans un village parisien*, 27; Daum, *Mai 68*, 27.
＊16　Elisabeth Salvaresi, *Mai en héritage*, 18.

れ」を探した。情報を突き合わせることで進んだ「調査」には、かなり手間はかかるが魅力もある。私は楽しんで作業をしたし、ここで再び、その楽しさを分かち合えることを望んでいる。*17

にもかかわらず、捜査のたとえや推理小説というジャンルが、一九六〇年代に関心を持つ作り手たち——ヴィラール、サルヴァルジ、ル・ルーなど——に頻繁に用いられる理由の一つが、ここには読み取れるだろう。遠くない過去はすでに失われ、隠され、おそらく押収にまで至ってしまった、そんな感覚があるからだ。捜査対象となる犯罪とは、こうした回収、排除——ある集団、つまり専門家を大衆運動の代役に仕立てあげる行為である。さらにこれは、同時代に存在する国家による創作のもたらす衛生学——現行の社会秩序による支配——の勢力拡大を許すという犯罪でもある。このように失われたものを明るみに出すこと、あるいは隠匿の実行者である犯罪者や勢力を特定することの目的は、フランス人に対して、自分たちの過去についての対抗的な「イメージ」や別の見方——「六八年」のオルタナティヴな見方——を提示することよりも、フランス人自身の現在に関する経験を異化し、再構成することに置かれていた。

主流派メディアはどうだったか。マスコミは自分たちが行う——六八年についての、もちろんより重要なのは翌一九八九年のフランス革命二〇〇年についての——記念行事じみた再構成に熱心で、一九八八年にサルヴァルジやドームの本が出版されたときにはほとんど見向きもしなかった。そしてサルヴァルジが語るような——読者とともに本人も感じている——快楽の感情は、テレビの記念番組という「組織的イベント」を支配する憂鬱な調子にはないものだった。「快楽」や「想像力」が「五月」の唯一とまではいかないが、主要な要求として大々的に扱われるときですら同じことだった。[*18] たとえば一九八八年に放映されたテレビ番組『「五月」裁判』を例に取ってみよう。番組の進行役はベルナール・クシュネル[*19]──共産主義学生連合（ＵＥＣ）の元活動家で、国境なき医師団（ＭＳＦ）共

＊17　*Ibid.*, 219–220.

＊18　こうした傾向は、一九七八年五月二日にアンテナ2で放送された「世界の『六八年』」のような番組に顕著だ（"68 dans le monde," "Les Dossiers de l'écran," series (1978)〔「世界の『六八年』」、『テレビ事件簿』シリーズ、一九六八年〕）。同番組は一九六〇年代の反乱に関する国際的な調査を行うとしながら、フランスの部分は「言葉による妄想」、すなわち詩的なグラフィティが表す想像力への要求だけを取り上げた。そしてフランスの「五月」は「純粋状態の反乱」や「明確な展望のない革命」として描かれた。この番組では、学生とカルチェ・ラタンを大きく取り上げ、労働者を後景に退かせるというテレビの記念番組の一般的な傾向が極限に達した。ストへの言及が一切なかったのだ。

＊19　訳者──政治家・医師（一九三九－）。一九六〇年代前半は共産党系の学生組織・共産主義学生連合（ＵＥＣ）で活動。「イタリア派」（構造改革派）の一員として、機関誌『クラルテ〔光〕』の編集に携わるが、六五年に共産党「正統派」との主導権争いに敗れて離脱。六八年はベトナム反戦運動やパリ大学医学部スト委員会にかかわる。アフリカでの医療活動を経て、七一年に「国境なき医師団」の創設に参加。八〇年にはボートピープル支援をめぐって方針の違いから分裂し「世界の医療団」を旗揚げする。ミッテラン時代には保健衛生分野で内閣に数度参加し、保健大臣も務めた。人道的介入の熱心な提唱者ともなり、九九年七月から〇一年一月まで国連コソボ暫定行政ミッション（ＵＮＭＩＫ）特別代表。〇七年五月から一〇年八月までにサルコジ政権下でフィヨン内閣の外相を務めた。

同創設者にしておなじみのメディアタレント、最近では国連コソボ暫定行政ミッション（UNMIK）特別代表を務めた人物だ。[*20]

番組名からもわかるように、『「五月」裁判』は裁判のかたちを取って、被告人、検察側および弁護側に主張を語らせ、陪審員の判断を仰ぐ。「何々記念日」ふうの扱いが視聴者の心に呼び起こしかねない祝祭性を極力排除するために、この番組では「六八年五月」を裁くという、きわめて重苦しい「裁判」スタイルをとったのだ。しかし審理し判決を下すとはどういうことか。ともかく、それは今や犯罪とされた出来事について最終判断を下し――歴史研究者にはできなくても、裁判官にならできる――評価を確定させ、善悪という不朽の区別に則って倫理的判断を下すこと、そしてその歴史から、生きるうえで遵守すべき格率や格言として教訓を引き出すことなのだ。「五月」が「とらえどころのない」（アロン）、あるいは不可能な革命であるだけでは不十分だ。それは今や犯罪にならなければならない。いうまでもなく、ここで犯罪扱いされるのは「五月」の横領や隠蔽ではなく「五月」そのものである。テレビ局のスタジオの観客席には「陪審員」として招集された若者たちが座る。この若者たち――いわば八八年世代だろうが――は六八年世代を裁くために招かれた。ここで六八年世代を体現するのはクシュネルだ。「自己批判」的態度がすっかり板につき、自らの過去だけでなく、自分が具現化するとされる無数の人々の過去をも扱うこの裁判で、検事役と被告人を同時に務める。導入部の映像とナレーションによって六八年の出来事の舞台は定まる。「力あふれ、栄える」フランス――コンコルドに大型ヨット、自動車のショットが入る――「一流の」指導者を擁し、平和で豊かで、失業もわずかなフランスだ。次にカルチェ・ラタンでひっくり返り、炎上する自動車にショットが切り替わる。何が起きたのか。「フランスの若者はどんな虫に刺されたのか〔＝なぜそれほどの怒りを見せたのか〕」。

「虫に刺された」という慣用句を文字通り受け取れば、こうした疑問は、繁栄を享受する特権的な、あるいは甘やかされて育った学生たちの説明不能な怒りという現象を示唆している。そうしたフランスの若者をどんな虫が刺したのか〔＝かれらに何が起こったのか〕というわけだ。しかしこの疑問はまた、学生たちの行動を、外部からのウィルス感染の結果として捉えただけでは説明不能な例外として振り返ってもいる。空気感染の熱病や、虫を媒介にする感染性の熱病で政治をなぞらえるという、かつて一九六〇年代の主流メディアで広く用いられた手法の再来である。たとえば「熱病がカルチェ・ラタンを支配」（『フランス・ソワール』一九六八年五月一一日）や「コーン＝ベンディット・ウィルス」（『オーロラ』一九六八年六月一三日）といった具合だ。この疑問に最初に答えたのは、ホスト役の（そして都合よく医者でもある）クシュネル自身だった。クシュネルはまさに文化主義的な、あるいは「ライフスタイルによる」解釈を提示する。「陪審員」には、一九六〇年代のフランスの古くさい面を指摘して、高校では服装規定があったとか、避妊に規制があったなどと説明する。クシュネルは言う。「生活の変化が早すぎた」と。フランスの工業化があまりに早く進行したので「話し合うことを忘れ

＊20　“Le procès de Mai,” hosted by Bernard Kouchner, prod. Roland Portiche and Henri Weber, screened on Antenne 1, May 22, 1988.〔テレビ番組『「五月」裁判』（司会：ベルナール・クシュネル、プロデューサー：ロラン・ポルティシュ、アンリ・ヴェベール）一九八八年五月二二日にアンテナ1で放映〕

てしまっていた」。「バリケード越しというかたちになってしまったが、話し合いのためにはいったん立ち止まる必要があった」。毛沢東の「革命は客を呼んで宴会を開くことではない[*21]」という有名な格言と、ここで描かれる温和で融和的な会話のイメージとの隔たりは埋めようもない。後者では、バリケードが対立や分離を示すどころか、癒しの対話を可能にするものとして現れている。

続いてこの番組は「『五月』の行きすぎ」というコーナーに移り、この蜂起に対してフランスが払った重いつけを専門家が解説し分析する。そもそもこの「行きすぎ」という見方自体が、運動の目標に照らしてどのような「行きすぎ」があったかを判断するうえで、専門的な知識が必要なことを示唆している。さまざまな「行きすぎ」のうち、まず大学の混乱が取り上げられた。司会のアニー・クリージェル[*22]は、ナンテール校の歴史学教授で、反共に転じた元共産党員だ。クリージェルは、知識と学校教育をおとしめる「六八年五月」の言説によって、フランスの大学の現代化は「一五年から二〇年」遅れたと主張する。葬送曲めいた音楽をバックに、ナンテール校の教室を逆さまに捉えたショットが登場し、カメラは黒板に書かれたある落書きにズームする。「私は愚かになることを夢見る」というフレーズだ。われわれは北京にいるのかパリにいるのか。クリージェルはこの対比を際立たせる。「フランスの出来事は中国の文化大革命と似ていた。人々は残酷な辱めの光景を忘れてしまっている。ナンテール校では、『学識ある』人物が文字通り顔に泥を塗られるという恐ろしい事態があった」。

次なる行き過ぎは「ウルトラフェミニズム」だ。元――この点を本人は繰り返す――フェミニスト活動家で現在は『リベラシオン』記者のアネット・レヴィ゠ヴィラールが登場し、初期の女性運動について、女性たちが、生きていくうえで男性は必要ないと判断し、その代わりに男性のように振る舞って「自分たちにもタマがある〔＝男らしい〕ことを示そう」とした時代として描く。ついで一九八〇年代後半になると、成熟したおとなの視点からレヴィ＝ヴィラール氏はこう嘆いてみせる。こうした行き過ぎによって、多数の女性に苦難がもたらされたのだ。子どもがいなかったり、離婚したり、一人のまま不幸せに暮らしていたりする女性がいるのだと。そして出版したばかりの著書を掲げる。ズームするカメラが書名を映し出す――『私はジェーン、求むターザン』。

この番組が提示するイデオロギーがかった説明図式にとって、フェミニズムは明らかにやっかいな問題だ。「五月」によって、家族の厳格な役割分担や性行動を制限する習慣が、ある意味やわらいだことには意味があったし、女性たちはこうした変化の影響をおそらく受けたに違いないからだ。事実、

＊21　訳者――『毛沢東語録』の「二　階級と階級闘争」に収録（竹内実訳、平凡社ライブラリー、一九九五年、四三頁を参照）。もとは「湖南省農民運動の視察報告（一九二七年三月）」内の表現。『選集』の該当箇所は以下の通り。「革命は、客をごちそうに招くことでもなければ、文章を練ったり、絵を描いたり、刺繍をしたりすることでもない。そんなにお上品で、おっとりした、みやびやかな、そんなにおだやかでおとなしく、うやうやしく、慎ましく、控えめのものではない。革命は暴動であり、一つの階級が他の階級をうちたおす激烈な行動である」（『毛沢東選集』第一巻、外交出版社、一九六九年、二八頁）。

＊22　訳者――歴史家（一九二六－九五）。フランス共産党史の批判的研究で知られる。スターリン批判とハンガリー侵攻を契機に反共主義に転じるまでは、共産党の熱心な若手活動家。七〇年には保守系日刊紙『フィガロ』の論説委員となる。邦訳書に『フランス共産党の政治社会学』（横山謙一訳、御茶の水書房、一九八二年、原著一九六八年）など。

番組中に出てくる画像の大半は、男女のこと、たとえば結婚した夫婦の生活や高校生の性的関係に関わるものだった。この点を解決するために、もう一人の「元活動家」が番組後半に登場する。元トロツキストの社会党国会議員アンリ・ヴェベールは、フェミニズムに関するレヴィ＝ヴィラールの説明に反論する。ヴェベールにとって「五月」とは巨大な自由至上主義《リベルテール》型民主化運動である。この理解を支えるため、性解放とＭＬＦ（「女性解放運動」）は「六八年」の成果であるだけでなく、「社会の改善」をもたらした偉大な達成であると主張する（ここで、ある女医が登場し、「六八年」のおかげで、家族はお互いを性的存在と見なすようになったとお墨つきを与える）。しかしこの番組の解釈を支える論理はきわめて明確だ。自由至上主義者のヴェベールが、「五月」精神の継承を主張する社会党的な発言を行い、女性運動を自分たちの手柄にしてしまう一方で、「ラディカル・フェミニスト」であるレヴィ＝ヴィラールは過去を否定し、ラディカリズムとの関わりを自己批判する。レヴィ＝ヴィラールによる自己批判があり、そこで批判された政治史を男性の元活動家が回収し、政治としてではなく「社会の必然的な変化」として書き直すのである。必然的――おそらくは。なぜならそれは実際に起きたことであり、社会的運命の機械的で進化的な展開の一部だったから、というわけだ。政治は、文化の現代化という偉大で（かつ不可避的な）前進運動を祝うべく行われなければならない。したがって「五月」は断絶ではなく連続なのだ。記念行事にとって、過去とは現在の他者ではなく、現在との必然的な連続性のもとに存在している。

　暴力という「『五月』の行きすぎ」もまた、フェミニズム以上に手ごわい問題を生じさせるが、番組では意図的にこの問題の比重が軽くなっている。暴力を取り上げるパートは非常に短く、関連画像といえば、毛派の機関紙『人民の大義』の見出しのクローズ・アップと、一九七〇年代前半の工場占拠で取り押さえられたり、拘束されたりした管理職たちの写真だけだった。暴力は反徒だけがふるうものとして、また「五月」後の左翼主義の時代に限って登場するものとして描かれる。つまり国家や警察による暴力、「五月」の前史である植民地主義、アメリカなど帝国主義諸国の暴力、CRSとフランやソショーの工場労働者との激しい闘い（高校生一人と複数の労働者が警察に殺害された）を扱う画像も映像も一切出てこない。番組は「五月」期間中の街頭での暴力にすらまったく触れようとしない。国家はどこまでも受動的で無力な存在に描かれる――まるで権威に反して行動する人々だけに力があるような描き方だ。今挙げた国家のさまざまな暴力は「五月」の一〇周年記念番組では主立った映像資料として使われていた（たとえば〔有名ジャーナリストの〕アンドレ・フロッサール『「五月」の歴史』）。しかし二〇周年を迎える頃には、一九八〇年代の自由主義者による巨大な対抗改革がすでに頂点に達していた。国家がふるった力は姿を消してしまい、暴力は一九七〇年代前半に少数派や過激派が行った「取るに足らない」逸脱にすぎないものとなっていた。

「五月」の二〇周年記念――というより「裁判」――は、翌年に控えるフランス革命二〇〇周年の序曲として、二重の役割を果たすために引き合いに出されていた。『「五月」裁判』の暴力を扱った短いパートの冒頭に置かれたナレーションは、その様子をうまく描いている。「テロルは美徳に始まる」というフレーズは、左翼主義者による一九七〇年代の政治的暴力――工場長の誘拐や幽閉のほか、七〇年代前半に盛んに行われた人民裁判、工場でのサボタージュ、爆弾事件、その他の報復行為――を、始まりはよかった物事が「テロリズムによる逸脱」へと陥る嘆かわしい事態として位置づける。こうして「麗しの五月」――クシュネルが想起させる、例の幸福な対話――はハンドルを切りそこない、あのような不幸な逸脱へと突き進んでしまった。もちろんこの語りは、フランソワ・フュレ[*23]のフランス革命解釈の一つに範をとっている。フュレは多様な解釈を示しており、その一つ一つを見てみると、互いが矛盾するだけでなく、どうつながっているのかがわからないこともある。しかし番組内では、それら一つ一つが何らかのかたちで現れている。革命を「記念」することの問題はこうだ。記念という行為には形式的な面白みがない――きれいにアイロンがけされ、香りつきで引き出しに丁寧にしまわれた記念品を連想させるのがせいぜいだ。にもかかわらず、記念化行為には記憶を呼び覚ます働きがある。だからこそ、八〇年代版の「六八年」記念企画のように、入念な調整を施され、厳重な管理下に置かれたタイム・カプセルであっても、監視を免れて悪霊を目覚めさせる危険がある――それにはただ何かが起きたこと、つまり出来事があったことが公式に認められるだけで十分だ。もし何も起きていなかったのなら、そもそも記念のしようがない。だが出来事が実際に起きていたのなら、当然、あるときどこかで誰かが石を投げようと決意したのであり、誰かがどこかで働くのをやめることを選んでいたのだ。近過去を記念する行為は、元(たとえ改悛している場合でも)活動家の影響力が強ければなおのこと、社会学的な要約に頼りきることができない。文化的現代化という事後的な語りへと出来事をまとめあげ、記念の対象である出来事を、近代へのよどみなく滑らかな移行のなかに消滅させてしまう捉え方には限界がある。性的自由を求める運動や女性運動にしても、いったん「過激な」要素が排除され、さまざまなユートピア――反家族、反カップルを目指す方向性――が消されたうえで、新たに強化されたブルジョワ的私生活の領域に巧みに追いやられれば、平和的な転換という事態に棹さすだけの語りに利用されかねない。しかし暴力とはおおよそこのように処理することのできないものである。番組では、七〇年代の左翼主義者による暴力が、温厚で輝かしい「五月」を救出するために否定すべきものとして繰り返し描かれる。フュレの場合でいえば、フランス革命解釈を論じるさまざまな機会で、一七八九年の人権宣言を賞賛しようと、一七九三年のジャコバン独裁と恐怖政治を否定する方向に傾くのと同じことだ。しかしこの戦略ですらうまくいかないこともある。番組が進むにつれ、一九八〇年代後半がまさにそれにあたるのだとほのめかされるに至る。フュレは『フランス革命を考える』で、あらゆる革命政治は恐怖政治に行き着くことは必然で避けられないのだというフランス革命解釈を提示した。このかなり一般化した調子の見解に従えば、テロルは社会総体の変革を目指すあらゆる衝動に、つねにすでに過去に遡って浸透する。だからこそ「テロルは美徳に始まる」。変革を考えることそのものが、一連の全体主義を直接的かつ不可避的に生み出すからだ。恐怖政治は一七八九年の必然的な運命だった。それとまったく同様に、数世紀後のソ連の全体主義と強制収容所《グラーグ》——そしてポル・ポトさえも！——は、フランス革命がたどる必然的な運命なのだ。そう、スターリ

＊23　訳者——歴史家（一九二七‐九七）。社会科学高等研究院（ＥＨＥＳＳ）院長（七七‐八五年）。フランス革命史研究で修正主義史観を唱えた。『フランス革命を考える』（大津真作訳、岩波書店、一九八九年、原著一九七九年）などで示されたその史観は、旧体制との連続性を強調し、民衆蜂起や革命運動の意義を相対化する。熱心な共産党員から反共主義、「二つの全体主義」批判に転じるとともに、サン＝シモン財団（本章注46参照）設立に関わるなど言論界のリベラル化・中道化を推進。

ンはすでにロベスピエールの中に息づいていた。同様にして、一九七〇年代の左翼主義者の暴力は「五月」の蜂起がもたらした当然の結果とされるのである。

フュレは後年、フランス革命分析にさらに手を加える。そして最終的には、フランス革命を社会革命の生みの親ではなく、近代民主主義政治文化の生みの親として再定義する。[*24] しかし『「五月」裁判』の暴力を扱ったパートは、一九七〇年代後半当時のフュレの議論に大きく依拠している。すなわち「収容所《グラーグ》」を革命政治のどうすることもできない本質、その当然の結果とする考え方だ。フュレはフランス革命の強引な再解釈を、学問としての歴史学の領域で行った。フュレの見解は、スニル・キルナニ〔ロンドン大学の政治学者〕の表現によれば、新哲学派として知られる元左翼主義者たちに「決定的な歴史的お墨つき」を与えるものだった。[*25] 新哲学派は当時、相当芝居がかったグラーグ論をマスメディアで熱心に展開していた。要するにフュレと新哲学派は力を合わせ、「全体主義」を軸とした批判のための新たな用語集を共同で考案して広めていたのである。ここで「全体主義」とは、フランス革命の「行きすぎ」を、全体主義的な言説と実践が根を下ろす領域と定める陳腐な思い込みのことだ。一九七〇年代後半にフュレはジャーナリズムとの結びつきを強める。パートナーとなった一般向け〔左派系〕週刊誌『ヌーヴェル・オプセルヴァトゥール』はソルジェニーツィンを擁護し、新哲学派を初めて一般読者に紹介した。また同誌は、一九七〇年代を通して、自らの革命的な過去と「距離を取る」人々には最も望ましい雑誌となった。他方、新哲学派やフュレが発するような、新しい言説の普及に一役買ったもっとアカデミックな雑誌もあった。たとえば『エスプリ』だ。同誌はほぼ同時期に二号にわたって特集を組み、「政治の回帰」というタイトルのもとに、「革命＝共産主義＝全体主義」なる等式を打ち立てた。[*26]

さて『「五月」裁判』に話を戻そう。番組の終わりには経済学者のミシェル・アルベール[*27]が登場し、専門家としてフランスの産業を診断する。アルベールの所見はアニー・クリージェルによる大学の現状診断ときわめて近く、中国文化大革命の結末を暗に参照して有力な根拠としていた。その図式によれば、フランスの産業的衰退は「一九六八年」の結果であり、そこで同時に始まっている。フランスの産業は「六八年五月」のせいで「一〇年あるいはそれ以上」遅れたというわけだ。しかしこの主張の根拠はどこにあるのか。どうやら日本の経験が根拠となっているようだ――清潔で能率的な日本国内の製造ラインの写真が、正しく成功した経済の現代化の好例として挙げられる。労働者でなくロ

*24　次の書籍のとくに第五章と第六章を参照。Sunil Khilnani, *Arguing Revolution: The Intellectual Left in Postwar France* (New Haven: Yale University Press, 1993)〔未邦訳、スニル・キルナニ『革命を論じること――戦後フランスの知識人左翼』(一九九三年)〕。フュレのフランス革命論のさまざまなヴァージョンと、それが生まれた政治的・知的背景について見事な分析が行われている。

*25　Khilnani, *Arguing Revolution*, 124.

*26　*Esprit*, July–Aug. 1976 and Sept. 1976.

*27　訳者――経済官僚、企業家(一九三〇-)。当時はフランス総合保険グループ(AGF)会長。『資本主義対資本主義』(久水宏之監修、小池はるひ訳、竹内書店新社、二〇一一年、原著一九九一年)で、東西冷戦後の資本主義は、市場中心のアングロ・サクソン型資本主義論と市場外調整を重視するライン型資本主義論の対立であると論じて注目された。

ボットが工場のラインで作業をする姿が映る。それこそが優秀な労働者、すなわち不平をいわずに昼夜を問わず働く労働者のイメージ、合理性の完璧な形態である。

実際のところ『「五月」裁判』の関心は「五月」よりも「ポスト五月」に向いていた。一九七〇年代に女性運動が獲得した成果を利用して、それとまさしく同時代に属する左翼主義者や労働者に関わる暴力をおとしめようとした。そしてこうした「暴力」に、大学や産業の発展の全体的な停滞や衰退——高失業率にあえぐ八八年世代には喫緊の課題であろう事態——の原因が押しつけられる。フュレによるフランス革命の解釈の一つに引きつけるなら、「六八年五月」とは、自由主義に向かう自然で漸進的な進歩の流れに行使された一つの暴力であり、それによって変形したフランス社会は、現代化の遅れを取り戻そうと躍起になっているのである。こうしてクシュネルやヴェベールのような元活動家は、現在もなお部分的には肯定すべき「五月」観を守る必要に迫られて、女性運動に関する一つの見方を出してくる。そして女性運動の本質とは、個人的なものが再び全盛期を順調に迎える一助となったこと、そして公的なものの過剰に対する私的なものの復権にあるのだという。こうした女性運動観を足がかりにし、また「バリケードの両側での友好的な対話」を下敷きとすることによって、「五月」が文化的現代化と自由主義的政策を結局はプラスのかたちで促したという番組の主張が可能になる。こうした語りに描かれる「五月」には、政治的、マルクス主義的、あるいはユートピア的といったところはほとんど見当たらない。他方で、「五月」そのものにたいした利害のないクリージェルやアルベールは、「五月」によってフランスは時代に逆行しただけでなく、一九七三年以降の経済危機が求める構造改革にペースダウンをもたらすハンディや障害が生じたと主張する。皮肉なことに、おそらく「五月」の記憶に多大な損害を与えたのは、政治的解釈を犠牲にして社会文化的解釈を推し進めることに腐心した、「五月」の弁護人を自称する人たちだった。

さて若者はいかなる評決を下したのか。その確認はきわめて難しい。というのも番組は評決を下すために集まった若者たちの声を聞くよりも、一九八〇年代の若者についての専門家の意見を拝聴する方向に大きく偏っていたからだ。[*28] これはそれほど意外なことでもない。番組のコンセプトは「五月」に何らかの評価を与えるよりも、そうした作業に長けた「専門家」たちを作りだして、お墨つきを与えることにあったからだ。ここでローラン・ジョフラン[*29]が登場する。ジョフランは、教育問題をめぐって起きた一九八六年の大規模学生デモ[*30]の時期に『八六年世代』を刊行していた。彼は陪審員に対

*28 『「五月」裁判』のプロデューサーは、過去の特番の教訓に学んでいたのかもしれない。アンドレ・カンパナがプロデューサーとなった「『五月』——何のこと?」(一九八三年)〔第Ⅱ章注10を参照〕も高校生をスタジオに呼んだが、構成面での仕切りがゆるく、即興性が高かった。カンパナを困らせたのは、出演した工業高校の生徒が好奇心をむき出しにして、「六八年」の出来事に関する質問を連発したことだった。質問の大半に答えられなかったカンパナは、番組の舵取りに窮してしまった。ちなみにこれは『ヴォンデール社工場の操業再開』を流した数少ない番組の一つでもある。ダニエル・コーン゠ベンディットも出演して「一九六八年」は世界的な「性革命」だったと主張した。

*29 訳者——ジャーナリスト(一九五二-)。一九八〇年代は日刊紙『リベラシオン』の記者として活躍。その後、中道左派系週刊誌『ヌーヴェル・オプセルヴァトゥール』(二〇一一-一四年まで編集局長)と『リベラシオン』の要職を行き来する。二〇一四年からは『リベラシオン』編集局長。邦訳書に『ナポレオンの戦役』(渡辺格訳、二〇一一年、中央公論新社、原著二〇〇〇年)。

し、あなたたち今日の若者はプラグマティックで保守的で、政治やイデオロギーを信じていないと指摘する。これを受けて「陪審員」役の学生たちが、一九六〇年代の活動家が、かれらの判断によれば「あらゆる障壁を破壊した」ことの影響を論じ、自分たちはかれらとは異なり、賢く、調和を求めたいと述べる。今日の若者にとって「六八年」は「あまりにイデオロギッシュ」に映っている。ジョフランはこう結論づける。今日の若者は「道徳的な世代」を形成し、古典的かつ民主的で、とりわけ道徳的な価値観、たとえば「教育を受ける権利」といったものに関心を示しているのだと。

陪審員役に招かれた若者たち——かれらが選ばれたのは、おそらくジョフランのいう「倫理」世代に属するからだろう——や、番組の平均的視聴者がこの点についてどのような意見や感想を持ったのか、それを推測するのは難しい。人々はすでに過去によって攻撃され、無力化されてしまっているからだ。とくにクシュネルは、センチメンタルでヒロイックでありながらも教育的なトーンで語りかける。たとえばあるとき陪審員たちにこう語っていた。「二〇年ごとに夢を求めなければならない。『六八年』はすべてを変えた」。同時にいまの若い世代は、向こう見ずな年長者たちにはない道徳感覚と現実主義的な態度があると賞賛される。「判決」——この番組が下すことになっているもの——には、実際のところ麻酔が施されている。記憶の戦いとは意見交換、すなわち公衆から見解を引き出すための議論のことではない。それはむしろ他の意見をかき消して、ある一つの意見を提示することなのだ。この目的を遂げるため、番組は筋の通った議論ではなく大音響と意味深長な沈黙を用いる。そこでの強烈な映像や画像が呼び起こすのは冷静な判断よりも情動や感情である。一九八〇年代の若者は、過去の二〇代よりも劣っているか優れているか（両方のこともある）のどちらかではあっても、両者がイコールであることはありえない。一九八〇年代に高まっていた失業と教育への不安が、この番組では「遅れ」をめぐる議論で煽られている。「六八年」によってフランスは経済発展と大学改革を順調に進めることができなくなり、そのせいで今の若者には仕事がないという。（レヴィ＝ヴィラールが体現する）ラディカルな政治は個人的な悲劇、あるいは（クシュネルが体現する）おなじみのメディア・コメンテーター兼政府顧問という実入りのよいポストをもたらす。ルサンチマン、嫉妬、不信感、喜び、軽蔑、哀れみ、退屈さ——さまざまな感情が呼び起こされ、過去に対する階層化された（優劣のある）関係のうえにはっきり現れる。しかしこうしたもののどれ一つとして（ただし退屈さだけは例外になるだろうか）政治的な感情ではない。「五月」とその視聴者はあらゆる権利を持つようだ。ただし政治は除いて、である。

私がこの『「五月」裁判』にこだわったのには理由がある。「六八年」に関しては修正主義的表現が支配的だが、この番組は、そのような表現で働く思い込み、語りの戦略、修辞の装置、それに登場人物の驚くべき宝庫である。修正主義的な表現は一九七〇年代中頃から少しずつ堆積してはいたが、十全なかたちを取るのは一九八〇年代後半の政治状況が訪れてからのことだ。語りの戦略や比喩の多く

＊30　訳者——一九八六年三月に成立した第二次シラク政権が、アラン・ドゥヴァケ高等教育・研究相を担当大臣として提案した大学改革法案（通称ドゥヴァケ法）のこと。大学ごとの入学者選抜や授業料設定などが提起され、大規模な反対運動が起きた。一二月六日にパリで学生マリク・ウセキンが警官隊に撲殺される事件が起きた後、ドゥヴァケは辞任し、法案は撤回された。

——たとえば「自己批判」や、この番組の屋台骨である「世代」概念そのもの——が、まずは書き物、とくにエッセイや出版ジャーナリズムの分野に散見されるようになる。実際「自己批判」と「世代」という二つの語はしばしばセットで機能する。たとえば「世代」が概念として引き合いに出されるのは、自称「五月」の記憶管理人たちが、自らによる「五月」の否定を一般化するためにこの語を必要とするときに限られる。かれらはこのとき、「五月」への無批判な熱狂が体系的な中傷に変わる経緯の詳しい説明として、似たような自己批判をいくつも並べる。だがドキュメンタリー型の記念番組というスタイルによって、形式的一般化の完成に弾みがついていることは間違いない。わかりやすい例を使うなら、「六八年の歴史」の代弁者兼遺物である老いた元左翼主義者の身体が体現する「真実の受肉」が、あれほど完全に現実のものとなる場所は、こうした番組をおいてほかにない。書かれたテキストがそうした場ではないのは明らかだ。この時点までに公式《オフィシャル》記憶を扱う官僚兼管理人となっていた人々の利害や見解が、政府のエリートやメディア企業の利害や見解とこれほどぴったり一致していた場所もなかった。テレビではコンセプトが端的に表現されなければならない。そして「私は愚かになることを夢見る」や「私はジェーン、求むターザン」は端的なコンセプトなのだ。このようなあまりにわかりやすく、あまりに単純なコンセプトやフレーズは、望ましい通説を示す表面的な記号を、社会的想像が猛烈な活動を通して社会に強引に持ち込む様子をあらわにしてしまう。テレビの持つ権力の大半は、チョムスキーが飽きることなく指摘し続けるように、まずは話題の選択といった単純な行為に、そして選ばれた話題における、特定のトピックの強調や表現の仕方に存在する。たとえば、中産階級の女性が大きく取り上げられる一方で、労働者が決まって否定的に扱われるのはなぜかを考えてみればよい。[*31]『「五月」裁判』での女性とジェンダーの扱いは、テレビで流れる「六八年」史ではまったく新しかった。しかしだからといって「女性の視点」や当の女性たちによって、一九八〇年代の番組制作がコントロールされているわけでもない。そもそも「ジェンダー」は「六八年」の時点で意識的な、あるいは明示的な関心の対象でもなかった。七八年に放映された関連番組でいえば、女性やジェンダーについて、形式はどうであれ特集として扱ったものはおろか、トピックの一つとして言及したものすら一つもない。七八年当時のほうが、七〇年代前半のMLFの運動の高揚期に、時間軸の上ではずっと近かったにもかかわらずである。[*32]六八年五－六月に作成された記録文書を筆者が読んだ限りでは、行動委員会や街頭、あるいは工場の女性活動家は自己のアイデンティティを無数のもの

＊31　フランス経済の遅れという語りに取り込まれた工場占拠や工場長監禁の写真を除くと、労働者というテーマへの言及はごくわずかだ。しかも労働者ではなく、ここでもまた専門家が語る。CFDT幹部で、グルネル協定の締結交渉で汗をかいたルネ・ボヌティが出演して、「六八年」を「有益な爆発」と形容する。

＊32　私がここで触れた記念番組や映画には、*Mai 68 5 ans après* (Claude Lebrun, 1973)〔『「六八年五月」から五年』監督：クロード・ルブラン、一九七三年〕や "68 dans le monde," "Les Dossiers de l'écran," A2, May 1978〔「世界の『「六八年」』、『テレビ事件簿』シリーズ、アンテナ2、一九七八年五月〕、"L'istoire de Mai," prod. André Frossard and Pierre-André Boutang, 1978〔『「五月」の歴史』企画：アンドレ・フロッサール、ピエール＝アンドレ・ブータン（兼監督）、一九七八年。本章注35参照〕のほか、*Le droit à la parole* (Michel Andrieu, 1978)〔『発言する権利』監督：ミシェル・アンドリュー、一九七八年〕などの本格的なドキュメンタリー作品がある。

と結びつけていた――労働者、さまざまな小集団や政治組織のメンバー、ユダヤ系ドイツ人、「盗賊」、活動家、市民など――のであって、女性自体に同一化していたわけではない。ボザール人民工房が五月から六月にかけて制作した三五〇枚ほどのポスターのうち、女性の姿が出てきたのはたった一枚、なんとそれはマリアンヌ――共和国の象徴である![33] 言い換えると、五月から六月の運動の時点では、ジェンダーによる差異は自覚的に経験されていなかったようだ。MLFなどの女性運動は一九七〇年代前半に始まり、女性たちがジェンダーに基づく要求を新しい方法で掲げるようになると、女性たちの要求が当時の男性活動家たちに「六八年の運動」と完全に整合的と見なされていたかがはっきりしなくなる(もちろん多くの女性が、ジェンダーに基づく要求が「六八年」と完全に整合的で「同一歩調をとる」と考えていた)[34]。繰り返しになるが、これらすべてはまさに次のことを示唆している。女性運動を「私生活」への回帰という現象の欠かせない一部として描く、極度にご都合主義的なイメージは、「六八年」を「自律の勝利」が始まる契機としてしまいたい八〇年代型の語りにとって、階級闘争や反帝国主義闘争といった主題よりもその狙いにうまく当てはまる、あるいは強く結びつきうるのではないだろうか。ブルジョワ的所有や植民地主義に反対する蜂起主体の運動は、本質的に暴力的なものとされたが、それとちょうど同じように、女性解放運動は本質的に非暴力なものとされたのである。女性と同性愛者による一九七〇年代の闘争は、それまで「私的《プライヴェート》」とされた問題(たとえば中絶やセクシュアリティ)の「政治」問題化に成功することで、初めて大衆闘争となった。しかしその闘争もいまや回収されて、当初は闘争の対象だったブルジョワジーの支配的イデオロギーに資するものとなっている。

一部の話題は単に黙殺されたのではなく、積極的に記憶喪失すべき対象とされ、記憶から消去された。それは『「五月」裁判』で行われた改ざんのなかでもとくに際立っている。番組の前半で、クシュネルはかなり満足げに六八年世代を「あえて夢を見た」として賞賛すると、さっと自己批判モードに切り替える。「しかしわれわれは独りよがりだった。よその国のことが念頭になく、外国の出来事を理解していなかった。殻に閉じこもっていたのだ」。そしてますます鼻高々にこう続ける。「われわれはその後出会うことになるもののことを知らなかった——第三世界やその悲惨さを」。

クシュネルは当時の運動のある側面、当時の運動がベトナム、アルジェリア、パレスチナ、キューバなどでの反植民地主義闘争や反帝国主義闘争と結んでいた関係を一掃する力を一気に手に入れる。

＊33　次を参照。Jean-François Vilar, "Les murs ont la parole," *Rouge*, May 9, 1978, 8–9.〔未邦訳、ジャン＝フランソワ・ヴィラール「壁の言葉」『ルージュ』一九七八年五月九日付〕

＊34　初期の女性運動ならびに、運動と左翼主義や「六八年」の政治状況との関係についての議論は、Geneviève Fraisse, "La solitude volontaire (à propos d'une politique des femmes)," *Révoltes Logiques, Les Lauriers de Mai*, 49–58〔未邦訳、ジュヌヴィエーヴ・フレス「自発的孤独（女たちの政治について）」『論理的反乱』、『「五月」の桂冠詩人たち』特集号、一九七八年所収〕を参照。歴史研究者のロベール・フランクの議論は、一九六八年五月から六月にジェンダーがカテゴリーとしては存在していなかったという私の見方と一致する。「こうした新たな闘争、たとえば女性たちの闘争は、『六八年』以前の大きな情勢の進展から生じたものだが、一九六八年の時点では運動の表舞台にほとんど姿を現さず、その後、『六八年』が変更した枠組みに再登場する」（Michelle Zancarini-Fournel *et al.*, eds., *Les années 68. Le temps de la contestation*, 15）。

キューバといえば、クシュネルは一九六〇年代初めに現地で行ったカストロへのインタビューを、共産主義学生連合（UEC）の雑誌『クラルテ〔光〕』（第五六号、一九六四年四‐五月）に載せたこともあった。クシュネルは運動が存在した地平を更地にして、自分や友人が一〇年後に第三世界を「発見」できるようにした。まるで処女地を初探検する植民者のようにである。一つの世界全体――ベトナムでの戦争、ゲバラや毛沢東、ホー・チ・ミンの肖像画、マスペロのような編集者たちの試み――が、すなわち運動あるいは闘争する第三世界が消滅し、別の第三世界が後から歴史的に「発見」される。それは〈人権〉の言説で描かれる第三世界だ。そしてクシュネルは当時すでにその有力な代弁者となっていた。立ち現れつつある政治的主体の名である「地に呪われたる者」（ファノン）が根本から再発明された。新しい第三世界はいまだ「呪われて」はいる。しかしその主体は姿を消して、飢餓や洪水、権威主義的な国家装置によって集団が被る悲惨な状況だけが残される。[*35] アルジェリア戦争期を通してフランス人の一部に生じた政治的主体化の一切は、こうして消去された。

ある大衆的な出来事に参加したわずか数人が、かつて活動家だったという理由で、現代の要請に従って、その出来事の持つさまざまな側面を否定あるいは否認する力を手にしている。こうした状況はきわめて危うい。同じ一握りの人々が、いつのまにか「五月」に関する最も影響力のある解説者になっただけに、それはいっそう大きくなる。昔ながらの左翼主義の諸原則、たとえば「下部が上部を指揮せよ」や「拡声器に代弁させるな」――当時の運動の指導原理――は記念番組の中心から外れる。その一方で、おなじみの「世代の代弁者」が繰り返し登場する。「六八年」を、一〇年ごとに作られる特番のフレームを通して見ることは、こうした事実に向き合わされることなのである。当時の学生が「学生ゲットーからの逃走」を試みたことも取り上げられはしない。番組がおしなべて「学生たちの五月」やカルチェ・ラタンだけを扱い、ゼネストもパリ以外での出来事も無視するからだ。公式代弁者たちは年をとり、時代精神にあわせてイデオロギーの装いを変える。そしてそれと同時に、出来事については、それが与えた影響に対する評価のみならず、「実際に起きたこと」そのものまでもが変わってしまう。修正の対象となるのは、まさに出来事の本質――輪郭や目的、願望――である。ベルナール・クシュネル、アンドレ・グリュックスマン[*36]、あるいはダニエル・コーン＝ベンディットが

＊35　こうした点にこそ、『「五月」裁判』のような番組が、一九七八年に作られた「世界の『六八年』」などと政治的に異なっていることが明確に示される。後者は冒頭でアルジェリア、パレスチナ、ビアフラ、ベトナムを映していた。だが国際主義的な観点に立たない番組でも、第三世界の出来事とパリでの蜂起ははっきりと関連づけられている。一九七三年という早い時期にベルギーで制作されたドキュメンタリー『「六八年五月」から五年』(監督：クロード・ルブラン)では、ベトナム反戦デモがすべての始まりだったという正しい主張がなされている。同様に、アンドレ・フロッサールとピエール＝アンドレ・ブータンの企画による長編ドキュメンタリー『「五月」の歴史』(一九七八年)では、ベトナムがフランスでの一連の出来事の語りの原因とされた。

＊36　訳者――哲学者(一九三七－)。六八年五月は『アクシオン』の編集に参加。著書『戦争論』(岩津洋二訳、雄渾社、一九六九年、原著一九六七年)と『革命の戦略』(坂本賢三訳、雄渾社、一九六九年、原著一九六八年)は当時広く読まれた。五月後は毛派として活動。その後まもなく反マルクス主義に転じて『思想の首領たち』(西永良成訳、中央公論社、一九八〇年、原著一九七七年)と『現代ヨーロッパの崩壊』(田村俶訳、新潮社、一九八一年、原著一九七八年)を刊行。新哲学派の代表的メディア知識人となる。

ある時点で考えることはすべて先取りされたうえで、「運動のほんとうの意味」として「六八年」に結びつけられる。かれらがその後どうなったとしても、その姿は事後的に「五月」に投影されるのだ。このとき「五月」とは、驚くべきことに、転身を果たした人々のいまの姿の、少なくとも種子が見いだされる時点である。「アンドレ・グリュックスマンのように、その政治遍歴が『孤高』ではなく、ある世代と『固着』している人物が、こうした立場を取ることを些末と片づけるわけにはいかない[…]」。なかでも『リベラシオン』はこの類のフレーズをお家芸とした。その言葉によって、一部の人物が告白する「誤り」や新たな熱狂が、本人たちの枠を超えて一世代全体のものとなる。クシュネルは「われわれはその後出会うことになるもののことを知らなかった」と語った。この「われわれ」のメンバーシップは変わらないものだと仮定されている。凝り固まった不器用な「世代」——おなじみの無批判さと無知からおなじみの啓示へと、おなじみの愚直さから同じくらい画一的な明晰さへとふらふら向かう世代のことだ。その政治的情熱や傷、達成や失望をクシュネルが自信を持って代弁し、体現する——それはいつまでも変わらないかのようだ——何十万もの人々のことである。これがクシュネルのいう「われわれ」、世代としての「われわれ」——かつては実際に経験された激動の出来事が、今では必然として提示される軌跡である。当時のわれわれは現在のわれわれが何を知っているかを知らなかった。あるいはおそらく、当時の「われわれ」は現在の「われわれ」が何を忘れて「しまっている」かを知らなかった。だからこそ誰にも代弁させてはならないのである。[*37]

反第三世界主義と人権

一九五〇年代半ばから七〇年代半ばにかけての二〇年のあいだ、「第三世界主義」とは、国際分業体制と植民地主義の長年の歴史に影響を受け、そのもとで形成された関心のありようを指していた。したがってこの語は、七〇年代後半‐八〇年代前半に市場の価値観に追随しようとした元左翼主義者にとって、この時代をどう扱うかという問題を象徴していたといえるだろう。では、フランスの自由主義化を必然とする、アロンやフュレが描き、いまや通説化した冷戦型の歴史解釈には当てはまらない二〇年間（南北対立の時代）については、どのように理解することができるのだろうか。そうした語りの語彙や構成要素（「全体主義」や「収容所《グラーグ》」）――一九七五年以来、元左翼主義者が武器のように振り回すもの――は、別のことが起きていたかのような反抗の二〇年を型にはめ、それに縄をつけて、支配的語りの規範的制約のもとに復帰させるうえで、どう用いられることがあるのか。植民地蜂起の時代と「地に呪われたる者」による政治的主体性の獲得――サルトルが一九五八年のテキストで「今世紀後半の最も重要になるはずのものの開幕、つまりアジア＝アフリカの民衆のなかに生じた民族主義の目覚め」と呼んだもの[*38]――あのような事態は、支配的な語りにとってもはやただの一コマなのか。過誤なのか、些事なのか、妄想なのか、逸脱なのか。アルジェリア独立運動の争点を――サルトルやジャック・ヴェルジェス、レジス・ドゥブレ[*39]、ファノン、アルベール・メンミ[*40]、マスペロといったフ

*37 *Libération*, November 24, 1983.

ランスとフランス語圏の思想家と関わるラディカルな反植民地主義を通して――フランスの左翼主義のオルタナティヴと結びつける試みは、いまや考古学や歴史学の関心事にすぎないのか。脱植民地化の時代が象徴する一時期が「支配的な歴史の物語」に与えた影響は、「六八年」がフランスの大学に与えた影響についてアニー・クリージェルが述べたことと大差ないのか。つまり「遅れ」の一因であり、全体主義に対する「自覚」を「遅らせた」のか（「自覚」とは、一九五六年のソ連のハンガリー侵攻時にフランス人に生じるべきだったが、ソルジェニーツィンの著作が仏訳され、新哲学派が、破産した幻想の山から初めて語りかける一九七五年になってようやく生じたものを指す）。そして最後になるが、「第三世界主義」もまた逆行や遅れであり、全体主義との対決が可能だった重要な時機を逸したことを指すのだろうか。

　現代フランスが抱える問題の一つに、さまざまな新人種主義[*41]の台頭がある。そこでは移民という人物像や、ニューカレドニアやグアドループなど海外領土の住民、そしてもちろんフランス大都市の郊外住民の一部が持つ複雑な地位だ。ここからわかるように、アルジェリアと一九六〇年代に決着はまだついていない。しかしかつて資本主義を拒否し、そこに大きく依拠してアイデンティティ形成を行った左翼のなかには、いまやその払拭に熱を上げている人々もいる。こうした問いの一切にかたをつけ、自分の過去に死刑判決を下そうというのだが、その一方で自分の過去から漠然とではあれ醸し出され、死刑宣告を下す力を与えてはくれる左翼主義者のオーラのほうは手つかずだ。こうした諸々の動きを見ると、第三世界主義が体現していた障壁の中身がとてもよくわかる。

　クシュネルのテレビでの発言〔「われわれは六八年の後［…］第三世界やその悲惨さに出会ったのだ」〕

は事実上、当人や元左翼主義者が「六八年」時代の「第三世界主義」の解体を目指して、それまでの一〇年間に一般メディアで続けてきたイデオロギー闘争の勝利宣言であり、まさにメディアを通じた大攻勢《マトラカージュ》だ。そもそも「第三世界主義」批判の始まりは、ジャック・ジュイヤール[*42]やクシュネルなど数

＊38　Jean-Paul Sartre, "Les grenouilles qui demandent un roi," *Situations* V (Paris: Gallimard, 1964), 121.〔ジャン＝ポール・サルトル「王さまをほしがる蛙たち」村上光彦訳、『シチュアシオンV』白井健三郎ほか訳、サルトル全集第三一巻、人文書院、一九六九年、一〇〇頁〕

＊39　訳者――作家（一九四〇－）。高等師範学校（ＥＮＳ）で学生運動に参加した後、キューバに渡る。一九六七年に刊行した『革命の中の革命』（谷口侑訳、晶文社、一九六七年）がベストセラーとなるが、同年にチェ・ゲバラによるボリビアでのゲリラ戦に同行中に逮捕される。釈放後はチリに渡り、アジェンデ政権を取材。フランス帰国後は左翼政権に協力。九〇年代にはメディオロジーを提唱。狭義のメディアに限らない媒介物と媒介作用が社会に果たす歴史的役割を、宗教と信仰の問題に大きな関心を寄せつつ考察する。邦訳書に『メディオロジー宣言』（嶋崎正樹訳、ＮＴＴ出版、一九九九年、原著一九九四年）など。

＊40　訳者――作家（一九二〇－）。チュニス生まれのユダヤ人。パリ第一〇大学名誉教授。サルトルが序文を寄せた一九五七年の『植民地――その心理的風土』（渡辺淳訳、三一書房、一九五九年）で、植民地主義が被植民者と植民者の双方に与える心理的影響を考察。民族解放運動が盛んだった当時には、フランツ・ファノンやエメ・セゼールなどともに広く読まれた。その他の邦訳書に『脱植民地国家の現在――ムスリム・アラブ圏を中心に』（菊地昌実・白井成雄訳、法政大学出版局、二〇〇七年、原著二〇〇四年新版）など。

＊41　訳者――一九七〇年代末に極右によって導入され、八〇年代には堂々と宣伝されるようになった移民排斥の言動。

人が一九七八年の『ヌーヴェル・オプセルヴァトゥール』の誌上で仕掛けた騒々しい論争だ。これはスイユ社から翌七九年に刊行された『第三世界と左翼』に収録された。また「反第三世界主義」が最もよくまとまったかたちで展開されたのは、元左翼主義者のパスカル・ブリュックネール〔作家〕の著作『白人の嗚咽』（一九八三年）で、元毛派のジャン＝クロード・ギユボー〔ジャーナリスト〕が編者を務める叢書に収められた。一九八五年には、国境なき医師団がこの問題を扱う一大会議を企画しており、『パリ・マッチ』が便乗して「第三世界主義の詐術」という人目を引くタイトルで特集を組んだときには（「第三世界主義、すなわち西洋の富が貧しい国の犠牲によって成り立つという議論には説得力を欠くところや、弱みがあることも知っていた。だが国境なき医師団がそれにとどめを刺すとは思ってもみなかった」[*43]）、識者からは読者の大半が、フランスにはアラブ人やアジア人、アフリカ人が多すぎると考えるフランス人だとの指摘もあった[*44]。

この論争は大半が一般メディアで行われたこともあり、きわめてセンセーショナルなものとなった。過去の活動歴のかけらから「ポスト六八年」の「メディア知識人」をこしらえる最終段階を示すものだったが、それでもある程度は議論として成立してもいた。この論争はたしかに、元左翼主義者が「神は躓《つまず》く」[*45]の調べをもの悲しく演奏してみせただけとも理解できる。つまり、「五月」時代を生きた「失われた世代」が、かつて批判の矛先を向けた社会に再び抱擁されるという、つらい道のりの一歩として。だが少なくとも二つの立場が存在していただろう。一方にいるのは反第三世界主義者。元アルジェリア独立支持派で『ヌーヴェル・オプセルヴァトゥール』主筆を務め、後にはサン＝シモン財団[*46]のメンバーになるジャック・ジュイヤール、ベルナール・クシュネルら国境なき医師団の医師たち、パスカル・ブリュックネールのほか、『人民の大義』の元主筆でブルターニュ独立派の活動家であるジャン＝ピエール・ル・ダンテック[*47]のような転向した左翼主義者、エマニュエル・ル・ロワ・ラデュ

＊42 訳者――ジャーナリスト、著述家（一九三三－）。青年時代はカトリック左派の立場から学生運動に関わる。その後は労働運動史研究に携わり、カトリック左派系の雑誌『エスプリ』に寄稿する一方で、フランス民主主義労働同盟（ＣＦＤＴ）に関わる。一九七〇年代後半は『ヌーヴェル・オプセルヴァトゥール』で新哲学派支持の論陣を張る。

＊43 Patrick Forestier, "Les impostures du tiersmondisme," *Paris-Match*, Feb. 22, 1985, 3–29.〔未邦訳、パトリック・フォレスティエール「第三世界の詐欺師たち」『パリ・マッチ』一九八五年二月二二日付〕

＊44 Yves Lacoste, *Contre les anti-tiers-mondiste et contre certains tiers-mondistes*, 6 を参照。

＊45 訳者――アンドレ・ジッドら著名な六人の元共産主義者が寄稿し、共産主義への支持をやめた理由を述べた書籍の表題（邦訳は村上芳雄・鑓田研一訳、青溪書院、一九五〇年、原著一九四九年）。

＊46 サン＝シモン財団は一九八二年に創設された、イギリスふう「紳士クラブ」（会員は男性限定ではないが）と研究機関をかけあわせた組織。フランソワ・フュレが亡くなるまで代表を務めたこの組織は、知識人と政府の「意思決定集団」との会合の場だった。会員は七〇－八〇人で、メディアや大企業関係者のほか、社会科学の研究者が含まれる。実際のところ、この「クラブ」の存在そのものが、一九八〇年代のイデオロギー状況下で、この三分野の結びつきが一層密になったことを示している。雑誌『デバ』と同じく、サン＝シモン財団は、知識人が「専門家」としての、また政治決定への助言者役としてのイメージを回復するのに一役買った。会員には「六八年五月」の修正主義的解釈を作り出した当事者の多くも含まれる。たとえば、ジル・リポヴェツキー、リュック・フェリー、アラン・マンク（経理担当）、セルジュ・ジュリー。財団は一九九九年に解散。

[*48]リら雑多な反共産主義者たちが挙げられる。これに反対する立場、すなわち帝国主義概念に基づく分析の有効性を依然擁護することを特徴とする人々もいた。ギー・シッボンら海外特派員、地理学者のイヴ・ラコスト、イスラーム文化の専門家クロード・リオズュ、経済学者のサミール・アミンらだ。

　この「反第三世界主義論争」をマスメディアに作り出したジャック・ジュイヤールは、新哲学派によって人口に膾炙したテーマを自分のエッセイでそのまま繰り返し、収容所《グラーグ》の地図を「第三世界」全体へと広げる。「アフリカの社会主義はすべて全体主義的社会主義だ」[*49]。つまり一方には自由と文明を享受する西洋世界があり、もう一方では誰もわれわれのような生活をしていない場所、つまりグラーグがあるという。ジュイヤールは新哲学派好みの予言的な物言いもする。そして（さまざまな「時代遅れのドグマ」の）「終焉」と（「民主主義」や「市場」、「倫理」、この場合では「人権」の）「復活」を自信ありげに予言する。予言的な物言いのメリットは、陳述的なものと行為遂行的なものとの区別をはっきりさせないでおくこと、つまり新たな世界を記述することと、今の世界を指図した通りにするための処方箋を提示することを同時に行う点である。アフリカの、そしてすべての（さらなる拡大！）第三世界における社会主義は「全体主義的」（「専制的」「嗜虐的」には至らなくても）であり、必ずそうなるとジュイヤールは記す。こうした気の滅入るような不可避性――新哲学派の言説が陽気さで知られたためしは一度もない――を踏まえれば、ヨーロッパ左翼の唯一の任務は、全体主義的な国民国家によって抑圧された個としての民衆を支援するため、第三世界の「政権」を糾弾することであり、「人権インターナショナル」に結集することである。「第三世界にはたしかに対立する二つの立場がある。ただし米ソ陣営という立場ではない。拷問する国家と殉教する民衆という立場だ」[*50]。政治活動と政治分析の時期は終わった。われわれにできる唯一のことは、人道的危機と自然災害の被害者を支援することだ――ジュイヤールはそう主張しているように思われる。

ジャーナリストのギー・シッボンはジュイヤールを批判し、こう指摘する。ジュイヤールが第三世

＊47 訳者――作家（一九四三－）。元パリ・ラ・ヴィレット建築学校長。青年共産主義者連合マルクス－レーニン主義派（UJC－ml）では一九六七年の訪中団に加わる。プロレタリア左派にも参加。ともに指導的な役割を果たした。七〇年代後半以降は運動から遠ざかり、社民主義的立場に移行する。

＊48 訳者――歴史家（一九二九－）。元コレージュ・ド・フランス教授。アナール派第三世代の代表的人物。共産党の熱心な学生活動家だったが、ハンガリー侵攻で脱退。一九七〇年代以降は右傾化し、サン＝シモン財団にも参加。二〇〇〇年代はサルコジを支持した。著書に『モンタイユー』（井上幸治ほか訳、刀水書房刊、一九九〇－九一年、原著一九七五年）など。

＊49 Jacques Julliard, "Le tiers monde et la gauche," *Nouvel Observateur*, June 5, 1978; reprinted in *Le tiers monde et la gauche*, ed. Jean Daniel and André Burgière (Paris: Seuil, 1979), 36–40〔未邦訳、ジャック・ジュイヤール「第三世界と左翼」『ヌーヴェル・オプセルヴァトゥール』一九七八年六月五日号。ジャン・ダニエル、アンドレ・ビュルジエール編『第三世界と左翼』一九七九年に再録〕を参照。ジュイヤールは共著で『中国への冷静な視点』（一九七六年、未邦訳）も出版している。同書は、フランスの知識人の多くが毛沢東主義と訣別する動きを見せた兆候としては、最初期の部類に入る。ジュイヤールはその後、一九九一年の湾岸戦争、マーストリヒト条約のほか、一九九五年一一月から一二月にかけてのストライキの発端となったジュペ・プランを熱心に支持した。

＊50 Julliard, "Le tiers monde et la gauche," 38.

界の政権を批判するときの言葉遣いは、かつて民族解放闘争の時代に、もしも独立すれば新政権はこうなるのだと言って植民地主義者が用いた決まり文句とほぼ一言一句、不気味なまでに一致するのだと。元植民地は、脱植民地化の過程を経ることで、悲惨や未開、野蛮といった前植民地的状況に逆戻りしてしまったとジュイヤールは考えている。実際、独立前も独立後も第三世界は帝国主義者の古びた陳腐な言葉を惹起するようだ。「人権」のレトリックは、アメリカでジミー・カーター[*51]が発しようが、フランスでジャック・ジュイヤールが発しようが、植民地主義の道徳的使命を描き、飽きるほど繰り返された古い調べに不気味に似てくる。無人の土地（「無人」とは、少なくとも言葉を発し、個という自覚を持つ人がいないという意味で用いられている）が、自分たちに恩恵をもたらす西洋の到着を待っているという伝統的な帝国主義の神話である。植民地化された人々にとっては、植民地主義のほうが独立よりもましだ、ジュイヤールはそう主張しているのだろうか。仮にそうだとすれば――とシッボンは書く――ジュイヤールは一九六〇年代前半にカルチェ・ラタンで自分を殴り倒したOASの構成員を探し出し、その先見の明をたたえるべきだ[*52]。

反第三世界主義の教科書的役割を果たした本といえば、パスカル・ブリュックネールの『白人の嗚咽』である。ブリュックネールは心理学を援用し、世界的貧困という苦難を前にヨーロッパ人が感じる罪意識や卑屈さ（と彼が捉えるもの）を掘り出してくる。それらは見当違いな情動や反応の集合体であり、ブリュックネールはこれを「第三世界主義の愚かな自虐意識」と要約してみせる。そしてヨーロッパ人は過度の罪責感や自己嫌悪という拘束衣を脱ぎ捨て、しっかり守られた自己とヨーロッパ的価値観に回帰するべきと論じる。「ヨーロッパはわれわれの可能性、運命である。われわれの人としての発展を実現するうえで、今こそヨーロッパの境界と伝統、領域の一体性が尊重されなければならない」[*53]。ブリュックネールは少し後でこう続ける。

ヨーロッパを「超える」という、フランツ・ファノンのばかげた試みがあった〔…〕。民主主義の彼岸は存在しない。第三世界の諸国民よ、真に自分らしくあろうとするならば、もっと西洋的になりたまえ！〔…〕〔ヨーロッパは〕他者の眼を通して（その観察がたとえ間違っていても）自分を見ることのできる唯一の文化である。ヨーロッパはアイデンティティを疑ってこなかった。だからこそ他の文化に実に多くのものを与えられるのだ[*54]。

ファノンがばかげているのなら、ファノンの本に序文を書き、古くからの第三世界主義者として、六八年にはブリュックネールら学生たちと連帯し、その同伴者となったジャン＝ポール・サルトルは

＊51　訳者——一九七〇年代後半当時の米大統領。当時から人権外交を旗印にした。
＊52　Guy Sitbon, "Le temps des méprises," *Nouvel Observateur*, July 10, 1978; reprinted in Daniel and Burgière, *Le tiers monde et la gauche*, 73–76〔未邦訳、ギー・シッボン「軽蔑の季節」『ヌーヴェル・オプセルヴァトゥール』一九七八年七月一〇日号、前掲『第三世界と左翼』に再録〕を参照。
＊53　Pascal Bruckner, *Le sanglot de l'homme blanc: Tiers-monde, culpabilité, haine de soi* (Paris: Seuil, 1983), 284.〔未邦訳、パスカル・ブリュックネール『白人の嗚咽——第三世界、罪責感、自己嫌悪』一九八三年〕
＊54　*Ibid.*, 260–261.

間違いなく大ばか野郎ということになる。一九六一年刊行の『地に呪われたる者』への序文は、同じくマスペロ社から前年に刊行されたポール・ニザン『アデン・アラビア』への序文と並んで、フランスの第三世界主義「宣言」となった（マスペロは『アデン・アラビア』を二万四〇〇〇部以上売った）。ブリュックネールら元左翼主義者はサルトルに異常なまでの葛藤を示す。この葛藤を踏まえるなら、「第三世界主義」を集中攻撃する動機の一つが、旧世代の知識人が作った制度を破壊し、自分たちが空いた席に着くという、いつもの「世代」的主張に属するとしても、まったくおかしくない。というのは、まさにサルトルとともに「五月」と「ポスト五月」のユートピア的な力強さの総体が経験され、共有されていたからだ。

心理学化を行うブリュックネールの言説を、地理学者のイヴ・ラコストは歴史に依拠して無効化する。ブリュックネールの説明には前史が欠けているというのである。たしかにラコストが指摘するように、一九六〇年代に「第三世界主義」が登場したきっかけのひとつとして、第二次世界大戦末期のアメリカによる大規模な援助事業への批判があった。援助先は、独立後に共産化しかねないとアメリカが考えた「低開発」——この語は当時の援助計画の際に発明された——諸国だった。[*55] 貧困国への援助事業は、一九四七年に始まる冷戦を直接のきっかけとしている。第三世界主義論は、豊かな国と貧しい国とのあいだに存在する不均等や不均衡に注目していた。それは自虐や自己嫌悪とは縁遠いもので、資本主義システム——多国籍企業、アメリカや西欧の援助プログラム——すなわち、ベトナムで頂点に達する新帝国主義的装置の総体を批判する新しい精力的な手法だったのである。第三世界主義者が、ブリュックネールが主張するように、第三世界の悲惨に対し「個人的な」責任を感じることなどなかった。むしろかれらは、本当の責任者とみなした人々――軍隊、政権指導者、大企業――を積極的に批判したのである。

ジャン゠ピエール・ル・ダンテックやクシュネルら反第三世界主義者の論調は、ジュイヤールと似たり寄ったりである。しかしこの二人の議論はレトリックとして興味深い。ともに「世代」に基づく集団的自伝というジャンルを採用するからだ。目的はクシュネルがいうところの「われわれ第三世界主義世代」[*56]の幻想を批判することであり、ル・ダンテックによれば、「われわれがナイーブに信じていた〔…〕」、「われわれが無批判的だった〔…〕」、「われわれが第三世界を発明した」(!) この時代を酷評することだった。[*57]かれらの発言は、現実を恐怖として直視できるようになった、かつての無知な人々による、あるいは現実という過酷な光によって夢や幻覚から脱した人々による合唱だ。もちろん新たな権威がかつての無知のうえに成り立つことは想像しがたい――かつてあれほど騙されやすかっ

*55 Lacoste, *Contre les anti-tiers-mondistes et contre certains tiers-mondistes*, 25–28.

*56 Bernard Kouchner, "Les bons et les mauvais morts," *Le Nouvel Observateur*, July 3, 1978; reprinted in Daniel and Burgière, *Le tiers monde et la gauche*, 44–51.〔未邦訳、ベルナール・クシュネル「良い死者と悪い死者」『ヌーヴェル・オプセルヴァトゥール』一九七八年七月三日号、前掲『第三世界と左翼』に再録〕

*57 Jean-Pierre Le Dantec, "Une barbarie peut en cacher une autre," *Le Nouvel Observateur*, July 22, 1978; reprinted in Daniel and Burgière, *Le tiers monde et la gauche*, 40–44.〔未邦訳、ジャン゠ピエール・ル・ダンテック「ある野蛮は別の野蛮を隠すことができる」『ヌーヴェル・オプセルヴァトゥール』一九七八年七月二二日号、前掲『第三世界と左翼』に再録〕

た人々が下す、今の判断をどうして頼りにできるだろうか。「六八年」の活動家でゲイ理論家だったギー・オッカンガムの周りでは、転向の語りと脱魔術化の物語が当時続々と出現していた。元同志たち――一九七〇年代半ばになり、過去のあやまちの告白を高値で買い取ってもらおうと競い合った人々――のこうした語りについて、その文体、あるいは儀式張った側面とオッカンガムが正しく見なすものを、本人はいち早くきわめて優れたかたちで分析した。転向者は今世紀の政治の引き起こしたすさまじい出来事を目撃し、自分は幻想を勇敢にも捨て去ったといいながら、実際は自分の社会復帰を記念する儀式や祭礼に参加している。いわゆる「歴史的教訓」にしても、語りのなかに表明された思想の内容にしても、実際のところ通過儀礼のためのアリバイなのだ。そうオッカンガムは喝破する。したがって、自己批判（毛沢東主義的な手法の再演）や自己処罰に向かう態度の裏には、いつでも必ずかなりの自己肯定が存在する（「われわれは第三世界の発明者だ！」とル・ダンテックはいい、「われわれは第三世界の発見者だ！」とクシュネルはいう）。出発点は否定するためにこそ参照され続けなければならない。ポスト左翼主義の世界にあっては、英雄主義こそが非凡な――おそらくときには主役級の――地位を保証してくれるからである。自己批判は自己宣伝の最たる手段となる。さらに、個人的な転向の軌跡を集団の必然的な運命に変える「われわれ」という言葉の働きによって、こうした転向者――通称「反体制派」――による自由な考えの表明は、かれらの語りからの逸脱を排除するものへと姿を変えて、逸脱者を先史時代の遺物として、あたかもいまだ「無知」であるかのように描くのである。こうした動きはある種の人々の経験を排除する。たとえばそれは「五月」後に味わう困難や痛みを、転向としてではなく、むしろなかなか変わらない現実によって移動を一度、あるいは何度も迫られながら生きてきた、あらゆる個人の経験を無視する。こうした人々は運動を全面否定することも、つながりを完全に絶ってしまうこともなく、ただそこから身を引いた。そしてもちろんこうした操作は、なんらかのかたちで活動家としてとどまった人々のことも無視する。ジャン＝フランソワ・ヴィラールは早くも一九七八年に、つまり歴史的記念化が初めて大々的に行われた際に指摘している。『五月』を青天の霹靂でも最大の脅威でもなく、長い闘争の一コマにすぎないと考える人々は、記念行事には絶対に呼ばれない[*58]」。

自らの意思に反し、墓堀人で気取り屋の「われわれ」なる世代と同一視されたことへの怒りがあるからこそ、オッカンガムが一九八五年に、元同志の一部に向けた攻撃はいっそう辛辣なものとなった。そのテキストには「人民服を脱ぎ、ロータリークラブに入った人々への公開書簡」という題名がついている。

「世代」――この語を私は長年決して発するまいとしてきた。この語は本能的に不快なのだ。欺瞞と内輪びいき――中年の連中が大きな裏切りを働くにあたって、初めてそう気づくのだが――によって密集するあの一団に属しているなどと考えたくもない。世代化が起きるのは、カタツムリが自分の殻に入るとき、罪を認めた囚人が自らの房に撤退を決めこむときだ。夢破れ、恨みを

＊58　Jean-François Vilar, "Le temps des fossoyeurs," *Rouge*, May 11, 1978, 10.〔未邦訳、ジャン＝フランソワ・ヴィラール「墓堀人たちの季節」『ルージュ』一九七八年五月一一日付〕

重ね、いつまでも過去の蜂起に執着すること、それが「世代」と呼ばれる。今日、遅れてきた三〇代から早ければ五〇代になろうとしている世代が、失望の結晶からなる苦い塩のように沈殿している。[59]

オッカンガムがあえて「世代」の語を使ったのは、それが元同志たちの一九八〇年代半ばの姿だったからだ。それは一九六〇年代に異議申し立てを行っていたときの姿ではない。後年、その側面を一斉に消去するときに見せる姿、イデオロギーの違いを完全に無視したうえで、おなじみの物語を語る姿である。「世代」になることの核心には諦めの行為がある。回顧の語り、すなわち自分自身を自分語りの主人公に仕立てる行為がある。「世代《ジェネラシオン》 génération」という語は、綴りを少し変えると「否定《レネガシオン》 rénégation」になるのだとオッカンガムは記す。それは事実や思想よりも、スタイルあるいは態度《エートス》（＝倫理）の問題なのだ。別の言い方をすれば、一九七〇年代後半にはすでに、「ポスト五月」の失望が「失われた世代」の出現（あるいは創作）によって、一つの文学ジャンルを形成し、必要な人物も修辞的な表現も整えていた。形式化された「ポスト五月」の転向の語りは詰まるところ、サルトルが指摘するような、一九世紀文学に見られるブルジョワ的な回顧の語りの極端な一ヴァージョンだ。語り手は若かりし頃の混乱した出来事を遠く離れた位置から振り返る。「もめごとがあったには違いないが、そのもめごとははるか昔に終わった［…］。つまり冒険とはすでに収まった短い混乱にすぎない。それは、経験と知恵の観点から語られ、秩序の観点から聞かれる」[60]。こうした小説の著者――サルトルの例ではモーパッサン――も読者もなんら危険を冒していない。世紀末になると出来事は過去のものとなり、目録に載せられ、理解され、語りの対象となる。それを行うのは、一八四八年革命とパリ・コミューンを経験し、一九八〇年代の元左翼主義者と同じく（とはいえ、サルトルが扱った語り手たちよりも、今日の人々のほうが出来事と語りの時間的距離がずっと短いことは指摘しておくべきだ）「今後、何もほかのことは起きない」と確信する、安楽なブルジョワジーである。オッカンガムのいう、新たに形成された「世代」を構成するのは、相互に助け合って失望を黄金に変えた男たち——新聞の編集長や核兵器の擁護者、新興資本家、「現実主義の職業的イデオローグ」、「既存のものの擁護者」等々になった男たちだ。オッカンガムはその寄せ集めの肖像画をこう描く。「この男はグリュックスマンの鼻、ジュリーの葉巻、コリュシュ〔＝コメディアン〕の丸めがね、ビゾー〔＝ジャーナリスト〕の長髪、ドゥブレの口ひげ、ＢＨＬ〔ベルナール＝アンリ・レヴィ〕のはだけたシャツ、クシュネルの声を持つ」[*61]。この合成体には、個々のメディア露出度が高いために、ある種のグロテスクな特徴が備わっている。ユートピアが一般に評価されなくなった原因は右翼ではなく左翼の側にあったと、オッカンガムは指摘する。左翼は過去の幻覚を振り払うだけでなく、過去自体に軽蔑のまなざしを向けることにも忙しい。したがって左翼が罵倒しているのは、あやまちや幻覚、ごまかしではなく、根本的な体

＊59　Guy Hocquenghem, *Lettre ouverte à ceux qui sont passés du col Mao au Rotary*, 15–16.
＊60　Jean-Paul Sartre, *Qu'est-ce que la littérature?* Collection Folio/essais, (Paris: Gallimard, 1985), 145.〔『文学とは何か』加藤周一・白井健三郎・海老坂武訳、人文書院、一九九八年、一三六頁〕
＊61　Hocquenghem, *Lettre ouverte*, 17.

制変革の欲望だという結論が導かれるのも無理はない、そうオッカンガムはほのめかすのだ。「第三世界主義」とは、こうした欲望の呼び名の一つである。一九八〇年代に散見された反第三世界主義者の議論に目を通していると、第三世界主義の中心にある現実をつい忘れそうになる。それはジュイヤールやブリュックネール、クシュネルがまったく触れない現実、すなわち三年にわたってアメリカがベトナムに毎分三〇〇〇トンの爆弾を落としていた現実だ。[*62] 西洋の侵略に抗した当時の闘いは誤りだったのか。フランス帝国は防衛しておくべきだったのか。ブリュックネールはヨーロッパへの、そして人権が西洋と一体化し、庇護されるヨーロッパ的価値観への回帰を主張する。これにただちに呼応するのが、二人の元左翼主義者によって八五年と八七年にそれぞれ刊行された著作——アンドレ・グリュックスマン『愚かさ』とアラン・フィンケルクロート[*63]『思考の敗北』である。そして三冊目が、そのすぐ後に刊行されたミシェル・アンリの『野蛮』[*64]（一九八七年）だ。アンリの著書の題名が端的に示すように、これらの著作では、非欧米世界が、少数のエリート集団すなわち西側知識人が目を光らせ続けるべき侵略勢力になっている。フィンケルクロートによれば、西側はこの戦争にすでに敗北している。「野蛮がこうしてとうとう文化を簒奪」したというのだ。またグリュックスマンは「文明」を守るためには、ヨーロッパを再武装化すべきだと熱のこもった議論を展開する。[*65] 著者たちのお気に入りである「野蛮」という語を、このようなかたちで初めて用いたのは、ベルナール＝アンリ・レヴィ[*66]『人間の顔をした野蛮』（一九七七年）だった。この言葉の繰り返しは、〔社会心理学者の〕ギュスターヴ・ル・ボンの進化論的人類学を想起させる（ル・ボンは、「野蛮人」は、はっきり人間以前の段階に分類されてはいないが、道徳的発達が遅れた段階に属していると論じていた）。こうした本のどれ

*62 『ワシントン・ポスト』の統計からの引用。引用を行った記事が載ったのは一九七二年四月一二日付の『ルモンド』。

*63 訳者――作家、哲学者（一九四九－）。青年期は毛沢東主義者だったが、新哲学派のメディア知識人として一九七〇年代末に頭角を現す。「六八年思想」という呼称を広めた一人。トクヴィルやアーレントを現代フランスの政治・社会批評に導入しようとする一方で、親イスラエル姿勢を早くから鮮明にした。近年ではアラン・バディウらイスラエルに批判的な左翼知識人を「反ユダヤ主義」と攻撃する場面が目立つ。二〇〇五年の郊外暴動に際して暴動を起こした若者を「イスラム教徒」と呼び、政治的スキャンダルとなる。一四年六月、アカデミーフランセーズ会員に選ばれたが、日頃の言動から大きな反発を招いた。邦訳書に『二〇世紀は人類の役に立ったのか――大量殺戮と人間性』（川村英克訳、凱風社、一九九九年、原著一九九六年）など。

*64 訳者――山形頼洋・望月太郎訳、法政大学出版局、一九九〇年。

*65 次を参照。Alain Finkielkraut, *Le défaite de la pensée* (Paris: Gallimard, 1987), 165.〔アラン・フィンケルクロート『思考の敗北あるいは文化のパラドクス』西谷修訳、河出書房新社、一九八八年、一七八頁〕; André Glucksmann, *La bêtise* (Paris: Grasset, 1985)〔未邦訳、アンドレ・グリュックスマン『愚かさ』一九八五年〕。ヨーロッパを野蛮に対する文明のとりでを築くものとみなすレトリックは、テレビの討論番組に出演したダニエル・コーン＝ベンディットがコソボ空爆を正当化する際にも用いていた。

*66 訳者――作家（一九四八－）。一九六〇年代末に左翼論壇にデビューし、七〇年代半ばに「新哲学派」の中心人物となる。七七年刊行の『人間の顔をした野蛮』は、本書で論じられるとおり物議を醸した。人道主義的介入に早くから積極的な姿勢を見せたことでも知られる。現在も多彩な人脈を活かしてさまざまな発言をするが、つねに論争を呼び起こす。『人間の顔をした野蛮』の邦訳は西永良成訳、早川書房、一九七八年刊。他の邦訳書に『サルトルの世紀』（石崎晴己ほか訳、藤原書店、二〇〇五年、原著二〇〇〇年）など。

を開いても、アイデンティティの危機への処方箋は、かつて国家一つ一つに提案されたものと変わらない。ヨーロッパはヨーロッパへと、その価値観と伝統、国境線へと回帰せよ、そしてヨーロッパの本質を再統合せよ、である。植民地本国人の自民族中心主義がそのままエリート主義として復活し、野蛮と文化というマニ教的な二項対立の見立てを通して非西側世界を再び退ける。そこで西側知識人には、両者のあいだの筆舌に尽くしがたい差異を守る作業がゆだねられる。だからその役割は「野蛮人」、あるいは場所はどこであれ西側諸国の外に住む人を、西側の人道援助を必要とする哀れみや同情の対象に仕立て上げることと、まったく矛盾するわけでもないのである。

もちろん、ル・ボンのような大昔の人物の話を傾聴しなくても、まったき他者としての「野蛮人」という人物像に出会うこともできる。ごく最近では、それは一九六八年の闘争に参加した学生や労働者の人物像に現れていた。レイモン・アロンがその特徴を述べている。「自らの野蛮さに気づかない野蛮人の暴動」と。[*67]

一九八〇年代前半の反第三世界主義論では三つの変化が生じている。まず、過去の異議申し立てから生じた専門性を取引材料にする(かつ利用する)ことで、元左翼主義者が「公認反体制知識人」という帝国主義者の装いで再登場する。この表現を初めて用いたのは、元左翼主義者の動きをかなり早い段階で分析したジャック・ランシエールだ。七〇年代半ばに新哲学派を自称する人々が、派手にファンファーレを鳴らし、大成功を収めた現象を彼は論じた(かれらの言説は次のような印象を与えるだろう。「われわれは一個人として、抑圧された人々、排除された人々に向けて、われわれの声を届ける。われわれにできるのは、発言する機会を奪われている人々のために語ることだけだ。われわれ自身も迫害され、検閲を受けているマイノリティなのだ」――だが実際のところ、新哲学派は、ジャーナリズムから出版社、テレビ、ラジオに至るあらゆるブルジョワ・メディアに特権的にアクセスし、それらをフル活用できる)。第二に、六〇年代における植民地ないし第三世界の他者が新たな人物像に変換されている。戦闘的で理路整然とした闘士兼思想家から、人権擁護の対象となる「被害者〔＝犠牲者〕」へと変化するのだ。

ここで人権は、被害者の権利として、つまり権利を主張し、自分の問題を政治的に解決することのできない人々の権利として明確に定義される。したがって第三世界が西側に呼び覚ます関心は、いまや第三世界の政治的力量に、すなわち第三世界が自らの未来を構築する力、あるいはわれわれ西側世界の未来に間接的に影響を及ぼす力に反比例している。被害者の悲哀が取り上げられ、目の前の危機が引き起こす影響に関心が集中する一方、そうした危機が生じたプロセスはまったく分析されない状況が生まれる。緊急性というレトリックによって思考はいっそう麻痺していくのである。被抑圧者の歴史的政治的コンテクストを記録するとともに、被抑圧者が自分たちの現状を分析し、政治的欲求を表明する際に、その意見が聞き届けられる手段を作り出す作業には根気と労力が求められる――かつてマスペロらと結びついていた語りの労働のことだ。こうした作業はいまや遠い過去のものとなってしまった。被害者という新しい人物像は、緊急性のレトリックが作り出す純粋現実の体制で生まれた。それは被害者から当の歴史を奪うだけでなく、被害者を歴史そのものから排除する永遠の現在という体制である。この新たな感情の政治では、主体と客体が、互いに異なる、実に不当な言葉で記述され

＊67 Aron, *La révolution introuvable*, 13

る。この関係での客体――被害者――は、西側に住む主体と質的に異なるだけでなく、はっきり劣った存在とされる。実際のところ、これを「感情の政治」と呼ぶのは間違いかもしれない。そもそも、受難者という人物像――一八〇‐九〇年代に西側のテレビに毎晩映し出された一般的な他者像――がそれ自体として、どれほど政治を生じさせることができるというのだろう。哀れみや道徳的憤りは政治的な感情なのだろうか。

　こうして第三の変化、すなわちフランスの知識人が第三世界という「他者」と結ぶ関係の変化が争点となる。それは政治から倫理への撤退というかたちをとる。一九六〇年代前半の第三世界主義は「他者」との政治的関係の帰結である。そこでの政治的関与《アンガジュマン》――他者の思想と希望をすすんで受け入れる態度――は、自分がフランス国家や共産党などに抱いた一体感をかつて支えた忠誠の体系や類型と袂を分かつこと、あるいはそこから切断することに基礎を置いていたからだ。しかし新たに成立する他者との倫理的関係のほうは、アイデンティティ――西側とその価値観の、また受難者に関する職業的代弁者たる知識人のアイデンティティ――の強化、いや肥大化に基礎を置いている。受難者は、人道的犠牲者の表象に関する現行制度の内部では、定義上発話が不可能であり、美学とマーケティングの高度に重層決定された論理の枠内でのみ可視化される存在だ。この新たな関係には、救出という準軍事的行動や、危険地帯への《パラシューティング》医師団――クロード・リオズュによれば「白衣の特殊部隊《コマンド》」――の緊急派遣が含まれる。[*68] 突然やってくる医師は植民地での先達にあたる落下傘部隊《パラシューティスト》と往々にして見分けがつかず、人道主義的な口実の裏には、第三世界の「紛争地帯」での救援活動の持つ、一見そうは見えない植民地主義的性格がときに潜む。リオズュの表現はその様子を浮き彫りにしてくれる。ヨーロッパ中心的なモラリズムを念入りに強調するところから、今述べたような、資本の拡大という新植民地的な動きに踏み出すまではほんの一歩でしかない、いや一歩もないかもしれないのだ。[*69] 軍事介入と人道的介入の違いは程度問題であり、本質的には変わらないのだから。道徳的要請によって人道的介入の権利が主張され、こうした権利はただちに一つの義務と化す。いやそうなるよりも早く、武力介入に必要なあらゆる軍事力を投入する義務へと化すのである。「自由」と人権、そして激烈な反国家主義という価値観を復活させることで、フランスは〔旧植民地の〕チャドに介入する権利（と義務）を再び手にする。かつて一九八三年に軍事介入した際には、クシュネルとアンドレ・グリュックスマンが全面支持を表明している。[*70] 同様に、レーガン政権下のアメリカは、ベルナール＝アンリ・レヴィのほか、転向した毛派のジャック・ブロワイエルとクローディ・ブロワイエル〔ともにジャーナリスト〕が賛同した、『ルモンド』（一九八五年三月二一日付）掲載の声明にあるように、ニカラグアのコン

*68　Claude Liauzu, *L'enjeu tiersmondiste: Débats et combats* (Paris: L'Harmattan, 1988)〔未邦訳、クロード・リオズュ『第三世界問題——論争と闘争』一九八八年〕を参照。また次の論文は、「反第三世界主義」大攻勢に関する最良の要約と批判である。Claude Liauzu, "Le tiers-mondisme des intellectuels en accusation," 73–80.

*69　ジャン＝ピエール・ガルニエとロラン・ルーの主張は、次の論考で詳しく展開されている。Jean-Pierre Garnier and Roland Lew, "From the Wretched of the Earth to the Defence of the West: An Essay on Left Disenchantment in France," *The Socialist Register* (1984): 299–323.〔未邦訳、ジャン＝ピエール・ガルニエ、ロラン・ルー「地に呪われたる者から西洋の擁護へ——フランスにおける左翼の脱魔術化についての試論」『ソーシャリスト・レジスター』一九八四年所収〕

トラ支援の維持と増強を求められることになる。オッカンガムは前出の「公開書簡」でかつての六八年の同志たちを容赦なく攻撃しているが、その大半は、オッカンガムのいう元左翼主義者の「戦士的モラリズム」と軍事主義的夢想への批判である。人権と爆弾を正しく処方するクシュネルのような医師の登場は、「五月」が終わっても消えず、いまだ解決されることのない男性性の危機のせいではないかとオッカンガムは考えている。緊急事態がもたらす数々の冒険を通して、ごつごつした骨太の男性性という要素、新しいオーラが知識人の肉体イメージに加わっていく（ここでもサルトルの「老いた」肉体が持つイメージが好対照となる）。そしてオッカンガムは、まさにこの同じ知識人たちが、一九八〇年代初めの西欧への巡航ミサイル配備問題と、八五年のフランス政府によるグリーンピースの「虹の戦士号」爆破事件でフランス政府の肩を持ったのだと指摘する。[*71]

テレビ哲学者たち

反第三世界主義とは、一九七〇年代半ばに、フランスの政治的見取り図の枠組みそのものに大きな影響を与えた新哲学派現象の「反復《ルプリーズ》」と継続にすぎないともいえる。新哲学派は過激な反マルクス主義を掲げたこと、そして「収容所《グラーグ》」という言葉に、ピーター・デューズのいう悲惨な歴史的現実から疑似概念、スローガンへの急速な退行[*72]をもたらしたことでよく知られている。ただしここでの議論における新哲学派の重要性とは、自分たちこそが「五月」の一〇年後に初めて現れた「六八年五月の真の声」なのだと主張し、そうしたイメージを作り上げることに成功した点にある。新哲学派によって、「六八年」のスローガンとしての「平等」は、「自由」にその座を明け渡した。ミシェル・ル・ブリ

(『人民の大義』の主筆を務めた後に新哲学派に加わる。それほど知られていない人物)は、自由の新たな経験を「六八年五月」のときに「実感」はしたが、同時にそれを「考える」ことはできなかったと述べる。一〇年後になって「我に返って」みたところ——一九七〇年代の政治的両義性や失望感、情勢の推移をなかったことにするうまいやり方だ——当時の自由が、ほかでもない新哲学派の著作を通して

*70 "Tchad, l'engagement à reculons," in *Libération*, Aug. 12, 1983〔未邦訳、「チャド 後退する関与策」『リベラシオン』一九八三年八月一二日付〕を参照。一九八三年八月から九月にかけての『リベ』の紙面には、フランスの落下傘部隊の復帰を祝う大見出し(「フランス落下傘部隊、前線へ」、「新しい落下傘のように美しい」)と特集記事が頻繁に掲載された。

*71 訳者——前者は、一九七〇年代末に始まった米ソ核軍縮交渉の停滞と欧州の核軍備増強の動きを指す。八〇年代前半には反核運動が世界的に盛り上がった。後者は南太平洋ムルロア環礁でのフランスの核実験に対して抗議活動を展開していた反核・環境保護団体グリーンピースの母船を、フランス軍の特務機関が爆破した事件。二つの出来事へのミッテラン政権の対応には、フランスの核戦略イデオロギーの強さと国家主義的態度がはっきり出た。当時の新哲学派や左翼の動きは、藤村信(=熊田亨)『パンと夢と三色旗と——フランス左翼の実験』岩波書店、一九八七年、二三三-三五二頁に詳しい。

*72 Peter Dews, "The *Nouvelle Philosophie* and Foucault," 127–71を参照。この論文は、次に挙げたデューズのもう一つの論文とともに、「新哲学派」に関して英語で書かれた、最も優れた批判的分析だ。Peter Dews, "The 'New Philosophers' and the End of Leftism," in *Radical Philosophy Reader*, ed. Roy Edgley and Richard Osborne (London: Verso, 1985), 361–84.〔未邦訳、ピーター・デューズ「『新哲学派』と左翼主義の終わり」、ロイ・エドグレイ、リチャード・オズボーン編『ラディカル・フィロゾフィー・リーダー』一九八五年所収〕

考えることができるようになっていたというのだ。[*73] こうして「世代」が、そしてオッカンガムが描くように、迷いから解き放たれて該当者を名指す必要もない「われわれ」が、当時の記憶を簒奪するために、「五月」一〇周年に合わせて産声を上げる。

一九七〇年代半ばから、新哲学派はフランスのメディアと知識人のシーンの中心を占めるようになったため、新哲学派の清算対象が実際には「五月」とその記憶である点が見えづらくなった。そもそも「五月」は、新哲学派の「標的」というよりも、履歴書上の大切な一項目だった。というのも活動経験があればこそ、社会評論家としての正統性が確保されるし、政治的な主張を述べるのに必要な道徳的権威づけも得られるからだ。新哲学派がすすんで認める「五月」の政治的誤謬とは――ベルナール＝アンリ・レヴィのように、告白の前に誤謬を創作しないといけないケースですら[*74]――真理と美徳の添え物にすぎず、現在に働く〔ロラン・バルトのいう〕「現実効果」を改めて保証するものだったのである。新哲学派のあからさまな狙いは、実際のところ、「五月」よりもはるかに大きく野心的なところにあったようだ。それは強制収容所《グラーグ》――ソルジェニーツィンの著作の仏訳が七四年に刊行されたことで、フランス人が「発見」するもの――なのだから。予言者とマルクス主義の告発役を同時に自任する新哲学派は、半ばヒステリックになりながら「全体主義」という言葉を武器にマルクス主義批判にとりかかった。分析概念の体をなしておらず、どうとでも解釈できるこの語が、新哲学派の言説では「全体性」という理論カテゴリーと意図的に混同されて用いられた。もちろんこの概念には豊かな哲学的過去がある。たとえばルカーチにとって「全体性」とは、商品経済によって与えられる現代性の構造があるという事実を単に指していた。ここでいう商品経済とは、時間を超えて個人や集団がまったく同じように経験することはないけれども、単に相対化することも不可能なもののことだ。またサルトルは「全体性」という哲学用語を用いて「知覚と道具、材料が結びつけられ、投企という統一的なパースペクティヴを通して相互関係を持つ」ありようを指していた。[*75]「全体性」と「全体主義」を混ぜこぜにしたおかげで、新哲学派は「全体化する」、あるいはシステム全体を捉える分析は何であれ、またそれにとどまらず、少しでもユートピア的な傾向を持った思想は何であれ、初めから「グラーグ」の種を宿していると主張できたのだ。社会変革の試みは何であれ「グラーグ」を産み出す。したがってこの現在よりましなものを想像することはできないことになるのである。

ソルジェニーツィンの著作がフランスで刊行されたことが、どうしてこれほど強いインパクトを持ったのだろうか。一九七四年以前にスターリンの強制収容所の存在が知られていないわけではなかった。トロツキーやヴィクトル・セルジュら[*76]の証言は存在したし、フランス国内でも読めたのだから。[*77]収容所の存在自体は知られてはいた。しかし「グラーグ」という象徴的な地位にはなかった。早

＊73 Michel le Bris, interview in *Génération perdue*, ed. J. Paugham (Paris: Robert Laffont, 1977), 93–94.〔未邦訳、ミシェル・ル・ブリへのインタビュー、J・ポーガム編『失われた世代』一九七七年〕

＊74 「ベルナール＝アンリ・レヴィ青年は優秀だったが、マルクス主義者でも毛派でもなかったと私は証言できる」。Lecourt, *Les piètres penseurs*, 76.

＊75 Fredric Jameson, "On Cultural Studies," in *The Identity in Question*, ed. John Rajchman (New York: Routledge, 1995), 267〔未邦訳、フレドリック・ジェイムソン「カルチュラル・スタディーズ論」、ジョン・ライクマン編『問われるアイデンティティ』一九九五年〕を参照。

くも三六年にはその存在が明らかにされ、四六年にはダヴィッド・ルッセによる強制収容所世界への批判[*78]があり、五六年にはフルシチョフ秘密報告（スターリン批判）で指摘されていたものが、七四年には衝撃的な新事実の地位を獲得する。そのあまりの衝撃性によって、これまで何も知らなかった人々――グリュックスマン、レヴィ、ル・ロワ・ラデュリ――が、ソルジェニーツィンの著書によって奇跡的に蒙を啓かれ、一斉に声をあげたということなのだろうか。衝撃度の違いは、ソルジェニーツィンの支持者がいうように、ジャンルの問題だった。この本は、副題が示すように「文学的探究の試み」であって、論文でも政治家の報告書でもなかった。このためソルジェニーツィンの『収容所群島《グラーグ・アルシプラゴ》』には、抽象的な統計や無味乾燥な分析が伝えないもの、すなわち人類の苦難を背負う一人ひとりの犠牲者が描かれているのだと宣伝できたのである。受難の左翼主義者が『レ・タン・モデルヌ』に載せた論文が――こうベルナール＝アンリ・レヴィは一九七八年に書いている――『収容所群島』と同じ効果を大衆の政治意識に及ぼすことなどありえない。それはアンリ・レヴィにとって驚くべきことではなかった。「こうした論文に欠けているのは、〈悪〉という思考不可能なものを表象可能にする神話やフィクション、象徴なのである」[*79]。こうして新哲学派は、受難する個人という人物像を活用して、政治的領域に対する倫理的・道徳的領域の優越、認識に対する直感の優位を、そしてさらには社会科学の科学主義や合理性よりも美的表象が価値のうえで優れていることを示す。冷酷な合理性という外皮――収容所に関するすべての事実と数字、ソルジェニーツィン以前に存在したすべての情報――こそ、犠牲者たちの叫びが押し殺されるうえで実際に一定の役割を果たしたというのだ。そしてアンドレ・グリュックスマンの著作で「平民」と名づけられた、個人の受難をあらわす人物像は、一九八〇年代になると、人権の言説に登場する飢餓の犠牲者という人物像へと進化する。
しかし、自分たちの目的のために虚構の美学を、事実に基づく専門書よりも上に位置づけたという事実からでは、やがて新哲学派と呼ばれる転向知識人の集団がなぜこのときにソルジェニーツィンを必要としたのか、その理由が説明できない。また全体主義が、この問題をそれまでほとんど考えたこ

*76 訳者――革命家、作家（一八九〇－一九四七）。ヨーロッパ各地のアナキスト系の運動に参加した後、一〇月革命後のロシアに渡り政権に参加。トロツキー率いる左翼反対派に属し、スターリンによるソ連と国際共産主義運動の堕落を批判するが、一九二八年に党を除名。当局の厳しい監視下に置かれる。国際的な救援運動により三六年に国外退去。その後も作家活動と運動を続け、スターリン体制を厳しく告発。『ある革命の運命』（一九三七年、未邦訳）などを著した。邦訳書に『一革命家の回想』（山路昭・浜田泰三訳、現代思潮社、一九七〇年、原著一九五一年）、『仮借なき時代』（角山元保訳、現代企画室、二〇一四年、原著一九七一年）など。

*77 ダニエル・ベンサイードとアラン・クリヴィーヌは、二人が「グラーグ効果」と呼ぶものについて議論している。Alain Krivine and Daniel Bensaïd, *Mai si!* (Paris: PEC-La Brèche, 1988), 74–80〔未邦訳、アラン・クリヴィーヌ、ダニエル・ベンサイード『だがしかし！』一九八八年〕を参照。

*78 訳者――ダヴィッド・ルッセは作家・政治家（一九一二－九七）。ルッセの著書『強制収容所世界』（一九四六年、未邦訳）を指す。トロツキストとして対独抵抗運動に加わっていたルッセは一九四三年冬にナチスに逮捕され、複数の強制収容所に送られる。同書は当時の体験をつづり、強制収容所のシステムを考察したことで知られる。

*79 ベルナール＝アンリ・レヴィの発言。Paugham, *Génération perdue*, 176.

とのない人々から批判されなければならなかった理由もわからない。実は『収容所群島』はフランス語以外の言語に翻訳され、それぞれの国――たとえばアメリカ、ドイツ、イタリアで――で紹介されたものの、フランスのような反応も起こさなければ、メディアで大きく取り上げられることもまったくなかった。[*80] なぜか。その答えは、すでに示唆したように、新哲学派が「六八年五月」の記憶に決着をつけるよう迫られていたこと、つまり政治に関わる当時の議論と行動の総体を、遠い過去に葬り去られた巨大な集団幻想の表現に変えるよう迫られていたことに求められる。

新哲学派はテレビ専用の直接的なレトリックを用いる一方で、追放された、あるいはロマンチックで「物憂げな二枚目」の反体制派という自己演出を行う。こうした手法が簡潔さと派手さを求めるメディアの思惑と幸運にも「一致」したことに、当時の人たちも気づいていないわけではなかった（一九七〇年代半ばのパリでは、新哲学派になるにはテレビ映えさえすればよいというジョークがはやった）。新哲学派が出始めたとき、その発言を熱狂的に紹介したマスコミ――新哲学派自身はやがてラジオ局や出版・報道業界の幹部の座にうまく収まる――の動きによって、あらゆる新哲学派批判が型にはめられ、「フランス知識人によるマルクス主義裁判」スタイルでの七〇年代的な連続ショーに取り込まれるようになった。したがって、早い段階で出された新哲学派批判の本『新哲学派に反論する』の著者たちは、概念レベルでの反論を試みるというミスをしてしまい、この見世物に一挙に飲み込まれた。[*81] あれよあれよというまにテレビ番組『アポストローフ』に討論者としてゲスト出演させられてしまい、「新哲学」が一つの学派として実体、ないしは正統性を獲得するのに片棒をかついでしまったのだ（以来「メディア知識人」となる人々の通過点となったこのテレビ番組は、七五年一月に放送を開始していた）。ジル・ドゥルーズはしぶしぶと、しかし精力的に論争に加わり、新哲学派の思想内容を「ゼロ」と切って捨てた——議論のしようがないほど空疎かつ大雑把で、無内容な二項対立（法と反抗、権力と反体制、善と悪など）に基づいて構成される「ひどい仕事」と退けたのである。ドゥルーズは、新哲学派の発言内容などどうでもよく、取り上げる必要もないという。なぜならその唯一の目的は、誇大妄想的に自らの重要性を唱える、ある発話主体を擁護することだからだ。それは迷妄から脱した「われわれ」であり、何よりも「六八年五月」の否認を土台とする集合的主体だ。

［…］かれらの初期の本にすでにはっきりあったテーマ——「六八年」への憎悪。誰が一番うまく「六八年五月」に唾するかということだ。この憎悪に対応しながら、かれらは自分の発話主体を築き上げた。「われわれが『六八年五月』をなしたからこそ［??］みなさんにいうことができる。六八年五月はおろかだった。二度とやらないと」。六八年への恨み、かれらの売り物はそれだけだ。[*82]

*80 訳者——日本での刊行は一九七四–七七年にかけて行われた（木村浩訳、新潮社、六分冊）。

*81 Francois Aubral and Xavier Delcourt, *Contre la nouvelle philosophie* (Paris: Gallimard, 1977)〔未邦訳、フランソワ・オブラル、グザヴィエ・デルクール『新哲学派に反論する』一九七七年〕を参照。

*82 Gilles Deleuze, "A propos des nouveaux philosophes et d'un problème plus général," in *Deux régimes de fous et autres textes 1975–1982* (Paris: Seuil, 2003), 131.〔ジル・ドゥルーズ「ヌーボー・フィロゾフ及びより一般的問題について」鈴木秀亘訳、『狂人の二つの体制 一九七五–一九八二』河出書房新社、二〇〇四年、一九八–一九九頁〕

憎悪、おそらくそうだろう。しかし過去を別のかたちで用いることも、干し草を黄金に変えるようにして可能ではなかったのか。「五月」の遺産を略奪すると同時に、否定もできたのではなかったか。一九七〇年代半ばの政治的雰囲気のなかでは、活動家としての過去の扱いがますます面倒なものとなり、過去を捨て去るべき理由がいくつも生じていた。たとえば七七年と七八年の議会選挙が視野に入るころ、ドイツとイタリアでは「テロリスト」という――誰しも一緒にされたくはなかった――人物像が登場していた。新哲学派が唱える反体制派の公認イデオロギーは関心の対象を変えた。フランス郊外に住むアルジェリア人労働者の群衆から、一握りの著名な科学者や知識人、すなわち東欧反体制派の窮状へと移動したのだ。このことがいかに「資本主義の道徳的再武装」に等しいかを、ロベール・リナールやドミニク・ルクールら、新哲学派の批判者はただちに指摘した。*83 他方で「五月」一〇周年にあわせて刊行された『論理的反乱』の特集号『「五月」の桂冠詩人たち』には、ダニエル・ランシエールとジャック・ランシエールが行った、新哲学派現象に関する実に陰影に富んだ分析が収録されている。二人は新哲学派に属する複数の人物と、アルチュセール派から「ポスト五月」の毛沢東主義に至るまでは同じ政治的歩みをたどっていた。とはいえ、議論を新哲学派のきわめて論争的な調子にゆだねてもいなければ、それから何年か経ってギー・オッカンガムがあれほど熱心に用いたような「裏切り」「日和見主義」という糾弾調のレトリックに貶めることもなかった。二人は独断的な議論の次元とは袂を分かち、毛沢東主義運動の転換や転回について、また「五月」後の厳しい時代に運動が知識人と結んだ関係について、史実に基づいた弁証法的視点を向けている。別の言い方をすれば、二人が注目したのは、フランスの直近の過去のうちに存在した、新哲学派なるものの登場、独特の倫理的保守主義の出現を許した条件だったのである。この論文は（『論理的反乱』の「五月」特集号に載った他の論文や、ジャック・ランシエールが以前に書いたアンドレ・グリュックスマン批判も同様に）当時のフランスにあって、近過去についての複雑かつ詳細な歴史を記そうとしたほとんど唯一の試みだった。それは「失われた世代」を気取りつつ否認する振る舞いとは距離を保ちつつ、そうした否認の身振りを位置づけることにも大いに役立つ批判的な歴史だ。

新哲学派は、世界史という舞台装置と（「グラーグ」の「発見」で覚えた）自分たちの幻滅に言及してみせる。ダニエル・ランシエールとジャック・ランシエールの考えによれば、新哲学派にとってこうした振る舞いは、主張を唱える動機ではなく一種のアリバイに属している。自分たちがフランスの近過去とうまく折り合いをつけられないことへの言い訳も含めたアリバイなのだ。この折り合えない過去とは、狭義の「五月」だけでなく、フランス「六八年」直前直後の闘争が一九七三年頃に収束に至るまでの時期のことでもあった。七二年にはルノーの工員で毛派活動家のピエール・オヴェルネが警備員に殺害されたが、労働者の大規模な抗議活動が起きることはなかった。その後の時期のことで

＊83　Robert Linhart, “Western ‘dissidence’ ideology and the protection of bourgeois order,” in *Power and Opposition in Post-revolutionary Societies* (London: Ink Links, 1979), 249–60〔未邦訳、ロベール・リナール「西側『反体制』イデオロギーとブルジョワ秩序の保護」、イル・マニフェスト編『革命後社会の権力と抑圧』一九七八年〕; Dominique Lecourt, *Dissidence ou révolution?* (Paris: Maspero, 1978)〔未邦訳、ドミニク・ルクール『反体制か革命か』一九七八年〕を参照。

ある。そしてまた、労働者による闘争の大きな波が静まり、二つの左翼主義団体が自主解散（プロレタリア左派）と路線転換（革命的共産主義者同盟）で解体した後の時期のことである。ダニエル・ランシエールとジャック・ランシエールからすれば、新哲学派の登場とは、知識人の声を民衆の発言に結合するという左翼主義の夢の反復《ルプリーズ》である。ただしそれは倒錯的でねじ曲がっている。したがって、この現象を理解するには、「五月」で中心的な課題とされた、知識人と民衆が結ぶ関係の複雑な成り行き――平等というテーマへの関心の盛衰――を検証しないわけにはいかない。最も基本的なレベルで考えてみよう。新哲学派が代表する知識人とは、毛沢東の古風な表現を使うなら、「五月」では花を摘みに馬から降りたものの、再び馬にまたがると、今度は以前よりも安定した姿勢を取り、「五月」が宙吊りにして問いに付した、特定の社会的カテゴリーの種別性と特権性を主張する人々のことである。新哲学派は、知識人というカテゴリーに対し、「五月」によって揺らいだ特権性と種別性を回復してやることで、それにかつてお墨つきを与えていた社会的なものについての特定の見方を復活させている。ニコラ・ドームの八八年の著作でインタビューを受けた元行動委員会メンバーのクロードは、五月から六月にかけての出来事で知識人が果たした役割を鮮やかに描く。端的にいえば、知識人は何の役割も果たさなかった。

> とにかく「六八年五月」についていえば、知識人たちはそれ以外の人々と変わらなかった。走っている列車に飛び乗ったようなもので、他の人々と同時に街頭に出たのだから。たしかに大衆運動が終わってからは、好きなようにあれこれ分析を披露していたが、予測のほうはさっぱり

だった。ＣＧＴやドゴールと変わらなかった。[*84]

別の言い方をすれば、知識人は「五月」で特定の場所を占めず、特定の役割も持たなかった。周りとなんら変わらず、群衆の一部、盗賊の一味だった——何らかの集合体や専門家集団といった大きな単位を代表しているわけでも、知識人を自称しているわけでもなかった。それ以外の人々と同じく、知識人は具体的な社会的カテゴリーをなんら体現していなかった。街頭に出て、他の行為者と協働する一行為者として、同じ試みに名を連ねていたにすぎなかったのである。実際、行動の動機にあったのは、まさに知識人というアイデンティティを拒否することだった。モーリス・ブランショは後年この点にたびたび触れていた。

われわれの何人かが一九六八年五月の運動に参加した際、われわれは一切の個別的主張から身を守ろうと望み、そして、例外的な人としてではなく他のすべての人と同じように見なされることで、ある意味ではそうであることに成功した。権威に否を唱える運動の力は大きく、個々の属性をたやすく忘れさせるほどであり、老いも若きも、無名の者も周知の者も、区別できなかったのだ。さまざまな相違や絶えざる論争にもかかわらず、あたかも各人が、壁に書き込まれ、共同で起草されたものの場合でさえ、最終的にはけっして何らかの書き手の言葉としては発されるこ

＊84　クロードの発言。Daum, *Des révolutionnaires dans un village parisien*, 172; Daum, *Mai 68*, 25.

となく、矛盾に満ちた言い回しもそのままに、万人による万人のためのものであるような匿名の言葉のなかに、自分の姿を認めたかのようである。しかし、もちろん、これは一つの例外である[*85]。

そして実際に、こうした状況は例外だった。「五月」以降の三、四年間で、左翼主義活動家による闘争の背景《コンテクスト》は大きく変わった。当時の情勢は、工場での大衆闘争の力量に期待することが厳しくなる状況と、ポンピドゥー政権のマルスラン内相による過酷な政治弾圧（一九七〇年秋の時点で、元プロレタリア左派の活動家だけで六〇人以上が投獄されていた）の二つに等しく規定されていた。言い換えれば、政治的な失敗が生じ、新たな内的矛盾が露呈することで、運動側の態度が再び硬直化する時代だった。たとえば、政治組織の非合法化と活動家の地下潜行という事態は、ある面で政治専門家のような存在の復活を後押しした。運動体はそれまで、権威主義や階層化された構造を拒否し続けてきたが、それが再び導入されたのである。職業的活動家が復活することで、独自の専門領域として政治を規定する――ブルジョワ民主主義政党とレーニン主義政党が共有する定義である――傾向が再び生まれた。したがって、運動体内部で権力のあり方が組み直されていく一つの兆候は、組織の幹部だけが知ることができ、その内輪だけで保持される一連の真理や一群の知識と、「その他大勢」向けとされる、それとは異なる一連の真理とのあいだのギャップが広がっていったことにある。知識人が特定の自律的な役割を再び担う機会を得たのは、こうして状況が厳しくなりつつあるときのことだった。かれらの役割は、運動が掲げるさまざまな目的を支持し、推進するために知識人としての名声あるいは悪名を貸すというかたちで果たされた。具体的には、警察の弾圧に対する抗議活動の組織化（たとえば「赤色救援会」の結成）や、人民裁判運動への支援、公判中の活動家の主張の宣伝、移民の支援や刑務所の状況の調査などだ——実際『ルモンド』で「アジテーション」という連載欄が必要になるほどの規模と持続性を持ったさまざまな運動の取り組みが行われた〔この欄は一九七三年まで続いた〕。最も有名な例は、もちろんサルトルが、『人民の大義』の主筆だったジャン＝ピエール・ル・ダンテックとミシェル・ル・ブリの逮捕を受けて、同紙主筆の肩書を引き受けたことだ。二人は国家反逆罪、ならびに窃盗と放火、殺人の教唆で起訴され懲役刑を受けていた。同様に、〔一九七〇年に〕シモーヌ・ド・ボーヴォワールは『イディオ・アンテルナシオナル〔愚者インター〕』の名目上の主筆となり、雑誌が確実に発行されるようにした。こうした活動に関わる知識人の狙いは、民衆の「ために発言する」という古いモデルではなく、マルスラン内相の検閲と押収から革命的ジャーナリズムを守ることで、被搾取層の多種多様な声、すなわち「民衆の声」の表明に対するアクセスを確保するというわかりやすいモデルにあった。サルトルはその声を、七二年に毛派および『人民の大義』と自分との関係について記したテキストで「ブルジョワ階級には聞こえない」声と呼んでいる。「ブルジョワ階級は革命家たちが自分たちに向けて大衆について語ることを許しはする。だが大衆の側が、声が届くかどうかおかまいなしに、自分自身について語ることは許さない」[*86]。ジャン・シェノーが「奉仕型知識人」と呼

＊85　Maurice Blanchot, *Les intellectuels en question* (Paris: fourbis, 1996), 60.〔『問われる知識人——ある省察の覚書』安原伸一郎訳、月曜社、二〇〇二年、六〇頁〕

＊86　Jean-Paul Sartre, "Introduction", in Manceaux, *Les Maos en France*, 10.

ぶ人々は、職業的活動家によって、知名度をただ利用されるだけというかたちで動員されることもあった。[*87]活動家の側は、行動の準備段階で名前を借りた人たちをオルグする気などさらさらなく、名前を貸した側に行動の目的を伝えてすらいなかった。けれども、その五年後に論文を執筆したダニエル・ランシエールとジャック・ランシエールにとって、さまざまな戦線や闘争の政治的価値を確かめることは最大の関心事ではない。関心はむしろ「奉仕型知識人」の役割のほうだった。知識人はこの役割を担うことで、活動家の闘争に対する自律性と種別性を再び手にし、皮肉にも「五月」以前に担っていた伝統的地位を再度引き受けることになる。こうして開かれた扉から一九七五年に押し寄せてきたのが新哲学派だった。かれらは、統合された主体(これは実際にはニセの集団性だ。なぜなら世代に依拠する「われわれ」は、個々の「私」から成っているから)として生まれ変わり、権威を手にした知識人や哲学者である——実際、かれらにはかつて自分たちが要求しえたよりもはるかに大きな権威——歴史を作り、未来の激動を占う者としての権威——が与えられている。

新哲学派は、支配に抗する自由の擁護者として「五月」以前の地位に知識人が返り咲いたことの象徴だ。しかしいくつか重要な変化もある。たしかに古典的なヒューマニスト的「サルトル型」知識人は「民衆のために語る」普遍的な声を持っていた。しかしその発言は、知識人側の希望と、さまざまな大衆運動側の希望とのあいだに存在する矛盾を認識した(かつそのことに苦悶した)うえで発せられていた。支配という言葉も「五月」以前の分析では階級にまつわる表現を通して理解されていたものだ。「五月」前のサルトル型知識人は「どこにも同化できない」存在であって、絶え間ない矛盾と不和に引き裂かれ、恵まれない階級の縁《ふち》で、しかし決してそこに加わることのないままの生を強いられ

＊87　ジャン・シェノー「その場の思いつき、ないがしろにされたスローガン、厚かましい『活動家たち』」と題された「左翼運動内部での配布に限定」のガリ版刷り文書（一九七三年）。一例を挙げると、一九七一年五月にプロレタリア左派のアフリカ系活動家が送還されかかる事態が起きた。知識人たちはこの活動家を守るために入国管理局の占拠に参加したものの、後に知らされたのは、この人物はプロレタリア左派を裏切ったとして「処分」のうえで除名されたとの情報だった。活動家の送還に反対し、プロレタリア左派が『ルモンド』で「騒擾」という三段抜き見出しの記事に登場することに骨を折った人々には何の説明もなかった。一九七一年後半から一九七二年前半には、シェノーやジャン＝ピエール・ファイ▼ユらパリの知識人の一団が、ノール県ダンケルクの造船所での労災事故に対する毛派の闘争に関わった(Jean-Pierre Faye et le groupe d'information sur la répression, *Luttes de classes à Dunkerque* (Paris: Galilée, 1973)〔未邦訳、ジャン＝ピエール・ファイユ、弾圧情報グループ『ダンケルクでの階級闘争』一九七三年〕を参照）。一行は三回現地に行ったが、毛派が「前線におもむく」背景に、現地労働者の大衆的な闘いが実際に存在するかの見極めができなかった。少なくともシェノーにとって毛派とは、かつては現実的な感覚をもって大衆と関係を取り結び、革命的創造力と新たな闘争の舞台を設定する才能を携えた存在だった。しかし「ポピュリスト型エリート主義」が新たなかたちを取り、「職業化」の著しい活動家層が思いつきや秘密主義をふりかざす事態を目の当たりにして、シェノーはある種の苦々しさを感じていく。当時の多くの活動家と同じく、シェノーも毛派が深い考えもなく「二次的」闘争と呼ぶもの――女性運動、地域運動、ラルザック闘争といった課題に引き寄せられることになる。そしてこうした運動のほうが実際にははるかに広い大衆的な基盤を持っていた。〔▼ジャン＝ピエール・ファイユは作家、哲学者（一九二五－）。一九六〇年半ばに前衛文芸誌『テル・ケル』の編集委員を務めるが、六七年にフィリップ・ソレルスと仲違いして『シャンジュ』誌を刊行。東欧反体制派への支援にも関心を持つ。八三年には国際哲学コレージュの創設に参加。著書に『物語の理論』（一九七二年、未邦訳）など〕

ていた。サルトルは一九六五年の日本での講演でこう述べている。

知識人と労働者たちが落ち合うことができるとすれば、それは「私はもはやプチブルではない。私は普遍のなかで自在に動きまわっている」ということによってではありません。むしろ正反対で、次のように考えることによってです。「私はプチブルだ。私は自分の矛盾を解決しようとして、労働者と農民の階級の側に立ったが、だからといって、私がプチブルでなくなったわけではない。ただ、たえず自己批判し、自分をラディカルにしていくことによって、私は一歩一歩――それが私以外の誰の関心を惹かないとしても――私の思考のプチブル的規制を拒絶していくことができるだけだ」と。[*88]

他方で新哲学派は、自分たちにはかつて「馬から降り」、反乱する人々と結びついた経験があるのだといって、調和の取れたそこはかとなく精神的《スピリチュアル》な統一を実現し、あるいは人民大衆と一つになることで、かつてサルトルのような知識人が抱えていたさまざまな矛盾の一切を完全に克服したと主張した。支配がもはや階級間で行われるのでなく、倫理というわかりやすい軸、権力と抵抗、国家と市民社会、善と悪という軸で行われる世界において、「非権力」の立場を人民大衆と共有することにより矛盾はすべて克服されたというのだ。新哲学派はかつての活動歴のおかげで、古典的なヒューマニズムに基づく「サルトル型」知識人なら絶対望まないやり方で、「現実を体現する」役割を手にするのである。ピーター・デューズは、新哲学派がマルクス主義のある学派と論戦した際に、使い方次第でどうとでも取れるフーコー的な権力概念を用いたことを的確に描いている。新哲学派は「階級分析を放棄したうえで、分解と凝集を絶えず繰り返す権力複合体という観点を持ち出した」[*89]。もし権力がある種の均質な流れであり、社会体の内部をランダムに動いているのなら、誰が権力を持っているか、それは何のためなのかという問いはまったく成立しないとデューズは指摘する。なぜなら権力の「目的」は自己拡張にほかならなくなるからだ。権力概念はあらゆる社会関係に拡張されたために、そもそもの政治的内容を失ってしまう。「権力関係は遍在するがゆえに『すべては政治的である』とされた。しかしこのことの発見に伴って生じた一見ラディカルな転換のすぐ後に、革命はもはや望ましくないものであり、ゆえにわれわれは『政治の終わりに生きている』という事実が発見されるのである」[*90]。アンドレ・グリュックスマン――『革命の戦略』[*91]（一九六八年）の著者――のようなイデオロギー革命の戦略家たちは、精神《スピリチュアル》革命の理論家に転身する。「五月」はこの転身の系譜を基礎づける契機として、結果の側から位置づけられる。別の言い方をすれば、「五月」は個人の精神的変容の契機となり、今も続くフランス思想の倫理的転回の起源になったのである。

＊88　Sartre, "Plaidoyer pour les intellectuels," in *Situations VIII*, 421.〔サルトル「知識人の擁護」『シチュアシオンⅧ』三一〇頁。強調は原文〕
＊89　Dews, "The Nouvelle Philosophie and Foucault," 165.
＊90　*Ibid.*, 166.
＊91　訳者――坂本賢三訳、雄渾社、一九六九年。

今日もなお哲学の著作として通用する新哲学派のテキストはひとつもない。だがグリュックスマンの一九七五年の著作『女料理人と人喰い』は、こうした精神的変容が生じる基礎を築いたとはいえるだろう。彼は知識人が効率よく神秘的に一体化できる、新たな「民衆列伝」をもたらしたのである。[*92]グリュックスマンが描くまったき苦しみを抱えた「平民」は、政治的に無力で、どうしようもなくか弱いが、絶望的な状況でも抵抗する――そのため神の恩寵とまではいかないまでも、崇高なオーラをただよわせる――からこそ力強い存在なのだ。実際、この「平民」は自前の政治構造や政治組織――「権力」と深く関わるときには決まって妥協を強いてくるもの――を生み出すことができない。だからこそ抵抗への無垢な意志には、汚れなき自然な純粋さが保証される。マルクス主義知識人にとっての「プロレタリアート」と同じく、「平民」は「われわれが厳密に発言し、行動していることを保証する」[*93]ような民衆列伝をもたらしてくれる。こうして知識人は「底辺の人々」に依拠することで、自分の言説による権威づけを引き続き行うことができたのだ。ところがグリュックスマンは、自分の言説を、はるか遠くのソ連の強制収容所にいる囚人の苦しみで権威づける。そして自分に絶対に言い返さない人々の声、まさしく永遠に発言しないことを運命づけられた（しかしだからこそ賞賛される）人々の声になった。というのも反乱の純粋本質である平民は、自ら積極的な目標を定めるやいなや、政治行動の多義性に関わるやいなや無力になってしまうからだ。ランシエールの分析によれば、グリュックスマンは大衆の沈黙を、そしてまた大衆の憂いを帯びた痛ましい叫びのうえに自らの言説を築き上げた。憂いは、〔文芸理論家の〕ケネス・バークが指摘するように、被害者の発言が伝わっていない、あるいは沈黙していると見なされるほど強くなるものだ。グリュックスマンの権威は、ほかでもない大衆の翻訳者という唯一の声に基礎づけられたのである。

　こうして「マルクス主義裁判」と「グラーグ」をめぐる言説は、さまざまな目的に用いられることになった。なかでも最大のものは、左翼主義者の一部を転向させ、知と権力をめぐる「ポスト五月」の新たな状況のもとで突出した役割を果たさせたことだった。東側の反体制派への言及は、新哲学派が自分たちの過去と折り合いをつけるにあたり、とくに有益だった。それだけではない。新哲学派は、政党と関係なく、国家の外に超越的に位置する「反体制派」なる無力な立場に自分たちを位置づけた。そしてメディアでの立場を利用して、すでにかれらが実際に行使し始めていた権力と特権とを否認してみせることに成功した。しかしこうした主張を唱えることは、「五月」後に活動家として経験した、不満や失望、激化する矛盾——想像上の人々と現実に出会った人々との矛盾や、運動内部のヒエラルキーと民主的な闘争の力学とのあいだに存在する矛盾等々——と深く向き合うのを避けることでもあった。マルクス主義の恐怖に遅ればせながら目覚めたことよりも、当時味わった幻滅にグリュックスマンのソルジェニーツィン読解はずっと強く規定されているのではないか——そうランシエールは

＊92　André Glucksmann, *La cuisinière et le mangeur des hommes. Essai sur les rapports entre l'Etat, le marxisme, et les camps de concentration* (Paris: Seuil, 1975)〔アンドレ・グリュックスマン『現代ヨーロッパの崩壊』田村俶訳、新潮社、一九八一年〕を参照。同書は発売の年だけで二万部が売れた。

＊93　Jacques Rancière, "La bergère au goulag," *Révoltes Logiques*, 1 (Winter 1975): 108; reprinted in Rancière, *Les scènes du peuple*, 326.〔未邦訳、ジャック・ランシエール「グラーグの羊飼い」『論理的反乱』第一号、『民衆のシーン』所収〕

示唆している。遠く離れたロシアの強制収容所にいる、発言できない平民のために語ることは、学生運動と大衆運動をなんとか接続しようとするなかで活動家が経験してきた、表象をめぐる諸々の困難をまとめて引き受けるよりも間違いなくたやすい。ランシエールが指摘するように、「平民」という人物像を持ち出せば、われわれ一人ひとりが自分のうちに認める否定性、ないし拒否の意志を示すことを通じて「闘争が掲げる目的と願いを、闘争で生じる問題ともども、そんなものはなかったと一言で片づける」ことができるのである。そして「社会的場の厳格な分割の解消を目指す意志が考察されるかわりに、マルクス主義的な分業批判が批判される」[*94]。「平民」というまっさらなページを用いることで、新哲学派は自らの支配の妨げとなる分割をただ隠蔽し、分業体制——それがはらむ階層構造の一切と、民衆の能力を制限するために組み込まれた仕組み——を肯定するという結論に達する。

新哲学派が（精神主義的、という新たな意味づけを与えられた）「五月」の体現者という新しい役割を獲得するにあたり、その代償となったのは、もちろん「五月」の運動の歴史である。新哲学派現象に明らかな影響を受けて、運動の具体的研究の計画や実施が遅れたからだ。

社会主義革命とは、普遍的な支配を意図した思想の首領たちによって労働者の頭に埋め込まれた観念である。これを証明することこそが、大衆運動の内容についても、運動のルーツと理想についても、草の根革命運動の歴史についても、革命的知識人と大衆闘争との出会いから形成された幻想と幻滅についても、それらを今後一切自問せずに済ます方法としてはおそらく最良だろう。左翼主義者によるマルクス主義批判にとっては、東側での弾圧にどう関わるかという問題やフランスでマルクス主義が政権をとることへの脅威よりも、「五月」と「ポスト五月」の歴史を——法的な意味で——清算することのほうがはるかに重要なのだ。[*95]

「五月」の歴史は清算され、当時とそれを書き直していた時期とを隔てる一〇年間は消え去ってしまう。ほとんど跡形もないところに唯一残っているのが、「五月」を精神的・文化的変容の営みへと作り替えた修正主義者の作業である。そうした変容の営みが備えているのは、必要とあらばいまだに肯定できるだけでなく、今後いかなる目的のためにも仕立てあげられる温和で柔軟な多様性である。

＊
＊＊

新哲学派の政治は反全体主義からネオリバタリアン、そしてネオリベラリズムへと移行する。しかし一九七〇年代の登場時点から、八〇年代の権力奪回《ルプリーズ》に至るまで、新哲学派の政治は一貫していた。ブルジョワ自由主義と懇ろになりつつ、声を発しない「周辺化された人々」を明確に支持することだ。新哲学派の著作はどれ一つとして読み継がれていないにもかかわらず、かれらが完成させたレトリックのあり方は——ほとんどヒステリックな憤激から、甘く神秘的な抑揚に至るまで——今日でもフランスのメディア知識人の主張や発言をはっきり規定している。新哲学派は当初、労働者という人物像

＊94　Danielle and Jacques Rancière, "La légende des philosophes," 24; reprinted in Rancière, *Les scènes du peuple*, 307–8.
＊95　*Ibid.*, 22; reprinted in Rancière, *Les scènes du peuple*, 305.

に反撃を加え、最終的にはそれを塗炭の苦しみにあえぐ、物言わぬ平民に置き換えることに熱心な様子だったが、八〇年代の反第三世界主義者は――顔ぶれはあまり変わらないものの――植民地の他者という人物像を攻撃し、緊急支援の必要がある、養子になるのを待つ子どもたち、あるいは客体としての民衆という人物像へと作りかえたのである。第三世界に関するまったく新しい想像界が動作を開始する。「六八年」の結実を見届けた多くの転向左翼主義者が、自分たちの道徳的信頼性を取り戻そうと入念な作業に取りかかった。しかしこの新しい第三世界の想像界は、本書がこれまでも示唆してきたように、まったく新しいものというわけではない。それはむしろ反復《ルフリーズ》である。人道主義者の冒険と救急車政治の発見により、新ロマン主義的植民地主義ふうの修辞法が再び用いられる。旅立ちというモチーフ、暗いヨーロッパを後にするという古典的なモチーフだ。洪水や飢饉といった過酷な状況での救援活動が提示するのは、唯一の「純粋な」――つまり政治の手垢にまみれていない――選択肢か、唯一の「純粋な」被害者である。しかし、メディア知識人が第三世界の全体主義を批判する際に、左翼政権ばかりを取り上げていたことは当時すでに批判を受けていた。たとえばピノチェト政権下のチリや、レーガン政権のグレナダ侵攻は緊急介入の呼びかけの対象になっていない。

オッカンガムが権力にむらがる元毛派を批判する文書を著したのは一九八五年のことだったが、メディアのバックアップを受けた知識人のコンセンサスが圧倒的な状況のなか、そうした果敢な批判を行った人はごくわずかだった。エリザベート・サルヴァルジがこの二年後に編集した本には、オッカンガムへのインタビューが収録されている。彼はそこで当時のような批判の可能性自体がなくなりつつあると述べている。

状況は変わってしまいました。私があの本を書いたときには、概念をめぐる議論がまだありました。左翼主義のセンチメンタリズムと、若き日のユートピア思想を放棄すると決めた人々は、自分たちの変化を理屈づける必要に迫られていたのです。私があの本を出した理由はそこにありました。というのは、ビゾーとかジュリーとかクシュネルとか、あの手の連中が書いた論説や論文、著作があり、またたとえば第三世界の反乱に反対する主張が唱えられていたからです。論争はまだ存在して、変節の仕方もイデオロギー的だった。論争はまさに十字軍的なものとなり、一九七七年に新哲学派の時代が訪れてから、一九八四年まで続いたのです［…］。しかし、それ以来議論というものは一切なくなってしまいました［…］。かれらは自分たちのほうが力を得たと感じて――実際にそうですが――それ以来敵がいなくなってしまいました。つまりイデオロギー的な平穏が訪れているのです［…］。連中が軍事力にこだわる、財界寄りの考え方を改めたということではありません。そうした考え方を擁護するために、以前と同様のエネルギーを使う必要はもはやないと考えるようになっただけの話です。[*96]

オッカンガムが語るのは、観念とそれを表現する権力とが切れ目なくつながる状況であり、そこでは「五月」に関するドクサ――実際に考え、表明できる事柄の範囲を定める表現や言葉、枠組み、イメージの比較的体系だった集合――がしっかりと根を張っている。批判的態度、あるいはそうした態

*96　オッカンガムの発言。Salvaresi, *Mai en héritage*, 23–24.

度の可能性そのもの――「六八年」の魂――がこの時点で失われてしまったのである。左翼主義者の一部が市場の価値観へと熱に浮かされたように転向していったさまは、「文化的」ないし「精神的」革命として見事にカムフラージュされた。そして今では、こうした軌跡を基礎づける契機として、「五月」を語り直すこともできるようだ。一九九八年になると『「五月」裁判』に出演したクシュネルは、自分自身が、そして多くの人々が、過去に第三世界主義を掲げていたことを認める必要すらなくなっていた。かれらはそんなことは一切起こらなかったかのように、歴史を作り上げてしまえる力を持つに至ったのである。

第Ⅳ章

コンセンサスが打ち消したもの

「六八年五月」の二〇周年が近づく頃には、証言者はわずか数人の公式代弁者にまで減っていた。忘却の拡大、その一方で、『「五月」裁判』のような映像表現ではデマがはびこり、「五月」はまるで暗号のようなものになった。実体を失ったことで輪郭の判別しがたさは増し、運動の目的については諸説紛々となる。こうして「五月」は、単なる言説のうえでの現象として処理されるところにまで近づいた。政治的出来事ではなく概念の集合体、オルタナティヴな社会のあり方ではなく実体なき精神、あるいは倫理《エートス》として、である。だが「五月」が暗号文であったとしても、それは依然として解読されるべき暗号文なのだ。「五月」は近年のフランスの集合的記憶にとって一大参照点である。しかし、戦後フランス史をどのように語るにしても、「五月」の役割をしっかり定めることはできない。だからこそ現在との、今日の政治課題との関係において、つまり現在を生み出し、それと連続的な関係にあるものとして「五月」を確実に位置づける必要が生まれるのである。一九七〇年代後半には、元左翼主義者（多くは元毛派）によって、単なる精神ないし「文化」の革命の原点としての「五月」というイメージが考案されていた。この「文化革命」なるものは、イデオロギー面では、元左翼主義者たちの思考をかつて支配した中国のプロレタリア文化大革命とは大きく隔たる代物だ。こうした解釈のもとで、いまや「五月」は、八〇年代――すなわち「個人」への回帰、市場型民主主義国家の勝利、それに付随して、民主主義を市場に必然的に結びつける論理、そして人権擁護を特徴とする現在――の前兆として、それを先取りするものとして作り替えられねばならなかったのである。

　この要請を踏まえ、ジル・リポヴェツキーは、「五月」二〇周年に登場した新哲学派の新顔の一人として、元左翼主義者による道徳的読解をいくぶん洗練したかたちで提示する。そして「革命が旗印だったとはいえ、『六八年精神』は生活のプライヴェート化というゆゆしい傾向に追随したにすぎない。『五月』の精神は個人主義的だっただけでなく、大きな社会目標や大衆闘争におおむね無関心な、現代のナルシスティックな個人主義の到来を早めることに［…］貢献した」と述べる。[*1] 言い換えれば、「五月」は永遠で永久な時代の創設に貢献した。そこでは非連続性や歴史的変革を考える余地すらない。ただし一つだけ非連続的なものが存在する。それは、個が生きる終わりなき現在を、過去――かつて非連続性と歴史的変革の可能性を担保し、変革を実際に経験したけれども、今や完全に時代遅れになったもの――から切り離す非連続性である。一切の存在領域を失った「五月」は、自らの後に歴史的段階は存在しないという資本主義の一段階となった。滑らかでひび割れのないポスト近代性を生み出した「六八年世代」は、自分たちを実際に〔それ以降に世代の存在を認めないという意味で〕最後の「世代」としたのである。

運動の参加者は行為主体として何かを追い求める。だが「精神」は何かを追い求めることがあるのか。あるわけがない。精神は自己表出するのである。ひとりでに姿を現すからこそ、たどる経路は前もって決まっている。「五月」とはもはや、特定の状況のもとで、特定の方法で選択する動作主体や、そこで発言する人々の問題ではなく、エーテル状をした「精神」の問題となる。一九六〇－八〇年代にかけて、際限なく、しかし必然的なものとして噴出したマグマのように拡散する膨張力を備え、この二つの時代を、民主主義的個人主義の長征という連続的な進歩の語りへとまとめあげる精神の問題になるのである。この「『五月』精神」なるものを作り出すために、語りの主役はまず、「五月」は現在にある社会的「影響」を与えていると明確な根拠は示さずに主張する。そして次に、こうした影響を「五月」の本質ということにして、その本質なるものを実質的に回復する。こうした見方によれば、「五月」は切断を作り出したどころか「まどろみの資本主義が支配する近代に順応する契機、すなわち自動調整の契機」となる。[*2]「五月」は資本主義にとっての春の大掃除になったのである。

＊1　Gilles Lipovetsky, "Changer la vie' ou l'irruption de l'individualisme transpolitique," *Pouvoirs* 39 (1986): 99, 98.〔未邦訳、ジル・リポヴェツキー「『生活を変えること』あるいは横断政治的個人主義の闖入」『プヴォワール』第三九号〕

＊2　フランソワ・ドスの表現。次を参照。François Dosse, "Mai 68, mai 88: les ruses de la raison," *Espaces temps* 38/39, special issue, *Concevoir la révolution. 89, 68, Confrontations* (1988): 45-49.〔未邦訳、フランソワ・ドス「六八年五月、八八年五月――理性の狡知」『エスパス・タン（時空）』第三八／三九号〕

「五月」とは当世ふうの個人主義を推進し、生活のプライヴェート化に積極的に貢献したという、この奇妙な系譜学にして風変わりな歴史理論――これに言及していた論者はほんの一握りだった。大元のところで捉えるなら、この見方は、ジャン゠フランクラン・ナロが指摘するように、物事の時系列的な推移にすぎないものが因果論的な歴史関係の位置につく系譜学である。前の事象が次の事象の原因で、次の事象は前の事象の結果や産物である。したがって八〇年代の特徴は「六八年」のなかにある。なぜなら「六八年」が時間的に前に起きているのだから、後者は前者の原因に違いないという具合だ。[*3]ここで作動しているのは、過去は現在をうまく正当化し、誇張するためにのみ存在するという一種の歴史哲学である。

こうしたゆがんだ因果関係があるにもかかわらず、あるいはたぶんそれがあるからこそ、リポヴェツキーふうの「五月」観は一九八〇年代に事実上の合意《コンセンサス》を形成した。その痕跡は、インターネット技術や現代の「コミュニケーション革命」は六〇年代と何らかのかたちで直接つながっているとか、すでにその時点で「予想」されていたという今日的な見方にもはっきり見て取れる。コンセンサスとは、文字通りには根拠――状況がもたらす感覚与件――についての合意を指す。だがこの「感覚与件」が、リポヴェツキーやアラン・マンク、[*4]リュック・フェリー、アラン・ルノーらが八〇年代にあれこれ提示した「五月」論には欠けている。[*5]コンセンサスは実際のところ、この欠落についての、すなわち感覚与件の無視についての合意に依拠しているのだ。たとえば「六八年」二〇周年で放映されたテレビ番組は、「五月」の映像そのものをほとんど流していない。市街戦を扱ったドキュメンタリーは、七八年には放映されたが、八八年には放映されなかった。映像や音声による証拠が示されなければ、

「五月」での直接的な政治闘争や猛烈な反ドゴール主義、九〇〇万人のゼネストなどは起きなかったことにされかねない。コンセンサス型解釈は、現代版個人主義を生みだしたことが「五月」の意義だと主張する。けれどもそう論じる人々は、「五月」という反乱に加わった集団や個人にみじんも関心を示さない。参加者が何を考え、何を欲し、どういう言葉を用いて、自分たちの行動にいかなる意味を与えていたのか、そうしたことを確かめる作業をまったく行っていない。実際、参加者の主張が聞こえない状態で、ある出来事の「意味」を作り出すのであれば、哲学者もさぞかし作業が楽だろう。「五月」参加者の言動からかけ離れた抽象的な思弁から生じるのは、せいぜい抽象のための抽象であ

＊3　次を参照。Narot, "Mai 68 raconté aux enfants".

＊4　訳者――企業家（一九四九―）。財務監督局在籍時の一九七八年、『フランス・情報を核とした未来社会への挑戦（ノラ／マンク・レポート）』（輿寛次郎監訳、産業能率大学出版部、一九八〇年）を答申。同書はフランスがテレマティーク（情報処理と電気通信の高度な結合）政策を導入する契機となったことで知られる。その後、複数の企業の経営者や顧問となる。サン＝シモン財団では経理担当。九四―〇八年まで『ルモンド』社の監査役会長。サルコジ大統領との親密さを記者会や労働組合から問題視され、追い込まれた。

＊5　アラン・マンクの「六八年世代資本主義」なる理論を参照。Alain Minc, *L'avenir en face* (Paris: Seuil, 1984)〔未邦訳、アラン・マンク『未来との対面』一九八四年〕; Lipovetsky, "Changer la vie,"; Gilles Lipovetsky, *L'ère du vide*〔前掲リポヴェツキー『空虚の時代』〕; Luc Ferry and Alain Renaut, *La pensée 68: essai sur l'anti-humanisme contemporain* (Paris: Gallimard, 1985)〔リュック・フェリー＆アラン・ルノー『68年の思想――現代の反‐人間主義への批判』小野潮訳、法政大学出版局、一九九八年〕。

る。その手の議論はできも悪く、何を言っているのかわからないことも多い。それらは、「五月」をめぐる八〇年代末の言説状況を評価した歴史学者のジャン゠ピエール・リウの表現を用いれば、完全な「表現支配、循環論法的注釈」だ。[*6]「五月」の物質性の消去によって議論は振り出しに戻る。そして「五月」は人々を和解に導くもので、その証拠もあるというのが、イザベル・ソミエ[*7]が正しく指摘するように、この手の解釈をめぐって成立したコンセンサスになったのである。[*8]

参加者という行為主体が、どれほどおおまかなかたちであれ、自らの語りに再び割り込めたとしても、「歴史の狡知」が存在していて、かれらを土台ごと一掃する。そしてこう言うのだ。君たちの行動は完全に裏目に出たのである！　あわれな愚か者ども。君たちは反資本主義闘争に参加しているつもりだった。しかしアナーキーな「歴史の狡知」が勝利することで、君たちの努力は、市場の庇護下で社会関係総体（つまり経済的、社会的、文化的な諸関係）を平和的に統合する（決定的ではないが）一つのステップとなったのだ。もしたとえ君たちが一切行動を起こさなくても（たとえば、「六八年」が存在しなかったノルウェーやスペインのように）、資本主義の現代化によって、今日身近に存在する諸帰結（ライフスタイル、あるいは文化的な帰結）は、やはり確実に訪れただろう。女性たちは、ノルウェーやスペインのように、やはりスカートの代わりにパンツを履くようになっただろう。フランス人もやはりこぞって「君」で呼びあうようになっただろう。だが資本主義の崩壊や廃絶を日指そうとあまりに誤った行動を取ったために、君らは実際には資本主義を加速させてしまったのだ！　と。

レジス・ドゥブレは、本人いわく別のイデオロギー的立場から、この一〇年前、すなわち「五月」一〇周年時点で、すでに同じようなストーリーを作っていた。すべてが行為主体のあずかり知らぬいわば舞台裏――「資本の狡知」がけたたましく動作し、当人たちだけに知られないようにして、連続性が巧みに保たれ、〔資本の側の〕反撃が組織される場所――ですべては起きているというのだ。実際に資本主義の現代化は、ドゥブレのどこか醒めた語りに登場する主体あるいは主役のように、台詞をすべて割り振られており、筋書きの持つ力を存分に発揮している。資本の狡知は活動家の願望や論理をかれら自身に対峙させることで、参加した主体が望んでいなかった結果そのものを生み出した。すなわちフランスにアメリカン・スタイルの消費習慣を導入したのである。興味深いことに、ドゥブレが「五月」の目的の特徴としたものは、リポヴェツキーのものとまったく変わらない。「個の解放」だ。この目的を遂げたことで「五月」は、消費の論理がフランスの社会領域全体に拡大するテンポの足かせとなっていたものすべてを消し去った。「五月」は、ドゥブレの表現によれば「新たなブルジョワ社会のゆりかご」だったのである。[*9]

リポヴェツキーの言い方もきわめて似通っている。

＊6　Rioux, "A propos des célébrations décennales du mai français," 57.

＊7　訳者――パリ第一大学教授（社会学）。暴力論、フランスとイタリアの社会運動論が専門。著書に『政治的暴力とその喪――フランスとイタリアのポスト六八年』（二〇〇八年、未邦訳）など。

＊8　次を参照。Isabelle Sommier, "Mai 68: Sous les pavés d'une page officielle," *Sociétés contemporaines* 20 (1994): 63-82.〔未邦訳、イザベル・ソミエ「六八年五月――敷き詰められた公認の歴史の一ページに隠れて」〕

> 歴史的な企図なき革命。「五月」とは、死者を出さなかったクールな反抗、革命のない「革命」、そして社会的な対決であるのと同じくらい、コミュニケーションの運動でもある。「五月」の日々は、不穏な夜の暴力の裏側で、イデオロギー上の争点をめぐってはっきり打ち出された現代革命の図式を再現するよりも、ポストモダン型のコミュニケーション革命を先取りしていた。「五月」の独創性はその驚くべき行儀のよさ《シヴィリテ》である。いたるところで議論が始まり、グラフィティは壁の上で花盛りとなり［…］コミュニケーションが、街頭や大教室、地区や工場といった、一般にコミュニケーションが足りないあらゆるところで確立した［…］。問題は、日々のしかかる数知れぬ疎外から個を解放することにあったのだ［…］。発言の解放［…］、「六八年五月」はすでに個人化された反乱である。抑圧的な国家権力への反乱であり、個人の自由な発展と成長とは相容れない、官僚主義的な分断と制約への反乱なのだ。[*10]

「行儀のよさ」（先の引用では驚くべき行儀のよさとある）あるいは「和解」――クシュネルがいうバリケード越しの穏やかな対話――こうした隠喩はかなりの程度、一九六八年五月から六月にかけて、文字通り亡くなった人々の存在を――その後自殺した多くの人々についてはいうまでもなく――あからさまに否定することで成り立っている。この点をとりあえず指摘しておきたい。ある基準からいえば死者の数は少ない――ある歴史学者が最近数えたところによれば、七人――かもしれない。しかし驚くべきことに、レイモン・アロン以降の解釈者たち、ここではリポヴェツキーが、そしてごく最近ではピエール・ノラもそれを引き継いで「『六八年』に死者はいない」という嘘を執拗に繰り返すのだ。[*11]

一人も死ぬことなく、そして知識と欲望、信念を備え、完全な自己形成を遂げた実体としての「個

*9　Régis Debray, *Modeste contribution aux cérémonies officielles du dixième anniversaire* (Paris: Maspero, 1978) を参照〔未邦訳、レジス・ドゥブレ『二〇周年公式記念行事に寄せるつつましい見解』一九七八年〕。英語の抄訳は、Régis Debray, "A Modest Contribution to the Rites and Ceremonies of the Tenth Anniversary," *New Left Review*, 1st ser., no. 115 (May-June 1979): 46である。

*10　Lipovetsky, *L'ère du vide*, 244-5〔リポヴェツキー『空虚の時代』二四八頁〕。ピエール・ノラはリポヴェツキーの解釈をなぞりつつ、『記憶の場』の結論となる論文で若干ひねりを加えてこう述べる。「この場には、まぎれもない『スペクタクルの社会』が出現していた。それこそまさしく、五月の『出来事』が手を切るつもりでいたものだったのに」（Nora, "L'ère de la commémoration," *Les lieux de mémoire*, vol. 3, 4689〔ノラ「コメモラシオンの時代」『記憶の場3　模索』四三一頁〕）。

*11　ミシェル・ザンカリーニ゠フルネル〔本章注95参照〕は死者数を七人とする（Michelle Zancarini-Fournel, "L'autonomie comme absolu," 139）。リポヴェツキーを再度引用しよう。「死人も裏切り者も出さなかったことで〔…〕『六八年五月』は、一種のゆるやかな『革命』を体現している」（Lipovetsky, "Changer la vie," 94）。またレイモン・アロンは一九八三年にこう記した。「歴史のなかで唯一、『六八年』の時期には血が流れなかった。つまりフランス人同士は殺し合わなかった」（Bernard Pivot and Pierre Boucenne, "15 ans après Mai 68: Qui tient le haut du pavé?" in *Lire* 93 (May 1983): 20〔未邦訳、ベルナール・ピヴォ＆ピエール・ブセンヌ「六八年五月から一五年――誰が支配者なのか（＝敷石の上にいるのか）」『リール（読む）』第九三号〕から引用）。ピエール・ノラの見解は次の通り。「革命的な行為という観点から見るならば、現実にはいったい何が起こったのかと誰もがのちに自問した。革命はなかったし、実体的で具体的なものすら何もなかった」（Nora, "L'ère de la commémoration," *Les lieux de mémoire*, vol. 3, 4689〔ノラ「コメモラシオンの時代」『記憶の場3』四三〇頁〕）。

人」が「五月」によって「解放」され、生を受け、以降は証拠の基本単位になったような描き方である。こうした「個人」がイデオロギーの不在を保証する。いかなる「われわれ」よりも強固な真正性を持つとされる「私」のことだ（ルノーとフェリーは「五月」を「個人対システム」と要約する。この点ではリポヴェツキーやドゥブレも変わらない）。今日「われわれ」は間違いなく官僚的でイデオロギー的で抑圧的なものとして描かれ、国家あるいは党を体現するものだということになっている（ただし、企業を体現することはない）。

個人どうしの自由あるいは水平な「コミュニケーション」――この言葉は先ほどの短い引用に四回登場する――が、リポヴェツキーの議論では市場における自由な流通と結合する。「コミュニケーション」をはじめ、類似の表現（行儀のよさ、発言の解放、自由な交換）が強力な隠喩となり、「五月」のエネルギーは一九八〇年代的な市場《マーケット》の論理に動員される。しかしリポヴェツキーのいう発言の解放とは何を指しているのか。「五月」の「言葉の熱狂」というおなじみのクリシェ――この表現は主として、リポヴェツキーが上の引用部分で触れたグラフィティから導かれる――に基づくことで、自己表現のお祭り騒ぎとしての「五月」は、八〇年代の消費主義のよく似た兄貴分となる。リポヴェツキーのような八〇年代の「五月」解釈は、グラフィティばかりを持ち出して、そのほかの「テキスト」や、文書として残された証拠を見ようとはしなかった。「五月」の言語が、いくつかの詩的なフレーズ――「禁止することを禁止する」「敷石の下には砂浜がある」等々――に還元されたことで、伝統的な闘争や社会対立がなくなった社会という、八〇年代型の社会観に「五月」を同化させることはかなり容易になった。

しかしそれでも実際の「五月」では、それまで分断されていた人々のあいだに新たな交わりや連帯が生まれていた。それはもちろんメディア〔媒介〕のおかげなどではなく、それまで人々を無理やりに分断してきたさまざまな媒介項を人々がすすんで破壊したせいなのだ。別の言い方をしよう。たしかに「五月」では、再転向したメディアを活動家たちが短期間だけ用いることができた。通常の「垂直的」あるいはブルジョワ的なコミュニケーション機関――主要な報道機関、国営テレビ、政府報道官、国家が体現する特定の階級秩序の総体――が機能不全に陥っていた期間には、である。しかしこのような創造的な転覆が一九八〇年代になると、市場を形成する個々人の利己心の相互作用による見事な調和の先取りとして描かれる。そうであったとすれば、おそらく最も適切なのはサルトルの観察に立ち戻ることだ。学生の力は発言すること〔＝言葉の獲得〕にではなく、発言を拒否することにあった。発言の拒否は、発言することと同様に「五月」文化の一部をなしていた。要するにそれは、国家との交渉を反乱側が拒否することだった（「棍棒《マトラック》で殴る側と、殴られる側に対話などない」）。それはあるビラの表現を使えば「『対話』という腐臭を放つ誘惑」[*12]を拒むことであり、それによって国家の

*12　一九六八年五月二〇日頃のビラ。「モンジエロンの過激派《アンラジェ》」の署名入りで「進物に唾せよ！」というタイトルがつく。「『対話』という腐臭を放つ誘惑には、弾圧‐懐柔がつける究極の仮面が見てとれる。こぼれるような笑顔からただようくさい息――焼き直しの警察のペテンだ。差し伸べられた手の先には棍棒《マトラック》があり、昨日や今日の凍てついたスペクタクル文化によって窒息がもたらされる。その効きめは催涙ガスよりもどれほど確実なことだろうか。進物に唾せよ！」。出典は以下。Schnapp and Vidal-Naquet, *Journal de la commune étudiant*, 580.

混乱とテロルは加速した。あのとき交渉をしてしまえば、結局のところ、争いはシステムの許容範囲内にとどめおかれてしまっていたことだろう。改悛した元活動家たちは二〇年後に記念番組でおしゃべりをしながら、まさにこの意味で、二〇年前には拒否した国家との対話を、文字通り、自らすすんで行ったのである。サルトルは「五月」直後に書いたあるテキストで、アメリカでは「関連性《レレヴァンス》」の問い（フランス語にはうまい対応語がない[*13]）と表現される事象への学生の批判を検討し、この「発言の拒否」というテーマを掘り下げている。サルトルは、メタ言説レベルにおける文化分析に学生が不満をつのらせていることを指摘する。文化による媒介と解釈の集積へのいらだち、文化には問題解決能力があるという信念への、すなわち「他人の言葉を解釈している言葉について語り、またその言葉を誰かが解釈し、という無限の連鎖」へのいらだち[*14]。言葉を扱う官吏として、学生が「言説についての言説」の生産を拒否することは、学生としての発言を拒否することに相当する。この拒否はストライキの実施に等しい。労働者が機械を完全に停止させたことで、工場に訪れる至福の沈黙、あるいはビヤンクール工場の労働者がグルネル協定の内容に浴びせた罵声やブーイングに等しい。学生としての発言を拒否すること、学生の利害表明を拒否すること（「われわれは学生問題に何の興味もなかった[*15]」）は、手厚く保護された専門家の特権としての言語ではなく、いつもの言葉遣いによる発言を求めるなら避けて通れない。それは政治を独り占めし、商売にする者たちから政治をもぎ取るのに欠くべからざるステップなのである。それはまさしく学生として行動することの拒否であり、「消しゴムと鉛筆」を求めることの拒否である。レイモン・マルスラン内相はここに激怒した。一九六九年にマルスランは、自分が入手した「『高校生行動委員会』の最終会議の一つ」に関する秘密情報について詳しく述べている。「議題は四つあった。最初のテーマとは何だったのか。高校や大学の改革？　違う。反帝闘争なのだ」[*16]。マルスラン――そしてドゴールとポンピドゥーたちにマルスラン指揮下の警察――のような専門家たちは、専門化した政治の領域に対し、学生や労働者が発した問いかけにどう反応したか。その反応は「驚くべき行儀のよさ」にも、ハーバーマスふうの透明なコミュニケーションの契機にも、この場合でいえば、自由主義的ヒューマニズムという偽りの普遍性にも、似ても似つかないものだった。コミュニケーションの領域はひとりでに開きはしない。発言する手がかりを持たない、そこそこたくさんの数の人々に向けてこの領域を開くことは、物理的ではなくても象徴的ではある暴力の行使であり、そこには政治行動に固有のあらゆる暴力がついて回る。学生たちは「自己表現」などしよう

＊13　訳者――自分たちや社会の抱える重要な問題と教育や学問との関わりを問うこと。
＊14　Jean-Paul Sartre, "La jeunesse piégée," in *Situations VIII*, 239-61.〔ジャン＝ポール・サルトル「してやられた若者たち」三保元訳、『シチュアシオンⅧ』一七四－九〇頁。引用箇所は一七九頁〕
＊15　ジャン＝マルセル・ブゲロ▼は、"Paris, 24 mai 1968," "Histoire d'un jour" series, prod. Maurice Dugowson (1985)〔テレビ・ドキュメンタリー「パリ、一九六八年五月二四日」、『ある日の歴史』シリーズ、プロデューサー：モーリス・デュゴーソン、一九八五年〕と、"Field of Dreams," BBC Radio 4 program (1988)〔『フィールド・オヴ・ドリームス』BBCラジオ4、一九八八年〕で、この発言を繰り返している。〔▼ジャン＝マルセル・ブゲロは当時『リベラシオン』のジャーナリスト。「六八年」には『アクシオン』や『五月手帖』で活動〕
＊16　Raymond Marcellin, *L'ordre public et les groupes révolutionnaires* (Paris: Plon, 1969), 49.〔未邦訳、レイモン・マルスラン『公序と革命組織』一九六九年〕

とはしていなかった。自分たち同様、統治に関する事柄から排除された労働者や農民とともに、自分たちをも包含する一つの名を発明しようとしていたのだった。

シュナップとヴィダル＝ナケが収集したビラをほんの少し検討するだけでもはっきりすることがある。こうした闘いを行うにあたって、「五月」の学生と労働者が、当時強い影響力を持っていたマルクス主義的な言葉遣いを用いていたことだ。一方にはブルジョワジーが、他方にはプロレタリアートがいる分裂した社会について述べる言葉遣いが用いられたのである。「五月」の言葉とは、ビラをはじめ、ほとんどは短命に終わった少部数の刊行物や、ガリ版刷りのテキストに表れた言葉のことなのである。当時、実にさまざまなグループや組織の手で発行され、今では色あせたその印刷物からは鉄筆の摩耗度合いが感じられ、その哀愁の強さは綴り間違いの数が多くなるにつれて高まっていく。「五月」の言葉とはまた、「五月」後もしばしば長く続いた地区や工場の「行動委員会」のテキストに見られる言葉であり、会議で発せられ、いつ終わるともしれない、紛糾の多い議論で飛び交った言葉のことでもある。

だから私はすべてをとっておくことにしたのだ。それはあたかも、長年かけて自分が集めてきた重くてかさばるゴミくずがどうしても片づけられないようなものだった。ビラやポスター、雑誌、パンフレット、機関誌を保管しておくことがきわめて重要な行為のように思われた。［…］そして実際にそうなのだ。もし私がこの紙の山を手元に置いていなければ、あの時代が実在したことを証明することなどどうしてできよう。それは私が、そして他者が、何千人もの他者が現実に生きた日々なのだ。一握りの、程度の差はあれ悔い改め、程度の差はあれ記憶を失い、一九八〇年代にはメディアのスターとなり、当時に関する表象と、当時の議論とを不当にも占有する「革命家」たちだけが生きた日々ではないのだから。[*17]

一九七八年にはテレビ放映されたが、八八年には放映されなかったドキュメンタリー作品を見ると、ソルボンヌの中庭で、毛沢東とゲバラの巨大な似顔絵の下で交わされる議論が聞こえてくる。若者と年長者が労働者評議会の意義について話している。また「個人」として自己表明する権利ではなく、学校で組織活動を自由に行う権利を求める高校生の声も聞こえてくる。生徒たちは学内で『脱走兵』のテキストの配布を理由に放校処分を受けた仲間への支援を訴えている。[*18] ミシェル・ド・セルトーのような「発言の解放」型の「五月」解釈に共感する論者も、この「解放」の実践が、使用可能な語彙

＊17　Storti, *Un chagrin politique*, 53.

＊18　"Les lycéens ont la parole," "Dim Dam Dom" series, prod. Pierre Zaidline, moderated by Marguerite Duras (1968)〔テレビ・ドキュメンタリー「発言する高校生たち」、『ディム・ダム・ドム』シリーズ、プロデューサー：ピエール・ゼドリン、インタビュアー：マルグリット・デュラス、一九六八年〕を参照。ここでいわれているテキストは、ボリス・ヴィアンが作詞作曲したアルジェリア反戦歌『脱走兵』か、Jean-Louis Hurst [=Maurienne], *Le déserteur* (Paris: Seuil, 1960)〔モリアンヌ（＝ジャン＝ルイ・ユルスト）『祖国に反逆する――アルジェリア革命とフランスの青年』淡徳三郎編訳、三一新書、一九六一年〕のいずれか。いずれにしても、両者は政府が回収と検閲の対象とした。

がきわめて限られた厳しい状況下でなされたことは認めざるをえない。「異議申し立てを行っている人々は自己表現を行うにあたっての知的道具立てがたいへん貧しいとたびたび批判された。語彙は二〇かそこらで、たとえば消費社会、抑圧、異議申し立て、質的なもの、資本主義。実際その通りだった」[*19]。実際に、八〇年代のあるテレビ番組ではダニエル・コーン゠ベンディットが、集会で「六八年」的な言葉遣いをする若き日の自分の映像へのコメントを求められて困惑し、若かりし頃に具現化した言葉遣いから距離を取ろうとして、その場で新しいスローガンを考え出さねばならなかったこともあった。コーン゠ベンディットは仕方なしに「政治的な紋切り型の下には欲望がある」と言った[*20]。そして「失われた世代」という新たな紋切り型を駆使してこう続けた。「われわれの考えていたことそのものは正しかったものの、言い方がまずかったのです。紋切り型でしたから」。われわれがかつて口にした紋切り型のマルクス主義的なフレーズは、表層的な内容にすぎなかった。隠された意味とは欲望、そして個人の自己表現であって、それが、浮上のときをうかがう「五月」の隠された真理、その隠された意味なのだ、と。左翼主義者の階級的言語は、運動の言語であり推進力であった。だがそうした言葉は、より真正な「五月」――「五月」精神、個の欲望、そして精神性――の発露を妨げるものとして無視されなければならない。六〇年代に実際に用いられていた言葉遣いは忘れるか否認しておかなければならない。なぜなら当時の自分たちが本当に言いたかったことは、事後的に、八〇年代の新しい言葉遣いでのみ表現できるからだ。

したがって「五月」に支配的だった言葉遣いを抹消すること、あるいはそれを深く考えないでおくことのメリットの一つは、あからさまな腹話術への扉が開かれることにある。「五月」の参加者に代役を立てたり、好きな言葉遣いをさせたりできるようになるからだ。欺瞞の時代であるミッテラン政権期に登場したこの手の腹話術のなかで最も奇妙なものは、リュック・フェリーとアラン・ルノーによる論集『68年の思想《ラ・パンセ・スワサントユイット》』だ。この本については〔小説家の〕メアリー・マッカーシーの台詞を敷衍して言いたくなる。「ラ」という定冠詞から始まって、書名に関するすべてが嘘だと。とくにこの総称的に用いられている「ラ」が問題だ。「六八年」という出来事には一貫性と統一性が存在するばかりでなく、さらにひどいことには、この出来事に対応する何らかの「思想」があるという誤解までも示唆するからだ（この思想の名とは偶然にも「反ヒューマニズム」だ。同書の副題は「反ヒューマニズムに関する試論」で、こちらのほうが内容をよく表している。ただこれがメインタイトルだったら、売り上げは減っただろう）。今日でもなお、当時の運動の知的基盤に興味を持つ若者は、書名か、あるいはジェラール・フロマンジェの美しく鮮やかな赤い作品を配した表紙[*21]に惹かれてこの本を手にするかもしれない。しかし著者二人は本のなかで表題と副題の関係をまったく説明しない。また一九六八年の一連の政治的出来事と、著者が懸命に非難する「反ヒューマニズム」と呼ばれる知的潮流（著者たちがいかがわしい哲学者《フィロゾフィスト》と呼

---

*19 Michel de Certeau, *La prise de parole et autres écrits politiques* (Paris: Seuil, 1994), 64.〔ミシェル・ド・セルトー『パロールの奪取』佐藤和生訳、法政大学出版局、三九－四〇頁〕

*20 ダニエル・コーン＝ベンディットの発言。出典はデュゴーソンのドキュメンタリーの第二部「パリ、一九六八年五月三〇日」（前出）。

*21 訳者――ガリマール社のポケット版の『68年の思想』の表紙には、ジェラール・フロマンジェのシルクスクリーン作品『中国・アメリカ・ソ連』（一九七一年）が使われている。

ぶデリダ、ラカン、フーコー、ブルデューの四人の著作に代表される思考を折衷した「理念型」）との関係についても何もいわない。ルノーとフェリーはこの四人の思想家の「五月」との伝記上の関係を無視する必要があった。それには十分な理由がある。というのは、ドミニク・ルクールらが指摘しているように、ルノーとフェリーが選んだこの四人は全員が「六八年」によって言葉を発することのできない状態に置かれたからだ。[*22] たとえばデリダは期間中には完全な留保を示していたし、フーコーはそもそもチュニジアにいたので蜂起の現場を一切見ていない。[*23] ピエール・ブルデューは、後に九五年一一月から一二月にかけてフランスで起きたストライキでは、労働者支持の知識人組織できわめて活発に活動し、中心的な役割を果たした。だが六八年当時、ブルデューの作業班のメンバーだったクリスティーヌ・デルフィによれば、「五月」の時期には、九五年にやがて示すのと同程度のイニシアチブを発揮することも、政治的連帯を表明することもなかった。別の言い方をすれば、ブルデューは「走っている電車には乗らなかった」[*24] のだ。ルイ・アルチュセールはそれこそ反ヒューマニズムの思想家であるにもかかわらず、ルノーとフェリーはどういうわけか無視しているが、本人は当時入院していた。そしてコルネリウス・カストリアディスがラカンの問題についてコメントしたように「一九六〇年代のパリでは、ラカンという人物と著作について多少知っている人間なら、彼が何であれ社会的で政治的な運動に関わるなどとは考えもしなかった」[*25]。したがって多くの「思想家」――マスコロ、サルトル、ルフェーヴル、シェノー、ブランショ、デュラス、ファイユなど――が「六八年」当時には積極的に活動していた一方で、「反ヒューマニズム」の思想家たちは、むしろこの政治的出来事によって一種の混乱状態にあった。たとえばラカンはデモ隊について、かれらは父を求め、あるいは

＊22　Lecourt, *Les piètres penseurs*, especially 38-51. ルクールは『68年の思想』を徹底的に批判し、こう述べる。「『六八年五月』のデモのきっかけを作ったグループのあいだに思想的な統一性など、いまもかつても存在しない〔…〕。あくまで事後的に、おおよそ二〇年後になって初めて、名声を欲しがる思想家たちが統一性というこのフィクションをでっちあげたのだ。その狙いは、一九七六年に始まる政治思想の退潮を自分たちの哲学的立場にしっかり引きつけることだった〔…〕。『六八年の思想』なるものは、六八年五月の以前以後を問わず存在したためしがない」。

＊23　以下を参照。Michel Foucault, *Dits et Ecrits*, vol. 4, 78〔ミシェル・フーコー「ミシェル・フーコーとの対話」増田一夫訳、『ミシェル・フーコー思考集成Ⅷ』筑摩書房、二〇〇一年、二四三頁〕。「一九六八年五月の一ヶ月間、アルジェリア戦争のときと同様、私はフランスにはいませんでした。いつも蚊帳の外で、渦中にはいないのです」。

＊24　Christine Delphy, "La Révolution sexuelle, c'était un piège pour les femmes," *Libération*, May 21, 1998, 35〔未邦訳、クリスティーヌ・デルフィ▼「性革命とは女たちに対する罠だった」『リベラシオン』一九九八年五月二一日、三五面〕を参照。クリスティーヌ・デルフィは、フランス国立科学研究センター（CNRS）のコーロッパ社会学センターにあったブルデュー研究室だけが「五月」のあいだも研究を続けていたと述べた。ブルデューは研究者に対し、持ち場を離れず、デモ隊に配るために自分の著作をコピーしてほしいと頼んでいた〔▼クリスティーヌ・デルフィは社会学者（一九四一－）。CNRS名誉研究ディレクター。「六八年」後のマルクス主義フェミニズムの主要な理論家。左翼主義政治活動でも知られる。邦訳書に『なにが女性の主要な敵なのか――ラディカル・唯物論的分析』（井上たか子・杉藤雅子ほか訳、勁草書房、一九九六年、原著一九八四年）など〕。

＊25　Cornelius Castoriadis, "Les mouvements des années soixante," *Pouvoirs* 39 (1986): 110.〔未邦訳、コルネリウス・カストリアディス「六〇年代の運動」『プヴォワール』第三九号〕

「主人を切望する」道に迷った人々と評していた。[*26]

つまり、こうした知識人たちの著作や思想と「五月」の出来事とのあいだには、きわめて漠然とした時間的な（つまり、六〇年代に著書を出していたという意味での）「同時性」程度のつながりしかなかった。こうした時間軸上の関係性を根拠にして、フェリーとルノーは、「反ヒューマニズム」の思想家たちの著作を「六八年」の出来事と同様に、ある独特の現象、すなわち現代的個人主義の台頭を告げる、さまざまな「兆候」として理解すべきと主張する。やはりここでも「六八年」の文化、言語、あるいは歴史についての分析はまったく欠落している。『68年の思想』が引用する唯一の活動家の発言は、当然というべきかダニエル・コーン＝ベンディットのものだ。しかし脚注での引用は、この本全体の主張と事実上矛盾している。「ぼくらの思想の師としてマルクーゼを押しつける人もいたが、悪い冗談だ。誰もマルクーゼを読んでいなかったのだから。マルクスを読んでいるのはいた。もちろんだ。あとはバクーニンだったたか。現代の思想家でいえばアルチュセール、毛沢東、ゲバラ、「アンリ・」ルフェーヴルあたりだろう。『三月二二日運動』の活動家のほぼ全員が読んでいたのはサルトルだ」[*27]。これに接した『68年の思想』の読者は、ルノーとフェリーが「五月」の「ヒューマニズム的」側面を否定することをしぶしぶ拒否するのに接して、ますます混乱するばかりだ。二人がこの文脈でいう「ヒューマニズム」の意味とは「『制度《システム》』から個人を守ること」[*28]という考え方を出ないように思われるにもかかわらずだ。もしルノーとフェリーが正しいなら「五月」の明らかにヒューマニズム的なスローガンは、正反対の哲学的立場から導かれたことになるのか。この本に憤りを覚えた評者のなかでも、コルネリウス・カストリアディスの批判はとくに仮借がない。カストリアディスにとって「六八年」とは、なによりもまず、二〇年後には「六八年の思想」とレッテルを貼られる考え方の基礎にある物象化構造そのものを問う一つの出来事だったからである。

「六八年」やあの時代のさまざまな運動の失敗の後で流行し、当時の運動を「社会学的に」準備するうえでは、ほとんどあらゆる意味で、何の役目も果たしていない一連の書き手の著作が、今では「六八年の思想」などと呼ばれている。奇妙なことだ。かれらの考え方は参加者のあいだでまったく知られていなかったし、参加者が陰に陽に抱いていた願望とは真っ向から対立するものだからだ。〔…〕ルノーとフェリーの主張はまったく意味不明である。この二人にとって、「六八年」の思想とは反「六八年」の思想、すなわち「六八年」の運動の失敗の結果として、運動の残骸の上に巨大な成功を築いた思想のことだからだ。[*29]

＊26　Jacques Lacan, *Séminaire XVII* (Paris: Seuil, 1991), 239〔未邦訳、ジャック・ラカン『セミネール第一七巻』一九九一年〕を参照。「あなたたち革命家があこがれるのは主人なのです」〔一九六九年一二月、ヴァンセンヌ校でのセミナーでの聴衆との有名なやりとり。「革命が切望するもの、それはいつも決まっている、いつだって主人のディスクールに到達することなのです。経験の示すところではないですか。あなたたちが革命家として切望しているのは主人なのです。そしてあなた方はそれを得ることになるでしょう」〕。

＊27　Daniel Cohn-Bendit, *La révolte étudiante*, 70. 以下からの引用。Ferry and Renaut, *La pensée 68*, xviii.〔フェリー、ルノー『68年の思想』二八八頁「まえがき」注5〕

＊28　*Ibid.*, xxi.〔同上、五頁〕

この本は、「五月」と本文で扱った思想家たちとのつながりをまったく議論していないため、書評の大半が一九六八年に一切触れていない。[*30] だからこそフランソワ・フュレによる好意的な書評は、冒頭で「『六八年』への言及は、この本の優秀さを考えるうえで必要不可欠というわけではない」とわざわざ断っている。[*31] 表題を相変わらず額面通りに受け取り、「六八年五月」に関して学びを得られると期待した書評者たちは、「五月」が著者二人による反ヒューマニズムへの激しい非難に解消されていると強く批判し、同書には理論的というよりも純粋にイデオロギー的な目的だけしかないと論じた。つまり、この本をまずもって政治的な論争の書と受け止めたのである。[*32] アルチュセールなら「なかば自律した」と呼ぶだろう、現実に関する二つの位相を嘘で塗り固めて貼り合わせてしまうことで、ルノーとフェリーは一石二鳥を、つまり反ヒューマニズムを批判しつつ「五月」を葬り去ることを狙った。知的捏造をうんざりするほど繰り返した末に二人がたどり着いたのは、古くさいアロンふうの立場だった。「五月」と反ヒューマニズム思想という二つの「現象」にはともに消えてもらい、六〇年代のフランスでは、無視というほとんど犯罪的な誤った扱いを受けていた——と著者二人が考える——人権を扱うリベラルな哲学に場を明け渡してもらわなければならないという立場である。「六八年五月」が六〇年代の構造主義思想を肯定したか、あるいは危機に陥れたかを考えるうえで、当時ソルボンヌのある教室の黒板に書かれ、リュシアン・ゴルドマンが好んで引用した「構造はデモをしない」というフレーズはまさにぴったりだ。[*33] 歴史を作るのは民衆であって構造ではない。ましてや構造主義への賛否をきっかけに数百万人のデモが起きたわけでもなかった。サルトルはすでに、本人がある種の「政治的無知」と呼ぶもの——それはルノーとフェリーが『68年の思想』で例示したものに似ていた——を粉砕していた。ダニエル・コーン＝ベンディットの「思想」とは〔一九世紀イギリスの歴史家・評論家〕トマス・カーライルとフリードリッヒ・ニーチェを混ぜ合わせたものだという、あるジャーナリストの分析に反論したときのことだ。コーン＝ベンディットの「思想」は、運動

＊29　Castoriadis, "Les mouvements des années soixante," 110, 113-14. カストリアディスは次のようにもコメントした。「L・フェリーとA・ルノーは数字を読み違えた。二人のいう六八年の思想とは実のところ八六年の思想なのだから」（Cornelius Castoriadis, "L'auto-constituante," *Espaces Temps* 38/39 : 55〔未邦訳、コルネリウス・カストリアディス「自己構成的なもの」『エスパス・タン』三八／三九号〕）。

＊30　たとえば、Raymond Boudon, "Sciences sociales: Des gourous aux journalistes," *Commentaire* 35 (autumn 1986)〔未邦訳、レイモン・ブドン「社会の科学——グルからジャーナリストへ」『コマンテール』第三五号〕; Olivier Mongin, "Le statut de l'intellectuel: Fou ou conseiller du prince?" *Cosmopolitiques* 2 (Feb. 1987)〔未邦訳、オリヴィエ・モンジャン「知識人の身分——狂人あるいは宮廷顧問」『コスモポリティーク』第二号〕を参照。

＊31　François Furet, "La grande lessive: L'homme retrouvé," *Nouvel Observateur*, June 13-19, 1986, 114-15〔未邦訳、フランソワ・フュレ「大粛清——再発見された人間」『ヌーヴェル・オプセルヴァトゥール』一九八六年六月一三－一九日号〕を参照。

＊32　たとえば、Gérard Guegan, "Touche pas à Mai 68," *Le Matin*, Dec. 20, 1985, 27〔未邦訳、ジェラール・ゲガン「六八年五月に触れるな」『ル・マタン』一九八五年一二月二〇日付〕を参照。また、マルセル・ボル・ドゥ・バル（Marcel Bolle de Balle）による *Revue de l'Institut de Sociologie* 3/4 (1985)〔『社会学研究所評論』第三／四号〕掲載の書評を参照。

＊33　リュシアン・ゴルドマンの発言。出典は以下。Elisabeth Roudinesco, *Jacques Lacan* (Paris: Fayard, 1993), 444.〔エリザベト・ルディネスコ『ジャック・ラカン伝』藤野邦夫訳、河出書房新社、二〇〇一年、三六八頁〕

全体の比喩として理解されていたけれども、サルトルにとってはひとつの行動から生まれた思想にほかならなかった。思想が向き合う問題とは、ある特定の状況に直に接することで生じる実践的・実用的・理論的な問いだ。たとえば、少数者である活動家の役割はどのようでありうるか、あるいはあらねばならないかという問題である。レーニンやブランキ、あるいはローザ・ルクセンブルクらの理論はたしかにある。だが少数者としての活動家が蜂起型運動に果たす役割について、歴史を超越した解決策を与えてくれるわけではない。運動はその時々の状況で、直面する問題を通して思考するしかない。こうした状況にあって、とサルトルは問うている、いったいどのような役割をカーライルなりニーチェなりが果たすというのか。[*34]

「五月」のような大衆運動は、一つの組織、一人の「指導者」に、あるいはとりわけ一人の思想家や一つの学派のもとに組み込むことができるという考え方に基づいて、「五月」研究にはゆがんだ解釈や主張がいまだ登場する。フランスでマルクーゼの著作が読まれはじめ、急速に売れ行きを伸ばしたのは、実のところ「五月」後のことだ。にもかかわらず、マルクーゼの見えざる手が、あたかもパリでの出来事を遠く離れたところから操り、指導したかのように参照され続けている。[*35]ときにはこうした「政治的無知」を思想家自身が露呈することもある。シチュアシオニストのギー・ドゥボールは〔一九九四年に〕亡くなる前、蜂起を「引き起こす」にあたって自身が果たした役割について、誇大妄想的な発言をますます繰り返すようになっていた。たとえば「一九六八年五月の反乱の起源、あるいはその司令塔であったために、たびたび私に帰せられる重大な責任」[*36]について語り、ついには「攻撃の時間と方向を選んだ人物であることを認める」に至った。ドゥボールが一九六七年に著した『スペクタクルの社会』と、編集に関わった雑誌『アンテルナシオナル・シチュアシオニスト』（一九五八-六九年）は、[*37]六〇年代前半にテキストを読むことができたエリート的読者層にとって、ブルジョワ消費社会を破壊し、タブーを解くという知的作業を遂行するうえで間違いなく役に立った。しかし「一九六八年」という騒乱があったからこそ、『スペクタクルの社会』は有名になり、広く読まれるようになった。シチュアシオニストによるパンフレット『学生生活の悲惨さについて』（著者はドゥボールではなくムスタファー・ハヤーティー）は六六年にストラスブールで発行された後、他にも広がっていき、多く読まれもした。しかしその他のシチュアシオニストのテキストは「六八年」の後になって

＊34 Jean-Paul Sartre, "Les Bastilles de Raymond Aron," in *Situations VIII*, 175-192.〔ジャン＝ポール・サルトル「レーモン・アロンの城塞」三保元訳、『シチュアシオンⅧ』一二八-四〇頁。特に一三一-一三二頁〕を参照。

＊35 ヘルベルト・マルクーゼの『一次元的人間』の仏訳は一九六八年五月に出版され、二ヶ月で三五万部が売れた〔英語原著と邦訳の刊行はそれぞれ六四年と七四年〕。たとえば六月末頃まで、ドラッグストア・サン＝ジェルマン〔カルチェ・ラタンにあった二四時間営業の商業施設〕では、一日五〇〇部が売れたという。Patrick Combes, *La littérature et le mouvement de Mai 68. Écriture, mythes, critique, écrivains, 1968-1981* (Paris: Seghers, 1984)〔未邦訳、パトリック・コンブ『六八年五月の文学と運動――エクリチュール、神話、批判、作家一九六八-八一年』一九八四年〕を参照。

＊36 ギー・ドゥボールの発言。出典は以下。Anselm Jappe, *Guy Debord* (Berkeley: University of California Press, 1999), 46, 100.〔未邦訳、アンゼルム・ヤッペ『ギー・ドゥボール』一九九九年〕

＊37 訳者――ギー・ドゥボール『スペクタクルの社会』木下誠訳、ちくま学芸文庫、二〇〇三年。『アンテルナシオナル・シチュアシオニスト』全六巻、木下誠監訳、インパクト出版会、一九九四-二〇〇〇年。

から「五月」に折り合いをつけ、あるいは理解しようとする人々に広く読まれるようになった。『68年の思想』の著者の狙いに対する最も正確な評価は、現行版の表紙に刷られた宣伝文句に現れている。「大きな論争の的になった本書は、知識人の世代交代の証言である」。こうした論争の「パッケージング」は、ピエール・マシュレが最近看破したように、この本の「思想」と一体になっている。つまり「思想」と「パッケージング」はともに、「世代」なるマーケティングの概念やジャーナリズムの技術を哲学の領域に移し替えることに全面的に依拠している。そこでは新たな世代が十全なかたちで登場し、それによって以前の世代が時代遅れになる。その場所はわれわれのものだ、あなた方はどいてくれ。こういうわけだ。

しかし新世代とは誰のことなのか。かれらは「現時点で」もはやある種の人々ではないにちがいない。しかしもはや誰でないというのか。ここで元左翼主義者なら「無知」という言葉を使ってみせるところだが、道徳哲学者は、ルノーとフェリーら御一行が後に刊行した論集で行ったように、「ニーチェ主義者」というラベルを作ってみたり、[*38]もっと洗練されたやり方で「われわれは、害毒をまき散らす『思想の首領たち』の影響をもはや受けていない人々なのだ［…］」といったフレーズを作ってみたりする。こうした否定的ないし反動的な自己定義によって、そしてそうした定義のみによって、われわれは「われわれ」と自称する権威を獲得する。新たな連合、公的な協定としての「われわれ哲学者世代」が、自分たちをある世代の一員とみなす人々のお墨つきを得る。しかし、ただ「新世代」であるというだけでは、マシュレが指摘するように、何かではないということという絶対的要件を表明したにすぎない。それは立場表明を装ったルサンチマンの発露である。こうした言明の動機が、理論ではなくイデオロギーにあることは明らかだ。理論上の争点のなかで根本的とされているものが、一時的で気まぐれな基準で測られているのだから。こうした動機にはまた、同盟――「われわれ」という「道徳」ないし「倫理」哲学者連合――を結んで哲学的な権力を獲得するという方向性も認められる。しかしこの同盟関係は、現実に権力を分かち合う段になると、とたんに崩壊することがある。さらにいえばこの「新世代」は、一つの学問としての哲学を「懐疑」や「脱構築」といった理論的手続きの乱用から守り、正統性を回復させようともしている。換言すれば、哲学の秩序維持に貢献することであり、ベルナール・ラクロワが示したように、秩序自体の維持に独自の貢献を果たすことなのだ。[*39] その意図は「世代間闘争」や「切断」という概念をめぐってはっきり現れている。すなわち新しい「一九八〇年代世代」の名のもとでの普遍主義的理想の復古、あるいは正統性の回復のことだ。こうした理想は民主的な共和国を動かすうえで不可欠でありながらも、ルノーとフェリー好みのジャーナリスティックで市場受けする語彙が「懐古趣味的」あるいは「時代遅れ」とはっきり描く旧世代が見捨てたものだった。そしてまさにここにこそ、かれらの試みにひそむ矛盾が最も明確に現れている。そうマシュレは指摘するのだ。なぜなら「世代には世代なりの考え方がある」という考え方に内在する、

＊38　A. Boyer, A. Comte-Sponville, V. Descombes, L. Ferry, R. Legros, Raynaud, A. Renaut, and P. A. Taguieff, *Pourquoi nous ne sommes pas nietzschéens* (Paris: Grasset, 1991)〔リュック・フェリー／アラン・ルノーほか『反ニーチェ――なぜわれわれはニーチェ主義者ではないのか』遠藤文彦訳、法政大学出版局、一九九五年〕を参照。

＊39　Bernard Lacroix, "A contre-courant: Le parti pris du réalisme" を参照。

暗に歴史主義的な前提を普遍主義的と呼ぶことは不可能に近いからだ。もし仮にそうならば、思想は、継承も伝達も一切抜きで生起することになってしまうし、世代間にどうしても断絶が存在するために埋めることのできない溝が生じることになるからだ。「思想史とは、ジャーナリスティックな先生方がわれわれに思い込ませようとしているような、哲学者の世代交代劇を指すのではない」[*40]。

＊
＊＊

ジャン゠フランソワ・ヴィラールの一九九三年の小説『われわれは額に穴の開いた亡霊たちに囲まれて歩む』では、語り手役の報道写真家が、二〇年前の六八年五月に自分で撮ったある一枚の写真を偶然見つける。この写真家が初めて世に出した写真だった。

「六八年五月」の写真。

ソルボンヌの中庭、解放――あるいは奪還、というべきか、状況によるだろう――直後の五月一三日。俺はダンフェールから戻ってきたところだった。辺りは暗くなっていた。ピアノが一台据えられている。デモの後、礼拝堂の付近にたむろする仲間たちは疲れ切っている。勝利が信じられないという面持ちだ。再び集まり、外の階段に腰かける連中もいる。ヘルメットにガラス瓶。見てくれだけは勇ましいのもいれば、骨太の活動家もいる。全学連（UNEF）で仲間になり、組織を作って、殴り合いもした仲だ。とても仲の良い者どうしだったが、押さえがたい憎しみのせいでいがみ合うこともあった。その憎しみが、将来必ずや誕生する革命党の建設準備をともに担うことのない人々どうしを結びつけていた。イタリア派、[*41] 第四インター、毛派、アナキスト、スポンタネイスト、[*42] ボルディジスト、[*43] シチュアシオニスト、ポザディスト、[*44] 確信的なノンセクト、他にもいくつかグループがあった。夕暮れのほんとうに和やかなひととき、歴史的なデモと来るべき評議会総会のあいだの小休止［…］。

マルクが写真に映っている。当時の有名人がずらっと並んだ真ん中。体はほっそりとし、リサックで買った眼鏡をかけ、服はボディーグラフ。その背後、彼から離れていないけれども脇のほうにジャンヌが映っている。

彼女のほうはなかなかわかりにくい。写真を撮ったときにその場にいなかったら、はっきりそうだとはいえないだろう。前に垂らした黒髪、くすんだまなざし、口元を覆う手（指のあいだに

＊40 Macherey, *Histoires de dinosaure* を参照（とくに一八三 ‐ 二〇六頁）。マシュレによる長文の批判は、Pierre Macherey, "Réflexions d'un dinosaure sur l'anti-anti-humanisme," *Futur antérieur, Le gai renoncement* (Paris: L'Harmattan, 1991): 157-72〔未邦訳、ピエール・マシュレ「反 ‐ 反ヒューマニズムに関する一匹の恐竜による省察」『フュチュール・アンテリウール（前未来）』別冊、一九九一年〕を参照。フェリーとルノーの哲学的主張に関する鋭利で詳細な読解も収められている。

＊41 訳者――構造改革派のこと。

＊42 訳者――革命の自発性を信奉するグループ。

＊43 訳者――イタリア共産党系の党派。

＊44 訳者――第四インターナショナル系の党派。

はタバコがあったから）が顔の下半分を覆う（ジャンヌは自分の口元の造作が嫌いだった）。マルクとジャンヌの結婚から数ヶ月して「五月」が起きた。ジャンヌの名前はキャプションには入っていない。それから二年、ジャンヌは何度も発作に見舞われる。自殺未遂に失踪、激しい動作を繰り返し、きつい鬱状態が繰り返しやってくる。精神科医めぐりをし、あらゆる療法を試して、ついにジャンヌは入院した。行き先はヴィル・エヴラール〔パリ郊外の有名な精神病院〕〔…〕。「五月」の後、「マルクは」当時流行ったレーニン主義的表現でいうところの「職業的革命家」になる。二五歳かそこらのこと。マルクは毛派、正確にはスターリン主義系毛沢東主義《マオ・スタール》派だった。人民戦争派、新パルチザン派、CGT－コラボ（コラボを「K」から綴って「ドイツふう」にするのがポイント）のたぐい。マルクはしばしば地下に潜っては、仲間たちや、警察が手を出せない有名知識人にかくまわれた〔…〕。

ジャンヌの様子は、例にもれず悪化した。ジャンヌは笑ってこう言った。「私の病は共産主義の遅れのせいよ」と〔…〕。会う回数は次第に減っていっても、顔つきが激変していくのはわかった。俺は考えてもみなかったし、他のやつら、同志たちにしてもそうだったな。マルクがジャンヌにひどい仕打ちをしているなんて。「五月」の後でまともなやつなんて、一人もいなかったのだ。[*45]

こうして二人の足跡、二つの人生が簡単に描かれる。「五月」の出来事から、一人としてまともにやっていくことができなかったような「五月」後の厳しい時期にかけての人生である。運動と運動体の解体によって、それぞれが容赦なくプライヴェートな生活に送り返される。そして孤独と孤立を耐え抜きながら一方で、非合法活動に身を投じる。マルクというヴィラールの小説にたびたび登場する人物は、物語が描く現在では『ル・ソワール』紙で大成功した編集者だ。この新聞は「五月」からしばらくして創刊された『ル・グラン・ソワール』紙が改名したという設定となっている。当時マルクは左翼主義者の指導者で、一九六八年八月にしばらく投獄された後で本を出す。語り手は「たしか『今日――灼熱のとき』とかそんなタイトル」だったかなとうろ覚えだ。[*46] この時代、語り手とマルクは手紙のやりとりをするときはいつでも――それがヴァカンス先からの絵はがきでも、論争的な文章でも――「共産主義者の友愛のこもった挨拶」でしめくくった。マルクがこの共産主義的友愛の時代から、物語が定める八九年の現在に至るまでにたどった政治的軌跡は、別の箇所でうまく要約されている（マルクは「板についていたやくざな記者スタイルからすっかり足を洗い、尊敬を求める権力的な人物になっていた」）。[*47] マルクは語り手に電話をかける。ベルリンにある巨大メディア企業シュプリンガー社本社ビル最上階の編集長デスクからだ。しかしそのビルこそ、六八年二月にマルクと語り手が参加した、最初の激しいデモが標的にした建物だったのだ（小説のなかで触れられる反シュプリンガー社デ

＊45　Jean-François Vilar, *Nous cheminons entourés de fantômes aux fronts troués* (Paris: Seuil, 1993), 100-102.〔未邦訳、ジャン＝フランソワ・ヴィラール『われわれは額に穴の開いた亡霊たちに囲まれて歩む』一九九三年〕
＊46　*Ibid.*, 177.
＊47　*Ibid.*, 65.

モは実際に起きている。シュプリンガー社は、かつてSDS[*48]（社会主義ドイツ学生連盟）議長のカール・ディートリッヒ・ヴォルフが「唾棄すべき金儲け装置」と呼んだことでも知られる。同社は六八年当時、西ドイツの活字メディアの八五％を牛耳っていた）。

もちろんマルクという人物がセルジュ・ジュリーをそれとなくモデルにしていることは、たいていの読者にはすぐにわかる。ジュリーという名前や人柄は、『リベラシオン』の編集者として今日手にした職業的成功によって、同時代のイメージやフレーズの多くを作り出すことに一役買っている。たとえば「寛容だがナイーブな理想主義」や「革命から改革へ」、「個人主義」、「コミュニケーション」、そしてなにより「世代」だ。こうした用語を通じて、「六八年」は再びコード化される。

マルクは自分の愚行をひとつずつ否認していく。コンプレックスも、シニシズムもありはしない。そうした愚行は、一つの――マルクのお気に入りの概念だ――「世代」にとっての利益と損失として勘定される。おおむね集団的になされた愚挙から余計なものが取り除かれ、時代の知性が取り出される。『ル・ソワール』はそうした知の表現であり、少なくともそれを裁く場なのだ。[*49]

しかしジャンヌという人物には、モデルとなった「有名人」はいない。そしてこのくだりを通して、典型的な存在になろうともがきながら、それを果たせない人物として描かれている。そして典型的な存在、「『五月』的な人物像」になるが、それはほんの偶然によって、その表情が次第に失われることによってのみ果たされる。当時から影に隠れ、写真では隅のほうに映り、表情を隠していたジャンヌは、あのとき存在していた親密さと同志意識が支えるサークル――結婚、友人関係、共通の政治遍歴、そして今となっては、その痕跡がほとんど消えてなくなってしまった、完全に別種の政治的つきあい――の一部となった。このサークルの外の人間は誰もジャンヌのことを知らない。キャプションに名前が載っていないのだから、写真を見ても本人を同定することはできない。だがこのサークル、集団としての組織、あるいは集団的に生きられた生が消え去り、マルクが「ポスト五月」社会の「顔」になると、ジャンヌは匿名の生が保てなくなる。ジャンヌは実際に居場所をも失ってしまうのだ。その表情からは、長年の狂気と無関心、忘却によって生気が失われる。組織の解散はジャンヌの歩みを消し去る。この写真にはっとした語り手は、マルクに電話をかけてジャンヌの消息をたずね、一年前に自殺したことを知る。ジャンヌの病は、本人の半分皮肉めいた言い方によれば、政治的な病だった。「私の病は共産主義の遅れのせいなの」。「リスクなき変革」を大統領選のスローガンにしたジスカール・デスタン政権下で多くの人々がそうだったように、ジャンヌもまた時代に取り残されてもがいていた。ジャンヌの死とは具体的な名を持たない者の死だったのである。

『ヴォンデール社工場の操業再開』のイメージの中央に位置するあの女性工員のように、ジャンヌは集団性の抹消を示す人物像であると同時に、集団性の忘却に伴って生じた衰弱を示す人物像でもある。ジャンヌは、無名の「五月」の活動家たち、「五月」の余波によって戸惑った人々を典型的なかたち

＊48　訳者――西ドイツ六〇年代学生運動の中心的組織。ドイツ社民党の学生組織から派生。

＊49　*Ibid.*, 178.

で表象する人物である。この「余波」とは、「五月」後の収拾と懐柔によって挫折し、立ちすくみ、愕然とした人々――近代が前進することを受け入れられなかった人々、失速してしまったものをなんとか維持する行為と、自分たちがあれほど断固拒否し、打倒を目指した社会に戻ろうとする試みのあいだで冷酷にも引き裂かれた人々――が経験した自殺や鬱状態のことである。[50] 語り手は、かつての同志の一部とは異なり、マルクにはジャンヌの病気に関して、個人としての倫理的責任があるとはあえて考えていない。しかし他方で、著者であるヴィラールはこの二つの対照的な軌跡を結婚というかたちで結びつけている。「五月」の語りが抱える「表象可能性」の問題は、弁証法的に理解されなければならないと示唆しているようにも思われる。つまり表象のレベルでは、マルクはジャンヌの犠牲によって歴史的人物となった。『リベラシオン』をモデルにした新聞は、運動を「修正」し、それを一握りの自称指導者たちに帰することに一役買って、管理と無力化の実践に与《くみ》している。写真中央のマルクは成功を収め、特権を手にし、発言者としての地位を高めて「偉大な専門家になった[51]」。なぜなら彼はそもそも初めからそうした人物であり、権力と密接な関係を持って地理的にも近い位置にいたために、当時の多くの集会でトラメガを強引に手にすることができたのだ。マルクは現在こうした権力を、表象可能性の機能をコントロールすることで保持している。同じように、ジャンヌの存在が消滅したことは本人の精神的な脆弱さだけが原因なのではなかった。ジャンヌは、運動の表象の支配者となった人々が紡ぎ出す膨大な語りによって、すなわちジャンヌをたいしたことのない人物、あるいは透明人間のように描き、その存在を完全に否定し続ける作業によってひたすら抹殺された。ジャンヌの事例の過酷さは、「五月」が最高潮に達した後を文字通り生き延びられなかったところにある。

しかし今日、どれだけの人たちが、なんとか生き延びて、そして現実のもたらす制約や政治的な希望の解体、そしてゆっくり時間をかけたイニシアチブの交代劇とさまざまなかたちで折り合いをつけているのだろうか。そのうちどれだけが、自分の歴史が他人によって都合よく利用されているさまを目にしてきたのだろうか。マルクのようなセレブたちは、運動の真実を体現しているのか、それとも森を隠す木なのか。メディアによって現在承認されているという事実だけで、人は集合的な過去について語る権利を手にできるのだろうか。

『世代』という巧妙なタイトルがつけられたパトリック・ロトマンとエルヴェ・アモン〔ともにルポライター〕の二巻本は、「五月」の運動が「人名録」にしっかり結びつけられる最も大きなきっかけ

＊50 たとえば、運動の終盤をどう切り抜けたかという問いに対するルネの応答を参照。「絶望というのは大げさだ。革命があるとか、もう一度『六八年五月』があるとか、あるいは運動が続くとか、そういう希望はもう持っていなかった。あれほど強く感じていた自由の息吹は過去のものになっていた。自分では実行に移せない考えはあったけど、自分のものではない考えを実行することはもう無理だった。社会に戻って仕事なんてできなかった。自分があれほど批判し、解体しようとした社会だったから〔…〕。アナキストの界隈には顔を出し続けていたけど、そこもだんだん活気がなくなっていった。行動委員会と同じだ。最初はうまく行く。でもそのうち分裂が起きたりして、人も減って、頻度も落ち、会議をやっても仲間内しか来なくなるという具合だった」(Daum, *Des révolutionnaires dans un village parisien*, 213; Daum, *Mai 68*, 240-41)。

＊51 Vilar, *Nous cheminons*, 65.

となった本のうちの一つだ。一九八七年に第一巻が出版されたとき、『リベラシオン』は熱狂的な書評を載せ、進歩的ジャーナリストによる著者二人のインタビューとライフ・ストーリーに見開き四ページをまるごと割り当てた。評者のローラン・ジョフランはこの本をこう評価した。「どうしようもなく個人主義的」で「熱烈な反共主義者」であり、「二〇年後にはほぼ全員が文化やコミュニケーションの分野に関わる、かつての政治狂いたち」からなる「ベビーブーム世代」をうまく素描している。[*52] 書評の副題である「インサイダーの視点」は、読み手の心にそこはかとなくのぞき見的な期待をかきたて、かつての運動のスターたちの私生活や秘密を知ることができるか、左翼主義者の有名人のゴシップくらいは聞こえてくるかもしれないと思わせる。

きびきびした「事実に基づく」あるいは「実録」ふうの文体の採用は、『世代』の著者が大衆運動を描くことに伴う複雑さをほとんど考えていないことを明らかにしている。登場人物はパリの学生運動指導者に限定された。その選択が政治的に意味するのは、大量の人々を最初から排除しておくことだけではない――もちろんこうした選択をすれば、労働者や農民、地方の住民のほか、四〇代以上の人々などが排除される。一つの社会運動を、数人の指導者と目される人間や、運動のトレードマークのような代表的人物に還元するやり方は――この動きをイザベル・ソミエは「家族写真志向」と呼ぶ[*53]――古典的な横領戦略である。こうやって切り縮められた集団の政治は、特定の場所に結びつけられて力を失い、管理可能なものとなる。アナキスト系の雑誌『黒と赤』が一九六九年に載せた論説を読むと、六八年五月と六月の出来事が幕を下ろしてから、わずか数ヶ月の段階で、こうした戦術のメカニズムがフル稼働していることがわかる。

［ブルジョワジーは］極限まで「人格化」を行う。この方法が結果的には割に合うのを知っているからだ。ある人々にとって、悪とは学生による反抗に限られる。ここで学生とはナンテールの学生だけを指す。そしてナンテールとは三月二二日運動のことであり、この運動体はコーン＝ベンディット一人のことになる。他方で、労働者のストライキとは権利を要求しているにすぎないと考える人たちがいる。ここで労働者とはCGTのことで、CGTとはセギ〔書記長〕のことだ［…］。これでは議論は生まれない。一方は冒険主義的なユダヤ系ドイツ人に狂信的に追従し、他方では「指導部」の指示に粛々と従うからだ。これでは学生と労働者が交わることがない。肉体労働と知的労働の分割を堅持しようという話にしかならないからだ。だがいつだってこんなものだったのではないだろうか。[*54]

しかし一九八〇年代後半になると、ロトマンとアモンは、自分たちで選んだ人物についてのみ、「五月」の前後を含めた現在までの完全なライフ・ストーリーを『世代』のエピローグとして掲載すると決めるが、これには新たな政治的意味があった。別の言い方をすれば、こうして選ばれた人々だ

＊52 Laurent Joffrin, “Génération: un regard intérieur,” in *Libération*, March 23, 1987.〔未邦訳、ローラン・ジョフラン「『世代』——インサイダーの視点」『リベラシオン』一九八七年三月二三日付〕
＊53 Sommier, “Sous les pavés,” 64.
＊54 出典は以下。“L’extraordinaire,” *Noir et Rouge* 44 (avril-mai 1969): 1.

けが機会に恵まれ、自分の存在に意味や一貫性を与え、人生を連続したものとして描き、しばしば謙遜とともに、四〇歳の視点から、若い時分に引き起こした混乱や当時のナイーブさを、距離をおいて振り返ることができるのである。このようにして『世代』がその一端を担うかたちで、「六八年」に残っているのは一部の学生指導者の軌跡だけだという見方が導入される。かつての指導者たちのなかでもとくに取り上げられるのは、教訓を学んだ人々や、現行の秩序にうまく全面的に従ったうえで、「五月」の政治的エネルギーの全部あるいは一部を放棄し、とくに労働者や第三世界との連帯を完全に放棄してしまった人々の軌跡である。さらに一種の循環論法により、現在（「ほぼ全員が文化やコミュニケーションの分野に関わる」現在）のほうが、この本のなかの「五月」の出来事に関する語りのなかで、誰を「指導的」立場に昇格させるかを事前に決めているようにも見えてくる。言い換えれば、カルチェ・ラタンから身を起こし、メディアや文化産業のスターに転身した人物だけが「五月」の「典型像」なのだ。そしてこうなると「五月」は脱政治化され、「文化革命」やコミュニケーションの反乱などといったものになる。こうして八〇年代に「六八年組《スワサントュイッター》」が抱く独特の目的論に基づいて、六八年の出来事についての著者たちの解釈が決定される。「五月」をある程度まで「裏工作訓練校[*55]」――パトリック・デムラン（翻訳家）の表現だ――に変えておき、そこから無事ご卒業というわけだ。そしてイザベル・ソミエが指摘するように、誰を代表者とするかといった選択のほうからは、実に大きな政治的効果が生まれる。代表あるいは典型例とされた（記念番組の場合は自称）証言者たちが、いまの社会的地位を根拠にして、歴史の狡知と「六八年」という自慢話の体現者よろしく登場するからである。マルティーヌ・ストルティの怒りは、ロトマンとアモンが「五月」を「典型的な歩み」として描写したことに対する、憤激すれすれの疑念の典型例だ。

エルヴェ・アモンとパトリック・ロトマンの本を読んだときに湧いてきた怒りは忘れない。『世代』という一九八〇年代末に出版された本のことだ。下巻の初めのほうで六九年にパリのリセ・ルイ＝ル＝グランで起きた事件のことが詳しく語られている。昼食時に「極右部隊」が校内を襲撃し、ある生徒の片手が手榴弾で吹き飛ばされた。かれは病院に運ばれ、その手は切断されたという。われわれには、おそらくは名を記すに値しないと判断されたこの生徒の名前を知るよしもない。しかしその代わり、彼の同志の一人のことはそっくりわかる。その名前はアントワーヌ・ド・ゴダマー、この本が発売された八八年当時は『リベラシオン』の記者だった。[*56]

一九八八年にはロトマンとアモンによって『世代』をベースにしたテレビ・ドキュメンタリー・シリーズが制作され、他の「五月」記念番組とともに放映された。ストルティは『世代』とこの連続ドキュメンタリーによって、多数の人々の経験を脇に置いたまま、ほんの一握りの個人から「世代」がでっち上げられたとみなす。政治的な表象性とメディアでの表象性が同義語になってしまったのだ。

＊55 Patrick Démerin, "Mai 68-Mai 88. Choses tues," *Le Débat* 51 (Sept.-Nov. 1988): 173-78. 〔未邦訳、パトリック・デムラン「六八年五月－八六年五月――沈黙した事物」『デバ』第五一号〕

＊56 Storti, *Un chagrin politique*, 15-16.

「『六八年』の時代の希望と期待を体験した何十万、いや何百万のフランス人のうち、『メディアでの』将来に活路を見いだしたのはごくわずかな人間だけだった」[*57]。『世代』が描く世代が達成したのは単なる文化革命だった――ジョフランが『リベラシオン』の書評で、「世代」と「文化革命」というロトマンとアモンの主たる比喩を、入念に選ばれたいくつかの生物学的隠喩によって確認し、反復しているのも驚くにはあたらない。結局のところ『リベラシオン』自体への一般認識が――ポール・ティボーの言葉を借りれば――「六八年世代が自己表明の場所と方法を見つけた」日刊紙なのだから[*58]。「五月」一〇周年を記念する社説を、『リベ』の主筆セルジュ・ジュリーは世代の「ブランド化」を目指すのにぴったりな生物学的隠喩から始めた。「これからは、雄牛であればどこの牛舎でもそうされているのにならって、われわれも消えない烙印を自らに刻もう。われわれは一つの世代に属するのだ」[*59]。ジョフラン自身は一九九三年に『リベラシオン』の編集局長になった際のインタビューで、臆面もなくこう認めていた。新聞の創設者であるジャン゠ポール・サルトルがおそらく望まなかった目標を達成しているのだと――「われわれは、資本主義が左翼に対して勝利を収めるための道具だった」[*60]。この勝利を手にするにあたっては、六八年の解釈に対する統制と脱政治化の試みがなににもまして重要だった。ジョフランによる『世代』の書評は、「五月」の反乱の政治的側面を全面否定したうえで、当時の政治的言語を、運動が文化的に目指したものと現代化という目的とを曖昧にする、不自然で無用な付属物なるものに結びつける。「かれらが運動に接ぎ木した革命の象徴となるスローガンは、往々にしてその象徴をうまく表現できていなかった」（強調は引用者）。文化的目標には真正でほとんど本質的な地位が与えられる一方で、政治的目標は文化的目標に対する恣意的で実験的な添え物にすぎなくなっている。この世代そのものにジョフランは、世界史の流れが持つ自然な力の一切を与える。「生まれたときは赤貧だったが、豊かな社会で育ったこの世代の人々は、いまだ農村的な国家であったフランスが自分たちの前に築いた防波堤のそれぞれ――家族、学校、文化――を、まるで巨大なうねりのように打ち倒す運命にあったのである」。すでにここで世代という隠喩は、資本主義的近代化――自然で「運命的な」近代化――の前進運動の総体をその内に含んでいる。『世代』の下巻が上巻の一年後に刊行された際、ロトマンとアモンは上巻で描いてきた個々人の歩みを一つの集合的運命へとまとめあげ、情勢の急展開を体現するというこの世代の役割をはるかに明確にした。そしてこの世代は資本主義に反抗するどころか、発展を阻害され、後退していたフランスを未来に押し出す役割を果たしたと論じる。『リベラシオン』に掲載された下巻の書評で、〔『リベラシオン』元副編集長のジャーナリスト〕ジャン＝ミシェル・エルヴィックはこの本が「この世代が歩んだ、生き生きしたと同時に混乱した歩み」をたどっている点を評価した。そして「現代フランスの近代化の極度に混乱したプロセスをこの本はおそらくどの類書よりもうまく描いて

＊57　Demerin, "Mai 68-Mai 88," 175.
＊58　Paul Thibaud, "De la politique au journalisme: *Libération* et la génération de 68. Entretien avec Serge July."
＊59　セルジュ・ジュリーの記述。*Libération*, May 18, 1978.
＊60　ローラン・ジョフランのＴＶでの発言（フランス2、一九九三年六月二日）。出典は以下。Serge Halimi, *Les nouveaux chiens de garde* (Paris: Editions Liber-Raisons d'Agir, 1997), 50.〔未邦訳、セルジュ・アリミ『新たな番犬たち』一九九七年〕

いる」と続けた。[*61]

英雄たちの物語であるこの『世代』という本は、フランスの「六八年」時代に関する証言としてたちまちベストセラーになり、よく知られるようになった。八〇年代の記念番組とともに、同書は表象の数を減らすことに、いやむしろ「六八年」について言いうることを、一つの小さなイデオロギー的比喩——家族あるいは世代の英雄譚——にうまく還元していくことに成功した。サルトルが想起させるように、イデオロギーとは、支配的な語りの形式やモデルがわれわれの反射的な行動に対して押しつける、徹底的な制約のあり方にほかならない。

〔イデオロギーとは〕哲学のシステム、すなわち厳密な構築物のことではない〔…〕。つまりここでは次のように構成され、かつ内面化された一つの装置が問題となっている。この装置にあっては、モデルの規格に合わないような思想の形成が無理ではないにしてもかなり難しく、こうした図式に基づいて構築された観念を、システムには属さない概念へと移行させることは、それに輪をかけて難しい。[*62]

ギー・オッカンガムは、先ほど見たように、一九七〇年後半にかつての同志たちが「世代」という語を使いだしたことを早くから兆候の次元で捉えて、この言葉を運動の放棄を示す最初のサインとして受け取っていた。オッカンガムは「世代」という語への憎しみを早々にあらわにし、この語が言外にほのめかす逆説的なエリート層には決して回収されまいと宣言した。彼にとって世代の語をもとにしたそうした自己肯定が受け入れがたいのは、それを唱える人々が、主流派の組織的権力によってお膳立てされた裏回廊をあからさまに受け入れたと同時に、表舞台に登場しただけになおのことである。マルティーヌ・ストルティも「六八年」時代をめぐる自身の回想録で、自分が採用する表象戦略を「世代」という明らかに無根拠な観念からは慎重に区別する。「私がこの語りを記したのは、自分なりの歩みを記すためだが、それが範例だなどというつもりはない。私は自分の世代を体現していない。いやむしろ、その体現の度合いは他の人たちとまったく同じである」[*63]。カール・マンハイムの古典的な論文「世代の問題」のフランス語版序文で、〔社会学者でフランス国立科学研究センターのリサーチ・ディレクターの〕ジェラール・モジェは、この「世代」という語の使用をめぐって、「年齢で区分された社会的世界の『新しい』見方によって、階級で分割された『伝統的な』マルクス主義的表象が置き換えられる傾向があるのではないか」と述べている[*64]。もしそうならば、「六八年」関連のテキストに「世代」の語が用いられる現象の一端を理解するうえでこの議論は間違いなく役立つ。マンハイムは

＊61 Jean-Michel Helvig, “Le roman du gauchisme,” in *Libération*, January 8, 1988.〔未邦訳、ジャン゠ミシェル・エルヴィック「左翼主義の小説」『リベラシオン』一九八八年一月八日付〕

＊62 Jean-Paul Sartre, *L'idiot de la famille*, vol. 3 (Paris: Gallimard, 1972), 222.〔ジャン゠ポール・サルトル『家の馬鹿息子――ギュスターヴ・フローベール論 一八二一年より一八五七年まで』平井啓之・鈴木道彦・海老坂武・蓮實重彦訳、人文書院、一九八二年－二〇〇六年。ただし本文中の引用箇所は未邦訳〕

＊63 Storti, *Un chagrin politique*, 14.

＊64 Gérard Mauger, “Préface à la traduction de Karl Mannheim”, *Le problème des générations* (Paris: Nathan, 1990).

論文のはじめで、世代というテーマを扱った既存の文学作品を二つの潮流に分けている。主としてフランス的な実証主義的潮流と、主としてドイツ的な「ロマン主義－歴史主義的な」潮流である。マンハイムによれば、実証主義者は世代概念に引きつけられる。なぜならこの概念によって、人の生涯という生物学的法則に基づいた歴史発展のリズムを記述する一般法則がもたらされるからだ。世代概念によって一つの包括的で計量可能な形式が構築される。その目的は、人間の運命という枠組みだけでなく、知的・社会的潮流のパターンの変化をも、単線的な進歩観の内部で働く生物学用語によって直接理解することにある。他方でドイツ的な考え方は、この概念を量よりも質的に扱うことを選び、ある世代が持つ「内的な意図」を探る。すなわちある時代の一部として、共存する複数世代について、その機械的な時間のあり方よりもそれらの世代の「内面」を探る。この「内的な意図」あるいは「内的時間性」は現象学的なもの、測定はできず経験するしかないものだった——そして、最も極端なハイデガーの場合では、〈運命〉の素材かつ実体そのものと判別できないものとなる。

運命は個々の宿命の総和ではない。共に存在していることを、複数の主体の単なる同時的な生起とは理解できないのと同様だ。同一世界で共にあること、またそれゆえに、起こりうる一定の事態に対する備えによって、個人の宿命はあらかじめ方向づけられている。したがって運命の力は、平和的な交わりと社会生活上の争いを通じて解き放たれる。一人ひとりの現存在に起こる劇の全体は、ある〈世代〉に属し、その〈世代〉とともに生きることから生じる避けがたい運命によって決定されるのだ。[*65]

奇妙なことに、といってもよいだろう。一九八〇年代には「六八年」の支配的モデルの地位を確立した「世代」の隠喩は、フェリーとルノーの議論についての考察ですでに見たように、哲学の領域にまで広がっているのだが、それはマンハイムが描く、実証主義的潮流とロマン主義‐歴史主義的潮流という二つの潮流を下敷きにしているのである。社会運動を「家族物の大河小説」へと図式的かつ心理学的に還元する際に用いられる、さまざまな方法の下敷きとなっているのが実証主義的‐生物学的な見解だ。「世代間の争い」という古くさいがよくあるタイプの機能主義的解釈では、父子の争いが歴史の原動力と見なされるが、このような「六八年」観は、実際の出来事の発生とほぼ同時に生まれている。アメリカでエリク・エリクソンが有名にしたタイプの発達心理学によると、社会反乱はマン

＊65　マンハイムによるハイデガー『存在と時間』の引用（Karl Mannheim, "The Problem of Generations," in *Essays on the Sociology of Knowledge* (London: Routledge and Kegan Paul, 1952), 282).〔カール・マンハイム「世代の問題」鈴木広訳、『マンハイム全集3』樺俊雄監修、石川康子ほか訳、潮出版社、一九七六年、一五九頁。『存在と時間』の参照先は、単行版の原文三八四‐五頁（第二篇第五章七四節「歴史性の根本機構」）に該当。この箇所の邦訳の一例を挙げる。「運命は個々の命運からは合成されない。それは、共同相互存在が複数の主体とともに現前することとしては把握されないのと同様である。同一の世界のうちで互いに共に存在することにあって、また特定の可能性に向かって決意していることにおいて、命運のさまざまはあらかじめすでにみちびかれている。伝達と闘争のうちで、運命の力ははじめて自由となる。みずからの『世代』のうちでの、またそれと共に在る現存在には命運的な運命がある。その運命が、現存在のかんぜんな本来的生起をかたちづくるのである」（ハイデガー『存在と時間四』熊野純彦訳、岩波文庫、二〇一三年、二六一頁）〕

ハイムが直線的進歩観と呼ぶ連続的プロセスを保証するうえでは、一種の安全装置として欠くことのできない役目を果たす。子どもたちは「アクティング・アウト〔行動化〕」をすることで、最終的にはそれだけいっそう確実に親からの扶助を確保できる。したがって異議申し立ては有益にして機能的であり、成人への通過儀礼なのである。つまり歴史とは、社会生物学的宿命が歩む機械的で周期的かつ進化的な発展なのだということになる。

ロマン主義的なハイデガー流の観点によれば、集団的宿命ないし「運命」の重要性は、今では「五月」が原因だとされる数々の「結果」や「影響」に事後的に見いだされることになるだろう。リポヴェツキーふうの個人主義の台頭からフランスの現代化、ないし共産主義の終焉まで――あらゆる結果は「『五月』的な」ものの再発可能性を排除しているように思われる、と捉えておくべきかもしれない。ロトマンとアモンは『世代』下巻のエピローグで「『五月』から得た教訓」をいくつも詳しく書いている。「われわれの世代は寛容であり、きわめて強固な道徳観を持っていたが、政治によって倒錯させられた」[*66]とか「われわれの世代はフランス社会の文化的基盤を根底からひっくり返した」[*67]、「私が属する世代は、後に有益だと判明したさまざまな愚行を通して大きな変動を経験した」[*68]といった具合である。

世代（書名としての、また比喩としての）は全員になにがしかのものを与えてくれる。たとえばきわめてロマンチックで、ヒロイックですらある個人史や、決定論的な社会学の枠組みである。こうした枠組みは、思春期はやがて分業という大人の世界にもれなく再統合されるための通過儀礼であるという、古くさい部族的、あるいは人類学的な考え方を喜んで肯定する。なぜ「喜んで」かといえば、青年期はどれだけ荒れていてもいつか終わるからだ。それは定義に基づいて限定された一時期である。もし青年期の反乱が終わらないなら、思春期がまだ続いていることになるだろう。青年期の一過性は、ダニエル・コーン゠ベンディットの一九八六年の著作『革命――われわれがあれほど愛したもの』(これを基にテレビ・シリーズも制作された)の「愛した」という動詞の複合過去形に、あからさまなかたちで隠れている。[*69] 青年がこぞって決起したのは、それが青年であることの一部だったからというのだ。コーン゠ベンディットの著書のような作品は、世代という隠喩を地球全体に拡大するところにまで手を広げている。「一九六八年には地球が自己を抱擁した。あたかも普遍的なスローガンが登場し

＊66 ジャン゠ポール・リブの発言。Hervé Hamon and Patrick Rotman, *Génération*, vol. 2, *Les années de poudre*, (Paris: Seuil, 1988), 636〔未邦訳、エルヴェ・アモン／パトリック・ロトマン『世代 2――きなくさい時代』一九八八年〕、および *Génération*, vol. 1, *Les années de rêve* (Paris: Seuil, 1987)〔未邦訳、『世代 1――夢のような時代』一九八七年〕を参照。

＊67 ティアンノ・グランバックの発言。Hamon and Rotman, *Génération*, vol. 2, 639.

＊68 セルジュ・ジュリーの発言。*Ibid.*, 636.

＊69 Daniel Cohn-Bendit, *Nous l'avons tant aimée, la révolution* (Paris: Barrault, 1986), 10. こうしたイメージはいまではおなじみのものになっているとはいえ、コーン゠ベンディットの「グローバル六八年」観は明らかに都市中心的だ。〔写真家の〕クロード・リヴが指摘するように、道路を敷石で舗装するのは都会の話だからだ。地方では、警察との闘いは都市部に劣らず激しかったが、県庁の前に大量の堆肥をぶちまけるほうが多かった。リヴの次の記事(“Le viticulteur du pays d'oc,” *Le Monde*, May 27, 1998, 13〔「オック地方のブドウ農家」『ルモンド』一九九八年五月二七日付〕)を参照。

たようだった。パリで、ベルリンで、ローマで、あるいはトリノで、敷石は反乱世代のシンボルとなった」。「五月」が三〇周年を迎えると、地球的な世代間闘争としての「六八年」イメージが『ルモンド』の九八年五月の社説にも現れる。

一九六八年頃に西側世界の全域では新たな集合的人格が人々の前に登場した。階層としての青年だ。[…]この階級は大人の世界との対立を通して自己主張する。これは、同一世代に属している者たちによる国際的な運動が歴史に登場した初めての例だ。[*70]

エドガール・モランは「六八年」を「青年反乱」と捉える解釈の生みの親とされ、それゆえに「年齢階層の決定論とダイナミズム」を自明視する人物と一般に考えられている。モランは、年齢層を決定因とする理解にひとひねりを加え、昔からの伝統的な表現形態には対応しない、新たな年齢階層の成立を主張した。[*71] だがこの「六八年」論におけるモランの見解は、同じく社会学者のレイモン・アロンの非政治化を行うテーゼとそう変わらない。アロンは「六八年」を社会‐ホルモン的な欲求不満の単なるあらわれ、生物学的なけいれんと見なしている。「青年一般[…]いま出現しているのは社会的であると同様に生物学的な現象である」。[*72] 青年という新たな「階層」が一九六〇年代にフランスに出現するとモランはいう。そしてこの階層が子どもと大人のあいだに生じた現代的な真空を埋める。モランは多数の社会学的事実を動員して、この新たな現代的真空という考え方に裏づけを与える。たとえば大人の世界に入るまでの就学期間が長期化した事実と、それに伴って高等教育の機会が新たに一般に開かれたことの恩恵をこうむる青年数の増加という人口学上の変化が挙げられている。しかし西側世界に生じたこうした「現代的真空」は、以来姿を消したか、別のタイプの思春期の登場で乗り越えられてしまったのではないか。もしそうでないのなら、六〇年代フランスの青年層に起きた極度の政治化が、ほぼ同様の規模でどこかよその国で再び生じないのはなぜなのか。なぜ「青年」は政治的主体としての役割を果たさなくなったのか。社会学が仮説として立てた「青年」――「新たな現代的青年」という表現もある――というカテゴリーに依拠しても、フランスの若者たち（フランス人以外の、また若者以外の多くの人たちも含めて）が、なぜ六八年の時点で政治を自分たちの手でつかもうとしたのかは説明できない。この意味でモランの「青年運動」という考え方は、同様にイデオロギー的なカテゴリーである「学生運動」の改良版にすぎない。ここでいう学生運動は、少なくとも三つのことを示唆する実体概念である。まず学生という社会層の総体が政治的主体として自己を構成していること、次に学生運動の社会への介入が不可逆的な所与となっていること、そして学生運動がその利害関心を「学生の利害」として表していることの三つだ。三点目に関していえば、当時の活動家たち

＊70 Dominique Dhombres, "La révolte de la jeunesse occidentale," in *Le Monde*, May 12, 1998.〔未邦訳、ドミニク・ドンブル「西洋の青年反乱」『ルモンド』一九九八年五月一二日付〕

＊71 Edgar Morin, "Mai 68: complexité et ambiguïté," *Pouvoirs* 39 (1986): 71-80〔未邦訳、エドガール・モラン「六八年五月――複雑さと両義性」『プヴォワール』第三九号〕を参照。

＊72 Aron, *La révolution introuvable*, 53.

は自分をこのような方向で理解することをかなり激しく拒んでいたことは思い出しておいてよいだろう。学生たちはある何らかの役割――それが「学生」であれ「消費者」であれ、そしておそらく、まずもってドゴール派のテレビがいう「視聴者のみなさま」であれ――への同一化を拒否していた。「学生問題はもはや存在しない」と六八年五月中旬のあるビラは書く。「学生というのは有効な概念ではない。〔…〕学生というエセ階級に閉じこもるのはやめよう[*73]〔…〕」。ボザール人民工房では数百枚のポスターが作成されたが、ピエール・ヴィダル＝ナケが「五月」当時に指摘していたように、このうち何であれ学生運動の存在を示唆するものはほぼ皆無だった。ほとんどすべてのポスターはドゴール体制との政治闘争に関わるもので、労働者の闘いとゼネストへの連帯を表す文言が用いられていた。[*74]

人々を社会のなかで位置づけるにあたって、「世代」概念は階級概念に対する有効な代案になるとマンハイムは考えた。おそらくだからこそ、「青年」や「世代」というカテゴリーは、マーケティングのカテゴリー、すなわち広告とメディアの洪水戦略《マトラカージュ》の標的として捕捉可能なニッチ部分（たとえば「ペプシ世代[*75]」や若年層市場）と同等の有効性があるのだろう。シチュアシオニストは早い段階でこの点を認識し、「青年」とは過大評価された社会経済的カテゴリーであり、ただ物を売るための概念だと批判した。ピエール・マシュレは、先ほど見たように、この考え方を繰り返し、ルノーやフェリーらによる「哲学的思考の新世代」の発明なるものはマーケティングの仕掛けにすぎないと見なした。「学生」や「青年」、「世代」という考え方は、他とは区別され囲い込まれた社会的場、決められた所在地を運動に割り当てることによって政治を社会学に解消する。だが「六八年」とは、社会的場からの逃走にほかならなかった。「五月」によって社会のなかの雑多な集団や個人が一緒になり、階級や年齢といった属性は侵食されていった。「五月」によって現実化したのは、それまで存在したことのない社会部門の垣根を超えて広がる連携だった。この運動は統制不能なまま横断的に拡大し、実に多種多様で前例のない展開を遂げ、フランスの社会空間を占めるマジョリティへと広がった――こうした「五月」の「大衆《マス》」的性質のもたらす恐怖こそが、「五月」を厳密な「世代効果」に還元したがる意思の背後にあるのではないだろうか。社会学者は「五月」を「青年」(あるいは、その代替物としての「世代」や「学生」)などの人工的な社会学カテゴリーに属する主体に還元する一方で、ジャーナリストやメディアは「ニセ指導者」という主体に還元しようと試みている。実際、学生指導者を持ち出して運動を人格化することは、「学生」や「世代」といった概念を一般化することと表裏一体となっている。無名の人々が街頭を奪回したことへの不安は「五月」の人格化と社会学的抽象化を加速させる。ジャン＝フランクラン・ナロが指摘するように、転覆をもたらす「五月」の潜在的な力は、全社会領域に広がる「拒否の連鎖反応」なるものを生み出した点にあったし、その力が最終的には、いかなる枠組みや組織という場にも還元不能な点にあった。「五月」の潜在的な力のありかは、この運動

＊73 ビラ「委員会テーゼ『われわれはデモをする』」サンシエ校、四五三教室、一九六八年五月一三―二〇日。
＊74 Schnapp and Vidal Naquet, *Journal de la commune étudiant*, 549を参照。
＊75 訳者――一九六三年にペプシコが始めた販促キャンペーン。ペプシの品質ではなくペプシを飲むことの若さやクールさを強調した。

が「制度だけでなく、主要な登場人物たちの統制からも」逃れたところにあったのである。[*76]「社会学」を、そして社会的なものに関する「社会学」の機能主義的記述を解体することから始まった一つの運動が終わるのを待って、社会学は自らの役割を見事に再確認する。「六八年」を「青年」という社会生物学的主体に還元・縮小するのは、「五月」の運動とはまったく相容れないかたちで政治と紛争を自然主義的に定義し直すこと、つまり〔ここで論じる意味での〕政治を無化する政治的策動を生み出す、一種の決定論を改めて打ち出すことである。

＊
＊＊

報復は、記念行事とは異なり、つねに突然行われる。一九九五年冬、名もない人々が圧倒的な数で再びフランスの街頭に現れたとき、その運動が「青年」の蜂起なるものと見まがわれることなどあるはずがなかった。粘り強く戦闘的に行われたこの冬のストライキでは、何十万もの支援者が再び街頭に繰り出した。ストの中心にあったのは国鉄労働者の姿であり、退職を控え、年金の中身をめぐって政府と闘う労働者という人物像だった。しかし公共部門の労働者が掲げた部分的ないし局所的な要求として始まったものは、ただちに実に多くの政治的要求を伴った大規模《マス》な大衆反乱へとふくれあがった。『ルモンド』の論説委員は「富裕国では初めて、反グローバリゼーションを掲げるストライキが、まさにいまここで展開されている。これは金融のグローバル化とその帰結に対する大規模な集団的反応である」と書いた。[*77]

この反乱の原因は、アラン・ジュペ首相が提案した政府計画で、社会保障の赤字を埋めるために一種の新税導入を提唱するものだった。このジュペ・プランはほかにも、公務員が年金受給資格を得るための最低勤続年数を増やすことや、社会保障支出（とくに健康保険の分野）に関する管理を、雇用者と被用者が作る組織から政府に移管することを求めており、フランスが国際金融エスタブリッシュメントの意向に沿うことを目指す改革だった。大手マスコミはおしなべて、そしてまた、このときにはすでに名前も顔も一種の遍在性を獲得していたおなじみの御用テレビ知識人たち——アンドレ・グリュックスマン、アラン・フィンケルクロート、パスカル・ブリュックネール、ベルナール＝アンリ・レヴィ、フランソワーズ・ジルー[*78]、『リベラシオン』、ジャック・ジュイヤール、『エスプリ』、サン＝シモン財団のメンバー——は、『ルモンド』掲載のテキストが「社会正義の実現を目指す根本改革」と呼んだこの政府計画に対し、たちまち賛意を示した[*79]。『リベラシオン』に至っては、一面に「ジュペ、果敢！」と賞賛の見出しを掲げ、ジュペ・プランの公表を歓迎するところにまで踏み込ん

＊76 Narot, "Mai 68 raconté aux enfants," 182.

＊77 Erik Izraelewicz, "La première révolte contre la mondialisation," in *Le Monde*, December 9, 1995.〔未邦訳、エリック・イズラエレヴィッチ「初の反グローバル化反乱」『ルモンド』一九九五年一二月九日付〕

＊78 訳者——ジャーナリスト、政治家（一九一六－二〇〇三）。戦後直後に月刊誌『エル』編集者となり、五三年には中道左派系の週刊誌『レクスプレス』を創刊。統一社会党（ＰＳＵ）指導者のピエール・マンデス＝フランスによる第一次インドシナ戦争とアルジェリア戦争和平路線への支持を鮮明にした。ジスカール・デスタン政権時代に女性条件担当相、文化相を務めた。その後は作家活動に戻る。邦訳書に『イェニー・マルクス——「悪魔」を愛した女』（幸田礼雅訳、新評論、一九九五年、原著一九九二年）など。

でいた。[*80] だが国鉄労働者は、郵便局のほか公共企業体、教育、医療、金融など他部門から多数の労働者の参加を得て、ジュペ・プランをまったく違ったかたちで捉えていた。こうして二〇〇万の公務員がストライキに入った。スト参加者にとって、この計画はアメリカ型の社会保障――最低限の公的医療制度とあてにならない年金――への急速な移行に向かう決定的な一歩に映った。ジュペ・プランを、全国的な医療保険制度と公的事業を真正面から攻撃するものと理解したのである（公共部門はアメリカの制度では完全に民営化されているが、フランスでは市場の力に全面的に屈してはいなかった）。このストライキによってジュペの立場は、政権初期のマーガレット・サッチャーやロナルド・レーガンと似たものになった。サッチャーが「改革」プログラムを始めるにあたり、イングランド地域で炭鉱労働者のストライキを粉砕したのとちょうど同じく、また、レーガンが保守革命を始めるにあたり、航空管制官のストライキを粉砕し、一万六〇〇〇人の労働者を解雇したのとちょうど同じく、ジュペとシラクは交渉に応じず、ストライキ粉砕の態度をフランスで取った。社会保障制度の改悪とストライキの粉砕という組み合わせを、この角度から捉えたのは公共部門の労働者だけではなかった。一一月から一二月にかけて、何十万もの人々が、交通機関のストライキによって日常生活に生じた不便さを気にもとめず、街頭に出てスト労働者に連帯し、ジュペ・プランに反対した。こうしたデモが起きたのはフランスでは六八年五月以来のことだった。ある意味では今回のほうがより広範で規模も大きかったといえる。

「六八年五月」はやはり比較対象になる。メイヴィス・ギャラントが一九六八年五月と六月に綴った日記によれば、パリではパリ・コミューンに関する本がこの二ヶ月間は店頭から完全に姿を消した。

ギャラントの友人たちはこぞって、リサガレーの著作をはじめパリ・コミューンの誕生から消滅までを語る歴史書を読みふけっていたようだったという。[*81] 九五年の冬には「一九六八年五月」の姿がジャーナリストの記す散文やデモ隊のスローガンによく認められるようになる。たとえば「教師たち、連帯と憤りを胸に、あの『五月』を思い出す」という文句が一二月のある日の『ルモンド』の一面の

＊79 "Pour une réforme de la Sécurité Sociale," in *Le Monde*, December 3-4, 1995〔未邦訳、「社会保障改革支持」『ルモンド』一九九五年一二月三-四日付〕。ジュペ・プラン支持の署名の呼びかけには『エスプリ』も関わった。最初に署名した一〇〇人には、ロニー・ブローマン、[▼1] ピエール・ロザンヴァロン、[▼2] アラン・トゥレーヌ〔本章注89参照〕、ジャック・ジュイヤールなどがいた。〔▼1 ロニー・ブローマンは一九八二-九四年に国境なき医師団フランス支部会長を務めた医者。邦訳書に『人道援助、そのジレンマ——「国境なき医師団」の経験から』(高橋武智訳、産業図書、二〇〇〇年)など。▼2 ピエール・ロザンヴァロンは政治学者(一九四八-)。コレージュ・ド・フランス教授。一九七〇年代に左傾化したフランス労働総同盟(CFDT)の「自主管理」路線に関与。直後からリベラル化の姿勢を強め、サン=シモン財団では八二年の創設から九八年の解散まで書記を務める。〇二年には「理念の共和国」を立ち上げ、フランス版社会的自由主義を推進。邦訳書に『連帯の新たな哲学——福祉国家再考』(北垣徹訳、勁草書房、二〇〇六年、原著一九九五年)など〕

＊80 *Libération*, November 16, 1995.

＊81 プロスペール=オリヴィエ・リサガレーの古典的著作『パリ・コミューン』は、一九六九年に叢書プチ・コレクション・マスペロの一冊として再刊された。Prosper-Olivier Lissagaray, Histoire de la Commune de 1871, Petite collection Maspero 7-9 (Maspero, 1969).〔リサガレー『パリ・コミューン——一八七一年コミューンの歴史』喜安朗・長部重康訳、現代思潮社、一九六八-九年〕

見出しを飾った。[*82] 別の記事は次のように述べる。「一九六八年五月と同様に、赤旗がリモージュ市内を見下ろすベネディクタン駅の頂塔の上にはためいている。他の街と同じく、経験豊富なデモ参加者のあいだでは当然のように『学生の春』という言葉が聞かれる」。[*83] しかし「五月」の亡霊が運動の上空にただよっていることを認識したのは、他の誰よりも時の政権だったと思われる。どんどん大きくなるデモ隊の声への対抗策を模索するうちに、ジャック・シラクのネオ・ドゴール主義政権(シラクはグルネル協定では政府側の責任者を務めており、何回目かの交渉では腰のベルトに拳銃を忍ばせていたという噂もあった)は、ドゴールが政府派のデモ隊と「共和国防衛委員会」の召還に成功し、六八年五月三〇日に自分を取り囲ませてデモをした事実を思い出す。[*84] しかし歴史を繰り返そうという試みは無残な失敗に終わった。シラクの組織は「怒れる消費者」というドゴールのときと似た反ストライキ委員会を作り、公共交通機関のストップに業を煮やした人々を集めた。だがこの委員会は実際には始動しなかった。第一回の政府支持デモの参加者がたった二〇〇〇人だったことで、この計画はただちに取りやめになったからだ。

九五年のストライキで「五月」を直接的に呼び起こすものはきわめて少ない。六八年、フランスはたしかに完全な機能停止に陥った。九五年の場合、交通手段の欠如によって一種の麻痺状態が発生したものの、民間企業の労働者は、公共部門の労働者を支持しながらも、六八年のようにストに加わることはなかった。学生の直接参加は当時と比べてかなり小さなものだった。六八年と同様、既成政党は一連の出来事によって不安げな傍観者の地位にまで転落した。しかし「五月」と異なるのは、大半の労働組合が運動と一体になっていたことだ。反乱の地理的展開もまた異なっていた。もちろん地方での街頭闘争やサボタージュは――これまでも多くの指摘がなされてきたように、パリでの派手な動きよりも重要なものであり――「六八年」にも起きていた。しかし「九五年」ストライキの特徴は、地方での反乱が「五月」では見られなかった規模で展開し、パリという「中央」とは独立した政治的ダイナミズムが生じたことにある。パリではストとデモが想定の範囲内で、その規模も地方ほどではなかった。「九五年」の運動はトゥールーズやナント、モンペリエ、ボルドーなどの地方都市でかなり大きくなった。全国規模となり、社会全体の関心を集めた運動は脱中心的に展開したが、その始まりはおおむね南部と西部だった。〔社会学者の〕パスカル・ニコラ＝ル・ストラトが指摘するように「九五年」に見られる地方という要素は、地方分権主義者対パリという弁証法的な関係には還元しえ

＊82　Michel Braudeau, "Les enseignants, solidaires et indignés, se souviennent d'un certain mois de mai," in *Le Monde*, December 9, 1995.〔未邦訳、ミシェル・ブロドー「憤激し、連帯する教師たち――思い出すある五月」『ルモンド』一九九五年一二月九日付〕

＊83　"*Le mouvement est plus suivi dans l'ouest du pays*," in *Le Monde*, 7 December 1995, 7.〔未邦訳、「フランス西部　運動の息は長い」『ルモンド』一九九五年一二月七日付七面〕

＊84　以下を参照。Jean-Louis Soux, "Sous les mots, les fantasmes de mai 1968," in *Le Monde*, December 3-4, 1995, 9〔未邦訳、ジャン＝ルイ・スー「言葉にただよう一九六八年五月の幻」『ルモンド』一九九五年一二月三－四日付〕。武装してグルネル協定の交渉に登場したシラクについては、Jean-Marie Colombani, *Le résident de la république* (Paris: Stock, 1998), 48〔未邦訳、ジャン＝マリ・コロンバーニ『共和国の居留民』一九九八年〕およびPhilippe Alexandre, *L'Elysée en péril* (Paris: Fayard, 1998), 156-67〔未邦訳、フィリップ・アレクサンドル『大統領官邸の危機』一九九八年〕を参照〔五月三〇日のデモは本書第Ⅰ章一一九－一二〇頁でも詳述〕。

ない。「九五年」は、「周縁」のルサンチマンに背中を押された永遠の反中央集権闘争ではない。むしろ、地方の反乱――たとえばルーアンやニースでの――はそれ自体として一定の価値を持っており、実際に新しさを備えていた。それは中心から独立して誕生した政治的ダイナミズムであるとともに、統一的で全国的な性格を獲得しようと試みた運動だったのである。[*85]「九五年」の運動はまた「五月」とは異なるストライキ戦術や実践を導入した。六八年にはスト労働者が職場、すなわち占拠した工場に籠もってしまい、他の労働者や学生たちから孤立する傾向があった。この点で「九五年」の運動の新しさの一つは、部門間のコミュニケーションと調整が新たなレベルで実践されたことだろう。数多くの地方都市で、スト労働者が部門を超えて集まり、毎朝――たとえばルーアンの操車場で――ミーティングを行い、運動の進め方を協議していたのだ。

しかしおそらくここで引き合いに出してしかるべきなのは、「六八年五月」と「九五年」の反乱を比較するにあたって「公認」用語を定めようとしたダニエル・コーン＝ベンディットだ。コーン＝ベンディットは「五月」に関するゆがんだ見方を用い、過去四半世紀にフランスが経験した最大の政治的蜂起へと発展した、この「九五年」の出来事をこき下ろすようにして、これら二つの出来事を巧みに片づけようとした。かつてレイモン・アロンが「五月」批判を繰り広げた日刊紙『フィガロ』に寄稿したコーン＝ベンディットは「現代化を目指した一九六八年の運動」と「保守的な一九九五年の運動」を比較したうえで、後者は「われわれの既得権益を侵すな」[*86]というスローガンに集約できると述べる（ちなみにある記事によれば、コーン＝ベンディットは最近「より人間的に、より非政治的になろう」と呼びかけている）[*87]。「六八年」と「九五年」の二つを比較しながらコーン＝ベンディットは、「六八年」の運動を「世代」として捉える社会生物学的なしるし——速度、若さ、前向きな大胆さ——を総動員して、「九五年」の運動を「五月」の反対物に仕立て上げようとした。つまり、過去にしがみつこうとする、年老いた年金生活者の時代錯誤な試み、あるいは将来への強い不安があるというのである。コーン＝ベンディットによる比較作業はここで二重の任務を果たしている。すなわち「五月」は現代化の運動であるという、コンセンサスを獲得したイメージの強化に努める一方で、世界市場のリズムと歩調を合わせることである。このようにして「九五年」のストライキを時代錯誤の異常な出来事として、すなわち希望の中身も懸念の内容も古くさく、精神的にも時代に乗り遅れ、一国的な枠組みに後退してグローバルな現実を知らない——一言でいえば反動的で保守的なものとして捉えること

＊85 Pascal Nicolas-Le Strat, "Sujets et territoires du mouvement social (Marseille, Nantes, Toulouse et les autres)," *Futur-Antérieur*, nos. 33-34 (1996/1): 113-26〔未邦訳、パスカル・ニコラ＝ル・ストラト「社会運動の主体と領域（マルセイユ、ナント、トゥールーズほか）」『前未来』三三／三四号）〕を参照。同号所収のアラン・ベルトの論文も参照。一九九五年の運動に関する最良の説明は、Daniel Singer, *Whose Millennium? Theirs or Ours?* (New York: Monthly Review Press, 1999)〔未邦訳、ダニエル・シンガー『千年紀は誰のものか？——かれらのものか、われわれのものか』一九九九年〕; Christophe Aguiton and Daniel Bensaïd, *Le retour de la question sociale: Le renouveau des mouvements sociaux en France* (Lausanne: Editions page deux, 1997)〔クリストフ・アギトン、ダニエル・ベンサイド『フランス社会運動の再生』湯川順夫訳、柘植書房新社、二〇〇一年〕を読まれたい。私の記述はこれらの著作を主要な典拠としている。

＊86 ダニエル・コーン＝ベンディットの記述。*Le Figaro*, December 11, 1995.

＊87 ダニエル・コーン＝ベンディットの発言。*Libération*, April 6, 1999.

が可能になるのである。

この主張の難点は、一九八〇年代に作り上げられたコンセンサス型の「五月」観では、「五月」によって、労働運動の復活や大規模な民主的政治参加の勃発がまったく時代遅れなものとされたはずだという事実にあった。つまるところ「五月」とは、少なくともアロンの議論では、見当違いの一九世紀型蜂起の最後の現れであり、歴史劇になることを望んだ学生が起こしたものの心理劇にしかならなかった、陳腐でくだらない形式的反復だった。だが今やそれでも何かが再び起きたのである——アングロ・サクソン的現代にとっての広報機関のような存在が軽蔑と恐怖とともに見てしまう何かが。「数百万人がストに参加し、街頭で闘いを繰り広げている。この二週間の出来事で、フランスは、人々に包囲された政権が反抗的な住民に緊縮策を押しつけようとするバナナ共和国〔政情不安な国家のこと〕さながらになってしまった[*88]」。それは何としてもただちに収拾すべきもの——収拾できない場合には、まもなく終わる二〇世紀のほんとうに最後のあがき、もう後に続くことのない旧態依然としたストライキなのだとせめて説明しておきたい「何か」だった。コーン゠ベンディットの発言は、いまや本人がその一員となっている奉仕型知識人の観点を要約したものである。ジュペ・プランを支持する文書の起草者の多く〔先に挙げたような人々以外にも、「六八年」に関する著作で知られるアラン・トゥレーヌ[*89]やクロード・ルフォールの名前もある〕は、全土に広がった終わりの見えないストライキにひるみ動揺し、当初の立場を正当化しようとしてコーン゠ベンディットの方針に従い、ストライキを「組合協調主義」であるとか、さらには時代遅れで後ろ向きである、などとなじった。これら知識人たちは果敢に現実主義者であろうとし、透徹した視線を持って感情に流されず、経済的必然性の認識者であろうとしたように見える。他方で年老いた労働者たちは、結局のところ現代世界に対して哀れっぽく背を向け、全世界的拡大が誰の目にも明らかなリベラルな世界に参入することへの恐怖を示しているにすぎない。知識人はこうした労働者に立ち向かう。そして労働者とその支持者が抱く反動的で平等主義的な妄想、非合理的な発想を相手に敢然と戦う。そして一九九五年のストライキをノスタルジアの一つとして読み解いてみせる。そうした営みが、フランスのような現代的なコンセンサス型民主国家では階級や闘争は消滅したという現在進行形の物語のなかで生まれている。夜のニュースには、政府の立場を繰り返し、お互いの見解をなぞりあうジャーナリストや専門家、知識人が毎晩登場した。セルジュ・アリミは現代フランスのメディアを扱った著作[*90]で、この時期の典型的なテレビの筋書きを巧みに再現している。「討論」なるものが四人のメディア知識人で行われるが、全員がジュペ・プランを支持しているとか、月給一二万フラン以上を手にするテレビキャスターが、月給八五〇

＊88　*The Economist*, Dec. 9, 1995. 出典は以下。Halimi, *Les nouveaux chiens de garde*, 71.

＊89　訳者──社会学者（一九二五－）。社会科学高等研究院（ＥＨＥＳＳ）研究ディレクター。新しい社会運動論や脱産業社会論などで世界的に著名。六八年五月についての著作に『現代の社会闘争──五月革命の社会学的展望』（寿里茂・西川潤訳、日本評論社、一九七〇年、原著一九六八年）がある。

＊90　訳者──元パリ第八大学准教授でジャーナリストのセルジュ・アリミは、一九九七年の『新たな番犬』（未邦訳）でフランスの有名ジャーナリストや知識人と政財界との親密さを指摘、論争を巻き起こした（二〇一一年に同名のドキュメンタリーが作られる）。その後も新自由主義批判、左右を問わない政権批判を続ける。二〇〇八年三月から左派系月刊紙『ル・モンド・ディプロマティーク』主筆。

〇フラン程度の五〇代の国鉄労働者を問いただし、あなたがたは「既得権を持っている」と非難しているとかいった代物である。[*91]

しかし政府や専門家、御用知識人は、この運動への大衆的な支持が拡大し、盛り上がり、長続きしたことに虚を突かれた。こうした支援は、スト参加者が掲げる個別的ないし局所的な要求が全体の利害に関わると見なされている証拠であり、民間労働者が、公務員の闘争は自分たちのためでもあると考えている証拠である。「われわれはもはやわれわれのためだけに闘っているのではない」。ある国鉄労働者はスト突入一週目にこう述べていた。「われわれのストライキはすべての賃金労働者のためのものだ。まず私は機関士としてストに入った。次に鉄道労働者として、その次は公共部門の労働者として、そしていま私は一人の賃金労働者としてストライキを行っている」。[*92] 別の知識人グループ――ベンサイード、ヴィダル＝ナケ、ブルデューら、最終的には五六〇人が集まった――は政権支持派が出した文書に対抗する宣言に署名した。そこにはこう書かれている。「自らの社会権のために闘うスト参加者は［…］、すべての人々――男性に女性、青年に高齢者、失業者に賃金生活者、公共部門の労働者に民間部門の労働者――の平等権のために闘っている」。[*93] このストライキは政府を交渉の舞台に引きずり出し、多くの政策、なかでも年金受給資格に必要な最低年限の延長と国鉄の事業再編を撤回させた。しかし政府は中心的な争点だった社会保障支出改革に関しては譲らなかった。

＊＊＊

一九九五年冬のストライキは、「六八年五月」によって解き放たれはしたが現実化することのなかった潜在的な力を顕在化させたのではない。一九六八年五 - 六月には、後日実施されうる何らかの政治綱領の宣言も、九五年のストなどポスト「五月」の出来事が必然の鎖に連なる予測可能なエピソードとして生じる経路の提示もなかった。また「六八年」は、成否はともかくその後に反復できるような「手本」を示すこともなかった。だが既成の秩序に亀裂を入れた点で、そうした出来事はいずれも政治的な——国家の外部で、政党の外部で平等を打ち立てる新たな方法を要求する——出来事だった。それらは、いずれも社会的平等をめぐる論争として政治を生じさせた。九五年冬における政治・メディア・知のエリートと「労働者」や「民衆」との分割は、「六八年」の根底にあり、論争の

---

*91 訳者——一九九五年末時点の為替レートで換算すると、それぞれの月給はおよそ二四〇万円と一七万円。

*92 CFDTの活動家の発言。P. Barets, Journal de grève. Notes de terrain, *Actes de la Recherche en Sciences Sociales* 115 (1996): 12.〔未邦訳、P・バレ「ストライキ日誌——現場メモ」『社会科学研究紀要』第一一五号〕

*93 *Le Monde*, December 6, 1995, 30. ストライキ支持の声明の賛同人には、ダニエル・リナール▼1、ジャック・ケルゴアット▼2、ルネ・ムリオー▼3など一九六八年に関する研究で知られる歴史学者や学者も含まれる。〔▼1 ダニエル・リナールは労働社会学者、国立科学研究センター（CNRS）研究ディレクター。著書に『他者のいないところでの労働?』（二〇〇九年、未邦訳）など。▼2 ジャック・ケルゴアットは社会学者（一九三九 - 九九）。一九六〇年代は統一社会党（PSU）の著名な学生活動家。七二年に路線問題で離党、革命的共産主義者同盟（LCR）に参加。九八年にはサン＝シモン財団に対抗して反リベラリズム組織「コペルニクス財団」を立ち上げた。著書に『人民戦線のフランス』（二〇〇六年、未邦訳）。▼3 ルネ・ムリオーは歴史家（一九三六 - ）。フランスの労働運動の現状と歴史について多数著作がある。「六八年五月」に関する編著に『六八年五月——近代のはざま』（一九八八年、未邦訳）〕

的となった分割の存在を新たに可視化したのである。九五年のストライキが打倒しようとしたのは、「知る者」――専門家や、ジュペが戯画的な例といってもよいテクノクラート――と、強いフランや統一通貨ユーロ、企業のバランスシートといったおきまりの単調な専門用語を知ることができない、あるいは理解することができないとされる人々――別の言い方をすれば、リベラルな政治につきものの経済的必然性のなんたるかがわからないばかりか、そもそもそうした理解に至る能力がないという宿命すら理解できないとされる人々――との隔たりだった。こうした試みを通じて「九五年」ストライキは、「五月」が明るみに出した隔たりを再び白日のもとにさらした。そして「六八年」の出来事の表面にへばりついていたコンセンサスを引き裂いたのだった。

新たな状況がフランスに訪れたことを示す兆候もまた現れた。リベラルな秩序に対して生じる新たないらだち、支配的イデオロギーたる――あるいは「イデオロギー」の語がイデオロギー的になりすぎて使えなくなった八〇年代に用いられるようになった言葉だが――「単一思想《パンセ・ユニーク》」を問い直す動きである。一般のレベルでは、目に見える不満の現れとして、自明とされる経済法則を批判する本をフランス人がすすんで買い求め、読むようになったことが挙げられる。事実、その種の著作が九〇年代後半には多数ベストセラーになった。地方では、農民団体「農民連盟」と指導者のジョゼ・ボヴェによるラディカルな活動が、国の内外で大衆からの強い支持を獲得し続けた。年長の知識人のあいだには、過去三〇年の歴史を――すなわち、六八年に始まる自分たちの政治的・知的歴史を――掘り起こす必要が、またある意味でいえば、歴史が被ってきた押収から奪還する必要があるという認識が広まりつつあった。こうして、論争的なかたちで描かれたオルタナティヴな歴史が九〇年代後半には左翼知識人の手でいくつも出版された。ジル・シャトレ[*94]、ピエール・マシュレ、エマニュエル・テレ、ドミニク・ルクール、フラソワーズ・プルーストといった人たちは、それまであまり発言してこなかったか、専門分野で論文を書いていたか、あるいはなんらかのかたちで発言を留保してきた人たちだった。同時に、イザベル・ソミエやミシェル・ザンカリーニ＝フルネル[*95]といった多くの学者が、六〇年代を対象とする専門的な歴史研究に関心を移し始めていた。

こうした動きは一つ一つが独自の時間の流れに沿って生じたものであり、今後もそうあり続けるだろう。だがそれらの動きが全体として重なりあい、現時点では不十分ながらも、次第に実質を伴いつつ、一九八九年にはあれほど喧伝された、自由主義による歴史と思想の終わりという状況に挑んでいることは確かである。そして一つ一つの動きが独自の方法で、過去を、とりわけ「六八年」を総括する必要性を示している。歴史研究は時系列を順にたどることを求めるが、若手歴史学者は、そうした専門分野の要請におそらく従っているのだろう。歴史学には、ヴィシー期の研究を経て、アルジェリ

*94 訳者――数学者（一九四四―一九九九）。元パリ第八大学教授（数学）。数学と物理学を研究する一方、新自由主義とコンセンサス民主主義批判でも知られる。八九―九五年まで国際哲学コレージュのプログラム・ディレクター。著書『豚のように生き、考えること――市場型民主主義体制下での欲望と倦怠の喚起』（一九九九年、未邦訳）など。

*95 訳者――歴史家（一九四七―）。リヨン第一大学教授（現代史）。「六八年五月」の中心的な研究者の一人。女性史に関する研究も多数ある。著書に『六八年という契機――争われる歴史』（二〇〇八年、未邦訳）、共編著に『六八年――集団の歴史（一九六二―八一年）』（二〇〇八年、未邦訳）など。

ア戦争時代に関する多くの新たな研究が行われ、六〇年代フランスの再検討に入ったという流れがある。歴史学の課題設定は、六〇年代に起きたことがついに「歴史になった」という歴史学者なりの捉え方、すなわちある種の専門的客観性を適用できるだけの、現在と当時を隔てる時間的な隔たりが生じたという認識に規定される部分もあるだろう。歴史学者の研究は、一連の出来事を体験したうえで、やはり自分たちが分析を行うと主張している年長の知識人の研究とは、重なる部分もあるにせよ、明らかに別のものである。後者は、三〇年が過ぎ、自分たちの経験が強奪され歪曲されたと見なす七〇－八〇年代の事態を経た後で、自己と他者の過去を奪回しようとしている。またボヴェと農民連合の場合でいえば、連続性あるいは「残された仕事」という一種の途切れない連関によって、組織的活動と「六八年」時代が結びつけられている。というのもその農業政治のスタイルの起源は「六八年」の都市型左翼主義よりも、六〇年代前半のブルターニュでベルナール・ランベールが行った労働者と農民のラディカルな組織化の実践にあるからだ。

一九九五年のストライキ、そしてその後は九九年のシアトルのG8抗議デモ、政治的な出来事性を伴う近年の一連のデモ——当初は何に関わる事柄なのかが漠然としていたが、市場によって構造化された新自由主義的世界秩序に対する大規模《マス》な拒否の出現であることが今では明らかになった動きだ——こうした出来事は六八年を新たな視角から捉える機会となってきたし、いまもそうあり続けている。他の地域でも知的情勢と政治情勢に動きがあったことと相まって、このストライキによって「五月」を捉えるフレームは広がった。また同時に、植民地の主体と労働者という「五月」の忘れられた人物像に対しては、もっとはっきり捉えようと再び注目が集まってもいる。こうした人物像の復活によって、当時の運動が前面に掲げた反資本主義というテーマが視界に入ってくる。そして「六八年五月」時代――アルジェリア戦争終結から七〇年代中旬のリップ社工場ストライキに至る時期の階級闘争もまた人々の視野に入るのである。九五年のフランスでは、「知る者」が必然だと決めつけ、突きつけてきた将来に対し、労働者やその他大勢の人々が大衆的に「否」を唱えた。一つの将来像を拒否するこの動きは、過去にもまた影響を及ぼした。この拒否によって「六八年」の出来事は一つの事実から一つの力へと変容した。「五月」と似るところがほとんどなくても関わりのある出来事にならば自由に移動し、後で引き戻すことのできる力へと変わったのである。「一九九五年」の拒否とは、「五月」が巨大な文化改革であるとか、近代との出会いであるとか、新しい個人主義の誕生であるという物語を打ち砕くものだった。「五月」の終わりには終止符が打たれ、そこには新たな「その後」が与えられた。われわれはその輪郭を目の当たりにしている。そのリズムをたしかに耳にしているのである。

補遺

いまを操ること

過去の問題を扱うことが難しいのは、それがどうなるのか予測できないからだ。フランスのニコラ・サルコジ大統領〔肩書は以下すべて二〇〇八年の執筆当時〕は一連の奇妙な大統領令を発布したところだが、その原因の一つもおそらくここにあるかもしれない。この法令は正確な法的位置づけと実施方法がはっきりしない（想像できないわけではない）とはいえ、まだ遠くなっていない過去の記憶を管理しようとするものだ。フランスの教師は毎年決まった日に、クラスの生徒に対して一通の手紙を読まなければならなくなった。受難した対独レジスタンスの英雄ギー・モケ[*1]が、処刑前日に母親に宛てた感動的な手紙だ。ただしモケが共産主義者だったことがわかるような背景説明は一切なしだ。今年二月にサルコジは、フランスの一〇歳の子どもは一人ひとり、ホロコーストで亡くなった子どもの記憶を「もらい受ける」こと、そしてその子の生涯の公式世話人になることを定めると発表した。この方針（アメリカでは、不首尾に終わったジョージ・ブッシュ〔父〕米大統領の初等教育改革のスローガン「子どもは一人残らず面倒を見よう」〔＝落ちこぼれを作らない〕」をもじり、「死んだ子どもは一人残らず面倒を見よう」という別名もできた）への怒りは、映画監督シャンタル・アケルマンのテキストに最もよく表れている。アケルマンは激しい調子でこう述べる。家族の棺――実際には棺に入れられることすらなかったが――をほじくり返し、遺灰をぶちまけたあげく、子どもにその遺灰の運搬役をさせようというサルコジのやり方に反対する、と。今の子どもに対し、六〇年前に亡くなったユダヤ人の子どもの「手を取る」よう求めることの問題、それはアケルマンにとっては、多くの評論家が懸念するように、郊外に微妙な空気が流れる（弾圧の記憶の抗争あるいは競合が起きるがゆえに）ことでもなければ、精神医療関係者が懸念するように、こうした「もらい受け」が、新しい世話役にトラウマを生み出すことでもない。問題は、メディアを使って記憶を操作し、一種のディズニーランド、あるいは「白雪姫効果」を作り出そうとするサルコジ流のやり方だ。このところフランスで目を覚ますと、ポップな独裁政権で暮らしているような感覚がする――アケルマンはこう結ぶ。[*2]

　歴史を伝えるにあたって厳格なやり方を子どもに押しつける大統領は、二〇〇七年の大統領選に立候補した際、近年の歴史のなかで最も予測不可能な一コマを「清算する」と宣言した。その一コマとは「六八年五月」だ。自らの大統領としての英雄的役割とは、毅然として『六八年五月』に関する歴史のページをめくる」ことであり、この猛獣にとどめを刺すことである。こう言ってみせたのだ。次第に遠のきつつある一つの出来事を標的にするその意気込みは、フランスのマスコミを賑わせている。しかしこの発言は間違いなく、「五月」の政治的記憶をめぐる闘いにあっては、近年最良の出来事だった。サルコジの発言は一つの挑戦であって、過去を飯の種にする一連の儀式――記念化作業《コメモラシオン》のなかで、最も「予測可能」なものにすら、予測不可能な部分を付け加えてしまっているかもしれないからである。

記念化産業の装備は完璧だ。ダニエル・コーン＝ベンディットがどのチャンネルにもいまだに出演し、四〇周年ではおとなしくしていようと思っていたが……などと言いながら、自分とかつての同志の先見の明を褒めそやす。かつて国家と闘いはしたが、敗北は織り込み済みだったと吹聴してまわる。テレビ局といえば、「六八年」に決着をつけるというサルコジの願望を真に受けているらしい。トークショーでは四〇周年がテーマになるものの、中身は要領を得ず、マスコミによくある教訓話に終始する。二〇周年と三〇周年を振り返ればおなじみの光景ではあるのだが、出演者の顔ぶれは予想通り小粒で、発言内容も予想通りだ。テレビの「討論」番組『リポスト〔反撃〕』は最近、「六八／二〇〇八――反乱とは何だったのか」というテーマを取り上げた。[*3] 二手に分かれた出演者の一方は、もとも

＊1　訳者――ギー・モケは一九二七年生まれ。一九四一年一〇月二二日に一七歳で銃殺された。
＊2　Chantal Akerman, *Les Inrockuptibles* 638, February 19, 2008, 16.〔未邦訳、シャンタル・アケルマン『レザンロキュプティブル』二〇〇八年二月一九日号。なおアケルマンはベルギー生まれのユダヤ人で、家族をアウシュヴィッツで殺害された経験を持つ〕
＊3　“68/2008: quelles révoltes ?” *Riposte*s, TV show, March 2, 2008, France 3.

と「五月」に敵対したアラン・マドランと、〔新哲学派の一人〕アラン・フィンケルクロート〔こちらは現在、当時の運動を若者の「ガス抜き」と考えている〕で、もう一方は転向した元活動家のダニエル・コーン＝ベンディットとアンリ・ヴェベールだ。しかしこうした「何周年記念」型の比喩が予想通り繰り返される一方で、記念化の作業によって一つの空間が形をなしつつあるともいえるだろう。「五月」とその政治的目標を「取り戻す」ための、より緊密な共同作業が行われる空間である。現在運営中のウェブサイトwww.mai-68.orgには、こうした取り組みに属するシンポジウムや出版物、イベントが掲載されている。アメリカのあらゆる大学には、またヨーロッパ中の町や都市——ナポリ、アテネ、リスボン、リーズ、セビーリャ——には「六八年」関連イベントを行わずにはおれない雰囲気がある。インターナショナルな視野を持つ企画の一方で、フランスの「五月」に的を絞ったイベントも多い。『ヌーヴェル・オプセルヴァトゥール』によれば、今後数ヶ月で「六八年」関連本が八五冊出版される予定だ。大半は装丁を新しくしただけで、当時のグラフィティやスローガンを焼き直しただけのものだろう。しかしたとえば、グザヴィエ・ヴィニャの『「六八年」時代の反抗する労働者——工場政治史試論』[*5]を読めば、研究が新たな段階に達していることがわかる。「五月」直前の時代にフランス全土の工場で広がった運動の経験、不服従、そして平等に関する実践と思想の地平の総体を明らかにする試みが始まっているのだ——こうした思想も実践も、「五月」の元活動家の多くが受容するリベラル／リベルテール〔自由至上主義〕のパラダイムには統合不可能である。もちろんヴィニャの著作のような研究が重要なのは、労働運動に焦点が当たるきっかけとなるからだけではない。この出来事の地理と時系列とを見直すことは、悔い改めた調子で記憶化の作業を支配し続けるカルチェ・ラタンの代弁者たちから、語りの主導権を事実上奪い返すことでもあるからだ。

アメリカナイズされるフランスの「五月」

サルコジは「五月」の記憶の痕跡をきれいさっぱり消し去ろうとする。ただしその戦略には、いつもと多少違ったところがあって、私が「フランスの『五月』の記憶のアメリカナイゼーション」の進展として考えていることを裏づけてもいる。記憶の管理人を自称するフランス人のあいだには、当時の運動の政治的側面を美的あるいは詩的なものへと変換する傾向が存在していた。「五月」の政治的記憶への一斉攻撃は、二〇周年を迎えた一九八八年にピークに達した。当時にあって、たとえば「六八年」にある意味で「関わる」書籍（二冊だけ挙げるならルノー&フェリー『68年の思想』と、リポヴェツキー『空虚の時代』）に証拠として引用される唯一の文字資料、それはグラフィティだった。グラフィティこそが「六八年」の「精神」なるものを純粋なかたちで凝縮する。そしてその一方で、ナンテール校（パリ第一〇大学）の現代国際資料文書館（BDIC）にある、あらゆる運動体のビラを収めた多数の保存箱も、活動家の証言も、警察によるあからさまな暴力も、すべてが視界から一掃された

＊4　訳者——シラク政権で閣僚を務めた保守政治家。一九六〇年代は有力な極右学生活動家として反共武装闘争を行っていた。

＊5　Xavier Vigna, *L'insubordination ouvrière dans les années 1968. Essai d'histoire politique des usines* (Rennes: Presses universitaires de Rennes, 2007).

かのようだった。自由な自己表現の拡大を祝うといい、グラフィティだけを強調するようなやり方は、たとえばフランス近代史上最大の労働者ストライキに認められるだろう意義の全面否定、あるいは格下げを意図していたことはいうまでもない。

一九八八年五月は、翌年に控えたフランス革命二〇〇周年記念の予行演習という面があっただけでない。新哲学派と元左翼主義者による一〇年越しの努力が実った時期でもあったのだ。かれらは「思想の首領たち」であるスターリンや毛沢東に資するのだとして、かつて抱いた妄想や幻想について謝罪しようとしていた――かれらはこの幻想をきっかけに、全面的な社会変革を求める闘争に加わったが、活動している時点ですでに、闘いはどう転んでも強制収容所《グラーグ》に行き着くしかないと考えていたと口にする。

一九八八年、「五月」の記憶をめぐる歴史は最悪の状態にあった。当時「六八年」時代の政治的ムードを形作る、実に多くの側面（九〇〇万人が参加したゼネラルストライキ、一九六〇年代前半のフランスでの工場労働者の反乱、ベトナム、第三世界主義、警察の襲撃、アルジェリア戦争の終結後の状況など）が視界から消えていた。後に残ったものといえば、自由な自己表現の織りなす愉快で詩的な祝祭や、イギリスやアメリカ――当時はフランスよりも運動の継承性が弱かった国――の影響がずっと色濃い、カウンターカルチャーじみた光景だけだった（しかもこうした国々のほうが、カウンターカルチャーははるかに豊かだった！）。

だがいまや、こうした快楽主義的個人主義と無制限な欲望（「五月」には「制限なく享楽せよ」というスローガンがあった）の祝祭は攻撃を受け、モラルの低下や労働意欲の減退、フランスの全般的な衰退の苗床だったと非難されている。そしてサルコジは、それを一掃するのが自分の仕事だと宣言する。セルジュ・アリミは『ル・モンド・ディプロマティーク』の記事で、サルコジを見事な戦術家と評した。サルコジは入念な研究を通して、アメリカから、とりわけニクソンやレーガンといった大統領たちから、ある戦略を拝借した。「六八年」を、道徳的退廃や国家の衰退といった主題と結びつけ、有権者の関心を道徳的価値観に引き寄せておき、経済的不平等から目を逸らせようとしているのだ。これによって人々のあいだには、サルコジが選挙後に導入予定のハードな政策や、経済的な「ショック療法」を受け入れるムードができるかもしれない。[*6] 実に当を得た指摘ではないだろうか。だが要因は他にも存在する。かつてなら、私が「祝祭的」や「カウンターカルチャー的」と呼んだ「六八年」の側面は、運動における最も商品化された側面と見なされていた。資本の作用に最も深く関わり、ゆえに最も抵抗力が少ない部分とされてきたのだ。だが今ではどうだろう。似たような快楽重視の消費主義、ナルシスティックな主体性、あるいは個人主義的欲望が、共和主義的左翼[*7]の多くにとっては、マイノリティ——スカーフをして学校に通う少女、ゲイの権利要求運動、団結する移民など——が醸し出す恐怖と混ざり合っている。この新しい布置のもとでは、今挙げたようなマイノリティという人物像は、ボードリヤールやドゥボールなど、商品による狂乱状態を描いた物書きの文献に住まう、欺か

＊6 Serge Halimi, "Les recettes idéologiques du président Sarkozy," *Le monde diplomatique* 639 (June 2007): 1, 8-9.〔セルジュ・アリミ「サルコジの狡知」阿部幸・斎藤かぐみ訳、『ル・モンド・ディプロマティーク日本語・電子版』二〇〇七年六月号、http://www.diplo.jp/articles07/0706.html（二〇一四年一〇月一〇日閲覧）〕

れた買い物客と見分けがつかない。これらすべてが反乱の一九六〇年代に出現した民主主義の病が呈する症状なのだ——いまや民主主義は、共和国の存続、家族、そして歴史の正しい伝達のために制限されなければならない。

イスラエルというフィルター

サルコジ政権の閣僚や取り巻きの一部、そしてフランスの政治的反動の知的前衛の大部分——ジャック・ランシエールによれば、新しい「民主主義への憎悪」の責任者たち[*8]——が、元「六八年世代」であること自体はそう驚くことでもない。クシュネル、グリュックスマン、ブリュックネール、レヴィ、ミルネール——こうした人々が一九八〇年代にどのような道を歩んだかについては、筆者をはじめ多くの人々の手によって、実に多くの記録が残されている。だがこの数年で、まずもってユダヤ系であり、またメディアでの影響力がきわめて強いこうした人々の一部によって、反米主義《アンチ・アメリカニズム》、反帝国主義ならびに反シオニズムは、すなわち反ユダヤ主義であるとの主張が広められるまでに至っている。この事実は現代フランスの政治的・知的空気の重苦しさを感じさせる。ラルース大辞典によれば「反米主義」は一九六八年、米軍によるベトナムでのナパーム弾攻撃のさなかに、初めてフランス語として用いられた。しかし現在、反米主義とは、ベルナール＝アンリ・レヴィにいわせれば「反ユダヤ主義の隠喩」である。他方でアラン・フィンケルクロートは、アメリカにアウシュヴィッツの反転したイメージを見てとり、自由の女神をその記憶を体現する存在と見なすのだ[*9]。

「六八年五月」を、イスラエルというフィルターを経由して迂回させることは、一九六〇年代の反乱の「その後」に新たな一章を加えることだ――おそらくフランスの外にいる人間のほうが、分析役には適任だろう。ダニエル・ベンサイードの近著『新たなる神学者――B＝H・レヴィ』[*10]は、「中道左派」型コンセンサスなるものに結実した厚かましい歴史の転倒と対決し、分析に取りかかる素晴らしい第一歩となった。このコンセンサスの最も狡猾なヴァージョンでは、ラディカル左翼がユダヤ人への脅威を体現する者として描かれる。しかし、ベンサイードが論じる今日的な転換を、一九七六年頃からの大規模な「テルミドール的反動」[*11]に遡って考えるならば、「六八年五月」の物象化は避けられよう。七六年当時も、現在と変わらない面々の少なくない部分が、「五月」の終わりの政治的失望感から距離をとった。自分の経験を「精神的《スピリチュアル》」をキーワードにして大幅に書き換えたのだ。以後こうし

＊7　訳者――こうした文脈でいう「共和主義」とは、共和国の基本理念のうち、特に個人の擁護と世俗性原理《ライシテ》を強調する政治的立場。ここで例示されるように、人種や宗教やセクシュアリティなど、なんらかのカテゴリーに基づいて集団を形成し、積極的に自己主張することを、共和国の一体不可分性を毀損する「コミュノタリスム」（英語でいう共同体主義《コミュニタリズム》とはニュアンスが大きく異なる）として批判する。この立場は左翼と右翼の両方に存在する。

＊8　訳者――ジャック・ランシエール『民主主義への憎悪』松葉祥一訳、インスクリプト、二〇〇八年。

＊9　Bernard-Henri Lévy, *Ce grand cadavre à la renverse* (Paris: Grasset, 2007), 265〔未邦訳、ベルナール＝アンリ・レヴィ『あおむけになった巨大な死骸』二〇〇七年〕アラン・フィンケルクロートの発言は次からの引用。Daniel Bensaïd, *Un Nouveau théologien. Bernard-Henri Lévy* (Paris: Lignes, 2007), 55.〔未邦訳、ダニエル・ベンサイード『新神学者――ベルナール＝アンリ・レヴィ』二〇〇七年〕

＊10　Daniel Bensaïd, *Un nouveau théologien. Bernard-Henri Lévy* (Paris: Lignes, 2007).

た面々は、現在の監督役兼管理人を自認し、守るべき規範と禁止事項を言い渡す。「これはあなたが考えるべきことだ」とか「これはあなたが考えてはならないことだ」とか「これはありうる、いやありえない。これは古い、いや新しい。これは現実と関係がある、いや関係ない」といった具合に。

まさにこのようにひっくり返った後ろ暗い現在のなかで、偽りの記憶の沼地のなかで、ラディカルな左翼は少しずつ復活している。ただし、その過程を織りなすさまざまな社会運動は、自ら歩むべき道を切り開くことが求められている。一九九五年冬のストライキとデモ、二〇〇二年四月の大統領選挙でのトロツキスト政党候補二人の大量得票、オルタ・グローバリゼーション運動、二〇〇七年の年金改革と二〇〇六年のCPE（初期雇用契約）導入に対する反対運動、二〇〇五年の欧州憲法条約の国民投票での否決、昨冬（二〇〇七年）の労働者と学生の運動——過去一五年間に起きたこうした出来事や運動は、六〇年代の反乱が火をつけた未完のプロセスと、何らかのかたちで関わっている。またそれだけでなく、ある意味では信じがたいまでに根強い「六八年」をめぐる問いに対して、まったく異なるかたちの証言を提示してもいる。「六八年」という巨大な出来事は、社会秩序と権威一般の偶然性をあらわにした。そこに基礎などないこと、中心は混沌としていることを暴露したのだ。まさにこうした過剰があるからこそ、「六八年五月」は、計画も予想も依然として不可能な、力強い歴史的比喩として機能し続ける。そしてエリートのあいだにパニックを引き起こすとともに、「五月」以降に現れたさまざまな政治潮流、政治的軌跡、そして運動の転換を理解し、定義し直す方法を提起する。なぜなら出来事は、その過剰さによってこそ、年表という制約を超えて生き続けるのであり、「六八年五月」のような出来事のみならず、現状維持に抗するあらゆる問いかけに対して、そうしたたものの存在の余地を認めまいとする、歴史や政治的アジェンダを揺るがしてしまうからなのだ。

Kristin Ross, "Managing the Present," *Radical Philosophy* 149 (May–June, 2008): 2–4.

＊11　訳者――新哲学派をはじめとした人々が全体主義批判とともに台頭し、言説空間をリベラル化したこと。本書、とくに第Ⅲ章を参照。もとは、フランス革命時に起きた、ジャコバン派独裁に対するクーデターのことで、この結果ロベスピエールなどが失脚、処刑されるか自殺した。

訳者あとがき

反乱の想起

敢えて専従者をおかずに、各人ができる範囲で分担することを選んだ。それがいくらかでも、自分たちの築こうとする人間関係や、目指す文化に近づく道だと考えたからだ。この選択は運動の性格を決めるうえで、きわめて重要なものだったと思う。

フランス文学者の鈴木道彦は、二〇〇七年に刊行した回想録『越境の時』で、一九七〇年前後の金嬉老裁判の支援運動での経験をこう振り返っている。サルトル、ファノン、プルーストの翻訳で知られるが、行動する知識人でもあった鈴木氏は、各人が「できる範囲で分担する」という自覚的な方法論上の選択が、自分たちが目指す人間関係や文化のあり方と不可分であり、それが運動の性格を規定すると記す。社会の何かを変えることを目指す運動とは、そこにかかわる人々どうしの関係と同時に一人ひとりのあり方をもまた変えること、そして同時にあらたな文化の創出を目指すことでもある。社会運動には実存的――当時ならおそらくそう表現されただろう――側面があることを、またそうした運動の持続が、たいていの場合きわめて難しいことをも思い起こさせる表現だ。平等な社会、理念としての平等の実現を目指すためには、自覚的な方法論として平等が選択されなければならない。しかしそれはどのようにして可能なのか。それはかつての運動ではどのように目指されていたのだろうか。

本書『六八年五月のその後——反乱の記憶・表象・現在』は、フランスの「六八年五月」の根幹にあったのが、そうした「平等」の主題であると論じる。この国では一九五〇年代半ば以降、スターリン批判、ソ連のハンガリー侵攻、そして植民地独立問題（主には第一次インドシナ戦争、アルジェリア戦争）といった一連の事態を通して、共産党中央は保守的で愛国主義的な態度をあらわにした。そうした党の方針に見切りをつけた人々が、急進的な立場を理論的・実践的に追求し始める。「左翼主義 gauchisme」とは、こうして登場した議会外左翼勢力の総称である。伝統的には、独自路線を歩むトロツキストを指して「左翼反対派」の意味で用いられた言葉が、それ以外の毛沢東主義者（毛派）[*1]、アナキストなどさまざまな潮流を指すものとして用いられるようになったのだ。日本において、共産党六全協（一九五五年）と六〇年安保闘争を大きな契機として登場した政治勢力が「新左翼」と呼ばれるようになるのと同時代的な現象といってよい。[*2]

＊1　一九六〇－七〇年代当時のフランスで「毛沢東主義者」は大きく分けて二つに分かれる。一つはもともと共産党の古参党員・幹部で第三世界主義的傾向を持った反ソ連派の人々、もう一つは共産党の学生青年組織である共産主義学生連合（ＵＥＣ）の除名・脱退組と、高等師範学校（ＥＮＳ）のアルチュセール派（ユルム・サークル）など第一のグループより若い人々（当時二〇－三〇代）である。代表的な組織でいえば、前者はフランス・マルクス－レーニン主義共産党（ＰＣＭＬＦ）、後者は青年共産主義者連合マルクス－レーニン主義派（ＵＪＣ－ｍｌ）とプロレタリア左派（ＧＰ）である。次を参照。*« Prochinois » et « maoïstes » en France (et dans les espaces francophones)*, *Dissidences* 8 (Lormont: Le Bord de l'Eau, 2010), p. 10.

それではフランスの左翼主義運動はどのような展開を遂げたのだろうか。著者のクリスティン・ロス氏はこの問いに答えるため、一九六八年五－六月の出来事を軸に据え、五〇年代後半のアルジェリア戦争時代から「六八年五月」が二〇周年を迎える八八年までの時期を、社会運動と思想の関係の変遷という角度から考察する。そして、インタビューを一切行わず、公開された文書や資料、映像だけを用いるという独自のアプローチで、「六八年五月」の記憶をめぐる元活動家の有名人やメディアの表象戦略と、かれらが作る公式《オフィシャル》な歴史のいびつさを巧みに描き出す。だがそれだけではない。そうした隠蔽や書き換えの動きに注目し、「六八年五月」の何がそれほど敵視されるのかに迫ろうとし、探偵さながら「謎解き」に挑む。本書の大きな特色はこの作業にあるだろう。

たしかに本書には学術的な「分類」が難しい面がある。本を書けばそれぞれ一冊になるだろう（実際になっている）多くの主題が、これでもかと盛り込まれているからだ。たとえば、反植民地主義と第三世界主義（アルジェリア、ベトナム、中国）が左翼主義運動に占めた位置、植民地本国人と植民地の人々とのあいだの暴力の非対称性、戦後フランス社会における国家と極右の暴力、労働運動と学生運動の協働の成功と失敗、六八年五月における労働運動と映画制作、「五月」の日々の活動における平等の実践、民衆と歴史をどう描くかという問いを、雑誌づくりを通して探究した左翼研究者の活動、メディアと有名知識人がつくりだす「六八年五月」論、またそれとは似ても似つかない運動参加者の語りと人生――こうした「六八年五月」にまつわるさまざまなテーマについて、本書はその表象、記憶あるいは忘却のありようをたどっている。

とはいっても「六八年五月」にまつわる主題の網羅的なリストが作成されるわけではない。むしろ、そのようなかたちで出来事の外延を定めようとはしないからこそ、著者は表題でもある「六八年五月」という表現を使って一つの時代を捉えようとするのだ。言い換えれば、著者の目的は「六八年五月」についての「決算報告」を出すことではなく、この時代を過ごした個人と集団の思想と実践を、今に通じるものとして問い直すところにある。したがって本書の大半は、運動の出来事性——参加者が共有する、何かが「起きた」という経験の社会的・思想的な意味——を探究することに費やされている。たとえば本書は、一九六八年五‐六月の状況を詳しく追う代わりに、占拠した学内で労働者や学生、市民がどうビラやポスターを作っていたかを取り上げる。雑多な人々が慌ただしく行き交うさまは、日常的な社会的分業体制——一人ひとりに役割を割り当て、その忠実な実行者になることを求める体制。著者が「社会学」と呼ぶものもその一つ——を打破する経験として興味深い。

しかしロス氏はそうした「事実」を描くことから一歩踏み込む。活気あふれる運動現場のシーンと並べるようにして、約二〇年後、ある活動家が当時使っていた道具を偶然見つける回想録のシーンや、有名ジャーナリストになった元男性有名活動家の恋人女性が精神を病む過程を描いた探偵小説のシーンを引用する。これらもまた「六八年五月」の「その後」である、そう考えてのことだ。著者は複数の箇所で、学問ジャンルを横断するようにして、記録と体験、あるいはフィクションとノンフィクションをさまざまに重ね合わせ、離れた時間どうしを意図的に短絡させるし、そうした実践を紹介もする。そうすることで「六八年五月」が参加者の生を変えてしまった「何か」であり続けるだけでなく、かれらに息づく記憶や感覚が、ステレオタイプな語りとも、華麗に転身した元有名活動家の「世代論」とも別種の複雑さを備えていることを浮き彫りにするのである。「六八年五月」は、しばしば政治から倫理への転回として語られる。集団性への関心は薄らぎ、消費主義的な

＊2　なお、フランスでいう「新左翼（nouvelle gauche）」は、共産党外の左翼勢力という意味では日本と同じだが、七〇年前後は統一社会党などの構造改革派を主に指した。また七〇年代後半には、社会党とフランス民主主義労働同盟（ＣＦＤＴ）の一部が「第二左翼（deuxième gauche）」を旗印にするが、これは脱マルクス主義（いわゆる「全体主義批判」）と自主管理社会主義を掲げた左翼現代化路線の呼び名である。

個の精神《スピリチュアル》的な変革が持てはやされる一方、革命運動や労働運動はアイデンティティの政治やエコロジーといったシングルイシュー型の新しい社会運動に取って代わられる、そんな物語だ。だがそうした「倫理的転回」の語りに対抗するように、理念としての平等は運動というかたちをとってときおり噴出する。人々を「しかるべき場所」へと押し込める社会的・道徳的秩序は切断され、束の間ではあれ人々のあいだに平等の経験がもたらされる。それが本書のいう「平等」の力だろう。しかし組織化と協働の作業を欠いた社会運動はありえない。その意味で本書は、自然発生性と政治の技術の緊張関係――人はどのようにして活動家になるのか――という古典的な主題を改めて提起する。別の言い方をすれば、運動体や組織を、そして社会を「平等」に構成しようとするのなら、誰が誰を黙らせ、無視できるのかに絶えず敏感でなければならない。それが「黙って従え」という体制に否を唱えるならなおのことだ。

本書の議論を敷衍していえば、フランスで一九七〇年代半ばに登場した新哲学派は、反全体主義や収容所《グラーグ》を合言葉とすることで、社会運動にとって本質的なそうした緊張関係をほどいたということができるだろう。「六八年五月」の国際主義的な性格を否定し、第三世界主義を咎めたてるパフォーマンスは、植民地主義と暴力という問いを解消すると同時に、植民地の人々を独立や民主化を目指して戦う主体から、天災や戦乱にさいなまれる無力な犠牲者へと描き直す。反共主義と軍事介入を組み合わせた新哲学派のマッチョな「人道」主義がスキャンダラスなのは、国民主義的で自由主義的な語りのなかに、歴史も現在も押し込めつつ、自分たちの居場所をそのなかにしっかり確保するからだ。こうした回収の動きのなかに、そしてそれにあらがう知識人の動きのなかに、いわゆるフランス現代思想の思想家たちの名前を認めることができるだろう。

本書は第Ⅳ章の後半で、一九九五年冬の大規模ストライキと知識人の反応を取り上げ、そこに「六八年五月」の新たなその後《アフターライフ》を見てとると同時に、二〇〇〇年前後のオルタ・グローバリゼーション運動との共振を示唆して幕を閉じる。現在、日本や世界で起きているさまざまな動きは「政治から倫理」という軸を「政治」に引き寄せるものなのか、それとも「倫理」の枠内で政治を行うものなのか、それともその対立構図を変える別の何かを生み出すのか。私たちの生きる「その後」は、どのようなかたちで未来の「その前」になるのか。それを考えるためにも、未来に向けて過去の反乱をいまここで想起する作業は欠かせない。本書はその一助となってくれる。

＊
＊＊

本書は、Kristin Ross, *May '68 and Its Afterlives* (Chicago: Chicago University Press, 2002) の全文に、二〇〇八年に『ラディカル・フィロゾフィー』誌に掲載された Kristin Ross, "Managing the Present," *Radical Philosophy* 149 (May-June, 2008): 2-4. を「補遺」として、あわせて訳出したものである。本書は近年の「六八年五月」論では基本文献の一つとされ、フランス語とスペイン語にも翻訳されている。フランス語の引用については、フランス語版 *Mai 68 et ses vies ultérieures* (Paris: Éditions Complexe, 2005) を参照し、原著刊行後に再刊等されたものは、直接確認できた範囲で書誌を更新した。なお事実関係について著者に確認し、指示に合わせて記述を改めた箇所がある。

「六八年五月」については、本書「補遺」も指摘するように、四〇周年である二〇〇八年頃から研究が大幅に増加した。学生運動や労働運動のほか、ジェンダーやセクシュアリティ、移民など個別課題の研究も盛んだ。当時の代表的な闘争であり、本文にも登場するリップ社争議やラルザック闘争を扱った記録映画や書籍も発表された。しかし網羅的なリストを示すのは紙幅の都合上不可能なので、指標となる数点を挙げるに留めたい。

近年の研究の傾向や主題については、いずれも未邦訳だが、二〇〇八年の国際カンファレンスの記録である Julian Jackson et al (ed.), *May 68: Rethinking France's Last Revolution* (Basingstoke: Palgrave Macmillan, 2011)〔ジュリアン・ジャクソンほか編『六八年五月——フランス最後の革命を再考する』二〇一一年〕所収の論考や、Philippe Artières and Michelle Zancarini-Fournel (dir.), *68. Une histoire collective 1962-1981*(Paris: La Découverte, 2008)〔フィリップ・アル

チエール、ミシェル・ザンカリーニ＝フルネル監修『六八年——集団の歴史　一九六二－八一年』二〇〇八年）の事典ふう項目で知ることができる。また邦訳書には、リチャード・ウォーリン『1968　パリに吹いた「東風」——フランス知識人と文化大革命』（福岡愛子訳、岩波書店、二〇一四年、原著二〇一〇年）がある。

日本語では、冒頭で引用した鈴木道彦『越境の時——一九六〇年代と在日』（集英社新書、二〇〇七年）が、当時の反植民地主義運動と知識人の政治参加のあり方を、日仏での実体験を元に真摯に記している。また六八年当時に留学生として「五月」を経験した西川長夫は『パリ五月革命私論——転換点としての68年』（平凡社新書、二〇一一年）で、その日々を写真や資料とともに刻銘に振り返り、当時の問いのその後の展開をたどる。同書の内容と、末尾の年表と文献表は、六八年五月当時を伝える書籍が手に入りにくい現在では貴重な存在である（訳出の過程で、日本で当時出版された関連書籍に目を通す機会があり、関係者の熱意や出版の速さはもちろん、その内容にも強い印象を受けた。サルトルの『シチュアシオンⅧ』すら品切れであることが悔やまれる）。

他方、第Ⅰ章で論じられたアルジェリア独立戦争の時代についての研究も進んでいる。日本語で手軽に読めるのは、ギー・ペルヴィエ『アルジェリア戦争——フランスの植民地支配と民族の解放』（渡邊祥子訳、白水社、文庫クセジュ、二〇一二年、原著二〇一二年）だ。同書は現代フランスにおけるアルジェリア戦争の位置づけと論争を簡潔に示した解説部分も含めて有益である。第Ⅱ－Ⅲ章で論じられる毛派の理論的実践や雑誌『論理的反乱』、および新哲学派現象を立体的に捉えるには、当事者であるジャック・ランシエールの著書『アルチュセールの教え』（市田良彦ほか訳、航思社、二〇一三年、原著新版二〇一一年）と、彼へのロング・インタビュー『平等の方法』（市田良彦ほか訳、航思社、二〇一四年、原著二〇一二年）が格好のガイドとなる。第Ⅳ章で論じられた「知識人のリベラル化」については、ランシエール『平等の方法』第Ⅳ章のほか、石崎晴己・立花英裕編『21世紀の知識人——フランス、東アジア、そして世界』（藤原書店、二〇〇九年）の第一部に収録されたセルジュ・アリミやジャック・ジュイヤールらの議論を通して、近年の様子を知ることができる。

著者のクリスティン・ロス氏はニューヨーク大学比較文学部教授で、専門は近代フランスの文化と思想。一九八一年にイェール大学で博士号を取得した後、八八年にはアルチュール・ランボーの詩を軸としながら、パリ・コミューン前後の時代の反体制文化を論じた著書 *The Emergence of Social Space : Rimbaud and the Paris Commune* (Minneapolis: University of Minnesota Press, 1988)〔『社会空間の出現――ランボーとパリ・コミューン』一九八八年〕を、テリー・イーグルトンの序文付きで刊行（二〇〇八年に英国ヴァーソ社から再刊）。次作 *Fast Cars, Clean Bodies: Decolonization and the Reordering of French Culture* (Cambridge, Mass.: MIT Press, 1995)〔『速い車、清潔な身体――脱植民地化とフランス社会の再秩序化』一九九五年〕では、本書の前史にあたる五〇－六〇年代のフランス社会の近代化とアメリカ化を、大衆文化と日常生活の表象分析を通して論じた。そして現在、パリ・コミューンの政治的想像力を主題とする四冊目の著書 *Communal Luxury: The Political Imaginary of the Paris Commune* を準備中だ。編著には *Anti-Americanism* (New York: New York University Press, 2004)〔『反米主義』二〇〇四年〕が、訳書にはジャック・ランシエール『無知な教師』がある。

日本語で読めるロス氏のテキストとしては、『無知な教師』英語版の訳者序文（「教師とは誰か――無知な教師」松葉祥一・山尾智美訳、『現代思想』第三二巻四号、二〇〇四年、一八五－一九七頁）と、「民主主義、売り出し中」（太田悠介訳、『民主主義は、いま？――不可能な問いへの八つの思想的介入』以文社、二〇一一年、一五一－一八〇頁）がある。本書の第Ⅳ章の既訳（「同意は何を消去したか？――六八年五月を今、考えるために」内野儀訳、『悍』第一号、二〇〇八年、一五〇－二〇二頁）については、訳出にあたり参考にさせていただいた。

本書は諸般の事情により、訳稿の完成から刊行までだいぶ間が開いてしまった。こうして刊行できるのは、神戸大学の市田良彦氏と航思社の大村智氏にご尽力いただいたからにほかならない。また著者のクリスティン・ロス氏には訳者の問い合わせに快く応じていただいた。お三方に深く感謝する。

最後になるが、故・西川長夫氏と西川祐子氏が当時収集した六八年五月関連の一次資料と蔵書が京都大学人文科学研究所に寄託されている。次のウェブページには、ビラやパンフレットといった一次資料のほか、両氏が撮影した写真を掲載している。是非アクセスしていただきたい。

http://www.zinbun.kyoto-u.ac.jp/~archives-mai68/

二〇一四年一〇月

箱田　徹

本書の訳出にかかわる作業は、文部科学省科学研究費若手研究（B）課題番号22720033の成果の一部である。

略語一覧

略語表は原著掲載分をベースにし、訳者が適宜情報を補った。

主な参考文献は以下の通り。

Artières, Philippe, and Michelle Zancarini-Fournel (dir.) *68. Une histoire collective 1962-1981*. Paris: La Découverte, 2008.

Bourseiller, Christophe. *Les maoïstes. La folle histoire des gardes rouges français*. Paris: Points, 2008.

Chapier, Frédéric. *Histoire de l'extrême gauche trotskiste. De 1929 à nos jours*. Paris: Éditions 1, 2002.

Hamon, Hervé, and Patrick Rotman. *Génération. Vol. 1, Les années de rêve*. Paris: Seuil, 1987.

———. *Génération. Vol. 2, Les années de poudre*. Paris: Seuil, 1988.

Zancarini-Fournel, Michelle. *Le moment 68. Une histoire contestée*. Paris: Seuil, 2008.

CA（Comité d'action）**行動委員会**
「五月」情勢下で結成された運動体。地区、大学のキャンパス、工場などを単位に結成された。

CAL（Comité d'action lycéen）**高校生行動委員会**
CVBやCVNに参加する高校生が一九六七年末以降に結成。当初の主なメンバーはベトナム戦争に対する共産党の態度を不満とし、同党の青年組織、共産主義青年団（JC）と袂を分かった活動家。機関誌は『バリケード』『コミューン』など。メンバーは自分の通う高校の呼び名をたびたび変えた。たとえばリセ・ティエールをまず「元リセ・ティエール」と呼び、次に「リセ・ドゥ・ラ・コミューン・ド・パリ」と呼んだ。

CDR（Comité pour la défense de la république）**共和国防衛委員会**
政治家のシャルル・パスクワ（後に内相）が結成したドゴール派組織。

CFDT（Confédération française démocratique du travail）**フランス民主主義労働同盟**
フランス第二のナショナル・センター。一九六四年にフランス・キリスト教労働者同盟（CFTC）から改称。六〇年代後半－七〇年代前半には、CGTよりも急進的な立場をとった。自主管理路線を放棄した後は、「第二左翼」勢力の中核となり、議会主義・改良主義的立場をとる。

CGT（Confédération générale du travail）**フランス労働総同盟**
フランス最大のナショナル・センター。共産党と密接な関係にある。

CRS（Compagnies républicaines de sécurité）**共和国保安機動隊**
内務省に直属するフランス国家警察の暴動対策部隊。デモや暴動鎮圧など治安対策に登場し、暴力的な態度を取ることで有名。

CVB（Comité Viêtnam de base）**ベトナム底辺委員会**
米国の軍事侵攻への反対、ベトナムによる人民戦争への支持を掲げ、一九六六年末以降に多数結成された。

ＣＶＢと対照的に、ＵＪＣ－ｍｌ、ＰＣＭＬＦなど毛沢東主義系組織の影響力が強かった。「五月」後に消滅。

ＣＶＮ（**Comité Viêtnam national**）**ベトナム全国委員会**

一九六六年一一月にベトナム反戦を掲げる運動体や組織が参加して結成。執行部の中心はトロツキスト。毛派組織は距離を置いた。共産党より左の方針をとり、六七年から六八年にかけて大規模反米デモを組織する。「五月」後に消滅。

ＦＥＲ（**Fédération des étudiants révolutionnaires**）**革命的学生連盟**

トロツキスト系（いわゆるランベール派）学生組織。一九六八年六月一二日の大統領令で解散対象になった組織の一つ。

ＦＨＡＲ（**Front homosexuel d'action révolutionnaire**）**革命行動のための同性愛者戦線**

ＭＬＦの支援で一九七一年に結成された非公然組織。七六年頃に解散。日本語関連文献として『三〇億の倒錯者　ルシェルシュ十二号より』（インパクト出版会）がある。代表的人物にギー・オッカンガム、フランソワーズ・ドボンヌ。

ＦＬＮ（**Front de libération nationale algérien**）**アルジェリア民族解放戦線**

一九五四年にアルジェリア独立を掲げて結党。独立達成以後、政権の座を維持する。

ＦＮＬ（**Front national pour la libération du Sud Viêtnam**）**南ベトナム解放民族戦線**

一九六〇年に結成された、南ベトナム政権の打倒を目指す統一戦線組織。

ＦＯ（**Force ouvrière**）**労働者の力**

フランス第三のナショナル・センター。正式名称は「フランス労働総同盟・労働者の力」（ＣＧＴ－ＦＯ）。

ＦＵＡ（**Front universitaire antifasciste**）**反ファシスト大学戦線**

一九六一年に結成されたＵＥＣのトロツキスト系フラクション。極右との市街戦で有名。代表的人物にアラン・クリヴィーヌ、ピエール・ゴルドマン。

GP（Gauche prolétarienne）**プロレタリア左派**

一九六八年秋に結成された毛派組織。毛派のＵＪＣ－ｍｌとアナキスト系の「三月二二日運動」の活動家などを母体として結成。代表的な人物にロベール・リナール、ベニー・レヴィ（＝ピエール・ヴィクトール）、セルジュ・ジュリー、アラン・ジェスマールがいる。輩出したその後の著名人の数ではフランスにおける最大の新左翼党派。構成員は六九年末時点で五〇〇人程度とされる。武装部門にあたる「新人民レジスタンス隊」は火炎瓶などによる「都市ゲリラ戦」や誘拐事件を起こした。七〇年三月に解散命令が下され、機関紙『ラ・コーズ・デュ・プープル（人民の大義）』の押収など激しい弾圧の対象となる。支援組織である『人民の大義』友の会の会長にはサルトルが就いた。組織自体は非公然化して、七三年一一月に自主解散するまで活動を展開した。

IDHEC（Institut des Hautes Etudes Cinématographiques）**フランス国立映画学校**

現在のフランス国立映画学校（ＦＥＭＩＳ）。

IS（Internationale situationniste）**アンテルナシオナル・シチュアシオニスト**

一九五八年に結成。同名の雑誌を発行。邦訳は『アンテルナシオナル・シチュアシオニスト』（インパクト出版会）に収録。現代社会を「スペクタクルの社会」として批判したことで有名。「五月」直前に発行した冊子「学生生活の貧困について」が大きな反響を呼ぶ。中心人物ギー・ドゥボールの著作の邦訳には『スペクタクルの社会』（ちくま学芸文庫）と『スペクタクルの社会についての注解』（現代思潮新社）がある。

JCR（Jeunesse communiste révolutionnaire）**革命的共産主義青年団**

一九六六年四月、前年にＵＥＣを除名された活動家らが結成したトロツキスト系組織。月刊機関誌は『アバンギャルド・ジュネス（前衛青年）』。キューバ革命を支持し、ＣＶＮで勢力を築いた。カーン、ルーアン、レンヌ、マルセイユなど地方で大きな勢力を持つ。六八年六月に解散命令を受けたが、九月には新創刊した機関紙『ルージュ（赤）』を軸に再結成。代表的人物にアラン・クリヴィーヌ、ピエール・ルッセ、アンリ・ヴェベール、ダニエル・ベンサイード。

LC（Ligue communiste）共産主義者同盟
一九六八年六月一二日の大統領令による解散対象となったＪＣＲと、国際主義共産党（ＰＣＩ）が糾合し、六九年に結成。第四インターナショナルに加盟。七三年六月二一日、極右組織「オルドゥル・ヌーヴォー（新秩序）」との激しい市街戦を展開し、マルスラン内相の命令で解散。

LCR（Ligue communiste révolutionnaire）革命的共産主義者同盟
ＬＣの後継組織として一九七四年に結成。機関紙『ルージュ（赤）』も継続して発行。二〇〇九年の反資本主義新党（Nouveau parti anticapitaliste: NPA）の結成に際して発展的に解党。

MLF（Mouvement de libération des femmes）女性解放運動
一九七〇年秋に結成された女性だけの組織。家父長制秩序を批判するラディカル・フェミニズム系の「革命的フェミニスト」、ジェンダー論と文化批判の結合に力点を置く「精神分析と政治」、階級闘争との連携を強調する「闘う女たち」の三つの潮流のほか、複数の小組織や雑誌が参加。八一年に解散。代表的人物にモニック・ウィティッグ、クリスティーヌ・デルフィ、アントワネット・フーク。

OAS（Organisation de l'armée secrète）秘密軍事組織
アルジェリア独立阻止を掲げた極右民兵組織。一九六一年一月から六二年にかけて活動。

ORTF（Office de radiodiffusion télévision française）フランス・ラジオ・テレビ放送局
国営放送事業体。一九七四年に解体され、フランス・テレビジョン、ラジオ・フランスなどに分社化。

PCF（Parti communiste français）フランス共産党

一九二一年結党。冷戦期は各国共産党のなかでもソ連支持の傾向が強いことで知られた。第二次大戦直後はレジスタンス神話に支えられ、知識人の入党も多かったが、スターリン批判以降の情勢と「六八年五月」によって完全に権威を失墜する。

PCMLF（Parti communiste marxiste léniniste de France）**フランス・マルクス - レーニン主義共産党**
一九六七年に結成された、民主集中制を採用する毛派組織。六八年六月の解散命令後は非公然化。以後、分派を繰り返して八〇年代末に消滅。指導者はジャック・ジュルケ。

SNESup（Syndicat national de l'enseignement supérieur）**全国高等教職員組合**
アラン・ジェスマールが一九六八年当時の書記長を務めた。

UEC（Union des étudiants communistes）**共産主義学生連合**
共産党から独立してはいるが関係の深い、UNEF内の最古参のフラクション。一九六三年以降は、構造改革派（通称、イタリア派）、毛派、トロツキスト、共産党系の学生が激しい主導権争いを繰り広げ、次々と分派が生まれる。機関誌は六五年まで『クラルテ（光）』。構改派系執行部が失脚した後に『ヌーヴォー・クラルテ』と改称。

UJC - ml（Union des jeunesses communistes (marxistes-léninistes)）**青年共産主義者連合マルクス - レーニン主義派**
パリのユルム通りの高等師範学校（ENS）のUEC活動家が作る「ユルム・サークル」（通称、アルチュセール派）が一九六六年四月にUECを脱退後、一二月に結成した毛沢東主義系組織。労働者階級との連携を重視。六八年六月の解散命令の対象。後継組織はGPとVLR。代表的人物にロベール・リナール、ジャック・ブロワイエル、ベニー・レヴィ。

UNEF（Union national des étudiants de France）**フランス全学連**
一九〇七年結成。アルジェリア戦争と大学改革への反対運動を通して左傾化。六八年当時の副委員長はジャック・ソヴァジョ。

VLR（**Vive la révolution!**）「**革命万歳！**」**派**

UJC－ml解散後、GPの「倫理的ピューリタニズム」に批判的な部分が一九六九年に結成。機関誌『トゥ（すべて！）』。七一年に解散。中心人物にティアンノ・グランバック、ロラン・カストロ。

アミュージックエンタテインメント（発売）、2005年〕
Rubbo, Michel. *Les enfants de Solzhenitsyne: Y a pas à dire, font du bruit à Paris*. Documentary. 1979.
Thorn, Jean-Pierre. *Le dos au mur*. Prod. La Lanterne, 1980.[6]
———. *Oser lutter, oser vaincre*. Documentary, 1969.[4]
Willemont, Jacques, and Pierre Bonneau. *La reprise du travail aux usines Wonder*. June 1968.[3], [4]

関連 DVD

[1] *Coffret Mai 68. Mourir à trente ans / L'an 01 / Coup pour coup*. 4 DVD, MK2, 2005.
[2] Le Roux, Herve. *Reprise*. Editions Montparnasse/Iskra, 2006.
[3] *Les Groupes Médevdekine*. 2 DVD, Editions Montparnasse/Iskra, 2006.
[4] *Le cinéma de Mai 68. Une histoire (volume 1)*. 4 DVD, Editions Montparnasse, 2008.
[5] *Le cinéma de Mai 68. L'héritage (volume 2)*. 2 DVD & 1 CD, Editions Montparnasse, 2009.
[6] Molinaro, Edouard. *Le dos au mur*. Gaumont, 2010.
[7] Marker, Chris. *Planète Chris Marker*. 10 DVD, Arte Vidéo, 2013.

テレビ・ラジオ番組

訳者――フランス国立視聴覚研究所（INA）のウェブサイト（www.ina.fr）などで一部ないし全体が視聴可能な番組もある。

"La dernière année du Général." Patrick Berberis, prod. In series *Les brulures de l'histoire*, 1995.
"En terminale." Pierre Cardinale, prod. In series *Les chemins de la vie*, 1968.
"L'examen ou la porte!" Jean-Pierre Beaurenaut, dir. 1990.
"Field of Dreams." David Caute, ed. David Levy, prod. BBC Radio 4 program, broadcast January 20, 24, 1988.
Génération. Hervé Hamon, Patrick Rotman, and Daniel Edinger, prods. Series contains Françoise Prébois, *Paroles de mai*; Gilles Nadeau, *La révolution introuvable*; Jean Lassave, *Mai . . . Après*; Michel Fresnel, *La Commune étudiante*. 1988.
"Histoire de Mai." Pierre-André Boutang and André Frossard, prods. May 7, 14, 21, 28, 1978, Fr 3.
"Les lycéens ont la parole." Pierre Zaidline, prod. In series *Dim Dam Dom*. Moderated by Marguerite Duras, 1968.
"Mai: Connais Pas." André Campana, prod. In series *Vendredi*. Broadcast May 13, 1983, Fr3.
"Paris, 24 mai 1968," "Paris, 30 mai 1968," "Paris, 27 avril, 1969." Phillipe Alfonsi and Maurice Dogowson, prods. In series *Histoire d'un jour*, 1985.
"Le procès de Mai." Roland Portiche and Henri Weber, prods. May 22, 1988, TF 1.
"Radioscopie." Jean-Paul Sartre. Broadcast February 7, 1973.
"68 dans le monde." In series *Les dossiers de l'écran*. A2, May 2, 1978.
"Les Temps modernes." Herta Alvarez-Escudero, dir. In series *Qu'est-ce qu'elle dit Zazie?* 1997.

Wolfreys, Jim. "Class Struggles in France." *International Socialism* 84 (1999) : 31–68.
Zancarini-Fournel, Michelle. " 'L'autonomie comme absolu': une caricature de Mai et des années 68." *Mouvements*, no. 1 (Nov.-Dec. 1998): 138-41.
————. "Histoire, mémoires, commémoration." Lettre d'information, 1. "Les années 68: évenements, cultures politiques et modes de vie." Institut d'histoire du temps présent. (Dec. 1994).
Zancarini-Fournel, Michelle, Geneviève Dreyfus-Armand, Robert Frank, and Marie- Françoise Lévy, eds. *Les années 68. Le temps de la contestation*. Brussels: Editions Complexe, 2000.
Zamponi, Francis. *Mon colonel*. Paris: Actes Sud, 1999.
————. *In nomine patris*. Paris: Actes Sud, 2000.

映像作品

訳者 ──2014年４月現在DVDで視聴可能な作品には末尾に、後出「関連DVD」の数字に対応する番号を記した。なおネット上の動画サイト（YouTube、Dailymotionほか）で視聴可能なものもある。

Andrieu, Michel. *Le droit à la parole*. Documentary. Prod. La Lanterne, 1968.
Collectif Arc. *Citroen-Nanterre, Mai-Juin 1968*. Documentary, 1968.[4]
————. *CA 13: Comité d'action du 13ème*. Documentary, June 1968.[4]
Collectif de Cinéastes et travailleurs de Sochaux. *Sochaux 11 juin 1968*. Prod. Slon-Iskra, 1970.[3]
Collective. *Cinétracts*. Prod. Slon-Iskra, 1968/70.
Goupil, René. *Mourir à trente ans*. 1982.[1]
Groupe Medvedkine. *Classe de lutte*. Prod. Slon-Iskra, 1968–69.[3]
————. *Nouvelle société*, n. 5. Prod. Slon-Iskra, 1969.[3]
————. *Nouvelle société*, n. 6. Prod. Slon-Iskra, 1969.[3]
————. *Nouvelle société*, n. 7. Prod. Slon-Iskra, 1969.[3]
Groupe Medvedkine de Sochaux. *Les trois-quarts de la vie*. Prod. Slon-Iskra, 1971.[3]
Jaeggi, Danielle, and Ody Roos. *Pano ne passera pas*. 1968.
Klein, William. *Grands soirs et petits matins. Mai 68 au quartier Latin*. Documentary, 1978.〔ウィリアム・クライン『革命の夜、いつもの朝』ブロードウェイ（発売）、2007年〕
Lawaetz, Gudie. *Mai 68*. Documentary, 1974.
Lebrun, Claude. *Mai 68 5 ans après*. Documentary, 1973.
Le Roux, Hervé. *Reprise*. Documentary, 1997.[2]
Marker, Chris. *Le fond de l'air est rouge*, 1977.[7]
————. *On vous parle de Paris: Maspero. Les mots ont un sens*. Prod. Slon-Iskra, 1970.
Marker, Chris, and Mario Marret. *A bientôt, j'espère*. Prod. Slon-Iskra, 1967.[3]
Marker, Chris, Jean-Luc Godard, Joris Ivens, William Klein, Claude Lelouch, Alain Resnais, and Agnès Varda. *Loin du Vietnam*. Prod. Slon, 1967.[7]〔クリス・マルケル、ジャン＝リュック・ゴダール、ヨリス・イヴァンス、ウィリアム・クライン、クロード・ルルーシュ、アラン・レネ、アニエス・ヴァルダ『ベトナムから遠く離れて』コロムビ

(1994): 63–84.

———. *La violence politique et son deuil: L'après 68 en France et en Italie*. Rennes: Presses universitaires de Rennes, 1998.

Soux, Jean-Louis. "Sous les mots, les fantasmes de mai 1968," *Le Monde*, Dec. 3/4, 1995, 9.

Stora, Benjamin. *Appelés en guerre d'Algérie*. Paris: Gallimard, 1997.

Storti, Martine. *Un chagrin politique: De mai 1968 aux années 80*. Paris: L'Harmattan, 1996.

Stovall, Tyler. "The Fire Next Time: African-American Expatriates and the Algerian War." *Yale French Studies* 98 (2000): 182–200.

Talbo, Jean-Philippe, ed. *La grève à Flins*. Paris: Maspero, 1968.

Terray, Emmanuel. *Le troisième jour du communisme*. Paris: Actes Sud, 1992.

Thibaud, Paul. "De la politique au journalisme: Libération et la génération de 68. Entretien avec Serge July." *Esprit*, May 1978, 2–24.

Toubiana, Serge. "Entretien avec Hervé Le Roux," *Cahiers du Cinéma*, no. 511 (mars 1997) : 50-55.

Tout, nos. 1–16 (1970, 1971).

Trebitsch, Michel. "Voyages autour de la révolution: Les circulations de la pensée critique de 1956 à 1968." Proceedings from colloquium, "Les années 68." Institut d'histoire du temps présent. Nov. 18-20, 1998.

Tricontinental (1968–71).

U.N.E.F. and S.N.E. Sup. *Le livre noir des journées de mai (du 3 mai au 13 mai)*. Paris: Seuil, 1968.〔フランス全学連他編『五月革命の記録』江原順訳、晶文社、1970年〕

"Une société sans mémoire?" *Vendredi*, Nov. 23–Déc. 6 1979.

Viansson-Ponté, Pierre. *Histoire de la république gaulienne, Mai 1958–Avril 1969*. Paris: Fayard, 1971.

Vidal, Daniel. "Les conditions du politique dans le mouvement ouvrier en mai-juin 1968." In *Grèves revendicatrices ou grèves politiques?* ed. Pierre du Bois, 443–547. Paris: Anthropos, 1971.

Vidal-Naquet, Pierre. "Une fidélité têtue. La résistance française à la guerre d'Algérie." *Vingtième siècle*, no. 10 (April–June 1986) : 3–18.

———. *Mémoires*. Vol. 2, *Le trouble et la lumière, 1955–1998*. Paris: Seuil, 1998.

Vigier, Jean-Pierre. "The Action Committees." In *Reflections on the Revolution in France: 1968*, ed. Charles Posner, 199–211. Middlesex: Penguin Books, 1970.

Vive la Révolution, nos. 1–7 (1969–70).

Vilar, Jean-François. *Bastille tango*. Paris: Presses de la Renaissance, 1986.

———. *C'est toujours les autres qui meurent*. Paris: Actes Sud, 1997.

———. "Les murs ont la parole." *Rouge*, May 9, 1978, 8–9.

———. *Nous cheminons entourés de fantômes aux fronts troués*. Paris: Seuil, 1993.

———. "La prise de parole." *Rouge*, May 10, 1978, 8–9.

———. "Le temps des fossoyeurs." *Rouge*, May 11, 1978, 10.

Cambridge: MIT Press, 1995.
———. "Lefebvre on the Situationists: An Interview." *October* 79 (winter 1997): 69–84.
———. "Watching the Detectives." In *Postmodernism and the Re-reading of Modernity*, ed. Francis Barker *et al.* Manchester: University of Manchester Press, 1992. Reprinted in *Postmodern Literary Theory*, ed. Niall Lucy. London: Blackwell Press, 1999.
Roudinesco, Elisabeth. *Jacques Lacan. Esquisse d'une vie, histoire d'un système de pensée*. Paris: Fayard, 1993.〔エリザベト・ルディネスコ『ジャック・ラカン伝』藤野邦夫訳、河出書房新社、2001年〕
Rousso, Henry. *Le syndrome de Vichy de 1944 à nos jours*. Paris: Seuil, 1987.
Salvaresi, Elisabeth, ed. *Mai en héritage*. Paris: Syros, 1988.
Samuelson, François-Marie. *Il était une fois "Libération."* Paris: Seuil, 1979.
Sarazin, James. *La police en miettes: Le système Marcellin*. Paris: Calmann-Lévy, 1974.
Sartre, Jean-Paul. *Qu'est-ce que la litterature?* Paris: Gallimard, 1948.〔ジャン＝ポール・サルトル『文学とは何か』加藤周一・白井健三郎・海老坂武訳、改訂新装版、人文書院、1998年〕
———. *Les communistes ont peur de la révolution*. Paris: Editions John Didier, 1968.
———. *Situations V*. Paris: Gallimard, 1964.〔ジャン＝ポール・サルトル『シチュアシオンV』サルトル全集第31巻、白井健三郎ほか訳、人文書院、1965年〕
———. *L'idiot de la famille*. 3 vols. Paris: Gallimard, 1972.〔ジャン＝ポール・サルトル『家の馬鹿息子 —— ギュスターヴ・フローベール論　一八二一年より一八五七年まで』平井啓之・鈴木道彦・海老坂武・蓮實重彥訳、人文書院、1982－2006年。本文中の引用箇所は未邦訳〕
———. *Situations VIII: autour de 68*. Paris: Gallimard, 1972.〔ジャン＝ポール・サルトル『シチュアシオンⅧ』サルトル全集第36巻、鈴木道彦ほか訳、人文書院、1974年〕
———. *Situations IX: mélanges*. Paris: Gallimard, 1972.〔ジャン＝ポール・サルトル『シチュアシオンⅨ』サルトル全集第37巻、鈴木道彦ほか訳、人文書院、1974年〕
———. *Situations X: politique et autobiographie*. Paris: Gallimard, 1976.〔ジャン＝ポール・サルトル『シチュアシオンX』サルトル全集第38巻、鈴木道彦・海老坂武訳、人文書院、1977年〕
Sauvageot, Jacques, Alain Geismar, Daniel Cohn-Bendit, and Jean-Pierre Duteuil. *La révolte étudiant*. Paris: Seuil, 1968.〔ダニエル・コーン＝バンディほか『学生革命 —— 五月革命の思想と行動』海老坂武訳、人文書院、1968年〕
Schnapp, Alain, and Pierre Vidal-Naquet. *Journal de la commune étudiante. Textes et documents. Novembre 1967–Juin 1968*. Paris: Seuil, 1969.
Seale, Patrick, and Maureen McConville. *Drapeaux rouges sur la France. Les causes, les thèmes, l'avenir de la révolution*. Trans. Jean-René Major. Paris: Mercure de France, 1968.
Singer, Daniel. *Prelude to Revolution*. New York: Hill and Wang, 1970.
———. *Whose Millennium? Theirs or Ours?* New York: Monthly Review Press, 1999.
Smith, William Gardner. *The Stone Face*. New York: Farrar, Straus, 1963.
Sommier, Isabelle. "Mai 68: Sous les pavés d'une page officielle." *Sociétés contemporaines*, no. 20

no. 82 (March/April 1997): 29–36.
————. Interview. "Les hommes comme animaux littéraires." *Mouvements*, no. 3 (March–April 1999): 133–144. Reprinted in *Et tant pis pour les gens fatigués: entretiens*, 129–145. Paris: Editions Amsterdam, 2009.
————. *The Nights of Labor: The Worker's Dream in Nineteenth Century France*. Trans. Donald Reid. Philadelphia: Temple University Press, 1989.
————. *Le maître ignorant: cinq leçons sur l'émancipation intellectuelle*, Paris: Fayard, 1987.〔ジャック・ランシエール『無知な教師 —— 知性の解放について』梶田裕・堀容子訳、法政大学出版局、2011年〕
————. *The Ignorant Schoolmaster: Five Lessons in Intellectual Emancipation*. Trans. Kristin Ross. Stanford: Stanford University Press, 1991.
Reader, Keith. "The Anniversary Industry." *Screen* 26, no. 3 (summer 1988): 122–26.
Reader, Keith, and Khursheed Wadia. *The May 1968 Events in France: Reproductions and Interpretations*. London: St. Martin's Press, 1993.
Reid, Donald. "Introduction." In Rancière. *The Nights of Labor*, xv–xxxvii. Philadelphia: Temple University Press, 1989.
————. "The Night of the Proletarians: Deconstruction and Social History." *Radical History Review* 28–30 (1984): 445–63.
Révoltes Logiques, nos. 1–15 (1975–81).〔ランシエールの本を出している出版社のひとつ、Horlieus社のサイトで、1－3号と、78年の特集号が公開されている（2014年9月現在）。http://horlieu-editions.com/introuvables/introuvables.html〕
Révolution (1963–64).
Ricoeur, Paul. *La mémoire, l'histoire, l'oubli*. Paris: Seuil, 2000.〔ポール・リクール『記憶・歴史・忘却』久米博訳、上下巻、新曜社、2003－04年〕
Rieffel, Rémy. *La tribu des clercs: Les intellectuels sous la Ve République, 1958–1990*. Paris: Calmann-Lévy, 1993.
Rifkin, Adrian. "A Space Between: On Gérard Fromanger, Gilles Deleuze, Michel Foucault and others." Introduction to *Photogenic Painting/La Peinture photogénique: Gilles Deleuze, Michel Foucault*, ed. Sarah Wilson, 21–59. London: Black Dog Press, 1999.
Rifkin, Adrian, and Roger Thomas, eds. *Voices of the People: The Social Life of "La Sociale" at the End of the Second Empire*. Trans. John Moore. London: Routledge and Kegan Paul, 1988.
Rioux, Jean-Pierre. "A propos des célébrations décennales du mai français." *Vingtième Siècle*, no. 23 (July–Sept. 1989), 49–58.
————. *La guerre d'Algérie et les français*. Paris: Fayard, 1990.
Rioux, Jean-Pierre, and Jean-François Sirinelli, eds. *La guerre d'Algérie et les intellectuels français*. Paris: Editions Complexe, 1991.
Ross, Kristin. *The Emergence of Social Space: Rimbaud and the Paris Commune*. Minneapolis: University of Minnesota Press, 1987.
————. *Fast Cars, Clean Bodies: Decolonization and the Reordering of French Culture*.

participé à la grève de Renault-Cléon du 15 mai au 17 juin 1968. Paris: Maspero, 1968.
"Nouveau fascisme, nouvelle démocratie." *Les Temps Modernes*, no. 310 bis (1972).
Novick, Peter. *The Holocaust in American Life*. Boston: Houghton Mifflin, 1999.
"Où en sommes-nous avec Mai 68?" *Nouvelle Revue Socialiste*, no. 76 (Aug.–Sept. 1985).
Papon, Maurice. *Les chevaux du pouvoir*, 1958–1967. Paris: Plon, 1988.
Passerini, Luisa. *Autobiography of a Generation: Italy, 1968*. Trans. Lisa Erdberg. Middletown, Conn.: Wesleyan University Press, 1996.
Partisans, nos. 1–68 (1961–72).
Paugham, J., ed. *Génération perdue*. Paris: Robert Laffont, 1977.
Péju, Paulette, ed. *Les ratonnades à Paris*. Paris: Maspero, 1961.
Perrault, Gilles. *Un homme à part*. Paris: Bernard Barrault, 1984.
————. *Les parachutistes*. Paris: Seuil, 1961.
Perrier, Jean-Claude. *Le roman vrai de «Libération»*. Paris: Julliard, 1994.
Perrot, Michelle. *Les ouvriers en grève*. 2 vols. Paris: Mouton, 1974.
Pesquet, Alain. *Des Soviets à Saclay?* Paris: Maspero, 1968.
Peuchmaurd, Pierre. *Plus vivants que jamais*. Paris: Robert Laffont, 1968.
Le Peuple Français, nos. 1–10 (1971–80).
Pivot, Bernard, and Pierre Boucenne. "15 ans après Mai 68: Qui tient le haut du pavé?" *Lire*, no. 93 (May 1983).
Pompidou, Georges. *Pour rétablir une vérité*. Paris: Flammarion, 1982.
Poulantzas, Nicos. *L'État, le pouvoir, le socialism*. 2e édition. Paris: PUF, 1981.〔ニコス・プーランツァス『国家・権力・社会主義』田中正人、柳内隆訳、ユニテ、1984年〕
Pouvoirs 39 (1986).
Queysanne, Bruno. "Les étudiants français et la crise de l'université bourgeoise." *Révolution*, no. 4 (Dec. 1963): 6–12.
Rajsfus, Maurice. *Mai 68: Sous les pavés, la répression (mai 1968–mars 1974)*. Paris: le cherche midi, 1998.
————. *Le travail à perpétuité*. Paris: Manya, 1993.
Rancière, Danielle, and Jacques Rancière. "La légende des philosophes (les intellectuels et la traversée du gauchisme)." *Révoltes Logiques*. Special issue, *Les Lauriers de Mai ou les Chemins du Pouvoir*, 1968–1978 (Feb. 1978): 7–25. Reprinted in Jacques Rancière. *Les scenes du peuple*, 285–310. Lyon: Editions Horlieu, 2003.
Rancière, Jacques. *Aux bords du politique*. Paris: La fabrique, 1998.
————. "La bergère au goulag (sur *La cuisinière et le mangeur d'hommes*, d'André Glucksmann)," *Révoltes Logiques* 1 (winter 1975): 96–111. Reprinted in *Les scenes du people*, 311–32.
————. "The Cause of the Other." Trans. David Macey. *Parallax*, no. 7 (April–June 1998): 25–34.
————. "Democracy Means Equality." Interview. Trans. David Macey. *Radical Philosophy*,

1976, 56–60.

Mauger, Gérard. "'Etudiants, ouvriers, tous unis!' (Eléments pour l'histoire des avatars d'un mot d'ordre)." *Les Temps Modernes*, no. 370 (May 1977): 1879–97.

———. Introduction. Karl Mannheim. In *Le problème des générations*, trans. Gérard Mauger and Nia Perivolaropoulou, 7–18. Paris: Nathan, 1990.

Maupeou-Abboud, Nicole de. *Ouverture du ghetto étudiant: La gauche étudiante à la recherche d'un nouveau mode d'intervention politique*. Paris: Anthropos, 1974.

Mauss-Copeaux, Claire. *Appelés en Algérie. La parole confisquée*. Paris: Hachette, 1998.

Medec, François le. *L'aubépine de mai: Chronique d'une usine occupée*. Nantes: 1988.

"Mémoires et histoires de 1968." *Mouvement social*, no. 143 (April–June 1988).

Minc, Alain. *L'avenir en face*. Paris: Seuil, 1984.

Monchablon, Alain. "Le mouvement étudiant," Lettre d'information, no. 6. *Institut d'histoire du temps présent* (Sept. 1995).

Le Monde. May 1968; May 1978; May 1988; Nov.–Dec. 1995; May 1998.

Mongin, Olivier. "Le statut de l'intellectuel: fou ou conseiller du prince?" *Cosmopolitiques* (Feb. 1987).

Moreau, Jean. "Les 'Maos' de la gauche prolétarienne." *La Nef*, no. 48 (June–Sept. 1972): 77–103.

Morin, Edgar, Claude Lefort, and Jean-Marc Coudray [Cornelius Castoriadis]. *Mai 1968: La Brèche: Premières réflexions sur les événements*. Paris: Fayard, 1968. Reprinted in: *Mai 1968: La Brèche. suivi de Vingt ans après*. Paris: Fayard, 2008, pp. 9-194.〔エドガール・モラン／クロード・ルフォール／ジャン＝マルク・クードレイ『学生コミューン』西川一郎訳、合同出版、1969年〕

Mouriaux, René, Annick Percheron, Antoine Prost, and Danielle Tartakowsky, eds. 1968: *Exploration du Mai français*. 2 vols. Paris: L'Harmattan, 1992.

Mouvement du 22 mars. *Ce n'est qu'un début, continuons le combat*. Paris: Maspero, 1968.〔三月二二日運動『五月革命』西川一郎訳、合同出版、1968年〕

Narot, Jean-Franklin. "Mai 68 raconté aux enfants. Contribution à la critique de l'inintelligence organisée." *Le Débat*, no. 51 (Sept.–Oct. 1988): 179–92.

Nicolas-Le-Strat, Pascal. "Sujets et territoires du mouvement social (Marseille, Nantes, Toulouse et les autres)." *Futur-Antérieur*, nos. 33–34 (1996/1): 113–26.

Nizan, Paul. *Les chiens de garde*. Paris: Maspero, 1974.〔ポール・ニザン『番犬たち』ポール・ニザン著作集第２巻、晶文社、1967年〕

Noir et Rouge: Cahier d'Études Anarchistes-Communistes, nos. 1–46 (1956–70).

Nora, Pierre. "L'ère de la commémoration." In *Les lieux de mémoire*. Vol. 3, 4687– 719. Paris, Gallimard, 1997.〔ピエール・ノラ「コメモラシオンの時代」工藤光一訳、ピエール・ノラ編『記憶の場 ― フランス国民意識の文化＝社会史３　模索』谷川稔監訳、岩波書店、2003年、427－74頁〕

———. ed. *Essais d'égo-histoire*. Paris: Gallimard, 1987.

Notre arme c'est la grève. Travail réalisé par un collectif de militants du comité d'action qui ont

and Opposition in Post-revolutionary Societies, trans. Patrick Camiller, 249–60. London: Ink Links, 1979.

Linhart, Virginie. *Volontaires pour l'usine. Vies d'établis, 1967–1977*. Paris: Seuil, 1994.

Lipovetsky, Gilles. "'Changer la vie' ou l'irruption de l'individualisme transpolitique." *Pouvoirs* 39 (1986).

———. *L'ère du vide: Essais sur l'individualisme contemporaine*. Paris: Gallimard, 1983.〔ジル・リポヴェツキー『空虚の時代 ── 現代個人主義論考』大谷尚文・佐藤竜二訳、法政大学出版局、2003年〕

"Loin du Vietnam." *Cinéma*, January 1968, 37–55.

Luxemburg, Rosa. *The Mass Strike, the Political Party and the Trade Unions*. Trans. Patrick Lavin. New York: Harper Torchbook, 1971.〔ローザ・ルクセンブルク『ローザ・ルクセンブルク選集』第2巻、高原宏平・田窪清秀・野村修・河野信子・谷川雁訳、現代思潮社、1962年〕

Macherey, Pierre. *Histoires de dinosaure. Faire de la philosophie, 1965–1997*. Paris: PUF, 1999.

———. "Réflexions d'un dinosaure sur l'anti-anti-humanisme." *Supplement to Futur-Antérieur*, "Le Gai renoncement," 157–72. Paris: L'Harmattan, 1991.

Magri, Lucio. "Réflexions sur les événements de Mai-I." *Les Temps Modernes*, nos. 277/278 (Aug.–Sept. 1969): 1–45.

———. "Réflexions sur les événements de Mai-II." *Les Temps Modernes*, no. 279 (Oct. 1969): 455–492.

Manceaux, Michèle. *Les Maos en France*. Preface by Jean-Paul Sartre. Paris: Gallimard, 1972.

Mandarès, Hector, ed. *Révo cul dans la Chine pop: Anthologie de la presse des Gardes rouges* (mai 1966–janvier 1968). Paris: Union générale d'éditions, 1974.

Mannheim, Karl. *Essays on the Sociology of Knowledge*. London: Routledge and Kegan Paul, 1952.〔カール・マンハイム「世代の問題」鈴木広訳、『社会学の課題』樺俊雄監修、マンハイム全集第三巻、潮出版社、1976年、149－232頁〕

Mao Tse-tung. *Selected Works of Mao Tse-tung*. Vol. 3. Peking: Foreign Languages Press, 1965.〔毛沢東『毛沢東選集』第3巻、東方書店、1969年〕

Marcellin, Raymond, *L'importune vérité*. Paris: Plon, 1978.

———. "Objectifs et méthodes des mouvements révolutionnaires d'après leurs tracts et leurs journaux." (August 1968).

———. *L'ordre public et les groupes révolutionnaires*. Paris: Plon, 1969.

Marshall, Bill. *Guy Hocquenghem: Beyond Gay Identity*. Durham: Duke University Press, 1997.

Maspero, François. "Comment je suis devenu éditeur." *Le Monde*, March 26, 1982.

———. "In Reference to the Police in Front of Our Bookstore." Tract distributed by the bookstore of Editions Maspero, Sept. 1968.

———. Interview by Guy Dumur. "Maspero entre tous les feux." *Nouvel Observateur*, Sept. 17–23, 1973, 58–60.

———. Interview by Jean-Francis Held. *Nouvel Observateur*, Aug. 24–30, 1966, 26–30.

———. Interview. "Le long combat de François Maspero." *Nouvel Observateur*, Sept. 27,

Joffrin, Laurent. "Génération: Un regard intérieur." *Libération*, March 23, 1987.

Julliard, Jacques. "Le tiers monde et la gauche." *Nouvel Observateur*, June 5, 1978.

Kaplan, Leslie. *Depuis maintenant: Miss Nobody Knows*. Paris: P.O.L., 1996.

Kessel, Patrick. *Le mouvement "maoiste" en France: Textes et documents 1968–1969*. 2 vols. Paris: Union générale d'édition, 1972, 1978.

Khilnani, Sunil. *Arguing Revolution: The Intellectual Left in Postwar France*. New Haven: Yale University Press, 1993.

Krivine, Alain, and Daniel Bensaïd. *Mai Si! 1968–1988: Rebelles et repentis*. Paris: PEC-La Brèche, 1988.

Labro, Philippe and l'Equipe d'Edition spéciale. "*Ce n'est qu'un début*." Paris: Editions et publications premières, 1968.

Lacan, Jacques. *Séminaire* XVII. Paris: Seuil, 1991.

Lacoste, Yves. *Contre les anti-tiers-mondistes et contre certains tiers-mondistes*. Paris: La Découverte, 1985.

Lacroix, Bernard. "A contre-courant: Le parti pris du réalisme." *Pouvoirs* 39 (1986): 117–27.

Lambert, Bernard. *Les paysans et la lutte de classe*. Paris: Seuil, 1970.

Langlois, Denis. *Les dossiers noirs de la police française*. Paris: Seuil, 1971.

Lecourt, Dominique. *Dissidence ou révolution?* Paris: Maspero, 1978.

————. *Les piètres penseurs*. Paris: Flammarion, 1999.

Le Dantec, Jean-Pierre. *Les dangers du soleil*. Paris: Les Presses d'Aujourd'hui, 1978.

Lefebvre, Henri. *L'irruption de Nanterre au sommet*. Paris: Anthropos, 1968.〔アンリ・ルフェーヴル『「五月革命」論 —— 突入 ナンテールから絶頂へ』森本和夫訳、筑摩書房、1969年〕

————. *Le temps des méprises*. Paris: Stock, 1975.

Le Roux, Hervé. *Reprise: Récit*. Paris: Calmann-Lévy, 1998.

Levine, Michel. *Les ratonnades d'octobre*. Paris: Ramsay, 1985.

Leys, Simon. *Les habits neufs du président Mao: Chronique de la révolution culturelle*. Paris: Champ Libre, 1971.〔シモン・レイ『毛沢東の新しい制服 —— 文化大革命年代記』緒方君太郎訳、現代思潮社、1973年〕

Liauzu, Claude. *L'enjeu tiersmondiste: Débats et combats*. Paris: L'Harmattan, 1987.

————. "Mémoire, histoire et politique: À propos du 17 octobre 1961." *Tumultes*, no. 14 (April 2000): 63–76.

————. "Le tiersmondisme des intellectuels en accusation." *Vingtième Siècle*, no. 12 (Oct.–Dec. 1986): 73–80.

Libération. May 1978; May 1988; May 1998.

Lidsky, Paul. *Les écrivains contre la commune*. Paris: Maspero, 1970.

Linhart, Robert. *L'établi*. Paris: Minuit, 1978.

————. "Evolution du procès de travail et luttes de classe," *Critique Communiste*. Special issue, Mai 68–Mai 78, 1978.

————. "Western 'Dissidence' Ideology and the Protection of Bourgeois Order." In *Power*

28 (1998): 153–72.
Goulinet, Isabelle. "Le gauchisme enterre ses morts." Mémoire de maitrise en histoire. Université Paris I, Panthéon-Sorbonne, 1993.
Gretton, John. *Students and Workers: An Analytical Account of Dissent in France, May- June 1968*. London: MacDonald, 1969.
Guegan, Gérard. "Touche pas à mai 68." *Le Matin*, Dec. 20, 1985, 27.
Guin, Yannick. *La Commune de Nantes*. Paris: Maspero, 1969.
"Haine de la nostalgie." *Lignes*, no. 35 (October 1998).
Halimi, Serge. *Les nouveaux chiens de garde*. Paris: Editions Raisons d'Agir, 1997.
Hallier, Jean-Edern. *La cause des peuples. Une autobiographie politique*. Paris: Seuil, 1972.
Hamon, Hervé, and Patrick Rotman. *Les porteurs de valises. La résistance française à la guerre d'Algérie*. Paris: Albin Michel, 1979.
———. *Génération. Vol. 1, Les années de rêve*. Paris: Seuil, 1987.
———. *Génération. Vol. 2, Les années de poudre*. Paris: Seuil, 1988.
Hanley, D. L., and A. P. Kerr, eds. *May '68: Coming of Age*. London: Macmillan, 1989.
Harvey, Sylvia, ed. *May '68 and Film Culture*. London: BFI Publications, 1978.
Helvig, Jean-Michel. "Le roman du gauchisme." *Libération*, Jan. 8, 1988.
Hempel, Pierre. *Mai 68 et la question de la révolution: Pamphlet*. Paris: Librairie "La Boulangerie," 1988.
Hocquenghem, Guy. *L'après-Mai des faunes*. Preface by Gilles Deleuze. Paris: Grasset, 1974.
———. *Lettre ouverte à ceux qui sont passés du col Mao au Rotary*. Paris: Albin Michel, 1986.
Hollier, Denis. "1968, May. Actions, No! Words, Yes!" In *A New History of French Literature*, ed. Denis Hollier, 1034–40. Cambridge: Harvard University Press, 1989.
Internationale Situationniste, nos. 1–12 (June 1958–Sept. 1969).〔アンテルナシオナル・シチュアシオニスト編『アンテルナシオナル・シチュアシオニスト』木下誠監訳、全6巻、インパクト出版会、1994－2000年〕
Internationale Situationniste. *De la misère en milieu étudiant considéré sous ses aspects économique, politique, psychologique, sexuel et notamment intellectuel et de quelques moyens pour y remédier*. 1966. Paris: Champ Libre, 1976. (1st edition, 1966.)
Izraelewicz, Erik. "La première révolte contre la mondialisation." *Le Monde*, Dec. 9, 1995.
Jameson, Fredric. *Brecht and Method*. London: Verso, 1998.〔フレドリック・ジェイムソン「ブレヒトと方法(1)～(7)」大橋洋一ほか訳、『舞台芸術』第1－10号、2002－06年〕
———. "On Cultural Studies." In *The Identity in Question*, ed. John Rajchman. New York: Routledge, 1995.
———. "Periodizing the 60s." In *The 60s without Apology*, ed. Sohnya Sayres *et al.*, 178–209. Minneapolis: University of Minnesota Press, 1984.
Jappe, Anselme. *Guy Debord*. Berkeley: University of California Press, 1994.
Jarrel, Marc. *Eléments pour une histoire de l'ex-Gauche Prolétarienne. Cinq ans d'intervention en milieu ouvrier*. Paris: NBE, 1974.

ト『思考の敗北あるいは文化のパラドクス』西谷修訳、河出書房新社、1988年〕
Foccart, Jacques. *Le général en Mai. Journal de Elysée. Vol. 2, 1968–69*. Paris: Fayard, 1998.
Foucault, Michel. *Dits et écrits, 1964–1988*. Vol. 4. Paris: Gallimard, 1994.〔ミシェル・フーコー『ミシェル・フーコー思考集成』蓮實重彥・渡辺守章監修、小林康夫・石田英敬・松浦寿輝編、8－10巻、筑摩書房、2001－02年〕
Forestier, Patrick. "Les impostures du tiers-mondisme." *Paris-Match*, Feb. 22, 1985, 3–21.
Fraser, Ronald. *1968. A Student Generation in Revolt*. London: Chatto and Windus, 1988.
Fromanger, Gérard. "L'art, c'est ce qui rend la vie plus intéressante que l'art." *Libération*, May 14, 1988, 43.
Furet, François. "La grande lessive: L'homme retrouvé." *Nouvel Observateur*, June 13–19, 1986, 114–15.
————. ed. *Terrorisme et démocracie*. Paris: Fayard, 1985.
Gallant, Mavis. *Paris Notebooks: Essays & Reviews*. New York: Random House, 1988.
————. "The Events in May: A Paris Notebook-I." *New Yorker*, Sept. 14, 1968, 58–124. Reprinted in Gallant. *Paris Notebooks*, 9–49.
————. "The Events in May: A Paris Notebook-II." *New Yorker*, Sept. 21, 1968, 54–134. Reprinted in Gallant. *Paris Notebooks*, 50–95.
Garde rouge, nos. 1–8 (1966–67).
Garnier, Jean-Pierre, and Roland Lew. "From the Wretched of the Earth to the Defence of the West: An Essay on Left Disenchantment in France." Trans. David Macey. *The Socialist Register* (1984): 299–323.
Gastaut, Yvan. *L'immigration et l'opinion en France sous la Vᵉ république*. Paris: Seuil, 2000.
Gavi, Philippe, Jean-Paul Sartre, and Pierre Victor. *On a raison de se révolter*. Paris: Gallimard, 1974.〔ジャン＝ポール・サルトル、フィリップ・ガヴィ、ピエール・ヴィクトール『反逆は正しい――自由についての討論』鈴木道彦・海老坂武・山本顕一訳、全2巻、1975年〕
"Les Gauchistes." *La NEF*, no. 48 (June–Sept. 1972).
Geismar, Alain, Serge July, and Erlyn Morane. *Vers la guerre civile*. Paris: Editions et Publications Prémières, 1969.
Giorgini, Bruno. *Que sont mes amis devenus? (Mai 68–été 78, dix ans après)*. Preface by Félix Guattari. Paris: Savelli, 1978.
Glucksmann, André. *1968: Stratégie et révolution en France*. Paris: Christian Bourgois, 1968.〔アンドレ・グリュックスマン『革命の戦略』坂本賢三訳、雄渾社、1969年〕
————. *La cuisinière et le mangeur d'hommes. Essai sur les rapports entre l'Etat, le marxisme, et les camps de concentration*. Paris: Seuil, 1975.〔アンドレ・グリュックスマン『現代ヨーロッパの崩壊』田村俶訳、新潮社、1981年〕
————. *La bêtise*. Paris: Grasset, 1985.
Goldman, Pierre. *Souvenirs obscure d'un juif polonais né en France*. Paris: Seuil, 1975.
Gombin, Richard. *Les origines du gauchisme*. Paris: Seuil, 1971.
Goslin, Richard. "Bombes à retardement: Papon and 17 October." *Journal of European Studies*

Document L'Idiot International. *Minutes du procès Geismar*. Paris: Hallier, 1970.
Dollé, Jean-Paul. *L'insoumis: Vies et légendes de Pierre Goldman*. Paris: Grasset, 1997.
Dreyfus-Armand, Geneviève. "L'arrivée des immigrés sur la scène politique." *Lettre d'information*, no. 30. *Les années 68: Événements, cultures politiques et modes de vie*. CNRS, Institut d'histoire du temps présent (June 1998).
Dreyfus-Armand, Geneviève and Laurent Gervereau, eds. *Mai 68: Les mouvements étudiants en France et dans le monde*. Paris: BDIC, 1988.
Droz, Bernard, and Evelyne Lever. *Histoire de la guerre d'Algérie, 1954–1962*. Paris: Seuil, 1984.
Dugrand, Alain, ed. *Black Exit to 68: 22 nouvelles sur mai*. Paris: La Brèche-PEC, 1988.
Duprat, François. *Les journées de mai 68: Les dessous d'une révolution*. Intro. and afterword by Maurice Bardèche. Paris: Nouvelles Editions Latines, 1968.
Durandeaux, Jacques. *Les journées de mai 68*. Paris: Desclée de Brouwer, 1968.
Duras, Marguerite. "20 mai 1968: Texte politique sur la naissance du Comité d'Action Etudiants-Ecrivains." In *Les yeux verts*, 59–70. Paris: Éditions de l'Étoile/Cahiers du cinéma, 1996.〔マルグリット・デュラス「一九六八年五月二〇日 ―― 学生－作家行動委員会の誕生に関する政治文書」『緑の眼』小林康夫訳、河出書房新社、1998年、73－84頁〕
Einaudi, Jean-Luc. *La bataille de Paris: 17 octobre 1961*. Paris: Seuil, 1991.
L'Enragé, nos. 1–12 (1968).
Epistémon. *Les idées qui ont ébranlé la France. Nanterre: Novembre 1967–juin 1968*. Paris: Fayard, 1968.
Erhel, Catherine, Mathieu, Aucher, and Renaud de La Baume, eds. *Le procès de Maurice Papon*. 2 vols. Paris: Albin Michel, 1998.
Eribon, Didier. *Michel Foucault*. Paris: Flammarion, 1989; New edition, revised and enlarged: *Michel Foucault*. Paris: Flammarion, 2010.〔ディディエ・エリボン『ミシェル・フーコー伝』田村俶訳、新潮社、1991年〕
Esprit, July–Aug. 1976, Sept. 1976, May 1998.
Faye, Jean-Pierre, et la groupe d'information sur la répression. *Lutte de classes à Dunkerque*. Paris: Editions Galilée, 1973.
Ferry, Luc, and Alain Renaut. *La pensée 68. Essai sur l'anti-humanisme contemporain*. Paris: Gallimard, 1985.〔リュック・フェリー、アラン・ルノー『68年の思想 ―― 現代の反人間主義への批判』小野潮訳、法政大学出版局、1998年〕
Fields, A. Belden. "French Maoism." In *The 60s without Apology*, ed. Sohnya Sayers *et al.*, 148–77. Minneapolis: University of Minnesota Press, 1984.
————. *Trotskyism and Maoism: Theory and Practice in France and the United States*. Brooklyn: Autonomedia, 1988.
Finkelstein, Norman. *The Holocaust Industry*. London: Verso, 2000.〔ノーマン・G.フィンケルスタイン『ホロコースト産業 ―― 同胞の苦しみを売り物にするユダヤ人エリートたち』立木勝訳、三交社、2004年〕
Finkielkraut, Alain. *La défaite de la pensée*. Paris: Gallimard, 1985.〔アラン・フィンケルクロー

Excerpts rpt. in Dionys Mascolo. *À la recherche d'un communisme de pensée,* 299–322. Paris: fourbis, 1993.〔モーリス・ブランショ『ブランショ政治論集』149－217頁＝ブランショによるもののみ訳出〕

———. "Un an après, le comité d'action écrivains-étudiants." *Les Lettres nouvelles,* June–July 1968, 143–88. Reprinted in Mascolo. *A la recherche d'un communisme de pensée,* 323–63.

Comité d'Action Travailleurs-Étudiants. "Les élections: que faire?" Tract dated June 15, 1968.

Comité d'Action Travailleurs-Étudiants/Censier. Undated tract, but after May 26, 1968.

Comité de vigilance sur les pratiques policières. *POLICE: Receuil de coupures de presse.* Paris: Charles Corlet, 1972.

"Conçevoir la révolution. 89, 68, confrontations." *Espaces Temps,* nos. 38/39 (1988).

CFTC. "Face à la repression." Mimeographed pamphlet (Oct. 30, 1961).

Critique communiste. Special issue. "Mai 68–Mai 78" (1978).

Daeninckx, Didier. *Meurtres pour mémoire.* Paris: Gallimard, 1984.〔ディディエ・デナンクス『記憶のための殺人』堀茂樹訳、草思社、1995年〕

———. *Le bourreau et son double.* Paris: Gallimard, 1986.

Daniel, Jean and André Burgière, eds. *Le tiers monde et la gauche.* Paris: Le Seuil, 1979.

Daum, Nicolas. *Des révolutionnaires dans un village parisien.* Paris: Londreys, 1988.; New edition, revised and enlarged: Daum, Nicolas. *Mai 68 raconté par des anonymes.* Paris: Éditions Amsterdam, 2008.

Le Débat, no. 39 (March–May 1986). "Y-a-t'il une pensée 68?" Nos. 50, 51 (May–Aug. 1988, Sept.–Oct. 1988). "Le mystère 68."

Debray, Régis. *Modeste contribution aux discours et cérémonies officiels du dixième anniversaire.* Paris: Maspero, 1978.

Deleuze, Gilles. "A propos des nouveaux philosophes et d'un problème plus général." *Minuit,* no. 24 (supplement to main volume) (May 1977). Reprinted in *Deux régimes de fous et autres textes (1975-1995),* 127–34. Paris: Minuit, 2003.〔ジル・ドゥルーズ「ヌーボー・フィロゾフ及び一般的問題について」鈴木秀亘訳、『狂人の二つの体制 —— 1975－1982』宇野邦一監修、河出書房新社、2004年、193－204頁〕

Delphy, Christine. "La révolution sexuelle, c'était un piège pour les femmes." *Libération,* May 21, 1998.

Démerin, Patrick. "Mai 68–Mai 88. Choses tues." *Le Débat,* no. 51 (Sept.–Oct. 1988): 173–78.

Des soviets à Saclay. Paris: Maspero, 1968.

Descamp, Christian. "Jean Chesnaux, historien du présent et de l'avenir." *Le Monde dimanche* (Sept. 4, 1983).

"Le devenir de Mai." *Lignes,* no. 34 (May 1998).

Dews, Peter. "The 'New Philosophers' and the End of Leftism." In *Radical Philosophy Reader,* ed. Roy Edgley and Richard Osborne, 361–84. London: Verso, 1985.

———. "The Nouvelle Philosophie and Foucault." *Economy and Society* 8, no. 2 (May 1979): 127–71.

Bruckner, Pascal. *Le sanglot de l'homme blanc*. Paris: Seuil, 1983.

Bulletin de Liason Inter-Comités d'Action (B.L.I.C.A.), July 22, 1968.

Cahiers de la Gauche Prolétarienne (1970–71).

Cahiers du Cinéma. Special issue, "Cinéma 68," May 1998. Reprinted in *Cinéma 68*. Paris : Cahiers du cinéma, 2008.

Cahiers du Forum-Histoire, nos. 1–10 (1976–78).

Cahiers de Mai, nos. 1–40 (1968–73).

Cahiers Marxistes-Leninistes (Feb. 1966, April 1966, Jan.–Feb. 1967).

Cassou, Jean. *Art et contestation*. Brussels: La Connaissance, 1968.

Castoriadis, Cornelius. "L'auto-constituante." *Espaces Temps*, nos. 38/39 (1988).

————. "Les mouvements des années soixante." *Pouvoirs*, 39 (1986). Excerpts rpt. in Morin, Edgar, Claude Lefort, and Cornelius Castoriadis. *Mai 1968: La Brèche suivi de Vingt ans après*. Paris: Fayard, 2008, pp. 249-68.

Castoriadis, Cornelius, and Claude Chabrol. "La jeunesse étudiant." *Socialisme ou Barbarie*, no. 34 (March 1963): 46–58.

La Cause du Peuple, no. 1 (1968); no. 32 (1970); nos. 34, 36, 38 (1971).

Certeau, Michel de. *La prise de parole et autres écrits politiques*. Paris: Le Seuil, 1994.〔ミシェル・ド・セルトー『パロールの奪取 ── 新しい文化のために』佐藤和生訳、法政大学出版局、1998年〕

Châtelet, Gilles. *Vivre et penser comme des porcs. De l'incitation à l'envie et à l'ennui dans les démocraties-marchés*. Paris: Exils Editeur, 1998.

Chesnaux, Jean. "Gadgets éphémères, slogans oubliés, 'militants' effrontées." Mimeograph.

————. "Réflexions sur un itinéraire 'engagé.'" *Politiques*, no. 2 (spring 1992): 1–10.

————. "Vivre en mai. . . ." *Les lettres nouvelles* (1969).

Cohen-Solal, Annie. *Sartre, 1905–1980*. Paris: Gallimard, 1985.

Cohn-Bendit, Daniel. *Nous l'avons tant aimée la révolution*. Paris: Barrault, 1986.

Cohn-Bendit, Daniel, and Gabriel Cohn-Bendit. *Le gauchisme, remède à la maladie sénile du communisme*. Hamburg: Rowohlt Taschenbuch Verlag, 1968.〔ダニエル・コーン＝ベンディット、ガブリエル・コーン＝ベンディット『左翼急進主義 ── 共産主義の老人病にたいする療法』海老坂武・朝比奈誼訳、河出書房新社、1969年〕

Collectif Vietnam de Jussieu. "Loin du Vietnam!" *Les Temps Modernes*, no. 344 (March 1975): 1196–16.

"Colloque sur Mai 68: Paris, May 17, 18, 1978." *Le Peuple*, no. 1041 (July 1–15, 1978).

Colombani, Jean-Marie. *Le résident de la république*. Paris: Stock, 1998.

Combes, Patrick. *La littérature et le mouvement de Mai 68. Ecriture, mythes, critique, écrivains, 1968–1981*. Paris: Seghers, 1984.

Comité d'action bidonvilles. Tract dated June 4, 1968.

Comité d'Action Écrivains/Étudiants/Travailleurs, tract, May 26, 1968.

Comité d'Action Étudiants-Écrivains au Service du Mouvement. *Comité* 1 (Oct. 1968).

1974. Paris: Gallimard, 1981.〔シモーヌ・ド・ボーヴォワール『別れの儀式』朝吹三吉・二宮フサ・海老坂武訳、人文書院、1983年〕

Bedarida, Francois, and Michael Pollak, eds. "Mai 68 et les sciences sociales." *Cahiers de l'IHTP*, no. 11 (April 1989).

Bénéton, Philippe, and Jean Touchard. "Les interprétations de la crise de Mai-Juin 1968." *Revue française de science politique* 20, no. 3 (June 1970): 503–44.

Bensaïd, Daniel. *Moi la révolution: Remembrances d'une bicentenaire indigne*. Paris: Gallimard, 1989.

————. *Le sourire du spectre: Nouvel esprit du communisme*. Paris: Editions Michalon, 2000.

Bensaïd, Daniel, and Henri Weber. *Mai 1968: Une répétition générale*. Paris: Maspero, 1968.

Bertho, Alain. "La grève dans tous ses états." *Futur-Antérieur*, nos. 33–34 (Jan. 1996): 63–78.

Biard, Roland. *Dictionnaire de l'extrême gauche de 1945 à nos jours*. Paris: Belfond, 1978.

Blanchot, Maurice. *L'Entretien infini*. Paris: Gallimard, 1969.

————. *Les intellectuels en question. Ebauche d'une réflexion*. Paris: fourbis, 1996.〔モーリス・ブランショ『問われる知識人 —— ある省察の覚書』安原伸一朗訳、月曜社、2002年〕

————. "La rue." Anonymous tract, June 17, 1968. Reprinted with attribution, *Lignes*, no. 33 (March 1988): 144; Reprinted in *Écrits politiques: 1953-1993*, 180-81. Paris: Gallimard, 2008.〔モーリス・ブランショ「街路」『ブランショ政治論集』安原伸一郎・西山雄二・郷原佳以訳、月曜社、2005年、167－169頁〕

————. "Sur le mouvement." *Les Lettres nouvelles*, June–July 1969. Reprinted in *Lignes*, no. 33 (March 1998): 163–83. Reprinted in *Écrits politiques: 1953-1993*, 199-204.〔モーリス・ブランショ「運動について」『ブランショ政治論集』208－217頁〕

Boudon, Raymond. "Sciences sociales: Des gourous aux journalistes." *Commentaire*, no. 35 (autumn 1986).

Boyer, A., A. Comte-Sponville, V. Descombes, L. Ferry, R. Legros, P. Raynaud, A. Renaut, and P. A. Taguieff. *Pourquoi nous ne sommes pas nietzschéens*. Paris: Grasset, 1991.〔リュック・フェリー／アラン・ルノーほか『反ニーチェ —— なぜわれわれはニーチェ主義者ではないのか』遠藤文彦訳、法政大学出版局、一九九五年〕

Braudeau, Michel. "Les enseignants, solidaires et indignés, se souviennent d'un certain mois de mai." *Le Monde*, Dec. 9, 1995.

Britton, Celia. "The Representation of Vietnam in French Films Before and After 1968." In *May '68: Coming of Age*, ed. D. L. Hanley and A. P. Kerr, 163–81. London: Macmillan, 1989.

Broyelle, Claudie. *La moitié du ciel. Le mouvement de libération des femmes aujourd'hui en Chine*. Paris: Denoël, 1973.〔クローディ・ブロイエル『天の半分 —— 中国の女たち』天木志保美・武井麻子訳、新泉社、1976年〕

Broyelle, Claudie, and Jacques Broyelle. *Le bonheur des pierres, carnets rétrospectifs*. Paris: Seuil, 1978.

Broyelle, Claudie, Jacques Broyelle, and Evelyne Tschirart. *Deuxième retour en Chine*. Paris: Seuil, 1977.

ワ

参考文献

印刷物（書籍、雑誌、ビラ等）

Action, nos. 1-47 (1968-69).

Aguiton, Christophe, and Daniel Bensaïd. *Le retour de la question sociale: Le renouveau des mouvements sociaux en France*. Lausanne: Editions page deux, 1997.〔クリストフ・アギトン、ダニエル・ベンサイド『フランス社会運動の再生 ―― 失業・不安定雇用・社会的排除に抗して』湯川順夫訳、柘植書房新社、2001年〕

Aisenberg, Andrew. *Contagion: Disease, Government, and the "Social Question" in Nineteenth-Century France*. Stanford: Stanford University Press, 1999.

Alexandre, Philippe. *L'Elysée en péril*. Paris: Fayard, 1969.

Alland, Alexander. *Le Larzac et après: L'étude d'un mouvement social innovateur*. Paris: L'Harmattan, 1995.

Alleg, Henri. *La question*. Paris: Minuit, 1958. Reprint with new afterword by Jean-Paul Sartre, Paris: Minuit, 1961.〔アンリ・アレッグ、ジャン＝ポール・サルトル（後書）『尋問』長谷川四郎訳、みすず書房、1958年〕

Analyses et documents, no. 154 (May 18, 1968) "De la lutte étudiant à la lutte ouvrière"; no. 155 (June 7, 1968) "De l'occupation des usines à la campagne électorale"; no. 156 (June 27, 1968) "Le mouvement de mai: De l'étranglement à la répression."

Andro, P., A. Dauvergne, and L.-M. Lagoutte. *Le Mai de la révolution*. Paris: Julliard, 1968.

Arguments, nos. 1-27/28 (1956-62).

Aron, Raymond. *Mémoires: 50 ans de réflexion politique*. Paris: Julliard, 1983.〔レーモン・アロン『レーモン・アロン回想録2 ―― 知識人としての歳月』三保元訳、みすず書房、1999年〕

———. *La révolution introuvable*. Paris: Fayard, 1968.

Artous, Antoine. *Retours sur Mai*. Paris: La Brèche-PEC, 1988.

Aubral, François, and Xavier Delcourt. *Contre la nouvelle philosophie*. Paris: Gallimard, 1977.

Autogestion, nos. 1-42 (1967-78).

"Avec Dionys Mascolo. Du Manifeste des 121 à Mai 68." *Lignes*, no. 33 (March 1998).

Backmann, René, and Claude Angeli. *Les polices de la nouvelle société*. Paris: Maspero, 1971.

Badiou, Alain. Interview. "Penser le surgissement de l'événement. Entretien avec Alain Badiou." *Cahiers du Cinéma*. Special issue, "Cinéma 68," May 1998, 10–19. Reprinted in *Cinéma 68*. Paris: Cahiers du cinéma, 2008, 17–50.

Bardèche, Maurice, and François Duprat. "La comédie de la révolution. Mai 1968," *Défense de l'occident*, no.73 (June 1968). Reprinted in Hoctan, Caroline, ed. *Mai 68 en revues*. ed. Caroline Hoctan, 65-77. Paris: Imec, 2008.

Baynac, Jacques. *Mai retrouvé*. Paris: Robert Laffont, 1978.

Beauvoir, Simone de. *La cérémonie des adieux. Entretiens avec Jean-Paul Sartre, août–septembre,*

マ

ナ

ハ

タ

サ

カ

【索引】

※要旨や概念などは原書の索引を参照した。数字のイタリック体は注釈のページ数を示す。

数字

アルファベット

ア

【著者略歴】

クリスティン・ロス（Kristin Ross）

ニューヨーク大学比較文学部教授。19世紀・20世紀フランス文学・文化および思想。
邦訳された共著に『民主主義は、いま』（以文社）。未邦訳の著書として、*Fast Cars, Clean Bodies: Decolonization and the Reordering of French Culture*, The MIT Press, 1996; *The Emergence of Social Space: Rimbaud and the Paris Commune*, Verso, 2008など。ランシエールの著作の英語版訳者としても知られる。

【訳者略歴】

箱田徹（はこだ・てつ）

京都大学人文科学研究所研究員。1976年生まれ。社会思想史。
著書に『フーコーの闘争 〈統治する主体〉の誕生』（慶應義塾大学出版会）、訳書にジャック・ランシエール『平等の方法』『アルチュセールの教え』（ともに共訳、航思社）など。

68年5月とその後
反乱の記憶・表象・現在

著　者　クリスティン・ロス
訳　者　箱田 徹
発行者　大村　智
発行所　株式会社 航思社
〒113-0033 東京都文京区本郷1-25-28-201
TEL. 03 (6801) 6383 ／ FAX. 03 (3818) 1905
http://www.koshisha.co.jp
振替口座　00100-9-504724
装　丁　前田晃伸
印刷・製本　シナノ書籍印刷株式会社

2014年11月8日　初版第1刷発行

ISBN978-4-906738-09-0　C0030

（定価はカバーに表示してあります）

革命のアルケオロジー

2010年代の今こそ読まれるべき、読み直されるべき、マルクス主義、民主主義、大衆反乱、蜂起、革命に関する文献。

洋の東西を問わず、戦後から80年代に発表された、あるいは当時の運動を題材にした未刊行、未邦訳、絶版品切れとなったまま埋もれている必読文献を叢書として刊行していきます。

シリーズ既刊

アルチュセールの教え （革命のアルケオロジー1）
ジャック・ランシエール 著
市田良彦・伊吹浩一・箱田徹・松本潤一郎・山家歩 訳
四六判 仮フランス装 328頁　本体2800円（2013年7月刊）

大衆反乱へ！　哲学と政治におけるアルチュセール主義は煽動か、独善か、裏切りか ―― 68年とその後の闘争をめぐり、師のマルクス主義哲学者を本書で徹底批判して訣別。「分け前なき者」の側に立脚し存在の平等と真の解放をめざす思想へ。

思想はいかに闘争のなかで紡がれねばならないか。

風景の死滅 （革命のアルケオロジー2）
松田政男 著
四六判 上製 344頁　本体3200円（2013年11月刊）

風景＝国家を撃て！　永山則夫、ファノン、ゲバラ、国際義勇軍、赤軍派、『東京战争戦後秘話』、若松孝二、大杉栄……何処にでもある場所としての〈風景〉、あらゆる細部に遍在する権力装置としての〈風景〉にいかに抗い、それを超えうるか。21世紀における革命／蜂起論を予見した「風景論」が、40年の時を超えて今甦る ―― 死滅せざる国家と資本との終わりなき闘いのために。

シリーズ続刊（いずれも仮題）

RAF『ドイツ赤軍（I）1970-1972』
津村 喬『横議横行論 ―― 名もなき人々による革命』
……